ACRO
POLIS
衛城
出版

ACRO
POLIS

衛城
出版

階級世代

窮小孩與富小孩的機會不平等

OUR KIDS

THE AMERICAN DREAM IN CRISIS

羅伯特·普特南◎著　李宗義、許雅淑 譯
Robert D. Putnam

以本書做為誌念，
獻給我的太太Rosemary

目次

推薦序

拉拔孩子長大，需要整個村落的力量

藍佩嘉（臺灣大學社會學系教授）

近年來，我們在媒體上看到許多有關「階級世襲」、「一個臺灣、兩個世界」的報導。雖然有些標題過於聳動、缺乏實證支持（如「M型社會」），但臺灣的貧富差距確實日益擴大，「黑手變頭家」、「三級貧戶變總統」等流動傳奇，似乎已成過眼雲煙。崇尚拓荒精神的美國，在金融海嘯、經濟衰退的衝擊下，「美國夢」也逐漸幻滅。不論在臺灣或美國，社會階級涉及的不僅是收入與財富的分配不均，也造成下一代在生存機會與社會流動上的不平等。

本書作者普特南（Robert Putnam）是哈佛甘迺迪學院的政治學者，他曾經是美國總統的幕僚，也是深具公共影響力的知識分子。他在二〇〇〇年出版的《獨自打保齡球》（*Bowling Alone*），用清晰文字整合各項統計資料，為美國社會敲響一記警鐘，他深具說服力地呈現以下事實：社會連帶與市民參與的消退，或所謂「社會資本」的流失，對於政治民主、社會信任與個人福祉都可能造成負面影響。

在這本新書中，普特南延續一貫的理論立場，關注社會的區隔分化與社群連帶的流失，如何影響下一代的未來。他與社會學者希娃（Jennifer Silva）合作收集資料，一方面透過生動訪談來呈現不同的生命故事，另一方面透過各種統計資料來提供客觀證據。本書的發現或許不讓人感到全然驚奇，但透過質化個案與量化圖表的交叉呈現，讀者得以全面、深入地直視階級鴻溝的存在。

普特南成長於一九五〇年代的俄亥俄州小鎮，當時的美國經濟迅速擴張、所得相對平等，社區凝聚力豐沛，教育、通婚與社交生活都不因為階級差距而形成阻隔。他回顧自己的童年朋友，不論出身為何，多能過著比父母輩更好的生活，實現一定程度的代間流動。然而，隔了半世紀，他再度回到自己的家鄉，看到的是景氣蕭條、社區崩解與居住隔離，不同階級的家庭生活與教育機會形成鮮明對比。弱勢家庭出身的美國年輕人，有愈來愈多成為「漂泊青年」（disconnected youth），他們年齡介在十六至二十四歲之間，既不在校讀書，也未進入職場，許多甚至淪為獄中囚。

這本書試圖回答：為什麼年輕世代的流動機會呈現愈來愈大的剪刀差（有錢人家的小孩愈來愈富有，貧窮人家的小孩愈來愈貧困）？鉅觀環境是關鍵因素之一，隨著產業結構的變化（如資本集中、創業利基不再），整體社會的經濟機會變得更為有限且分布不均。普特南則從中階（meso）的組織層次來找答案，他針對美國社會提出了四個主要解釋，我們可以一併思考，臺灣社會有什麼類似或不同的地方。

雙軌化的家庭

受過大學教育、社經地位高的美國人之間呈現「新傳統」的婚姻型態：他們較晚結婚生子，多為雙薪家庭，家務分工也較為平等。這些家庭的離婚率，在一九七〇年代攀上高點後就往下滑。相對起來，中學畢業的美國人，他們的家庭模式比較多元，小孩的父母可能從未正式結婚、懷孕時年紀尚輕，他們的收入有限，離婚率也較高，被稱為「脆弱的家庭」（fragile families），容易影響孩子的生活與學業。

臺灣的家庭型態雖不像美國明顯的兩極化（如未婚生子相對較少），但婚配也逐漸成為再製階級不平等的重要機制。高教育族群傾向彼此通婚，減低了婚配做為流動管道的可能。離婚、單親的分布也呈現與教育程度相關。根據鄭雁馨的研究，自一九八〇年代開始，臺灣女性離婚的教育斜率開始由正轉負，男性則在一九九〇年代呈現相同趨勢，也就是說，較早世代的臺灣伴侶，教育程度高者較容易離婚，但對於晚近世代來說，反而是中低教育程度者的離婚比例比較高。高中以下教育程度者的十年婚姻存活率約七成五，但專科以上教育程度者則提升至近九成。[1]處於經濟弱勢的單親家庭，養育下一代的負擔與挑戰更大。

不平等的童年

父母的教養方式，在一定程度上影響了孩子的認知、情緒與社會能力的發展。美國家庭在教養風格的階級差異逐步擴大：專業中產階級父母傾向「規劃栽培」，透過細心安排各式課外活動，希望培養出主動、獨立、自信的小孩，父母重視與小孩的溝通，並鼓勵小孩挑戰成人的意見。勞工階級父母則傾向「自然成長」，把重點放在紀律與服從。[2]這樣的教養方式，可說是貧窮父母的「預防」策略，面對危險多於機會的險惡環境，首求保護小孩的安全。

在臺灣，強調家長權威與嚴厲管教的傳統教養風格，在解嚴後出現明顯的轉變。近幾十年來，富裕家庭得以利用全球的文化資源，甚至是跨國流動的教育策略，在子女身上「培養國際競爭力」。中產階級父母也較有能力挑戰僵化的主流教育，規劃另類學習模式，以保護孩子的快樂童年或自主成長。反之，臺灣的勞工階級父母，許多積極透過補習等外包策略，希望孩子能階級翻身，但他們多獨尊智育，未能搭上多元發展的教養列車。而傾向採取「自然成長」的勞工階級或偏鄉家庭，則可能被新的教養腳本貼上「不適任家長」的汙名。[3]

不公平的教育

美國學校的經費有一部分來自房屋稅，因而形成富、貧學區的資源落差，近年來許多州政府修法降低地方稅收比例、縮小教育經費的差異，但不同學校向家長募款的能力仍有巨大差異。富裕家長不僅捐錢，也出力參與校務，促成更多類型的課外活動，此外他們也要求學校提供更多的大學先修課程，這些活動幫助孩子培養軟技巧或燙金資歷，增加將來入學的優勢。相對起來，貧窮學校的課外活動選擇少，校內外的運動措施愈來愈多採行「使用者付費」的政策，就算低收入戶家庭得以減免費用，學生也容易被貼上階級汙名。學校不僅無法變成平衡階級不平等的槓桿，反而成為擴大階級差距的場所（sites）。

臺灣的公立學校，雖然沒有像美國出現明顯的資源落差、居住隔離，但仍存在核心學區、明星學校等階層差異。不論是過去的大學聯考，或是現在的多元入學，中上階級家庭的孩子，都享有更多的機會進入國家高度補貼的公立大學、高中就讀，反而是中下階層孩子較多進入學費與品質不成正比的私立學校。[4] 臺灣學校日益重視家長參與，可能會讓中上階層學生將更多的父母資源帶進學校，有助其學習或升學。入學方式與選填志願的複雜化，提高了家長瞭解制度與協助孩子的資訊門檻，對弱勢家庭子女更為不利。

社會資本不均等

高社經地位父母能夠傳遞給孩子的優勢，不僅是較多的金錢與知識，也包括更廣、更深的社會網路。由於高社經地位父母人脈較異質、高職業聲望者多，因此在子女升學、就業上能提供豐富的資訊管道。家長為小孩安排的各式活動，也幫助他們與更多專業人士及其他成年人建立連帶。反之，教育程度低的父母，社會網路通常比較同質、稀疏，其孩子多與親屬與鄰居的小孩固定往來，因此限制他們建立有價值的弱連帶，在選學校、找工作的過程中難以得到成年人的指導。此外，美國貧窮社區在人際信任、集體效能上都日益低落，宗教社群的影響力不再，讓小孩容易暴露於犯罪、毒品以及暴力的負面影響。

臺灣的社會資本研究則呈現較為不同的面貌。根據熊瑞梅的研究，不分階級的臺灣民眾觸及的人脈多元而異質，其中認識高職業聲望位置者（如大學教授、律師、老師、人事主管）的比例，遠高於其他東亞國家。這似乎顯示，存在於日韓或美國的社會資本階級落差，在臺灣相對不是那麼巨大，但中下階層家庭是否可能把這樣的人脈轉換為下一代就業與升學上的資訊連帶，還需要進一步研究。此外，臺灣民眾參與社團的比例雖遠低於日本、韓國（宗教團體除外），但對鄰居與社區支持的信心遠高於日韓。臺灣民眾雖然對政府的信任偏低，但對於非正式組織，如社團與社區充滿關懷與支持，展現了豐沛的社會力與活絡的公民社會。[5]

如果上述因素強化了下一代的階級不平等，我們如何可能改變？普特南在結論提出許多建議，未必全盤適用於臺灣，以下是我認為特別值得努力的方向。

首先，針對家庭的解組，有些衛道之士鼓吹重建家庭價值，但普特南指出，僅是呼籲減少離婚、避免未婚懷孕，其實鮮有效果。如何針對既存的多元類型家庭，予以制度性的支持，才是關鍵。更重要的是透過長期的反貧窮計畫，像是房屋補貼、育兒照顧、就業支援，來協助弱勢家庭脫離貧窮。

同樣的，針對教養資源與教養風格的階級落差，如果只是要求父母去上教養課程，叮嚀家長「每天唸故事書給小孩聽」，未必能幫助弱勢父母提升「親職知能」，反而可能強化父母的日常壓力，甚至在社會常規的監控下「製造」了問題家庭。[6]有效讓弱勢家庭培力的計畫，必須由專業人員，不論是護士、社工、諮商師，與家庭建立夥伴關係，透過定期家庭訪視，在瞭解弱勢家庭的具體處境後，幫助個別家庭改善健康、教養、情緒等議題。

我們應在教育設計與入學方式的改革上，考量到階級的差異與作用；學校教育應避免以中產階級雙親家庭、全職母親為原型來設計學習活動或要求家長參與，否則容易強化社會指責的階級烙印，或忽略不同家庭的處境與需要。比方說，有些中產階級家長希望孩子能夠延後到校、提早下課。然而，弱勢家庭孩子反而需要更多在校時間，但不只是接受制式的功課輔導，而是讓他們有機會接觸更多元的課外活動與學習刺激。

有句非洲諺語說：「拉拔一個孩子長大，需要整個村落的力量」（It takes a village to raise a child.）。當今的鄰里街坊或許不再聲息相聞、人情綿密，但「社區共同教養」（communal parenting）的理想，有助於讓我們的下一代擁有更平等與開放的未來。具體的措施如：提供平價優質的托育，運用公共圖書館、美術館、社區活動中心等公共資源，提供活潑多元的課外活動，以及結合在地的學生、志工，推動陪伴青少年的「導師方案」（mentoring program）。讓臺灣活絡的社區與民間團體，成為動員公共參與、支持弱勢家庭、促進社會平等的力量。

1. 鄭雁馨，二〇一五，〈家庭行為的社會不平等：臺灣社會的新挑戰〉，《中央研究院週報》，一五一〇期。衛福部統計處的〈九九年單親家庭狀況調查〉，也顯示單親家庭中低階層的比例偏高。
2. 參見美國社會學者拉蘿（Annette Lareau）的著作，中譯本包括《不平等的童年》（二〇一〇，北京大學出版社）、《家庭優勢》（二〇一五，群學出版社）。
3. 藍佩嘉，二〇一四，〈做父母、做階級：親職敘事、教養實作與階級不平等〉，《臺灣社會學》，27:97-140。
4. 駱明慶，二〇〇二，〈誰是臺大學生？——性別、省籍和城鄉差異〉，《經濟論文叢刊》，30:1，113-147。張宜君、林宗弘，二〇一五，〈臺灣的高等教育擴張與階級複製：混合效應維繫的不平等〉，《臺灣教育社會學研究》，15（2）：85-129。
5. 熊瑞梅，二〇一四，〈社會資本與信任：東亞社會資本調查的反思〉，《臺灣社會學刊》，54:1-30。
6. 藍佩嘉，二〇一五，〈誰製造了「問題家庭」？〉，《親子天下雜誌》，第七十三期。

1 美國夢：神話與現實

我回到了俄亥俄州，只是我的城市已經不在。[1]

只要能掌握都柏林的核心，就可以掌握世界所有城市的核心。獨特之中蘊含著共通點。[2]

一九五〇年代，我的故鄉彷彿是美國夢的化身，不論出身背景為何，每個人都有相當不錯的機會。然而半個世紀之後，俄亥俄州柯林頓港（Port Clinton）的生活有如美國人的惡夢，生命的軌跡將小鎮一分而二，社區裡弱勢的小孩根本難以想像那些天之驕子眼中的未來。柯林頓港的故事搖身一變，化為全美各地常見的悲劇。上述改變從何而來，又將前往何處，而我們又要如何著手改變社會的不幸？這就是本書要處理的主題。

從現有最詳盡的經濟史及社會史材料來看，過去一個多世紀以來，美國（以及柯林頓港）社會經濟阻礙最小的時刻是一九五〇年代：經濟與教育迅速擴張，所得相對平等，社區與學校的階級隔離不大，階級不是通婚與社交生活的阻礙，市民參與以及社會凝聚力也非常高，中下階層的小孩在社會經濟階梯上爬升的機會源源不絕。

柯林頓港是個小鎮，種族並不是非常多元，但是在一九五〇年代，此地完全就是美國的縮影，不論在人口特色、經濟結構、教育程度、社會情況，甚至是政治板塊分布皆是如此（渥太華郡是美國指標州裡的指標郡，也就是說當地的選舉結果在歷史上一直都非常貼近全國大選的結果，而柯林頓港就是郡公所的所在地）。[3]我中學同學的生命經歷，證明了機會之門不僅對唐恩與麗碧兩個貧窮的白人小孩敞開，甚至對傑西與雪莉兒兩個貧窮的黑人小孩也是一樣，他們靠著個人天賦與努力獲得往上爬的機會，跟我們班上有錢人家的小孩法蘭克並無太大不同。

沒有一個城鎮足以代表整個美國，而一九五〇年代的柯林頓港也絕非天堂。這座小鎮和當時美國其他地方一樣，少數族群面臨嚴重的歧視，女性也常常被擠到邊緣，正如本章後文所述。假如沒有重大變革，我們當中鮮少有人（連我也不要）願意回到那個年代的柯林頓港，但是社會階級在當時並不是限制機會的主要因素。

然而，當我們把目光轉到二十一世紀的柯林頓港，有錢人家與貧窮人家的小孩面對的機會截然不同，就像我們本章會談到的雀兒喜與大衛。柯林頓港現在有著明顯的階級分化，學校工作人員告訴我們，在中學停車場內，一邊停的是有錢人家小孩的BMW敞篷車，另一邊停的則是無家可歸同學的破爛舊車，他們每晚都把車開走，以車為家。當地的變化造成愈來愈多的小孩，不分種族與性別，全被阻擋在美國夢的承諾之外。柯林頓港不論在景氣、家庭結構、教養方式，或在學校與社區，都有很大的變化。令人驚訝的是，這也是美國大多數地方的情況。如果要探索美國是否機會均等，一九五九年的柯林頓港是個不錯的起點，因為這個小鎮提醒我們，美國夢已經離我們如此遙遠。

一九五九年六月一日，清晨拂曉時天氣炙熱，陽光普照，但到了傍晚就吹起徐徐涼風，位於小鎮中心的柯林頓港中學，一百五十名畢業生擠在臺階上，手上握著剛出爐的畢業證書，臉上流露出參加畢業典禮的興奮之情，他們尚未準備揮別童年，也還沒想過離開這個宜人、純樸友善、座落在伊利湖畔、人口六千五百人（大部分是白人）的小鎮，但每個人對未來卻都信心滿滿。一如既往，畢業典禮是整個社區的盛事，總共有一千一百五十人參與。[4]不論家裡有沒有人畢業，整個城鎮的人都將這些畢業生視為「我們的孩子」。

唐恩

唐恩來自白人勞工階級家庭，講話輕聲細語，班上同學沒有人想得到身為學校明星四分衛的他，講起話來竟是這付模樣。[5]唐恩的父親只讀到八年級，為了養活一家人，他同時做了兩份差事，早上七點到下午三點，先在柯林頓港製造公司（Port Clinton Manufacturing）的工廠生產線上幹活，下班後再走一小段路到當地的罐頭工廠做第二份工作，從下午三點半一路忙到晚上十一點。唐恩的媽媽讀到十一年級，唐恩說她一輩子都「窩在廚房裡」，忙著替家人張羅三餐。每天晚上，媽媽都跟唐恩三兄弟一起用餐。媽媽會把家裡剩下的東西全部拿來炒馬鈴薯，所以幾個兄弟已經很習慣吃大雜燴。爸爸深夜下班回到家時，三兄弟通常已經上床睡覺。

他們住在鎮上比較貧窮的區域，一直到唐恩離家上大學，家裡都還買不起車子或電視，而當時美國八〇%的家庭已經有車，九〇%的家庭也有了電視。他們每週搭鄰居的便車上教堂，沒有太多閒錢旅遊度假。不過，唐恩父母住的是自己的房子，所以他們覺得家裡經濟狀況還算穩定，而父親也不曾失業。唐恩回想起過去：「我並不知道自己很窮，直到上大學修了經濟學導論，才發現自己的家境算是『清寒』。」

儘管家中經濟並不寬裕，但唐恩的父母還是鼓勵他讀大學，而他也跟我們班上許多工人階級的小孩一樣，在柯林頓港中學就讀時就上了大學先修班。母親強迫唐恩學了六年鋼琴，但他鍾情的其實是運動。唐恩是籃球與美式足球兩棲，每場比賽父親都會請假去現場加油。唐恩並不是特別在意當地的階級差異，他說：「我住在鎮上的東邊，而有錢人都住在鎮上的西邊，不過在運動場上大家平起平坐。」

雖然唐恩的中學好友沒有一人上大學，但是他自己在學校的表現還算不錯，畢業成績排在班上的前四分之一。唐恩提到自己的父母對大學「一無所知」，但幸運的是他在教會有許多好朋友。他說：「鎮上有位牧師很關心我，還把我推薦給我最後就讀的那所大學。」不僅如此，這位牧師還協助唐恩弄清楚怎麼拿到學費補助，並且帶著他走過整個申請程序。

從柯林頓港中學畢業後，唐恩先是前往俄亥俄州南部的一所教會大學就讀（在那裡他也是打美式足球），之後進入神學院。他說就讀神學院期間，一度懷疑自己是否有辦法「熬過一切」當上牧師，於是他回家跟爸媽說打算放棄不讀了。回到家鄉時，他路過一間撞球場，決定進去打聲招呼，這家店的老闆是父親的故友，老闆一見到他，就對旁邊的人介紹說這一位是「未來的牧師」，現場有個客人請唐恩替他禱告，唐恩認為這是個徵兆，自己應該繼續走這條路。

大學畢業不久，唐恩娶了在高中教書的君恩，婚後兩人生了一個小孩，這個小孩後來成為高中的圖書館員。唐恩當了很久的牧師，職涯相當成功，直到最近才退休。目前他仍在當地的教會幫忙，並且長年擔任中學美式足球隊的教練。如今回顧，他說上帝賜給他一個不錯的人生，讓他從一個貧窮但家人關係緊密的勞工階級家庭，一路走上與個人聰明才智與球場膽識匹配的成功職涯。但正如後文所說，唐恩翻身向上流動的故事，在我們班上並非特例。

法蘭克

法蘭克來自柯林頓港少數的有錢人家。十九世紀末，法蘭克的外公開始投入捕魚事業，而在法蘭克出生之前，家族事業已經跨足不動產與其他本地生意。法蘭克的母親於一九三〇年代從大學畢業，之後在芝加哥大學取得碩士學位。在芝加哥讀書時，她遇到法蘭克的父親，一位受過大學教育的牧師之子，兩人很快就步入禮堂。在法蘭克成長過程中，父親掌管家族事業，包括捕魚事業、購物中心、農場、餐飲等等，而母親則忙於慈善工作。[6]

柯林頓港的菁英長期以柯林頓港遊艇俱樂部為中心。法蘭克成長過程中，祖父、父親與叔叔都曾擔任過俱樂部的「船隊長」，而母親與姨母則是被選為「同船隊長」，這都代表本地最頂尖的社會地位。簡而言之，法蘭克的雙親是我們一九五九年這一屆，最有錢、教育程度最高、社會聲望也最高的父母。

但是，法蘭克的家庭比起那些居於社經地位底部的家庭，兩者的社會差距還是小於現今美國（即使是柯林頓港）普遍的情況。法蘭克的家距離唐恩家只有四條街，他回想起自己的鄰居「混居著各種人」，卡車司機、商店老闆、連鎖超市A&P的收銀員、本地大公司的職員、消防隊隊長、加油站老闆、生態保育巡守員。「我們在院子裡一起打棒球，在街角一起踢鋁罐，」他說，「大家相處融洽。」

儘管法蘭克的家裡很有錢，但從十五歲開始，他每年暑假都在家裡的餐廳幫忙，跟高中同學一起刮油漆，做點清潔打雜的工作。法蘭克的家人在當地相當低調，「如果你在柯林頓港的朋友們只買得起可口可樂，你就只能點可樂。」祖父不斷提醒法蘭克的叔叔，「如果我們住在克里夫蘭（Cleveland）或紐約，你可以點自己想吃的東西，但你住的地方是柯林頓港，所以你只能點這裡的孩子買得起的東西。」

中學時，法蘭克與同學互動起來毫無隔閡，事實上他相當機靈，因此許多同學都未察覺到他特殊的家庭背景，只不過從許多跡象還是可以看出差別。他是班上第一個帶牙套的小孩，小學時他冬天會跟家人到他們在佛羅里達的別墅避寒，在那裡上學。法蘭克的祖父是學校的董事。他的父母親曾經邀請一位老師到家裡吃晚餐，之後法蘭克有點責怪媽媽：「你們為什麼要讓我在全班同學面前擡不起頭來？」父母試著介入以更改成績的想法讓法蘭克覺得荒謬：「別開玩笑了，天啊，每個小孩都知道老師肯定不會犯錯。」

法蘭克對功課有點漫不經心，但這不表示父母親不重視他的課業。「打從一出生到讀完大學，我的生命都被安排得好好的，」他說，「我知道自己會上大學，而且一定要畢業。」在父母的資助下，他進入俄亥俄州一所小型學院就讀，在新聞系拿到學位。大學畢業之後，法蘭克到海軍服役了七年，駕駛海軍運輸機飛行世界各地。他回想起這段經歷說：「我愛死這份工作了！」

海軍退役之後，法蘭克擔任《哥倫布快報》(*Columbus Dispatch*)的編輯，前後大概做了二十五年，直到一些人事安排的紛爭才遭到解聘。之後，他回到柯林頓港，處於半退休狀態，在家族事業當中幫一些忙，包括魚類加工、碼頭租賃還有古董店等。在經濟狀況不佳的幾年，他靠著祖父在他出生時就設立的信託基金度過難關。「這筆錢雖然不多，但卻讓我不用擔心挨餓」他說。法蘭克的家產讓他撐過生命中的幾次重擊，但還不算是個跳板，讓他可以超越普通家庭的同學(例如唐恩)。

一九五〇年代柯林頓港的階級差異

一九五〇年代的柯林頓港並非毫無階級差異，但從法蘭克與唐恩的故事看來，這些差異並不明顯。藍領與白領的小孩家庭背景類似，而且大家在學校、鄰里間、童軍團與教會都很自然地混在一起。階級的反差在今日對經濟穩定、家庭結構、教養方式、學校教育與鄰里關係都有很大的影響(我們在後頭會看到，即使是柯林頓港也是如此)，但在當時的作用卻是微乎其微。事實上，柯林頓港中學一九五九年這一屆，每個人不論背景為何，都跟父母住在一塊，住的也都是父母親的房子，而且每個人都叫得出鄰居的名字。[7]

我們的父母幾乎大同小異，母親是家庭主婦，而父親則負責工作養家，父母的教育程度都不算特別好。事實上，有大學學歷的父母親不到二十分之一，其中三分之一甚至中學都沒畢業（當時大部分的人普遍只有中學以下的學歷）。但是，鎮上幾乎每個人都從戰後的繁榮經濟中獲益，也沒幾戶人家飽受貧窮之苦。鎮上少數幾個有錢人家的小孩（如法蘭克），還想盡辦法掩飾自己有錢的事實。

有些人的父親在鎮上汽車工廠的生產線幹活，有些在附近的石灰岩礦場、陸軍軍營或小家庭農場工作。其他人，例如我父親，則是做點小生意，賺錢或賠錢取決於景氣的好壞。那是一個充分就業又有強勢工會的時代，我們之中只有少數幾個家庭有人失業或所得不穩定。大部分的同學，不論出身背景為何，都活躍於運動、音樂、戲劇與其他課外活動領域。每個禮拜五晚上的美式足球賽，也吸引鎮上許多人前來加油觀戰。

隔了半個世紀再來看，我的同學（現在大部分都已退休）往上流動的情況十分驚人。有將近四分之三的人學歷都比父母還要好，而大多數人的經濟地位都爬得更高。事實上，有些家裡沒那麼有錢的小孩表現得比出身優渥、父母教育程度較高的小孩還好。以當代的標準來看，本班同學在教育程度往上爬升的絕對程度相當驚人，呈現出二十世紀美國中學與大學教育的革命。那些中學未畢業父母的小孩，有一半在中學畢業之後進入大學，其中有不少人是家裡第一個中學畢業生，當然也是家裡第一個拿到大學學位的人，在一個世代之間的跳躍極為明顯。更令人驚訝的是，本班有兩名黑人學生雖然得對抗種族偏見（之後我們會介紹），而且他們的父母連小學都還沒畢業，但他們還是取得了碩士學位。

在一九五〇年代的柯林頓港，階級的社會經濟地位對於各種膚色的小孩來說，不論是黑或白，都不像二十一世紀這樣障礙重重，難以跨越。簡單比較就會發現，一九五九年那屆學生的下一代，平均學歷並無法超越他們的父母。[8]原先搭載一九五九級往上走的電梯，換成我們的小孩踏上去的時候，突然間就停電了。

我們一九五九年這一屆的高度絕對流動（absolute mobility）應該要伴隨著低度的相對流動（relative mobility），因為不可能所有人都同時往上爬，但實際上就連相對流動都很高。*事實上，處於社會經濟階層底部的小孩向上流動的情況，幾乎跟有錢人家小孩的情況一樣。簡單來說，底層向上流動的很多，而上層往下流動的情況則相當罕見。

不過可以肯定的是，教育程度較差的父母，文化視野較窄，也比較不熟悉高等教育，有時候對小孩的教育就沒有太高的期待。但是，如果老師、社區裡的導師（如唐恩的牧師）或朋友鼓勵我們上大學，我們**肯定會**去念，而我們上的大學，事實上也不因每個人家裡的經濟情況或住的地方而有差異。[9]俄亥俄州公私立學校的低廉就學成本，其實是靠本地各式各樣的獎學金來補足，像是扶輪社（Rotary Club）、聯合汽車工人工會（United Auto Workers Union）、青年女性俱樂部（Junior Womens' Club）等等。柯林頓港中學一九五九年這一屆後來取得大學學位的人，其中三分之二是家族裡第一個念大學的人，甚至有三分之一是家族裡第一個中學畢業的小孩。誠如一九六〇年代柯林頓港所開放的機會，一項小小的變革，讓貧窮、有才華的小孩獲得更好的諮詢，似乎就能掌握關鍵，促成真正的機會均等，但就像我們所見，社會的歷史隨後卻走上相反的道路。

一九六〇年代，中下階級的小孩，如果中學畢業之後未立即進入大學，大約有三分之一的人之後會找到升學的管道，進入社區學院這種不會明顯歧視貧窮小孩的學校就讀，此類大器晚成的實際影響，會進一步減弱家庭背景與最高教育程度之間的因果連結。

針對本班同學所做的調查結果，讓我們更加確認一九五〇年代的柯林頓港是一個向上流動特別突出的地區。因為現在深深影響社經地位的因素（例如經濟不穩定、家庭不穩定、鄰近地區的窮困、財務與組織上的阻礙），在當時似乎都無關緊要，世代之間的傳遞關係比較弱，因此流動較高。一九五九年這一屆的同學一再使用相同的字眼描述我們年輕時代的物質條件：

* 譯注：絕對流動衡量的基準是子女的所得與父母相比是否變高。假設父母的年收入是一萬美元，並且處於所得分布的後五分之一，子女的年收入是二萬美元，就算依然處於所得分布的後五分之一，仍算是經歷了絕對流動。相對流動是指在所得分布中，子女比起父母是往前或倒退。例如把所得分布分成五級，假設父母處於最低的一級，也就是後五分之一，子女若進到第二級（後五分之二），就表示有相對流動。在相對流動的衡量標準中，只要有人往上流動，就會有人往下流動。

「我們是窮，但我們卻完全不知道。」然而，事實上因為我們有全鎮居民的大力支持，所以其實我們很富有，但我們卻渾然不覺。

性別與種族的影響又是如何呢？為了展開這些關鍵議題的討論，就讓我們先聽聽我另外三位同學的故事吧！

麗碧

麗碧的父親是個農夫，也是標準產品公司（Standard Products）的技術工人，而母親則是全職的家庭主婦，麗碧的父母都在十年級時輟學離開學校。他們一家人住在市區外破舊的大農舍裡。麗碧家裡有十個兄弟姊妹，她排行第六，身上穿的常常是別人留下來的二手舊衣。因為家裡有太多小孩要養，所以經濟並不寬裕。麗碧不曾學過腳踏車或溜冰，她說「這些東西不在家裡的預算之內」。另一方面，由於家裡有三十畝田地，父母相當勤奮，再加上家中年輕幫手多，他們會種些蔬菜，養雞養牛，因此她不曾感到匱乏。

麗碧的父母是小孩的好榜樣，教出來的小孩非常團結。家人通常會一起吃晚餐，一起做餐前禱告。父母堅持小孩子一定要說「請」與「謝謝」，而且在每個人吃飽之前，全家都不能提前離開餐桌。這種親密感一直延續下來，麗碧說身為七〇至七九年這一代的人，她和兄弟姊妹遇到困難時，還是「團結一致並相互扶持」。

這個關係緊密的家庭，社交生活圍繞在學校與教會。父母會參加學校的家長教師協會與小孩的課外活動，每個禮拜全家也一起上教堂做禮拜。教會青年團契的學生偶爾會做些老年關懷的服務，麗碧證道後也常收到教友的卡片，誇獎她講得非常精采。麗碧應徵第一份工作時現場就馬上錄取，因為市中心的店家老闆認出她就是在教會佈道臺上的那個小孩。

在學業方面，麗碧的父母對小孩的要求很高，而麗碧也未辜負父母的期待：她在升學班裡是資優生。不僅如此，她的個性平易近人，做起事來讓人放心。她回想起媽媽說過：「如果有很多人可以幫助妳，那什麼事都難不倒妳。」麗碧是天生的政治人物，她被選為德國社的社長，還有美國未來教師（Future Teachers of America）、榮譽學會（Honor Society）與三年級的學生代表。近六十年之後，麗碧回憶起高中時代，覺得這是她生命中最得意的一段時光，她說，「我在那段日子裡如魚得水！」

麗碧進入大學就讀時，學校的英文老師幫助她拿到托雷多大學（University of Toledo）的獎學金。起初，她計劃以後當老師，但是進入大學之後，她和高中的戀人就發現彼此太想念對方了。所以麗碧和許多女同學一樣，放棄大學，回到老家，走入婚姻，並和先生共組家庭，心甘情願當一名家庭主婦。

只不過這段婚姻在二十年後劃下句點，麗碧變成孤伶伶一人，此時她突然意識到自己既沒有大學學歷，也欠缺工作經驗，加上社會普遍充斥著性別偏見，讓她動彈不得。這是麗碧有生以來第一次對自己的未來感到恐懼。

但是，麗碧展現了自己的韌性，在小鎮生活與人互動的數十年間，大家都知道她辦事相當牢靠，工作能力一流。她先是在木材工廠工作，但很快就搖身一變成為當地報紙的作家，之後又當上一家非營利機構的負責人。麗碧的父親始終非常支持她，還鼓勵她投入公職選舉，不到十年，她就被選進郡政府任職，而且連任近三十年直到現在。麗碧在柯林頓港中學的紀錄早已顯示，她的ＥＱ還有熱心公益的精神都非常適合為民服務。

如今麗碧已經七十幾歲，是俄亥俄州備受敬重的公眾人物，在地方的政黨政治中占有一席之地。由於她覺得自己還有餘力為民服務，因此開始接受牧師訓練，現在同時在好幾個教會兼任牧師。

這個女孩出身農家、只能撿哥哥姊姊留下的衣服，雖有著過人的能力，但顯然受到一九五〇年代的文化規範所限，尤其是中學畢業之後看得更清楚。如果她晚個幾十年出生，可能就有機會獲得專業的訓練，攀上俄亥俄州政壇的高峰。麗碧的性別確實嚴重影響她往上流動，但是她平凡的階級出身卻未曾阻礙她。

麗碧的境遇顯然是一九五九年這一屆常見的情況。這一代的男生與女生讀中學的機會相當，參加學術與非學術的活動也均等，從事學業與課外活動的資格也雷同，同樣受到鼓勵念大學，也有同樣的機會上大學。一直到我們從柯林頓港中學畢業，我們班上同學的升學機會毫無性別差異。

但是，性別卻大大影響了誰可以**讀完**大學，就像麗碧一樣，我們班的女同學最後都被剝奪往上流動最重要的條件：大學學歷。一九五九年這一班進入大學就讀的男女同學人數一樣多，但是男同學有八八%拿到大學學位，相較之下女同學只有二二%大學畢業。簡言之，在進大學之前並沒有性別的篩選，但是之後卻是嚴重的男女失衡。

正如麗碧的故事所示，男女畢業率的懸殊差異，完全是因為女性輟學步入婚姻所致。我們班上的女同學在大學結婚的機率是男同學的三倍，而結婚不利於女同學完成大學的機率是男同學的六倍。男性在大學結婚的機率比較低，即使他們步入婚姻，還是會留在學校讀書。半個世紀之後，班上的女同學解釋說，不論她們多想在學業或職業上有所表現，都還是會遵循當時的社會規範，結婚、成家、然後走入家庭。當然，她們的世界有可能在往後幾十年經歷一百八十度的轉變，就如同麗碧的境遇一樣，但是大部分的女同學（包括麗碧）對於自己離開大學成立家庭沒有一絲後悔。[10]另一方面，不論是否自願，當女性得在家庭與職場之間抉擇時，都必須付出相當驚人的個人與社會成本。

到了二十一世紀，美國教育篩選的反差變得非常明顯。時至今日，女性比男性更有可能取得大學學位。另一方面，五十年前家庭背景對一個人是否能從大學畢業沒有太大關係，但是現在家庭背景的影響卻很大，這我們在第四章將會看到。

然而，種族的影響在過去與現在又有何差別呢？

傑西與雪莉兒

「你的過去不是我的過去，你的現在更不會是我的現在。」

即使在集體明顯一起向上流動的群體中，我們一九五九年這一班僅有的兩個黑人同學還是特別突出，那就是傑西與雪莉兒，兩人的經驗有諸多雷同之處。

- 兩人都隨著家人逃避南方的暴力衝突來到柯林頓港，也就是歷史學家稱為「大遷徙」（Great Migration）的一部分。[11] 傑西一家在他的姊姊遭到殺害之後逃離密西西比，而雪莉兒一家則是因為她爸爸和一個白人男性大吵一架之後，被迫離開田納西。
- 南方實行《種族隔離法》（*Jim Crow*），兩人的父母在那裡雖然都只念到小學，但都從關係緊密、工作勤奮、謹守信仰且完整的家庭中獲益。
- 兩人都住在鎮裡比較貧窮的地區。傑西的父親在當地一家工廠替貨車裝箱，母親則是在附近的一間旅館打掃。雪莉兒的父親在石灰礦與水果包裝工廠工作，母親則替人打掃房子。不過，兩人都不覺得自己的家庭很窮，傑西回想過去：「當我們抵達俄亥俄州，父親一直有工作，所以我們總是有東西可以吃，有地方可以住。」

- 兩人在高中的表現都非常優異。傑西可能是全校最好的運動員，被封為美式足球隊最有價值的球員，獲選為學生會的會長。雪莉兒則被選為畢業班的代表，她的學業表現一直非常突出。
- 兩人中學畢業後立刻獲得部分獎學金，上了附近一所好大學，然後取得碩士學位，並進入公立學校教書，直到最近才功成身退。單一世代之間就從僅有小學學歷的工人，一躍成為碩士畢業的專業人員，充分證明他們與生俱來的天賦與堅毅的性格，也證明那個時代的階級背景比較不會妨礙人們往上攀升。

光憑這些描述似乎顯示傑西與雪莉兒在柯林頓港度過無憂無慮的童年歲月，也好像很輕易就能達到上述成就。但是，這兩個小孩是黑人，生活在一九五〇年代民權運動之前一個由白人主導的小鎮裡，種族必然因當時社會環境強加而成為他們認同上最突出的一部分。

傑西剛到柯林頓港時，班上同學張大眼睛盯著他看，他們從來不曾和黑人一起上學，正如他也不曾和白人一起讀書。但他很快就和大家打成一片，尤其當他展現出運動天分之後，更是受到歡迎。傑西父親的主管是個白人，同時也是少棒隊教練，他兒子說服他邀請傑西加入球隊。傑西說：「我加入了少棒隊，開始結交朋友。當你成為一名選手，展露才華，幫助球隊贏球，大家就開始喜歡你。我覺得自己在隊上很受歡迎，但是對手就不喜歡我在隊上。」

傑西擁有四項運動天賦，中學時全心投入運動賽場。除了父母之外，一輩子對他影響最大的人是美式足球隊教練，但並不是因為教練特別同情他或跟他特別親近。傑西說：「他是個標竿，會讓人想效法他的價值觀，勤奮工作、有紀律、激勵人心、團隊精神、全力求勝。由於教練的身分，他並不會特意跟我互動，不過他卻因為我的好球技而喜歡我，只要他交代我做什麼，我就會全力以赴。」

傑西的個性沉穩，不大與人起衝突，他說：「這是在南方密西西比的存活之道，如果我在密西西比回擊白人，那我可能活不到現在。」傑西回想起中學的時候：「我與人為善，所以大家選我擔任學生會會長。」他笑著回想自己所擊敗的候選人，就是本書的作者。

高中時傑西就認定自己上不了大學，因為家裡根本沒錢供他讀書，但是附近大學的美式足球隊教練在他十二年級時去到他家，給了他一份還不錯的獎學金。當傑西和父母討論大學所提供的機會時，父親對他說：「兒子，如果你不讀大學，你就必須跟我一樣辛苦工作。」父親同意補上獎學金不足的部分，借給他五百美金，於是傑西就離家念大學。

大學畢業之後，傑西想要繼續去法學院讀書，卻付不起學費。他一路搭便車來到加州，但在那裡他只能找到電子公司配線工人的工作。有朋友建議他去教書，繼續爭取教師資格。最後，他拿到碩士學位，在杏壇服務了四十年，歷經老師、教務主任、副校長、校長以及洛杉磯教育體系的區域主管等不同職務。

傑西回想自己在柯林頓港的童年歲月，提到自己剛踏入陌生環境時有些不自在，但是在城裡的經驗基本上是正面的。「柯林頓港有許多人都很好，在我遇過的人當中，這裡的人最親切、最有包容力，也最能接納他人，我們一起去釣魚，他們還會讓我們划船出去。」

他家位於一個貧窮、種族混雜的區域。「我們的鄰居有很多是白人，大家每天一起走路上學，我們都是朋友，從來就沒有任何問題。每個人都努力過生活，跟你的膚色絲毫無關。」美式足球隊上一名白人隊友知道傑西家經濟不好，還邀請他到家裡共進午餐。

另一方面，傑西的人際關係雖然不錯，有很多要好的朋友，但是整個社會卻充滿著種族偏見與種族分化的問題。「最難的部分是人家不把你當人看。有些人喜歡你，但有些人會排斥你，即使你什麼事也沒做。」

傑西說自己活在「兩個世界之間，黑人的世界與白人的世界，黑人小孩不喜歡我，因為我跟白人小孩感情不錯，而當我跟黑人小孩在一起的時候，白人小孩就會不爽。我夾在中間，試著討好雙方，讓他們瞭解大家同樣都是人。我的白人朋友會邀請我到附近的小鎮參加白人的派對，但那裡的小孩或是父母，並不見得會如此包容。他們歡迎我的朋友，但並不歡迎我，只因為我是黑人」。

雪莉兒的故事則完全不同。她學習的榜樣是自己的母親，一名充滿智慧、能力極佳的女性，而且堅持女兒不可以說「辦不到」。她說：「在成長過程中，我從媽媽身上看到自己什麼事都做得到，有些是身教重於言教。」

雪莉兒的家人剛開始是搬到石灰岩場附近的村子，住在沒有室內衛浴的公司宿舍。由於居住環境惡劣，宿舍後來關閉，他們在柯林頓港邊的黑人區買了一塊地，把一棟老房子移到那裡，後來因為鄰居抗議，他們被迫挪動房子的地基，以免正對白人區。這之後，雪莉兒的媽媽幫忙打掃的其中一戶人家，介紹他們到附近的白人區買一間比較好的房子，但是因為有人在院子裡放上十字架表達不滿而使這樁買賣告吹。

雪莉兒說自己在成長過程中幾乎不曾遇到公然的歧視，也不記得有人用種族的綽號羞辱她。「你可以去任何地方，沒有人會找你麻煩。」她可以騎著腳踏車在鎮上亂逛，也可以自己到公立圖書館借還書。

唯一困擾她的是不同種族之間不相往來。「柯林頓港的教育體系很棒，培養學生（她強調也包括自己）上大學，但中學生活應該有一半是社交活動，而我們錯過這部分。我和白人同學在學校會聊天，可是一旦放學之後就毫無交集。我不會跟著去他家，他們也不會跟我回家。所以不管我要做什麼事，都只能自己來。」有一次雪莉兒和媽媽在街上遇到小學班上的白人同學，而對方竟然視若無睹。雪莉兒回想起此事：「我很高興遇到她，但她看起來就像不認識我，這讓我相當受傷。」

雪莉兒跟姊姊都很想加入女子儀隊，但自知無法加入，因為儀隊出去表演之處，並不像柯林頓港對種族如此包容。她說：「我們從未嘗試加入，因為有些事妳自知根本不可能參加。」她和傑西會跟一對白人情侶一同出遊，但卻不能去當地的溜冰場，因為他們料想自己根本不得其門而入，這是合理的擔憂，後來有個白人同學就證實了此事。她說：「這並不是有人站在入口處說你不得進入，而是你連試都不用試就知道結果。」

雪莉兒很用功，心智也比較成熟，在校成績不錯，最後進入柯林頓港中學的大學先修班，她說：「我的白人朋友都要上大學。」不過她的父母並沒有特別鼓勵她繼續深造，「這不在他們的人生目標之中，他們甚至很少談到學校的事。」有一次，她寫了封信給位於克里夫蘭的一所商學院，但是母親知道後就斷了她的路，母親的回應很傷人：「我們沒有錢讓妳上大學。」

雪莉兒中學畢業那一年終於出現轉機，她和母親一起替一戶白人家庭打掃，這家女主人一直很欣賞雪莉兒的工作態度，在得知她學業表現不俗之後，很訝異學校裡居然沒有任何人跟她討論過大學的事。這位女主人是當地最大公司的執行長夫人，她一肩扛起雪莉兒的事。「如果不是她為我做的一切，我哪裡也去不了，」她回想說，「女主人穿起皮草，直接踏進校長室，而且去了兩次！」中學校長最後很不情願地同意帶雪莉兒去參觀附近的州立大學。

雪莉兒最後獲得州立大學的入學許可，同時拿到部分獎學金，大學四年的暑假，她會去打些零工，支付獎學金不足的部分。她說自己喜愛大學勝過中學，因為學校裡有更多黑人同學，因此「中學欠缺的社交生活，在大學都補齊了」，只不過回頭看看自己的大學生活，雪莉兒很遺憾自己沒有多方探索教師與社工之外的職業選擇。她記得：「有些孩子會說『我』要當律師，因為我爸爸是個律師。如果我能接觸到更多，或許就不會當老師，因為還有很多工作是我可以做的，但是在一九六〇年代就不是如此。」

雪莉兒的幾個兄弟在柯林頓港遇到的麻煩比她還大。她說：「如果你不跨越種族的界線，像我從來沒試過，就可以避開麻煩，但是假如你跨過那條線，問題就會上門。」她的弟弟就碰過，雪莉兒回憶。她說在歷史課討論奴隸制度時，老師說黑人沒有靈魂，「他整個人抓狂，而且惹上真正的麻煩。」這位老師在雪莉兒班上時也有相同的發言，但是雪莉兒卻一聲不響默默生氣。即使她的一位哥哥，從韓戰回來之後只是想要買間房子，就等於跨越了種族的界線。鎮上的房仲對他說：「我才不管你有多少錢，你就是不可以在這裡買房子。」

如今回顧在柯林頓港的歲月，沒有歸屬感的感覺仍然縈繞在雪莉兒腦中揮之不去，即使她強調鎮上有些白人會伸出援手，把她當成朋友。「艾力森（Ralph Ellison）所寫的《看不見的人》（*Invisible Man*）刻劃出我在柯林頓港的經驗，」她說，「身為一九五九年畢業班的非洲裔學生，我雖然參與了學校生活，但從不曾覺得自己是學生的一分子。」在她眼中，美國的種族主義體系根深蒂固，直到現在都還不允許她或家人完全融入美國的經濟與社會生活。從白人小孩的角度來看，一九五〇年代的柯林頓港是個適合成長的好地方，但是她對我說：「你的過去並不是我的過去，而你的現在更不會是我的現在。」這句話說得很平靜，卻相當傳神。

我們在傑西與雪莉兒的身上可以清楚看到，一九五〇年代的柯林頓港有許多種族歧視，比起當時美國其他地方，雖然不那麼激烈，也相當隱晦，但無論如何都帶來痛苦與深刻的創傷。柯林頓港就跟美國一樣，二十世紀後半費盡全力，種族平等才有了一點點進展，我們不需要美化美國一九五〇年代的種族關係。另一方面，傑西與雪莉兒也強調，在一九五〇年代的柯林頓港，出身寒門並未妨礙他們展現自己的天賦與工作倫理，也不會阻礙他們大幅向上流動，而相較於平凡的家庭背景，還有其他更多因素阻止唐恩與麗碧的生命發光發熱。

從麗碧、雪莉兒與傑西成年以來這半個世紀，種族、階級與性別等形塑生命機會的力量在美國顯然已經重新配置了。[12]美國的不平等愈來愈透過教育來作用，教育是我們這個知識經濟裡的稀有資源，也是與父母社經地位密切相關的測量指標。性別不平等在一九五〇年代非常嚴重，後來已經大幅減少，女性從大學畢業的比例已經超過男性，薪水的性別差異雖然還在，卻已不斷縮小。

不過在消弭種族差異上就沒有如此振奮人心。可以肯定的是，如果我們控制教育的影響，種族在所得上的差距並不大，而在家庭結構與學業成績方面，種族的差距雖然很高卻逐漸下滑。另一方面，不同種族在學校教育與涉入刑事司法體系的差距依然很大。美國的黑人父母仍舊有很高的比例是窮人與教育程度較低的人，因此黑人小孩打從一開始就受到局限。不論他們的父母是富有或貧窮，即便是所得相當的家庭，黑人小孩所住的地區都比白人小孩更貧窮，同樣的，在所得水平條件相同的情況下，黑人小孩比起白人小孩，向上流動者更少，向下流動者更多。[13]

因此，性別與種族的偏見還是很嚴重，但是現在這些因素對於成功的干擾，比起一九五〇年代對於麗碧、傑西、雪莉兒所造成的負擔顯然減輕許多。相較之下，現代美國有一個障礙比起當時的影響更為強大：就是出身的階級。全國各地的階級不平等都在加劇，最近數十年來，年輕人之間以階級為主的機會差距已經擴大，而這就是本書的主題。

二十一世紀柯林頓港的階級差距

當我跟班上的同學在一九五九年畢業後各奔前程，沒有任何人發覺即將到來的改變。我們班上大約有一半進入大學就讀，而那些留在家鄉的人完全相信自己可以找到一份工作（如果他們是男性）、結婚，然後過著舒適的生活，就像他們的父母一樣。大約有十年的時間，這些期待都可以美滿達成。

不過，只要看得更遠一些，就會發現有一股經濟、社會與文化的旋風正匯集全國的力量，而這將徹底改變我們的下一代與下下一代的生命機會。對於許多人來說，這樣的影響令人心痛，因為過去幾十年來橫掃美國的變遷，柯林頓港成了的典型代表。

柯林頓港繁榮所繫的製造業奠定在一九五〇與一九六〇年代，但在一九七〇年代開始動搖。小鎮東端的大工廠「標準產品公司」（Standard Products）從一九五〇年代起就提供了上千名穩定、待遇優渥的藍領工作，但是到了一九七〇年代，生產線上的員工被砍得剩不到一半，經過二十多年的裁員與勞工在勞資談判不斷退讓之後，一九九三年，楓樹街（Maple Street）的工廠大門終於關上。二十年後，只剩下龐大的工廠廢墟，鐵絲網的圍牆上掛著環保署警告危害環境的牌子。但是，標準產品工廠、軍事基地與石灰岩場的倒閉，還只是本鎮全面經濟衰敗最明顯的幾個標記而已。

渥太華郡（Ottawa County，柯林頓港是該郡最大的鎮）製造業的就業人口占全郡工作的比例，從一九六五年的五五%，一路下滑到一九九五年的二五%，而且還持續下降。[14] 失業率的高低則是隨著全國的經濟景氣上下起伏，但是當地的榮景，永遠比不上全國的榮景，當地不景氣的時候，卻永遠比全國不景氣的情況更糟。一直到一九七〇年代末，當地的實質薪資才稍微超過全國的平均薪資，但是在接下來四十年則是每況愈下、愈來愈糟，最低的時候低於全國平均值二五%。到了二〇一二年，渥太華郡一般工人的薪水已經有將近半個世紀沒有實質增加，經過通貨膨脹的調整之後，他們的薪水比祖父母在一九七〇年代所領的薪水還少了十六%。

一九七〇年之前的三十年間，柯林頓港的人口總共增加五三%，但到了一九七〇與一九八〇年代卻突然停滯，一九九〇年之後的二十年則掉了十七%。由於當地焦急的工人亟欲在其他地方找份差事，因此通勤上班的距離愈來愈遠。我年輕時位於市中心的店家，現在大部分都已經空蕩蕩形同廢墟，有一部分的生意被郊區的家庭一元商店及沃爾瑪（Walmart）拉走，這有部分是因為柯林頓港消費者的荷包逐漸縮水。

這些經濟打擊所產生的社會衝擊，一開始受到我年輕時還很強固的家庭與社群連帶所緩解。但是當柯林頓港中學隨後畢業的學生逐一進入當地每況愈下的經濟環境時，原本在一九五〇與一九六〇年代維繫柯林頓港社區的社會規範就逐漸瓦解。一九八〇年代，當地青少年的犯罪率僅是全國平均值，但是之後就開始飆升，到了二〇一〇年已經是全國平均值的三倍。漸漸的，只要可以離開這個鎮，柯林頓港中學的畢業生莫不設法脫身。渥太華郡三十幾歲人口的淨遷出率，從一九七〇年代到二〇一〇年之間漲了一倍，從十三%攀升到二七%。

不令人意外的是，由於經濟壓力與緊縮，渥太華郡的單親家庭從一九七〇到二〇一〇年之間增加了一倍，從一〇%來到二〇%，離婚率甚至增加三倍。這個郡未婚生子的比例從一九九〇年的二〇%，快速升至二〇一〇年的四〇%，遠遠超過全國白人未婚生子增加的速度，也預示接下來幾年單親教養的情況持續增加。至於柯林頓港，一九八〇年代當地經濟崩潰的中心，未婚生子的比例在十幾年間爆炸成長，一九七八至一九九〇年之間，從九%（大約調整過種族因素後為全國平均的一半）上升到大約四〇%（近乎全國平均的兩倍）。隨後幾十年，小孩的貧窮率陡升，從一九九九年的一〇%到了二〇一三年已接近四〇%。[15]

但是柯林頓港半個世紀以來的故事，正如美國過去幾十年的歷史，不僅僅是一部工人階級崩潰的歷史，因為在同一時期也見證一個嶄新上層階級的誕生。

柯林頓港座落在伊利湖（Lake Erie）優美的湖畔。當我年輕的時候，一間間避暑小屋、樸實的度假山莊、釣魚住的小棚，散落在湖岸與果園之間，我們所有人都可以走到湖邊玩水。但是，過去二十年來，柯林頓港的傳統經濟崩潰，來自美國中西部克里夫蘭、哥倫布等主要城市有錢的律師、醫生與商人，紛紛發現湖畔與湖中小島的迷人之處，陸續前來占據這塊區域，在此蓋了第二個家，做為退休養老的住所，有時候甚至只是為了更好的生活品質，而願意花費較長的通勤時間回到城市裡從事薪水優渥的工作。

在當地有錢開發商的參與下，新移民也蓋起一棟棟豪宅與門禁森嚴的社區。目前這些房子沿著湖岸在鎮上兩邊幾乎連綿二十英里。奢華的公寓環繞著高爾夫球場，而小湖上停滿了一艘艘豪華遊艇。在高檔的卡塔巴區（Catawba），沿岸的住家不僅有家庭電影院，還有運動場。打開《柯林頓港新聞先鋒報》（*Port Clinton News-Herald*）的房地產版，你可以在相鄰的廣告欄上，

圖1.1　柯林頓港孩童貧窮率（1990）

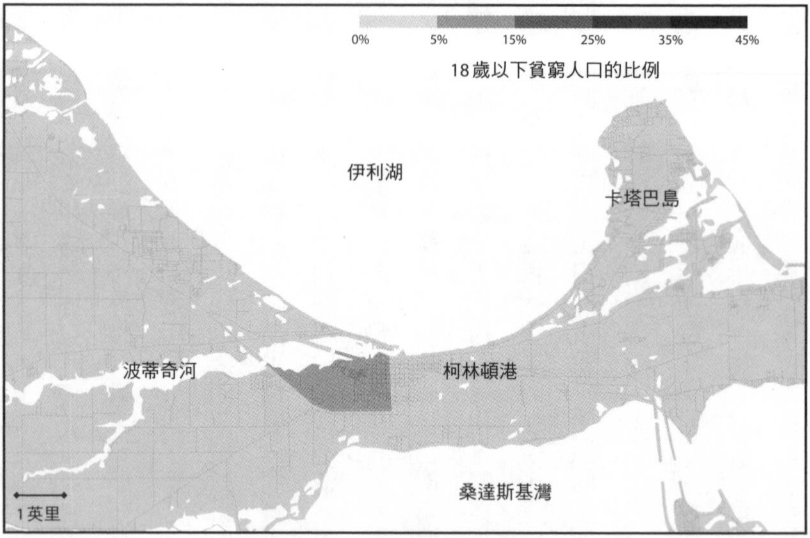

資料來源：由Social Explores所彙整，透過哈佛大學圖書館取得。

圖1.2　柯林頓港孩童貧窮率（2008-2012）

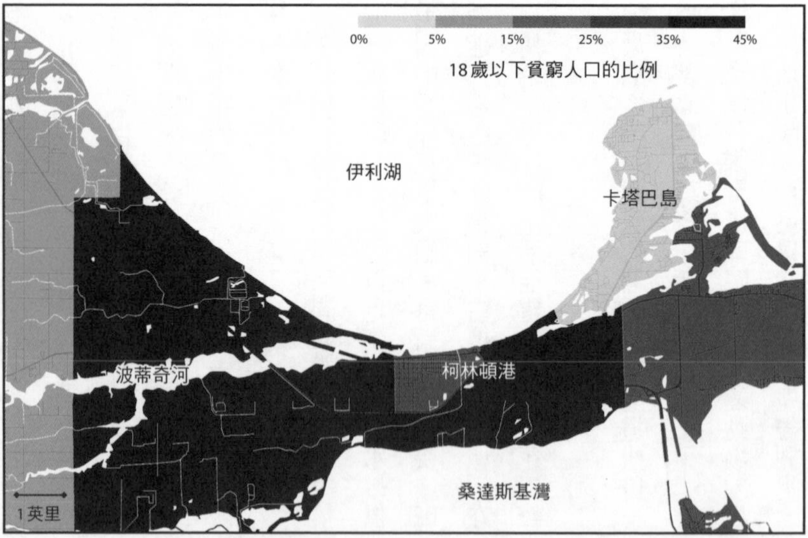

資料來源：2008至20212五年的估算資料由Social Explores所彙整，透過哈佛大學圖書館取得。

看到一棟要價近百萬的豪宅，也可以看到破破爛爛由兩個車廂組成的房子（doublewides），從湖邊有錢人家的房子，走到窮人的拖車停放場可能不到十分鐘的距離。

渥太華郡的所得分配曾經是美國最平均的地方，在過去幾十年也開始傾斜：金字塔上下兩端的居民增加，而中產階級減少。二〇一〇年，卡塔巴島的家戶平均所得超過鄰近調查區域家戶所得的兩倍。不僅如此，轉變的速度與集中的情況一直都很令人震驚，正如圖1.1與圖1.2上的地圖所示，比較多貧窮小孩的人口普查區顏色就比較深，所以從地圖來看，柯林頓港本身（尤其是鄰近市中心的周邊地區）在二〇〇八至二〇一二年之間的貧窮小孩，比起二十年前更多，但是卡塔巴島岸邊的住宅區，在過去幾十年就沒有這樣的變化。二〇一一年，也就是金融風暴過後，如果你開著車從柯林頓港的市中心往東走，沿著東港路（East Harbor Road）開，在卡塔巴島湖畔左邊的人口普查區，孩童的貧窮率是一％，而道路另一邊的人口普查區，孩童的貧窮率則高達五一％。

讓我們看看，兩個白人小孩，分別住在路的兩邊，兩人今天的生活會是什麼樣子。

雀兒喜

雀兒喜與家人住在一棟白色大宅，宅邸前有寬敞的門廊，能夠俯視整座湖泊。他們在附近的小鎮上，也有一間價格不斐的房子，供雀兒喜與她的哥哥上學之用。雀兒喜的媽媽溫蒂，來自密西根州的富裕人家，外祖父是當地一名傑出的律師。溫蒂有研究所學歷，在一間私人診所兼職擔任特教老師。她非常重視時間的彈性，因為顧好兩個小孩（現在已經讀大學）一直是她心中的首要任務。雀兒喜的爸爸迪克，是國內一家大公司的銷售經理，常常都要出差。溫蒂說：「當孩子還小的時候，他在父親這個角色上並沒有很吃重。」

溫蒂則是完全相反，她一直亦步亦趨參與小孩的成長。「我逼小孩的程度更勝過我的父母」她說。「我真的是不斷催促（我小孩的）分數。一路逼著他們讀完中學，而且還繼續在逼。我念書給他們聽（當他們還是小嬰兒的時候）。他們小時候最重要的事，就是閱讀、閱讀、閱讀、閱讀，所以兩個小孩進幼稚園時，都已經會看書了。」她會批評其他沒有如此投入的媽媽，她說：「我看到許多小孩都非常迷惘，但他們的媽媽卻一點也不在乎。」

雀兒喜每天放學回到家，父母至少會有一人在家。母親準備晚餐的時候，她會跟哥哥坐在廚房中島做功課。全家人每天晚上都會一起吃晚餐，除了哥哥打美式足球的時候。「全家人一起吃晚餐非常重要，」溫蒂說，「因為小孩可以學習如何與其他人對話。」

雀兒喜的父母親每年都會為她舉辦新奇主題的生日派對，五歲的時候是茶派對、六歲是芭比娃娃公主派對，十一歲是奧斯卡頒獎典禮（還派豪華轎車去接每位賓客），十六歲的時候則是拉斯維加斯賭城之旅。雀兒喜的父母擔心城裡的小孩無處可逛，所以在家裡的地下室精心布置了一間一九五〇年代風格的餐廳，溫蒂說：「我扮演一九五〇年代餐廳的廚師，這樣很好，因為他們所有朋友都會跟我聊一些事情，而我可以知道他們人在哪裡。」

溫蒂很驕傲自己可以為小孩在學校挺身而出。有一次，有位七年級的老師說雀兒喜的哥哥沒有做功課，而她向老師證明他確實有完成作業，但老師拒絕為此更改成績。她先是一狀告到校長，之後還告上學校董事會。董事會更改了成績，還把老師調職。還有一次，雀兒喜在中學時很努力地編了四年學校的年級紀念冊，而且在最後一年擔任總編輯，她料想自己可以因此贏得每年頒給紀念冊編輯的大學獎學金。當負責此事的老師拒絕提名雀兒喜角逐獎學金時，她的母親又跑去找校長，校長馬上清楚她的來意。「你瞭解我，」她說，「我會去找董事會……你去告訴這個老師叫他在（獎學金）的名單上簽名，我就不再追究。」隔天，名單就送過來了。

雀兒喜說自己是中學裡「最活躍的人」，她是學生會會長、年級紀念冊主編、全國高中榮譽生會成員、讀書會的會長、還有「數不盡的頭銜」。甚至連她的父母都比其他學生的家長更積極參與學校活動，他們曾因學生們不知道怎麼做而幫忙用鐵絲網做了一臺金剛造型的花車。雀兒喜負責舞會時，由於其他學生無法到場搭舞臺，溫蒂就去會場，通宵為她黏貼舞會布景。

雖然家裡的經濟寬裕，溫蒂並不覺得自己或其他有錢的朋友是「等著領大筆遺產的貴族」（old money gentry）。「當地大部分的父母都來自中西部，他們完全靠自己努力，」她說，「這裡不是比佛利山莊，也不是漢普頓（Hamptons）。」她鼓勵小孩暑假去打工。她堅持「如果你想要有錢，就必須靠自己奮鬥」。她對於要特別花錢補助貧窮小孩的教育深表懷疑，「如果我的小孩有一天功成名就，我不認為他們應該為那些整天枯坐卻一點也不努力求取成功的人付錢。」

當我們問到雀兒喜生命中是否曾感受到壓力，她說：「我從來就沒有真的為錢煩惱過」，當他們有位家族友人自殺時，她的情緒確實受到很大的影響，但是她可以跟父母親講出自己的感受，父母就是她的模範。「我身邊的人一直都盡心盡力幫我，引領我走上正軌，」她說，「我對於自己生命中的一切感到心滿意足。」

雀兒喜一直知道自己會上大學。她的父母親為了鼓勵他們獲得好成績，答應他們兄妹如果中學畢業的成績排在班上的前百分之十，就會替他們出全部的大學學費。兩個人都辦到了，而現在都就讀同一所名列十大聯盟的大學。雀兒喜的目標是進入法學院，跟隨祖父的律師之路。

大衛

當我們二〇一二年在柯林頓港公園與大衛碰面時，他看起來非常瘦，穿著牛仔褲，頭上戴著棒球帽。他的父親在中學就輟學，之後試著跟祖父一樣開卡車賺錢過活卻失敗，因此成年之後一直在打零工，做點環境打掃的臨時工。大衛很抱歉地說自己無法講更多關於父親的事，因為「他在坐牢，所以我無法問他」。大衛的父母在他還很小的時候就已經離異，母親一去不回，所以他對母親所知有限，只知道她住在柯林頓港一帶。「她的男朋友都是神經病，」他說，「我幾乎不曾好好看過我的母親，她老是不在。」

大衛的命運相當坎坷。雖然父親在監獄進進出出，但他成長過程中主要是由父親監護。大衛還小的時候，父親的女朋友一個換過一個，而且常常是在毒品中載浮載沉。大衛與父親有一段時間跟祖母住在一塊，就在港口路比較貧窮的一側，之後爸爸搬出去住，又跟另外一個女人同居。但最後不是付不起房租，就是又開始「嗑藥」，只好再回來跟祖母住。大衛有九個同父異母及同母異父的兄弟姊妹，但是沒有一個固定的居住地址。

當大衛十、十一歲時，父親跟一個女人廝混了好幾年，他說她是繼母，雖然父親跟她並未真正結婚。他說繼母是個「瘋子……酗酒、嗑藥、吸毒」，現在換跟另外一個人同居，還生了好幾個小孩。大衛說，當她離開時，父親「深深沉溺在」毒品與女人之中。這些大人們在他的生命中來來去去，毫不關心孩子發生什麼事，讓大衛覺得似乎「沒有人在意」他們兄弟姊妹的死活。

大衛的爸爸最近因為一連串的搶劫而入獄，但大衛無法前往探視，因為他自己也還在緩刑期。他覺得跟爸爸很親，因為爸爸是他生命中唯一始終在他身邊的大人，只不過他擔心爸爸的情緒不大穩定，「有時候他對我生氣，有時候則不會，就看我碰上他時，他的心情好壞。」

大衛的家庭生活顯然一片混亂，他靠著跟朋友鬼混、逃家、抽大麻來面對壓力。他說，「我很想要有個家，我知道我想要自己的家人更親密，因為家離我太過遙遠。」他接著說：「我從不曾跟家人一起坐著吃晚餐，所以根本不知道那是什麼感覺。」

因為爸爸居無定所，所以大衛讀了七間不同的小學。他回想起這段經歷，學校一直是個問題，「我就是任由分數上上下下直到每個學期結束，而我居然每年都及格，不曾遭到留級。中學的時候，我因為跟一個小孩打架，被學校踢出去，送到我很討厭的『矯正學校』。」最後，在當地一名老師的協助下，中學最後一年他轉到附近中學的「就業輔導班」（career-based intervention class），他在這裡拿到學位，因為他在大波爾餐廳（Big Bopper's Diner）的工作經驗，得到學校學分的認可。畢業後不久，這間餐廳就開除他了。

大衛自己也惹上不少麻煩，有一部分是因為他常跟損友鬼混。十三歲的時候，他闖入好幾間商店行竊，被判處在家拘禁五個月。他可以上學，但上學以外的時間必須待在家裡，所以他能做的就是打電動玩具消磨時間。他說，「這一切都是逼不得已。」緩刑一過，他惹上更多麻煩，先是喝醉酒，還無法通過驗毒，這讓他又進入少年監獄。大衛基本上沒有任何支持網絡，一開始是入獄前的朋友帶著他闖禍，但是之後在監獄裡遇到的朋友也沒有好到哪裡去。他說，「如果你在監獄裡交朋友，你通常會跟他們一起再回到監獄。」

自從離開學校之後，大衛做了好幾份臨時工，速食餐廳、塑膠工廠與幫人整理庭院。由於青少年留下的犯罪紀錄，他找工作找得非常辛苦，而他也無法付出「幾百塊」的法律規費來塗銷自己的前科。他很努力工作，想爭取擔任庭院整理的工頭，卻因為曾經超速而被記點，因而喪失機會。

儘管大衛在學校裡麻煩不斷，但他卻有很明確的求學動機。「我真的想進大學讀書，」他說，「我需要文憑，沒有學歷很難找到工作。」但是，他一點也不知道怎麼達到目標。他回想起過去，讀書時學校裡的生涯規劃顧問或老師都沒有太大幫助，而父母更是一點用處也沒有。他很痛苦地意識到，自己年輕的時候，柯林頓港沒有任何一個人願意幫助他。鎮上的人都知道他家裡的情況，但沒有人主動伸出援手。他認為是因為自己的父母「在鎮上名聲不好」，所以鎮民拒絕施予同情。大衛一輩子都必須照顧自己的大小事。

毫無意外，由於本身的生活經驗，大衛覺得自己對那些兄弟姊妹有很大的責任，因為沒有任何一個有能力的大人會照顧他們。「我是唯一會養他們的人」他說。大衛對這些弟弟妹妹的責任感顯得深刻誠摯，「彷彿每個人都在看我怎麼把大家拉在一起，這給我很大的壓力。」事實上，二〇一二年我們第一次在公園遇到他，他正細心照顧自己八歲的弟弟。當天稍早，他也是唯一去運動會替小弟加油的家人。兩年後大衛再度接受訪問時，他說那個小弟現在要照顧一個年紀更小、由嗑藥的繼母所生的小男嬰。

二〇一二年，大衛的女朋友懷孕。「這完全是意外，不過事情就這樣發生了。」當時，他希望小孩的誕生可以讓自己的生活穩定下來，但是他也坦承自己不確定是否可以信任女朋友。很不幸，他的直覺很準，兩年後，她跑去跟其他男友同居（跟她一樣是個毒蟲），她與大衛共同擁有女兒的監護權。他的生活被帳單追著跑，但是他也說女兒讓他有了生活目標。「我喜歡當爸爸的感覺，她看著我，彷彿我是她的上帝。」

二〇一二年的時候，我們問大衛是否想過放棄。「是的」他馬上回答，「有時候，我覺得這一切毫無意義，但是很快就重新振作。有時候這讓我很沮喪，但是我試著不讓自己陷得太深。」二〇一四年，由於女友背叛，加上找不到工作，他整個人心神錯亂，他在臉書上更新自己的動態，「我一直都是輸家，」他寫著，「我只想要再感受到完整，但根本毫無進展！我這麼努力完成生命中所有事情，但終究還是白費功夫！完了……我一輩子就他媽的完了！」

如果我們比較一九五〇年代柯林頓港的小孩與現在柯林頓港的小孩，會發現機會差距拉大的程度相當離譜，這有部分是因為現在有錢人家的孩子比當時有錢人家的孩子享有更多優勢，但最主要的原因還是現在貧窮人家的孩子所面對的環境比以前更加惡劣。法蘭克的父母對於他在學校馬馬虎虎的表現相當放任，完全不同於溫蒂父母急迫盯人的教養方式，從不斷催促「讀書、讀書、讀書」到通宵為她布置舞會道具。法蘭克的父母鼓勵他跟一般家庭的孩子玩耍，而溫蒂會花錢請名車接送同學參加豪華的生日派對。雀兒喜住在相當高級的地段，而法蘭克的家庭則不然。雀兒喜稱霸她中學的一切活動，而法蘭克當然不會這麼做。雀兒喜和她的母親對於家長干預小孩在學校的行為感到驕傲，而法蘭克應該會被這樣的想法嚇到。

相較於一九五九年工人階級的小孩，現在的工人階級子女，例如大衛，過的是整天惹麻煩、孤獨且沒有希望的生活。唐恩、麗碧、雪莉兒與傑西都有穩定、完整、充滿愛的家庭，但大衛根本沒有一個像樣的家。唐恩的父親儘管要兼顧兩個工作，但唐恩的每一場比賽他都會到場加油；麗碧與雪莉兒的母親都是子女的楷模，而大衛的父親、母親與繼母，頂多只是給他一堂失敗人生的教訓。麗碧在每天與家人共進晚餐中，學會了禮貌、價值觀與忠誠，但是大衛卻連家人一起吃晚餐的感覺是什麼都不知道。這四個一九五〇年代工人階級的小孩都受到家庭或學校（或兩者）的鼓勵，進入大學就讀，然而大衛是「漂泊的」，基本上沒有任何人引導。老師、教練、教會裡的長輩，甚至是穿著皮衣的女主人會站出來幫助麗碧、傑西和唐恩，但是鎮上的居民卻眼睜睜看著大衛自生自滅。我父母那一代的所有人（從撞球高手到牧師），都將唐恩與麗碧視為「我們的孩子」，但令人驚訝的是，現在柯林頓港的大人很少意識到大衛的存在，更不用說視之為「我們的孩子」。[16]

當然，柯林頓港只是眾多小鎮之一，但是我們之後會證明，這個小鎮過去五十年來的發展軌跡，以及這些小孩不同的命運，並不是特例。例如，柯林頓港雖然描述的是美國鐵鏽帶（Rust Belt，譯按：工業衰退的地帶）的故事，但它並**不限於此**。以下章節會以類似的模式追溯全國各地社區的軌跡，從奧勒岡州的本德（Bend）到亞特蘭大，從加州的橘郡到費城。但是，我們先把聚焦於柯林頓港的鏡頭拉遠，用更寬廣的視野看看當代美國社會的圖像，讓我們先解釋平等原則，以及此原則對於現今美國社會的意義。

美國的所得不平等：更大的圖像

當代討論美國社會的不平等，常常會結合兩個相關卻截然不同的議題：

- **所得與財富的平等**。現今美國成年人的所得與財富分配（根據占領運動是一％對上九九％），在過去幾年已經在黨派之間引起很大的辯論。不過從歷史上來看，大部分美國人並不是很擔心這類不平等：我們比較不會對其他人的成功感到眼紅，或在乎社會經濟的階梯有多高，因為我們假定在能力與精力相同的情況下，每個人往上爬的機會均等。
- **機會平等與社會流動**。下一代人的前途，也就是來自不同背景的年輕人事實上可以從大約相同的起點登上階梯，而只要天賦與精力相當，人人都擁有相同的機會往上爬，這些預設指出美國文化中另一個很重要的問題。美國獨立是建立在「所有人生而平等」的承諾上，因此歷史上美國所有政黨都非常關心此議題。

這兩種平等顯然相關，因為這一代的所得分配，可能會影響下一代的機會分配，但這兩者並不相同。當代父母的所得及財富分配形成本書故事的重要背景，正如同它影響了雀兒喜與大衛截然不同的人生。不過，本書主要集中在孩子現今的機會分配，並且試著找出以下這個問題的答案：**現在來自不同社會與經濟背景的年輕人，是否具有差不多平等的生命機會，在過去幾十年來又有何變化？**[17]舉例來說，法蘭克與唐恩在一九五〇年代起跑點的不同，遠遠比不上二〇一〇年代雀兒喜與大衛的差異，但這些個案普遍化的程度能有多少？我先從貫穿整個美國漫長歷史中有關兩種平等的渴望、迷思與現實等整體現象著手。

當今美國人對於所得與財富重分配的程度，是否應該像俠盜羅賓漢一樣從有錢人流到窮人身上，其實存有分歧。現在有超過三分之二的人（集中在民主黨、少數族群與窮人，也包括各種政治立場與各行各業的大多數人），都比較傾向分配的平等勝過所得的平等。雖然許多人偏向採取務實的方式來限制不平等的情況，但我國人民也是哲學保守派，對政府補救所得不均的能力相當懷疑，並且深信個人幸福的責任主要落在他（她）自己身上。[18]

另一方面，我們都同意往上流動的渴望不該因個人的家庭背景而有所差異。我們之中大約九五％的人同意「每個人都應該有相同的機會往上爬」，從半個世紀前以來的民意調查顯示，整體的共識幾乎毫無改變。[19]（當問題改為，我們的社會是否「應該盡一切的代價，確保每個人有相同的成功機會？」這項共識就稍微有點動搖。十個美國人之中有九個同意這段話，但是居於社會經濟地位前二〇%的人，只有四八%「非常同意」，相較之下，後二〇%的人則有七成是非常同意）。[20]大約有九〇%的美國人，不論政治立場為何，都會說自己支持政府投入更多經費在公共教育上，以確保每個人生命的起跑點大致相同。如果一定要做選擇，那不分收入程度，所有美國人有將近三分之一同意「對這個國家來說……確保每個人有相同的機會來改善他們的經濟地位比起降低所得不均更為重要」。[21]正如前聯準會（Federal Reserve）主席伯南克（Ben Bernanke）所說：「美國的根本原則是建立在所有人都可以憑藉自己的努力、技能與才智，取得成功的機會。」[22]

針對機會平等的最初承諾不但深刻而且相當多元。富蘭克林的《自傳》（*Autobiography*）是美國殖民時期「從赤貧到致富」最具有代表性的故事。美國先前並沒有封建的社會結構（不得不說南北戰爭前的貴族蓄奴體系是一大例外），這有助於創造與維繫一個平等的政治結構，尤其是一八三〇年代民粹主義者傑克森式民主（Jacksonian democracy）的興起。美國西部一望無際的土地基本上都是自由的土地，至少對於新移民來說是自由的，這使得往上流動的理想觸手可及。恰如研究西部歷史的著名歷史學者特納（Frederick Jackson Turner）所說：「西部就代表機會。」[23]美國大覺醒時代（Great Awakenings）一再爆發的福音派宗教狂熱（例如一八三〇年代第二次大覺醒的廢奴主義者，以及進步時代的「社會福音運動」〔Social Gospel〕），都承載著道德強化的使命，要將上帝創造人生而平等的國家基本承諾延續下去。

美國富饒的經濟鼓舞著所有人，人人都懷抱希望，覺得自己有可能往上流動。一九五〇年代的經濟榮景支撐了柯林頓港的平等文化，歷史學家波特（David Potter）在一九五四年的暢銷作品《富足的人民》（*People of Plenty*）因此宣稱，美國的富足已經使機會更為平等，「勝過我們見證的任何一個社會或時代」。[24]他也說，即使人民對於機會平等的信念過於誇大，卻已讓美國人深信，如果我們無法靠自己成功，那都要怪你自己。波特寫道，美國的平等跟歐洲那種結果平等並不相同，美國的平等「重要的意義是競爭上平等」。大西洋兩岸在願景上的對比直到今日都尚未消失。[25]相較於我們歐洲的同伴，美國人仍然比較不信任所得重分配的政策，也比較看重社會流動。

雖然「美國夢」這個新詞彙是意外出現（這個詞大約從一九三〇年代首次被用於現代意義），愛爾傑（Horatio Alger）的文化譬喻，還有往上流動的期盼，深深植入我們的精神之中。一八四三年，《邁高斐讀本》（*McGuffey's Reader*），事實上也是美國第一本全國通行的教科書，告訴學生：「財富、榮耀、實用與幸福之路對所有人開放，任何人只要願意，幾乎都可以走向成功光明的未來。」[26]

二次世界大戰後的半個世紀以來，大約有三分之二來自各行各業的美國人跟民調人員說，任何人基本上只要努力都可以出人頭地。[27]但是到了二十一世紀，調查顯示，大家對於下一代往上流動的機會已逐漸瀰漫一股悲觀的看法，也不再堅信努力工作就可以得到回報。儘管如此，持平而論，大部分的美國人還是相信（至少到目前為止）機會平等是美國社會的特色，也就是說，「美國夢」還在。[28]

兩個美國？

行文至此，我們已經調查了美國人對於平等與階級流動的信念。但事實到底為何？當我們在討論美國的階級差異時，現在與過去的趨勢又是什麼？

從趨勢圖來看，二十世紀美國所得不平等的變化呈現一個大U形，以一段鍍金時代（Gilded Age）開始，再以另一段鍍金時代劃下句點，而中間有一段很長的相對平等時期。[29]經濟史學家高汀（Claudia Goldin）與卡茲（Lawrence Katz）將此種型態描寫成「雙五十年記」（a tale of two half-centuries）。二十世紀初始，經濟不平等相當嚴重，但是從一九一〇到一九七〇年左右，所得的分布逐漸變得平等。兩次世界大戰與經濟大蕭條造成經濟金字塔扁平化，但是平等的趨勢一直延續到戰後三十年（我跟同學在柯林頓港成長的這段期間就是平等時期）。社會學家梅西（Douglas Massey）摘述那段時期：「從一九四五到一九七五年，在新政的結構安排下，貧窮率持續下滑，平均所得穩定提高，不平等節節下降，經濟水平上漲讓所有人雨露均霑。」[30]事實上，這段時間窮人（小船）的成長確實比有錢人（遊艇）上升得稍微快一些，所得前五分之一的人每年成長二．五%，而後五分之一的人每年則是增加三%。

不過，從一九七〇年代初期開始，維持數十年的均等趨勢開始反轉，一開始速度還很緩慢，但隨後就加速惡化。起初，分化主要出現在所得階層的下方，也就是有愈來愈多人從所得的中上階層掉到底層，但是在一九八〇年代，所得頂端的人逐漸拉開與其他人的差距，到了二十一世紀的前十年，最頂端的人又拉開與頂層其他人之間的差距。[31]即使在各個主要的種族與族群團體**內部**，從一九六七年到二〇一一年之間，所得不平等也以同樣明顯的速度提高，有錢的白人、黑人、拉丁美洲裔也拉開自己與同族裡窮人之間的差距。[32]一九七九年到二〇〇五年的二十五年間，所得後五分之一的美國家庭，稅後的所得（通貨膨脹調整之後）每年增加九百美元，中間五分之一的美國家庭每年增加八千七百美元，而前一%的家庭，每年增加七十四萬五千美元。[33]

所得趨異在不同教育程度的男性身上尤其明顯。經濟學家奧圖（David Autor）提到：「一九八〇到二〇一二年之間，各地受過大學教育的男性，每小時實質薪資大約上升二〇%到五六%，其中有學士後學位的人薪資增加最多。」同一時期，教育程度在中學以下的男性，實質薪資則明顯下滑，中學輟學的男性，薪資大約減少二二%，而中學畢業的男性，薪資大約減少十一%。[34]

受到二〇〇八至二〇〇九年金融風暴的直接影響，所得不平等歷經短暫的下滑，但是接下來幾年，所得最頂層的人愈來愈有錢的趨勢開始恢復甚至還加速，而同一時期社會其他階層的人則處於停滯，甚至是愈來愈糟的狀態。從二〇〇九年到二〇一二年，美國所得前一%的家庭，實質所得增加三一%，而其餘九九%的人，實質所得卻幾乎停滯不前（上升不到〇・五%）。[35]

有關過去三十至四十年間所得不平等快速增長的原因引起諸多辯論，像是全球化、科技改變、「教育收益」（returns to education）增加的結果、去工會化、超級巨薪（superstar compensation）、社會規範改變、以及後雷根時期的公共政策（雖然所得不平等的基本變化在民主與共和兩黨執政時都曾發生）。任何一位認真的觀察家都不會懷疑過去四十年是美國所得不平等擴大最快的時期。[36]美國民眾也逐漸意識到不平等的擴大，雖然他們低估了轉變的程度。

所得不平等擴大，特別是超級有錢人跟其他人的差距，近幾年來在公共場域引發廣泛討論。貧富差距的擴大也反映在人類福祉的其他指標，像是財富、幸福感，甚至是平均壽命。

從一九八〇年代以來，受過大學教育的白人女性，死亡率不斷下滑，但是學歷在中學以下的白人女性，死亡率則節節高升，這主要來自經濟富足程度的日益懸殊。社會學家胡特（Michael Hout）說：「二〇一二年有錢人的幸福程度大約跟一九七〇年代一樣，但二〇一二年的窮人卻遠比一九七〇年代的窮人不快樂得多。因此，整體所得的差距（表現在幸福程度）在二〇一二年比一九七〇年代還要擴大三〇%。」[37]

不平等的擴大在累積財富（accumulated wealth）這項指標尤其明顯（如圖1.3所示）。即使我

圖 1.3　財富差距擴大，1989-2013（根據家長教育程度與 2013 年的美元不變值）

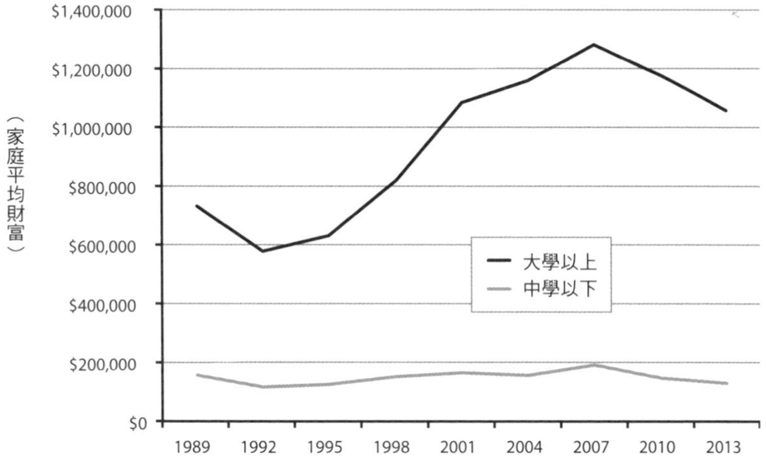

資料來源：Survey of Consumer Finance, Federal Reserve Bank, http://www.federalreserve.gov/econresdata/scf/scfindex.htm.

們把金融風暴這段時間的損失算進來，美國擁有大學學歷、有小孩的家庭，財富的淨值從一九八九年到二〇一三年成長了四七%，但是僅有中學學歷的家庭，財富淨值在同一段時間則是下滑了十七%。父母的財富對於社會流動特別重要，因為家庭的財富提供了一種非正式的保險，讓子女可以冒更大的風險去尋求更多的報酬。比方說，當子女可以從爸媽身上借到生活費時，找工作就有比較多的選擇，而那些無法從父母身上獲得生活保障的子女，就必須把握第一份工作的機會。同樣的，家庭財富也允許子女花大錢讀大學，不需要背負龐大的學生貸款，以免影響到他們畢業後所能選擇的機會。

相較於有錢美國人與貧窮美國人之間的差距不斷擴大，大家比較少討論但同樣嚴重的是，隨著經濟差距擴大，美國沿著階級界線的各種隔離也日益擴大。[38]

一九五〇年代，柯林頓港有錢人家的小孩與貧窮的小孩就住在附近，大家一起上學，玩在一塊，一起禱告，甚至相互約會與談戀愛。由於柯林頓港並不是個公社，所以這些小孩的父母留給他們的經濟與文化資產當然不同。不過，每位小孩（與父母）都會認識一些不同階級的人，也會與不同階級的人成為好友。反觀現在，不論是柯林頓港或其他地方，愈來愈少人會在日常生活中接觸到社會經濟地位與自己不同的人。階級隔離的三種面向顯示，過去四十年來，美國社會沿著階級界線而分隔的情況十分普遍。

居住隔離

社區是階級分隔加劇的重要場域。家庭根據所得而分別住到特定社區的情況，在二〇一〇年顯然超過一九七〇年。[39]愈來愈多家庭不是住在全部都是有錢人的區域，就是住在全部是窮人的區域，住在混合社區或中等收入社區者愈來愈少（請見圖1.4）。地理分布的兩極分化來自於郊區的成長以及高速公路的擴張，使得高所得的家庭可以搬離貧窮的鄰居，去尋找擁有大片土地、較隱私、兼有公園與購物中心的地方。因階級而來的居住地區兩極化一直都因為收入鴻溝擴大而加劇，而且（諷刺的是）居住法的修改，讓更富有的少數家庭，可以搬到郊區居住。

因此，當以種族為主的隔離逐漸消失時，以階級為主的隔離卻逐步增加。事實上，朝向階

圖1.4　高所得、中所得、低所得家庭在社區中的比例
（人口小於五十萬的都會區，1970-2009）

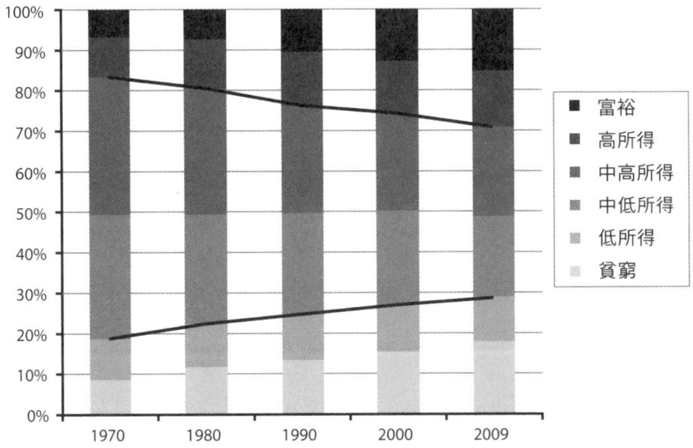

資料來源：人口調查局（Census Bureau）資料分析，請參考：Kendra Bischoff and Sean F. Reardon, "Residential Segregation by Income, 1970–2009," in *Diversity and Disparities: America Enters a New Century,* ed. John Logan (New York: Russell Sage Foundation, 2014)。

級隔離的趨勢在每個主要種族的**內部**都是真實的現象，所以富裕和貧窮的黑人（拉丁裔）家庭，比起四十年前，更不可能成為鄰居。

本章前面我們已經描述過柯林頓港東港路兩側愈來愈明顯的階級分隔，在後面的章節我們會看見同樣的過程——一種剛發展不久的階級隔離現象——如何在全國各鄉鎮與各城市發酵。這個過程就孩子所遇到的同儕以及人生導師兩方面來看，都深深影響了孩子每天在校內與校外的境遇，這些可見第五章的討論。不論我們是富裕或貧窮，我們的孩子逐漸會和那些跟父母親階級都相同的小孩一起成長。

教育隔離

從一九七〇年代開始，以階級為主的居住隔離逐漸增加，進一步轉變為現實生活中以階級為主的學校隔離。家庭所得位於上半部的學童，有愈來愈多人上私立學校，或是住在比較好的學區。即使貧窮與有錢家庭的小孩住在同一個學區，他們也愈來愈多就讀不同且不平等的學校。而且通常在同一個學校內，大學進階先修課程與其他高階課程往往會區隔天之驕子與平凡人家的小孩。之後，階級背景不同的小孩會逐漸分流到不同的大學，例如，截至二〇〇四年為止，來自教育程度與所得前四分一家庭的小孩進入頂尖大學的機率，比起後四分之一家庭的小孩，高出十七倍。[40]

同樣的，教育隔離的影響遠遠超過教室，不論是朋友網絡或其他社會資源各方面，都會受到影響。如我們前面所說，一九五〇年代柯林頓港的小孩不論家庭背景為何，大家都上同樣的課、參加同樣的隊伍與同樣的派對。但是時至今日，即使雀兒喜與大衛的家離不到幾英里，也不大可能有照面的機會。教育隔離非常重要，我們會用一整章來討論（第四章）。

婚姻

大部分的人往往會和自己類似的人結婚，但是橫跨各種社會界線通婚的比例會隨著時間而改變。從兩方面來看，跨越界線的通婚是檢視生活界線嚴格程度的實用指標。首先，我們大部分結婚的對象都是我們碰得到的人。因此，社會界線（例如社區或學校）的可滲透性愈高，年輕人愈有可能跨界尋覓伴侶。其次，通婚的比例愈高，代表未來跨界的互動就會愈多，至少在大家族中是如此。簡而言之，現在的高通婚率表示過去的社會隔離低，而且未來的社會隔離會更低。舉例來說，過去幾十年來，跨越宗教與種族的通婚逐漸增加，這反映了整個美國社會在宗教與種族上的阻礙逐漸減弱。那麼跨越階級的通婚情況究竟如何？

整個二十世紀，跨越階級界線的通婚趨勢，幾乎完全符合所得不平等的大U曲線。[41]二十世紀前半，跟不同階級的人結婚變得愈來愈普遍。但是二十世紀中葉開始，整個趨勢逆轉。二十世紀後半，美國人的結婚對象，教育背景跟自己愈來愈類似，教育程度比較高的人可能會嫁給另一個學歷不錯的人。[42]換句話說，二十世紀前半，有錢人與窮人之間的差距很小，愈來愈多羅密歐與茱麗葉跨界邂逅，但是隨著經濟與教育差距在最近幾十年來逐漸擴大，愈來愈少人能跨界尋得伴侶。

跨越階級界線的通婚減少，對於整個大家族的組成也有影響。兩代之前，家族聚會時，可能會有小生意人、工人、教授與建築工人聚在一塊，但是階級內通婚增加所產生的漣漪效應，使得今日個人（甚至是未來的）的親屬網絡，比較有可能是由和自己相同階級背景的人所組成，進而減少階級之間的互動。工人階級的小孩愈來愈少會有富有的叔叔或受過教育的阿姨來幫助他創造往上爬的機會。

最終，整個社區、學校、婚姻（或許還有市民團體、職場與朋友圈[43]）的階級隔離愈來愈大，表示有錢的美國人和貧窮的美國人漸漸在隔離且不平等的世界中生活、學習與扶養小孩，向上流動的踏腳石已經被移開，過去大學同學、堂（表）兄弟姊妹或中產階級的鄰居，會將鄰近地區的工人階級小孩納入保護的羽翼之下。此外，階級隔離代表中上階級不大可能掌握窮人小孩生活的直接知識，因此也無法看清階級鴻溝的擴大。事實上，本書之所以收錄年輕人的生命故事，其中一個原因就是要幫助我們看清楚鍍金年代社會改革者里斯（Jacob Riis）所說的：「另一半的人怎麼過活？」[44]

機會均等

人人生而平等的美國夢有多大程度代表美國**實際的**歷史特色？這個答案有部分取決於比較的標準，看我們到底是要以完美開放向上流動的神話為標準，還是以美國過去的情況來比較，或者以其他類似的國家為比較基準。另一方面也取決於**絕對**與**相對**向上流動的重要差異。

在一個成長的經濟體之中，教育程度不斷提高，就絕對定義來看，每個人原則上都會比他的父母還要好，即使每個家庭的相對地位沒有變動，比方說，父母大學畢業而小孩研究所畢業，父母不識字而小孩小學畢業，在這樣的世界裡，漲潮帶動所有船隻跟著升高，只不過沒有人從小船跳到遊艇，所以相對流動等於是零。

反之，即使整體的經濟停滯，在一個社會流動完美的體系裡，就算父母來自下層階級，有能力且充滿雄心壯志的小孩還是會一路往上爬，超越那些出身有錢人家卻不長進的敗家子。這樣的世界機會均等，因為人最終的命運不再是由他們的出身所決定。所以，一個社會可能有很低的絕對流動，卻有很高的相對流動，反過來看也是如此。

從整個歷史來看，相對流動在幾個世代以來只占個人流動的一小部分，而大部分的情況都是絕對（或結構性）流動。在所得與教育高成長的時期，或者是苦力工作逐漸減少的時候，許多出身下層階級的人會經歷絕對向上流動，不論相對流動是否改變。

原則上，一個社會當然可能有很高的絕對流動（水漲船高）與很高的相對流動（小船漲得比遊艇多）。在幸運的一九五〇與一九六〇年代，我在柯林頓港的同學正是由此幸福的狀態中得利，而學者也指出在全國都有相同的趨勢。[45]反之，本書所提出的幾項議題，在於當今美國的年輕人是否同時面臨兩個**最糟糕**的世界：低絕對流動與低相對流動。

二十世紀之前，針對美國社會流動的經驗研究，大部分集中在白人絕對向上流動的現象，比較的標準是完美流動的國家神話。換句話說，他們要問的是，有多少上層階級在嚴格的意義下是白手起家（strictly self-made），而答案是「相對不多」。因此，早期的研究最後揭開國家神話的真相，因為流動並不像由窮人翻身變有錢人的故事所暗示的那麼大。

另一方面，歷史學家仔細的統計比較發現，經濟增長以及教育體系的不斷擴張確實帶來明顯的絕對流動，或許在二十世紀的前半特別明顯。[46]二次世界大戰後的幾十年間，如我所說，絕對流動（還有某種程度上的相對流動）似乎超乎尋常地高，因為經濟增長與教育擴張帶來罕見的向上流動。

不過，現在的證據顯示，從一九七〇年代開始絕對流動就已經停滯，因為經濟與教育發展都停滯不動。[47]最近有許多公開的評論堅持，美國的相對社會流動在過去二十五年來也不斷下滑，雖然佐證資料還是相對薄弱。[48]換句話說，美國人認為過去幾年來所得不平等不斷增加，關於這點，他們的想法完全正確。他們不太確定機會均等（或向上流動）是否有這麼大的改變，而至今看來他們似乎也對了，即使他們高估了從下往上流動的勝算。但是，本書最關鍵的就是這個「但是」，**社會流動的傳統指標無疑已經落後三、四十年**。

衡量一個人流動的傳統方法，是把兒子（或女兒）在**三、四十歲時**的所得或教育，拿來跟他們父母**三、四十歲時**的所得或教育進行比較。這個根本邏輯的問題在於，我們無法確定一個世代剛跨入中年所達到的成就，是否就是他們最後的社會經濟地位。但是，這個方法必然表示，測量流動的傳統方法是一個社會變遷的「延遲指標」(lagging indicator)，因為即使是最近的傳統測量方式，也是指三、四十年前所生的那一代。因此，決策人員與公民如果仰賴傳統做法，就像是太空人在研究星星一樣：他們必須靠著有時間落差的資訊做出結論，所以只能看到好幾年前或一個時代之前的情況，而不是眼下正在發生的情況。大衛與雀兒喜的情況要到二〇二〇年的社會流動統計數據才會出現。他們在兒童與青少年時期的經驗，比起我一九五九年那班同學的經歷，顯示我們已經遠離機會均等好幾十年，但如果情況真是如此，在接下來十幾年的時間，我們還是無法透過傳統的測量方法察覺向上流動的趨緩。同樣的，如果離我們最近的半人馬座（Alpha Centauri）昨晚爆炸，那我們要等到四年之後才會知道。

本書採取不同的方法，不使用傳統的「後照鏡」（rearview mirror）回顧法，而是直接檢視過去三十年來這些小孩子的遭遇，他們所生長的家庭，所接受的家庭教養與學校教育，以及成長的社區。[49]我們知道這些經驗肯定大大影響他們的成就。我們在這些地方所看見的改變，絕對預示社會流動的改變，令人沮喪的是，根據我在本書所描述的證據顯示，往後幾年的情況似乎只會愈來愈糟，粉碎了我們的美國夢。

概念說明

如果這本書是一本社會學的教科書，我們就需要區分社會階級的不同概念及指標，例如職業、財富、所得、教育、文化、社會地位（social status）、自我認同（self-identity），因此我們必須擔心這些測量方法的不一致性，例如一個高學歷卻領著微薄薪水的圖書館員，或者是一個不大識字的富豪。[50]然而，為了我們的目標，還有為了整個群體，這些不同的指標緊密相關，而我知道本書核心概念的任何例子，沒有一個是完全取決於一個特定的指標。

教育，尤其是高等教育，對於好的工作與更高的所得愈來愈重要，用經濟學的詞語來說，就是「教育收益」不斷增加。隨著教育與所得之間的相關性愈來愈高，我一般是偏好以教育做為社會階級的指標。有部分原因是，在大多數的調查中，所得的測量有非常多「干擾」（很容易錯誤或是完全沒有資料），此外如果教育與所得兩種資料都有，基本上，教育更能預測跟小孩有關的結果。因此我在本書延續社會學家梅西的做法，「以教育這個現今知識經濟中最重要的資源」，來操作社會階級的概念。[51]另一個實際原因是我們所能仰賴的長期研究中，很少有測量家庭所得的好方法。

基於前後一致與簡潔之便，本書所用的階級劃分就是教育（大學以上或中學以下），或者是社會經濟地位的綜合指標（所得、教育與職業地位所決定），取決於特定的主題或調查有什麼樣的指標。大致來說，美國人的教育程度可以分成三個部分，前三分之一是大學畢業，底部三分之一是中學以下，而中間那三分之一是中學之後還上了大學但大學沒有畢業。所以，當我說來自「上層階級」的孩子時，我是指他們的父母至少有一位或兩者都是大學畢業；當我說來自「下層階級」的孩子時，我是指孩子的父母最多只有中學畢業。其他的分類方式基本上也採取相同的模式。為了行文上的變化，我在寫作時會用「中學畢業」或「貧窮」來指學歷在中學以下的人，而「大學畢業」或「有錢」來指學歷在大學以上的人。

2 家庭

本德小鎮座落在奧勒岡州卡斯卡德（Cascade）山區東麓，高地沙漠乾燥的灌木叢換成山邊的西黃松，如詩如畫的德舒特河（Deschutes）蜿蜒其中。整個二十世紀，本德鎮幾乎都靠伐木維生，小鎮周邊散布著一座座牧場。到了一九五〇年代中葉，本德鎮總人口還不到一萬一千人，但從那個時候開始伐木業就走下坡了，直到一九九四年，鎮上最後一家木頭工廠關門歇業，一切告終。[1]

然而，一九七〇年代本德鎮和西北部許多類似的小鎮不同，它靠著天然資源、美景以及陽光普照的氣候，吸引蜂擁而至的度假人潮和早早退休的人，尤其是加州來的居民。[2]本德鎮所在的德舒特郡成為美國人口成長最快的地區：從一九七〇年到二〇一三年，德舒特郡的總人口從三萬四四二人遽增到十六萬五九五四人。德舒特郡營建業與不動產業的工作機會，幾乎是奧勒岡州其他地方的兩倍，光是一九九〇年代，本德鎮的人口就成長了三倍，從二萬四六九人增加到五萬二〇二九人。[3]

人口大量移入，隨之而來的就是人均所得與房價、地價的顯著成長，當然還有其他快速發展常引發的問題，像是塞車、大興土木，以及對於「成長」優缺點的爭論。但是，相較於其他蓬勃發展的小鎮會有的一些典型分歧，像是新移民與原住戶之間的隔閡，還有支持成長與反對成長的不同意見，這些問題在本德鎮全都因為小鎮純樸友善的民風以及新財富的湧入而得以緩和。

不過，繁華的表象之下卻開啟了一道更深的社會裂縫。長久以來，居住在當地從事不動產與營造業的居民隨著有錢新住民遷入而發達，股票經理人與財務顧問紛紛開業以便服務這些富人。但是，那些在木材夕陽產業上班、缺乏技術的工人，還有居住在鄰近農村地區的人們，則紛紛面臨真正的貧窮。許多人只能找到一份薪水微薄的工作，像是到速食店或技術門檻低的工地上班，還有一些人最後淪為失業。[4]事實上，即使本德鎮的統計數據顯示當地一九九〇年代人均所得成長了五四%，但生活在貧窮線以下的居民還是增加了兩倍。低收入與高收入的比例從七：一，成長到接近二四：一。本德鎮這波經濟成長的浪潮，顯然無法讓所有人跟著水漲船高。[5]

不同於美國許多城市，本德鎮最主要的隔離來自於經濟而不是種族。這個小鎮大多數都是

圖2.1　奧勒岡州本德鎮的孩童貧窮率（2008-2012）

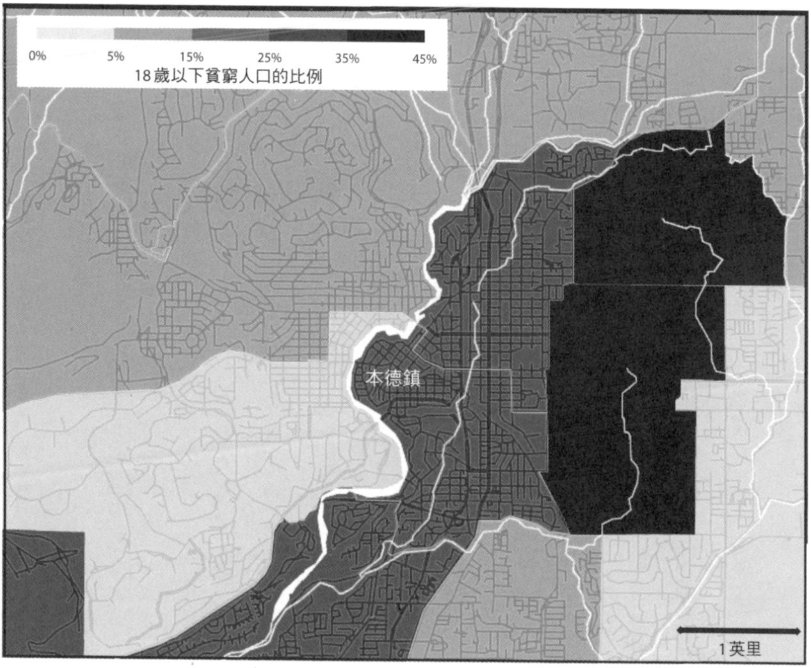

資料來源：美國人口普查（ACS）資料由Social Explorer所整理，透過哈佛大學圖書館取得。

白人（九一％），也不大受拉丁美洲的移民（只有八％拉丁美洲人）影響。本德鎮的貧窮人口集中在小鎮的東邊，從二〇〇八年到二〇一二年之間，其中一個人口普查區的兒童貧窮率是四三％，這個比例是河的對岸、小鎮西邊高級住宅區的十倍（見圖2.1）。[6]

雖然社工察覺到低技術工人的貧窮處境，但是本德鎮上層階級的居民，大多數卻看不見這些在榮景中未曾消失的貧窮。他們看不見貧窮的部分原因來自居住隔離不斷擴大，有錢人家住在小鎮西邊的山上、有門禁管理的社區裡，內有美輪美奐的圓環車道、迷你酒窖還有公共藝術品；而下層窮人所住的東邊，陰暗淒涼，充斥著老舊的商場、當鋪以及拖車公園。

一位年長的新移民語重心長地說到這些隔離所代表的意義，他說：

在我成長的東區，有錢人與窮人或者是有錢人與中產階級，過去都住在附近。你旁邊的鄰居可能極其富裕，你也有中產階級的鄰居，還會有比中產階級狀況還差的鄰居，不知為何現在很難看見這種景象。這讓我想到我在墨西哥看到的畫面，當地有些房子築有高牆，牆上有玻璃碎片防人攀爬，有些房子圍牆不高但有柵欄，但有些房子則連一面牆都沒有。

另一個居民則是反省本德鎮對經濟蕭條的漠視：

許多人對於貧窮有刻板印象，以為貧窮可能就是指有個人站在路邊，身邊有個牌子寫著：「賞口飯吃」。他們沒有想到的是，貧窮是有個人每天都想盡辦法活下來。這個人有可能是侍奉我們的服務生、銀行櫃檯人員，或是店員，而這些人幾乎都不在貧窮線以上。

上述經濟差距顯現在本德鎮年輕人所生活的家庭，並進而影響到孩子的未來。在東區與西區長大的小孩，有著截然不同的命運，其中一個重要原因在於這兩邊的家庭結構完全不同，而這是幾十年來經濟差距帶來的結果。這些家庭的差異，讓有錢的小孩及貧窮小孩站在不同的起跑點，正如接受我們訪問的兩位學生，他們剛從中學畢業，皆來自本德鎮的白人家庭，跟這座城市有深厚的淵源。安德魯是健談開朗的大二學生，一家人就住在小鎮西邊山上一塊空地上的大宅院，他畢業於蘇密特中學（Summit High School）（這所學校從二〇一一年開始招生，輟學率大約是十五％）。反之，凱拉則對人充滿戒心、個性陰鬱，嘴巴還掛著一個唇環。她就窩在小鎮東邊的拖車裡頭，距離安德魯家大約五英里，畢業於馬歇爾中學（Marshall High School，這所中學從一九四八年開始招生，輟學率大約有五〇％）。[7]

我們就從這兩個人的故事開始，藉著訪問兩位學生的家長與小孩本人，迅速回顧他們父母的成長故事，如此一來我們就可以看到安德魯與凱拉截然不同的家庭背景，如何影響他們現在的成就。

安德魯一家

安德魯的父親厄爾與母親佩蒂年紀大約都五十初頭，來自本德鎮附近的中產階級家庭。厄爾的父親在鎮上做小生意，脾氣雖然火爆，工作卻相當勤奮，他和太太兩人共同照顧養育一個關係緊密的家庭，一家人住在本德鎮東邊的小屋子。厄爾說自己在中學時相當平凡，成績大概介於B和C之間，但這已經足以讓他離家就讀一所四年制的州立大學。大學的時候，厄爾的父母離異，不久父親的生意失敗，但是厄爾承繼了父親的幹勁，兼職賣保險，同時借了貸款，努力完成學業。厄爾與佩蒂兩人相遇時，他念大四，而她才念大二，不到一個月，兩個人就訂婚。厄爾畢業之後，佩蒂為了跟先生在一起而放棄學業。

厄爾渾身充滿幹勁，凡事都懂得計劃，不論對生意或家庭都是如此。他回憶道：「離開大學之後，我們就很清楚要在一定時間內生小孩，才可以順利成家。」但是在生小孩之前，他和佩蒂（在兩人之中較擅於社交、也比較冷靜）打算先把他們大學的就學貸款以及婚禮的開銷還清，買個房子，在財務上先站穩腳跟再說。他們住在波特蘭期間，厄爾擔任股票經紀人，而佩蒂則是在花店當助手，之後他們離開波特蘭回到本德鎮，並且創業從事營造事業，而這後來證明是相當成功的一步。厄爾創業的時間點相當完美：一九九〇年代本德鎮的建築事業正準備起飛，而不到幾年，他們就已經達成厄爾設定的財務目標。

結婚十年後，自稱為工作狂的厄爾終於賺到他人生第一桶金，夫妻倆已經還清每一筆貸款，並且有一棟「完全屬於自己沒有任何貸款」的新房子。甚至，在他們第一個小孩出生之前，就已經開始為小孩存大學學費，因此他們覺得自己可以籌組家庭了。安德魯按照計畫如期出生，此時這個家正準備賺進大筆財富。不久之後，女兒露希也來到這個世界。一切都按照佩蒂與厄爾最初的規劃進行。佩蒂有了小孩之後就辭去工作，決心在小孩離家上大學之前都待在家裡扮演賢妻良母的角色，她還計劃在小孩離家後要重回大學繼續把學業完成（事實上她真的做到了）。

厄爾覺得當上爸爸讓他變得更好。他說：「這真的讓我從一個以『我』為中心的世界，走向一家人的世界。我的事業只是圍繞著我以及生意上的所有事情。然後，你有了一個小孩，突然間，你意識到一切都不再只是你自己。你開始把精力投注在小孩身上。我是說，我們這一代會讀完每一本教你如何當好父母的書。即使是我們的下一代，也會繼續把這份功課做好。」除此之外，厄爾與佩蒂也努力經營自己的婚姻。他說：「你知道嗎？我太太的父母離婚，我的父母也離婚，而我們的小孩絕對不會看到我們離婚。」

安德魯也說自己與妹妹露希一直是父母親最重要的事。「我父母總是要確定我們可以一起吃晚餐。」他說，「在學期中，我們一家都很忙，晚餐是我們一家四口可以聚在一起聊天的僅有時光。」教育也一直是優先的事項。厄爾說：「佩蒂和我會討論小孩的教育。『你們的功課做完了嗎？』我們兩個一個禮拜所問的問題，可能超過我們父母在中學四年問我們的所有問題。」安德魯（中學時是穩定拿B的學生）也支持父母的說法。即使他現在已經讀大學，父母還是會常常看他的成績，而他也樂於接受他們的關心。

安德魯整個中學時期都在踢足球，也玩終極飛盤（ultimate Frisbee），但他從來沒管過勝負。他說：「即使我們沒贏，我也不會感到失落。我只是想要藉此打發一些時間，從中獲得樂趣。」他的重心反而放在音樂，他和一群好朋友一起彈吉他，最後還組了一支相當成功的樂團，並持續到上大學為止。他的父母送他一把吉他，並讓他上了六、七年的課程。他說音樂依舊是他的「最愛，僅次於當消防員」。

佩蒂與厄爾的財富，讓他們在不知不覺中，以本德鎮大多數家庭難以想像的方式幫助自己的孩子。安德魯從幼稚園之前的學前教育到八年級都就讀私立學校。他的觀察是：「我的父母想要給我最好的東西。」之後，當露希在蘇密特中學和安德魯口中「那群混混」搞在一起而表現很差時，安德魯與父母對此感到憂心並且決定插手干預。

安德魯回憶說：「我們用盡所有辦法，而最終她真的迷上騎馬與動物。所以我父親順勢而為，在家裡的牧場蓋了座馬房，給露西買了一匹馬，整個情況就有了一百八十度的轉變。她先是轉到一所以農業著名的山景中學（Mountain View High School），然後（突然間）她開始大展身手，真是不可思議，去年她的成績變得非常優異。」

佩蒂與厄爾會培養小孩的工作倫理，並且隨時隨地伸出援手。安德魯很驕傲地說：「我從十四歲就在家裡附近的市場打工，我老爸的想法非常傳統，所以十四歲之前就去打工實在是件大事。不過老實說，如果再來一次我還是會這樣做。這份工作教我什麼是職業道德。我不大記得我是跟媽媽還是爸爸一起去，我打扮得非常整齊，走進市場，然後提出申請。我從小到大都跟老闆很熟，但是當時我表現得非常穩重。我把求職書拿回家裡，當天晚上就跟爸爸一起填妥表格，將文件整理好之後，接著找到介紹人，帶著申請書回去店裡，把表格交上去，順利獲得這份工作。這家店就在我家附近的山腳下，距離只有幾百公尺，但是我媽媽不希望我自己走路上下班，所以經常開車載我，但是因為這家店實在很近，所以我可以隨時回家一趟再過來。」

安德魯也很喜歡回憶父母如何幫他慶生。他們會到本德鎮北區河邊上的家族木屋舉辦生日派對。他說：「我還小的時候，爸爸就幫我定下一個傳統，每一年我可以帶著兩個最好的朋友到小木屋慶生，從那時開始我每一年都這樣做。」

安德魯現在就讀附近一所州立大學的商學院二年級。厄爾希望安德魯畢業之後，可以加入如日中天的家族事業，可是他卻一心一意想要當個消防員。「我不想照著他為我規劃的生命藍圖走，」他說，「我知道自己喜歡當消防員。」所以，我在第一個學期讀完之後就去找消防隊長，我跟他說自己畢業後想當消防員，因此大學四年我要做的就是按部就班讓自己得到這份工作。

厄爾發現兒子不想跟隨他的腳步後，還是給予極大的支持。得知安德魯暑假想到消防局實習，他就把消防隊長的電話號碼拿給兒子（他和消防隊長是從小到大的朋友）。儘管如此，他堅持安德魯必須自己撥這通電話。安德魯獲得實習的機會，雖然沒有任何酬勞，但厄爾付他工資，金額相當於他留在家裡幫忙所領的薪水。同樣的，安德魯的父母在他中學畢業時給他買了一輛小貨卡，但要求他靠自己賺回來。「他們秉持的道理是要我工作付車子的錢」安德魯說，「如此一來我就可以建立自己的信用，並且學會自己付錢買車。我也喜歡這樣，因為我可以學會管理金錢，知道如何量入為出。」

只不過，安德魯或許不知道，自己對於未來能夠如此淡定，可能是因為在他成長過程中家裡舒適的環境使然。「我寧可沒有這麼富有，只要過得快樂就好。當消防員賺的錢就夠我用了，這是很棒的生活，至少每一分錢都很踏實。」另一方面，他偶爾也會提到，自己有可能像父母一樣，「在他們身邊做房地產」。不久之後，由於他在大學階段對辯論與公共事務產生興趣，他也表示或許最後會從政也不一定。不論如何，他的未來肯定有許多選擇。

安德魯相當清楚自己在各方面都靠著家中財富的支持，不論是物質或精神層面都是。但是，他似乎仍未察覺小鎮東邊的貧窮景象：「本德鎮是個小鎮，而且你根本看不到什麼窮人。」另一方面，他說：「我不曾擔心過錢的事，我爸爸經營事業很有一套，讓我一直感到很穩定，我真的很幸運有這麼好的家境。」他們一家人常常一起到夏威夷、舊金山與美國東岸旅行，有時甚至跨海到歐洲度假。

安德魯出生在本德鎮社區。他的生命經驗讓他知道，自己所處的環境安穩而友善。他一直都住在同一棟房子裡，打從呱呱落地，旁邊住的都是同一批信得過的鄰居與親密的友人。「沒有其他地方能給我家的感覺」他說，「我對本德鎮的一切瞭若指掌。這裡的人很棒，我喜歡社區的生活，在這裡有種安全感。從許多方面來看，本德鎮就是一個人人相互信任的地方。」

毫無意外，安德魯想像的未來一片光明，反映的是他父母所過的生活。他說：「如果要有個好的開始，我要先有個家，組成一個家庭。我希望未來遇到的對象就像我最好的朋友一樣，然後讓我的小孩擁有一切我所能擁有的東西。理想情況下，我會在二十五歲結婚，希望在三十歲之前有第一個小孩，總共生兩個。我常對自己說，如果能讓小孩過和我一樣的生活，一切將非常美好。」

或許，安德魯對人生的看法，最令人印象深刻的就是他從家人身上所感受到的溫暖，甚至在他快成年前他都還這麼認為。他說：「我的朋友喜歡也信任我的父母。他們跟我父母比跟自己的父母還談得來，而我很喜歡這個樣子。由於我的父母相當善解人意，所以我可以跟他們談心。每當聽到朋友說：『我希望父母很開明，我希望可以跟他們說心事，或者是希望他們善解人意』。我都替他們難過。我父親每天都提醒我，他們有多愛我，這種感覺很好，你可以瞭解嗎？有些朋友語帶戲謔地說：『安德魯的爸媽又在說他們愛他了！』但這就是我想要的。」

凱拉一家

凱拉的生命與安德魯截然不同，他們之間的差異主要源於她的父母，達琳與喬伊的生命際遇。

達琳的人生從各方面來看都令人相當沮喪，不論是物質層面或情感層面皆然，這也使得她看起來比四十五歲的實際年齡更老。她出生在一個普通平凡的家庭，住在離本德鎮幾個小時車程的獨立牧場上，她一直都跟年邁的母親很親。如同厄爾，達琳也說自己的中學生活很平淡，畢業之後就到一家速食餐廳與加油站工作，二十歲就步入婚姻，然後生了兩個小孩。可是，達琳的丈夫居然會對她施暴，她最後終於受不了而離開他。小孩的父親取得了監護權，或許是因為他有個穩定的工作，而她沒有。達琳離婚時遍體鱗傷，直到現在她還會說嫁給那個人真是「一場誤會」。

離婚之後，達琳到必勝客工作，她在那兒跟店裡的領班喬伊有了一段不尋常的關係，兩個月後她懷孕了。她現在說：「這純屬意外，不過事情就是發生了，算有計畫，卻又好像沒有計畫。」肚子裡的小孩就是凱拉。

喬伊的身世淒涼坎坷。雖然他的實際年齡比厄爾還要小七歲，但看起來卻老了十至十五歲。不論在喬伊出生前或出生後，他的父親大部分時間都因為搶銀行與其他犯罪行為而關在德州州立監獄，所以喬伊基本上跟父親沒有太多交集。

喬伊的母親有嚴重的酗酒問題。喬伊出生之後，她又跟好幾個男人亂搞，只不過這些關係都是逢場作戲，因此打從喬伊年紀還很小的時候，就要照顧母親。喬伊說這些男朋友：「根本不會在她身邊，他們一直在喝酒，最後都是我在照顧她，而不是她在照顧我。」母親不曾改嫁，也沒有穩定的工作，他們母子倆跟同樣窮困的祖母相依為命。由於收入一直很不穩定，他們一家在西部農村各地搬來搬去。

喬伊八歲的時候被送到寄養家庭，接著就是一連串的寄養人生。他覺得自己非常像沒人要的小孩，但是在最後一個寄養家庭，養父母瑪蒂與波普終於給他一個穩定的家。他和這家人共度了幾年的時光，那時他不用穿別人給的舊衣服而有新衣服穿、可以慶生、還可以跟波普一起到附近的小溪釣魚，而這也是他童年僅有的歡樂時光。學校的圖書館員會利用午休時間教他念書。直到現在，喬伊談到波普都還充滿懷念之情，「他會教我其他人不會教我的事。」

然而，喬伊十四歲時離開了瑪蒂與波普，再度回去照顧親生母親。他說：「這真是個錯誤，因為她根本毫無心理準備，而我必須在酒吧，從晚上九點等到凌晨兩點半，才能陪著她走路回家。」有一天晚上警察發現她喝得爛醉如泥在街上爬，打電話叫喬伊來把她接回去。「我會用盡一切努力愛她，我一直努力向她證明這一點，但顯然還不夠。我真希望留在瑪蒂與波普身邊。」

讀完八年級之後，喬伊就輟學了。他和母親住在一塊，他照顧著母親，然後一起從這個鎮流落到下一個鎮。他曾經做過好幾份臨時工作，像是打掃院子、砍木頭，或者是「別人叫我做的任何事情」。十八歲的時候，他跟一個少女同居，不久之後她就說自己懷孕了。喬伊相信自己就是小孩的爸爸，但由於她還未成年，所以他面臨抉擇，不是娶她就是入獄。他覺得自己迫不得已只好娶她，只不過婚後才發現太太竟然是個毒蟲，而且在第二個小孩出生之後，喬伊才得知她跟繼父之間有亂倫與受虐的關係，而繼父才是他們第一個小孩的爸爸。喬伊自認是這場婚姻陷阱的犧牲者，雖然他覺得有責任繼續照顧這兩個小孩，但最終還是離開了妻子。心情沮喪加上缺少賺錢的機會，他搬回去和媽媽一起住，他媽媽跟現任男朋友住在本德鎮北邊瑞德蒙（Redmond）外頭的一臺拖車，喬伊又回去必勝客打工當廚師，在那裡，他遇到了達琳。

兩人相遇時，不論是經濟與感情都非常不穩定，尚未走出第一段婚姻悲劇的陰影，同樣靠著低薪度日。達琳回憶說：「我們可能都還不夠瞭解對方。」，而喬伊也同意她的說法：「我們還不夠穩定，我只是一直在想：『好吧，我們才剛剛結束一段關係，只是剛好遇到，而我們現在很快就要有一個孩子了。』達琳也還沒準備好再當媽媽，因為她還在為自己的生活所苦，努力走回正軌，搞清楚自己是誰。因此當我們有了凱拉時，我們真的很掙扎。」

由於實在太窮，一家人只能窩在狹窄的拖車裡，靠著喬伊不穩定的低薪工作餬口：他一開始是在當地的工廠做大夜班，擔任非技術性工人，等到工廠裁掉這份工作之後，他就去快餐店當廚師兼做加油站員工。經歷過這一切，喬伊跟剛出生的女兒愈來愈親，這讓他有了往前走的力量，他說：「她讓我的生命更有意義，給了我一個奮鬥的理由，更多的希望，而我打從她出生之後就一直照顧她。」

凱拉成長在混亂的家庭裡，總共有五個兄弟姊妹，包括她自己、媽媽第一段婚姻所生的兩個小孩、還有爸爸第一段婚姻的兩個小孩，所以他們兄弟姊妹的關係非常複雜。凱拉回憶道：「我們每個人的爸爸媽媽都不一樣，比爾與克拉拉是同母異父的哥哥與姊姊，還有同父異母的哥哥馬修。最後一個是路克，他有點像是領養來的哥哥（喬伊第一個太太與她繼父生的小孩）。他們都會來避暑，整天無所事事。我們家有兩個房間，爸爸媽媽住一間，而我和克拉拉住一間，其他三個兄弟住在樓下。大家就這樣相安無事一陣子，有時候互相踩到其他人的敏感神經，大家就開始吵架。」「在這種環境之下，要一家人一起吃晚餐根本不大可能，」達琳說，「我們嘗試過，但情況完全不是想像得那樣，你知道我們家每個小孩的爸媽都不一樣，所以最後就是一起看電視。」

凱拉小的時候，家裡常常都快破產。想起自己十歲的生日，凱拉難掩失望地說：「我沒有蛋糕或其他類似的任何東西，因為我們家當時的狀況非常糟。爸爸說：『我們現在沒錢買東西，所以五月或六月再買吧！』我當時的反應應該是：『喔，好吧！』我真的很難過，但卻要表現得『毫不在乎』的樣子。」

歷經了七年情感與經濟上的摩擦之後，達琳跟著新男友查理私奔，這個新男友是她回去必勝客工作時認識的（她笑著解釋他是她老闆的老闆）。他們兩人過了幾年在西部內陸漂泊不定的日子，最後還是無家可歸、沒有棲身之處，只能窩在查理的福特汽車座椅上。凱拉年輕時，大部分都跟喬伊在一起，過了青春期之後，她和查理及達琳在美國境內到處遊蕩，有時候住在汽車旅館，還有一陣子在密蘇里住在喬伊口中的「歌德教堂」，有點像是公社的地方。

喬伊後來娶了另一個女人（第三任老婆），而她又帶了跟前夫所生的三個小孩過來。新的情況對凱拉並不有利，她不太喜歡繼母。「她把自己的兒子與女兒當寶，而我就像是他們的下人。」但是凱拉並未因此就搬去跟達琳及查理一起住，因為他們的拖車已經沒有地方讓她睡了。最後，喬伊的第三段婚姻也無疾而終。喬伊自始至終一直陪伴著與關心著凱拉，雖然維持生活的基本開支已讓他辛苦不堪，但他仍舊保留對她的監護權。

想當然爾，達琳、凱拉與喬伊對他們的關係有不同的看法，但基本上他們都同意：不論這段婚姻有多艱難，凱拉都深受父母的離婚所傷，這的確是她生命中的大事，因此我們從三人對此事的看法，可以看出許多端倪。

或許凱拉是達琳悲慘歲月中的意外插曲，達琳在訪談中對於女兒的命運，顯得格外冷淡且認命，當她講到凱拉時候，比較像是一個旁觀者，而不是個媽媽。她說：「擔心小孩根本沒用，小孩會走出自己的路。」只不過，她真的感受到自己離家的決定對凱拉造成傷害。她說：「家庭破碎對她（女兒）影響很大，是她經歷過最難熬的事。」在學校社工的鼓勵下，凱拉開始找專業輔導員，但她很快就不再接受輔導，因為她覺得這根本就是浪費時間。達琳也同意凱拉的看法，她說：「我覺得這只是讓凱拉更憂鬱，所以她爸爸和我只好陪著她，一直陪著她。」

喬伊對於達琳在凱拉生命中那段時期所扮演的角色則有不同看法。他說：「她過得很辛苦，因為那時候她媽媽根本就不想要花太多時間陪她，所以最後都是我在照顧凱拉。我拚了命讓她留在學校。她從七年級開始，就一直想要輟學，而我對她說：『不可以，妳不能輟學，不能重蹈我的覆轍。』」

至於凱拉，她否認媽媽在離婚之後有「陪在她身邊」。媽媽的離開是她生命中最難熬的一段時間，遭人遺棄的感覺在她心中揮之不去，並且影響了她的人生觀。「這對我來說非常痛苦，我很不爽，也非常非常生氣，」她說，「這有點像『你知道他們處得不好，但我還是很想要他們兩個人陪著我成長』，達琳離開這個城市，去別的州做別的事，所以我要很長一段時間才能見她一面。」

後來，我們問凱拉，對她而言，要怎麼對待自己的小孩，才稱得上好媽媽？「我想我會試著比我的爸媽更關心自己的小孩，」她回答，「我想好的父母應該是生活穩定，可以真的陪在小孩身邊，年紀也大到也足以分辨對錯……我的父母應該晚一點再生小孩。」

父母離異後這幾年，凱拉討厭上學，也不參加課外活動。學校的社工跟喬伊說：「她不跟其他同學往來，只是獨來獨往，坐在那裡發呆。」放學之後，凱拉就窩在自己的房裡，讀科幻小說與看漫畫。她回憶說，每天早上「我根本就不想起床」。她被送去參加馬歇爾中學的問題學生矯正計畫，然後再送到職業訓練班（Job Corps）。她發現職業訓練班的限制很多，而且無法對外聯繫，所以又回到馬歇爾中學，學校的行政人員同情她的處境，儘管學校的政策不鼓勵讓學生重新入學，但還是允許她回來。

學校的行政人員給了凱拉不少幫助，讓喬伊訝異的是，有個輔導員打算付錢讓女兒買牙套，幫助她矯正那口亂七八糟、讓她感到丟臉的爛牙，不過，條件是她得保證不能錯過任何一次牙醫的約診。他們對她說：「如果妳一次沒到，妳的牙套就沒了。」後來，學校的圖書館員還跟她一起找到當地社區學院所提供的不錯就學機會，甚至幫助她申請就學補助。

凱拉在職業訓練班期間交了一個男朋友，兩人現在和喬伊住在一起。達琳與喬伊對這個男朋友都不大滿意，達琳說他是個「沒用的懶蟲」，甚至連凱拉也不太確定他好不好。這個男朋友跟喬伊和凱拉一樣都處於失業，雖然他老說自己正在找工作。眼下這三個人靠著喬伊所領的殘障津貼以及住宅法第八款的住宅援助方案過活。更複雜的是，喬伊腦中現在長了一顆無法動手術割除的腫瘤，而凱拉成為他的主要照顧者。「由於腦瘤的緣故，他有時候會做些怪事，莫名其妙就有點瘋瘋癲癲，或者是坐在那自言自語，」她非常痛苦地說，「我真的很擔心他。」

凱拉對於未來的期待跟安德魯並不同，完全跟現實生活中當下的計畫毫不相干。她說：「我最大夢想之一是環遊世界，學不同的東西，像是烹飪之類的。我最後可能在倫敦落腳，聽說那裡很漂亮，而我現在正在找工作，但這並不容易，尤其是我根本就沒有工作經驗，大家不會真的想花時間訓練妳做任何事。」

凱拉的心理狀態依舊不佳，有著典型的抑鬱徵兆。基本上，她對於未來充滿懷疑與不信任感。想當然爾，由於過往的生活經驗，她覺得這個世界難以預測、棘手且帶有惡意。

凱拉還要擔心很多事情，像是父親的病、自己的經濟狀況，還有前途不明的大學生活、她的男朋友、還有未來。基本上，她的生命中沒有一個穩定、值得信任的大人，隨著她逐步跨入成年，面對自己現實的處境，她有一個巨大的隱憂，她說：「我的生活似乎在走下坡，一切都會瓦解。」

訪員：「妳覺得會發生某些事情嗎？」

凱拉：「是的，我有預感！」

訪員：「妳認為會發生什麼事？」

凱拉：「像是大學無法畢業，獎學金沒有著落……或我爸的病情愈來愈嚴重，有一天突然真的不在了。」

訪員：「當這些感覺很強的時候，妳會怎麼辦？」

凱拉：「我就是自己一個人。」

訪員：「妳曾經覺得自己挺不過去了嗎？」

凱拉：「事實上常常如此！」

美國家庭結構的改變

托爾斯泰說：「幸福的家庭都很像，而不幸的家庭，各有各的不幸。」但是，本研究所探索的家庭，每一個都譜出獨一無二的樂章，幸運的家庭如此，不幸的家庭亦然。仔細想想，相對來說很少美國小孩過得像安德魯一樣，有個美滿富裕的家庭；也只有一些人過得像凱拉，生活在多重的破碎家庭中，在黯淡的廢墟，在貧窮的角落苟活。這兩種都不是「標準的美國家庭」。然而，從幾個重要的面向來看，這兩個家庭標誌的是美國家庭生活過去半個世紀沿著階級界線重劃的方式。[8]

五十年前，大部分的美國家庭是男主外女主內，生了幾個小孩，家庭穩定，就像是電視劇《奧茲與哈莉葉》（*Ozzie-and-Harriet*）裡頭的理想家庭。離婚並不常見，在外頭偷生小孩更是少有，不論在哪個社會階層都是如此，整體來說，一九五〇年在外生小孩的比例只有四%[9]，雖然這個數字在經濟弱勢者之間會稍微高一點。《奧茲與哈莉葉》的家庭結構今日雖然被認為是「傳統的家庭」，但歷史學者已經證明，這樣的家庭結構在美國早期並非主流。[10]

兩組社會規範有助於實現《奧茲與哈莉葉》此類理想家庭：（1）堅固的父權體制分工，加上經濟一片繁榮，使得大部分家庭可以只靠一家之主男性的收入過活；（2）社會規範強烈反對未婚生子，所以婚前懷孕往往就要趕快「奉子成婚」。[11]因此，嬰兒潮時期出生的小孩，大部分都是由親生父母一起扶養長大。

但是到了一九七〇年代，隨著嬰兒潮世代長大成人，家庭結構瞬間瓦解，人口學家同意這是美國歷史上家庭結構最劇烈的改變。婚前性行為幾乎在一夕之間擺脫汙名，奉子成婚的現象也急遽減少，之後基本上完全消失，離婚像是傳染病一樣流行，而生活在單親家庭的小孩人數則節節高升。[12]

研究家庭結構變遷的人對於造成改變的真正原因並沒有共識，但大多數人都同意以下這幾個因素的影響：

- 避孕藥的問世，使得性與婚姻可以分開。[13]
- 女性主義革命改變性別與婚姻規範。
- 數百萬婦女紛紛外出工作，部分是因為擺脫父權體制的規範，部分是出於經濟所需，還有部分是因為嶄新的機會。
- 戰後長期的經濟繁榮結束，年輕工人階級的經濟安全感開始降低。
- 文化鐘擺（cultural pendulum）擺向個人主義，社會更重視「自我實現」。[14]

傳統家庭的崩解對於黑人社群的衝擊最早也最深，部分原因是這些黑人社群早已聚集在經濟金字塔底部。觀察家因此開始從種族的角度，提出對此現象的看法，像是莫伊尼漢（Daniel Patrick Moynihan）在一九六五年寫了《黑人家庭》（*The Negro Family: The Case for National Action*）這份備受爭議的報告。[15]但是，白人家庭終究躲不過類似的改變，受益於後見之明，我們清楚看見美國家庭生活大約從一九六五年開始到一九八〇年，經歷了巨大的轉變。

這段看似毫無章法的變遷期間，可以想像婚姻與家庭正一步步走上滅亡。但是，家庭結構在一九七〇年代的巨大變動，帶來一個截然不同且難以預料的結果，家庭結構發展出兩種非常獨特迥異的型態。一九五〇年代，各個社會階級的家庭，大部分走的是《奧茲與哈莉葉》的模式，但是一九七〇年代以後所形成的兩種家庭型態則與階級高度相關，結果就產生了一種嶄新、雙軌的家庭結構型態，而且至今仍共存於我們的社會之中。[16]

第一種是受過大學教育、美國社會前三分之一的人之間逐漸出現「新傳統」的婚姻型態，這種家庭型態在許多方面都與一九五〇年代的家庭類似，只是現在夫妻兩人基本上都在外頭工作，他們會等到工作穩定之後才結婚生子，在家務分工上也更平等。這結果有點像《奧茲與哈莉葉》劇中的理想家庭，只不過現在哈莉葉是律師或社工，奧茲會花更多時間陪小孩，有兩份收入讓他們的生活可以稍微奢華一些。這些新傳統婚姻型態的家庭在性別分工上更加平等，而且跟一九五〇年代的家庭模式一樣穩固持久，這些前三分之一家庭的離婚率，在一九七〇年代攀上最高點之後就往下滑。[17]對於這些家庭的小孩來說，這是個好消息，如後文所呈現，他們父母親的扶養方式帶來了許多正面的結果。[18]

反之，那些只受過中學教育、後三分之一的美國人開始出現一種新的、更複雜的家庭模式，其中扶養小孩與婚姻逐漸脫勾，而性伴侶關係維持的時間也比較短。社會學家麥克拉娜漢（Sara McLanahan）等人將此模式稱為「脆弱的家庭」（fragile families），在這種家庭中，小孩的父母可能從未正式結婚，甚至連彼此的關係也不大穩定。[19]即使父母在小孩出生時已經結婚，但這段婚姻也是搖搖欲墜，在這個社會階層內的離婚率持續攀升。因為父母兩人都有可能另結新歡，跟另一個有小孩的人在一起，兩個大人所組成的家庭常常夾帶著繼父母或者是繼兄弟姊妹的關係。當然，最常見的還是單親家庭，父母其中一方跳脫婚姻或跳進旋轉婚姻之中（marriage-go-round）。[20]

安德魯與凱拉的家庭完美詮釋這兩種家庭樣態。當然，佩蒂在安德魯一家扮演家庭主婦的角色，反映的是新傳統模式的變化；而喬伊在凱拉的生活中充當一家之主也不常見，因為單親爸爸還是遠比單親媽媽來得少。但是，如果用本德鎮這兩個家庭代表美國兩種新的家庭結構並不會太過離譜，就讓我們看看全國各地與階級相關的變化。當然，我要請讀者謹記在心，社會階級與家庭結構之間雖然高度相關，而且相關性愈來愈高，但還不算是絕對相關，還是有些貧窮家庭屬於傳統或新傳統結構、相當穩定，而有些富裕家庭的結構則非常複雜。

媽媽生育的年紀

擁有大學學歷的媽媽，基本上都比較晚婚，也比較晚生小孩，通常要到二十歲尾巴或三十歲初頭才會成家，平均來說比起半個世紀前大約晚了六年。反過來說，僅有中學學歷的媽媽，一般是在剛成年十幾歲或二十初頭就有了第一個小孩，稍微比一九六〇年代的媽媽還要早一些，也比現在大學畢業的媽媽提早了十年左右（見圖2.2。[21]這張「剪刀差圖」之後還會不斷出現，顯示上層與下層階級的父母與小孩在統計上的顯著差異）。晚結婚與晚生育對小孩比較有利，因為年紀比較大的父母一般來說都比較寬裕，不論在物質生活或情感上都可以支持小孩。安德魯的父母深明此事，而且一切按部就班，凱拉的父母就不諳此道，而喬伊、達琳與凱拉現在都對此深表贊同。

意外生子

中學學歷的女性並不見得比大學畢業的女性還想生孩子，但研究顯示，前者一般都比較早發生性行為，比較少用避孕或墮胎措施，因此比較容易意外或半推半就懷孕[22]（就像達琳說的，就是有點計畫卻又像沒有計畫的懷孕）。這些跟階級有關的差異還不斷擴大。根據社會學家慕西克（Kelly Musick）及其同事的說法，造成意外生子的階級差異最有可能的原因，包括母親對懷孕的矛盾之情，低學歷與經濟困頓造成個人能力（personal efficacy）的流失，而是否有墮胎的

圖 2.2　母親生第一胎的年齡中位數，1960-2010

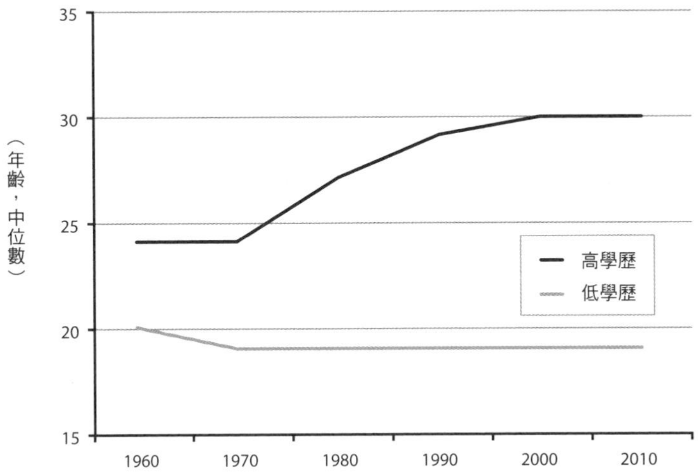

資料來源：IPUMS/ACS, McLanahan and Jacobsen, "Diverging Destinies Revisited."

管道、以及對墮胎的態度差異，也都是可能的原因，而有沒有避孕似乎不是造成差異的重點。[23]

不論理由為何，父母學歷低的小孩，有愈來愈多是意外來到這個世界（不論完不完整，也不管開不開心），然而那些高學歷父母的小孩，愈來愈多是長期計畫下的產物。兩者的差異很有可能影響到扶養這些小孩的資源多寡，例如安德魯與凱拉之間的反差。

未婚生子

大學畢業的女性未婚生子的比例還是很低（不到一〇%），從一九七〇年代以來只上升一點點。但是中學畢業的女性，未婚生子的比例在過去三十年來則急遽上升，現在低學歷婦女的小孩中，有超過一半都是未婚生子（二〇〇

圖2.3　未婚媽媽的小孩所占比例，1977-2007（依教育程度）

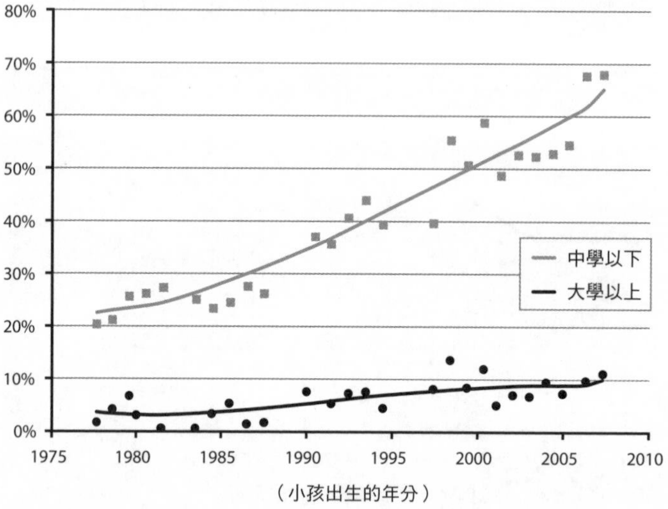

資料來源：National Surveys of Family Growth, Centers for Disease Control.

七年是六五%），請見圖2.3。從數據來看，低學歷黑人未婚生子的比例較高（大約八○%），但是過去二十幾年來並沒有明顯上升，不過在同一時間低學歷白人未婚生子的比例大約躍升了四倍來到五○%。高學歷黑人未婚生子的比例大約是二五%，過去二十年大約降了三分之一，而同一時期大學畢業白人未婚生子的比例則是從三%下滑到二%。換句話說，階級內部的種族差距逐漸縮小，而種族內部的階級差距則是逐漸擴大。

離婚

美國的離婚率在一九六○與一九七○年代間成長兩倍，而在一九八○年左右達到高峰，之後就開始下滑。然而，這股全國趨勢，潛藏著另一個明顯的階級差異。有大學學歷的美國人，離婚率從一九八〇年之後顯著下滑，而低學歷的人離婚率還是持續上升，即使這個社會階層的人漸漸不結婚。[24]到了二〇〇〇年，低學歷的美國人離婚與結婚的比例大約是高學歷的兩倍，前者每一百對夫妻中大約有二十四對離婚，高學歷的夫妻則是每一百對有十四對離婚，而在二〇〇八到二〇一〇年之間，兩者的差距更進一步擴大（一〇〇：二八以及一〇〇：一四）。[25]安德魯與凱拉的家庭，依舊是說明此鮮明對比的最佳例證。

同居

當代美國社會各階層的人，同居（未婚情侶住在一起）已經愈來愈普遍。但是在比較年輕的美國人之間，同居並不等於「沒有證書的婚姻」。雖然三分之二的婚姻在正式結婚前都會有一段同居時光，美國社會每一段同居關係大約持續十四個月，而最終通常也不會結婚。[26]同居型態也愈來愈因階級而異。中學學歷的女性有過同居經驗的人從一九八七年以來，在二十年之間翻為兩倍，從三五％漲到七〇％，而在同一段時間，高學歷的女性有過同居經驗的比例只從三一％升到四七％。[27]

有大學學歷的美國同居情侶很少會生小孩，但是一旦懷孕，往往是源自於穩定的關係，並走向穩定的婚姻。[28]但是僅有中學學歷的美國人就完全不一樣，同居並不是走向終身伴侶的中繼站。小孩往往是兩人同居所生，但這段同居關係一般都不會走向婚姻，而這種伴侶關係通常也不會延續下去。收入不高的男女會在**尋找長期伴侶的過程**生下小孩，而不是找到之後才生。簡單來說，現今大部分低學歷的女性都會跟人同居，但大部分高學歷的女性並未與人同居，就算同居也很少會在婚前生小孩。

我們可以肯定地說，社會底層三分之一的未婚生子，只有少數是因為一夜情，大部分都是同居情侶所生，像是喬伊與達琳，希望小孩出生的時候，可以讓這段關係修成正果。但是，同居關係大部分無法維持很久，渴望共有愛的結晶，並不足以維繫整段關係，也無法在工作不穩定、家庭脆弱、居住環境過於危險的情況下，順利將小孩撫養長大。麥克拉娜漢等人的研究發現，小孩子出生五年後，那些生育時尚未跟對方結婚的媽媽（其中大約有一半當時是跟男友同居），有超過三分之二都已經跟小孩的爸爸分手。[29]事實上，借用人口統計學家福斯坦伯格（Frank Furstenberg）的說法，期待中的婚姻還在「待產」之中。[30]分手之後，就是下一輪的同居、懷孕之後再分手，艾汀（Kathryn Edin）與尼爾森（Timothy J. Nelson）說這是「救贖與絕望的循環」。[31]事實的確如此，大部分未婚生子的父母最後都跟另外一個有小孩的人又生了小孩，而這也是凱拉的父母喬伊與達琳所呈現的故事。

多重伴侶的生育

人口統計學家用「多重伴侶的生育」（multi-partner fertility）來描述當今美國低學歷家庭逐漸

圖 2.4　低學歷的父親在外頭有小孩的機率比較高

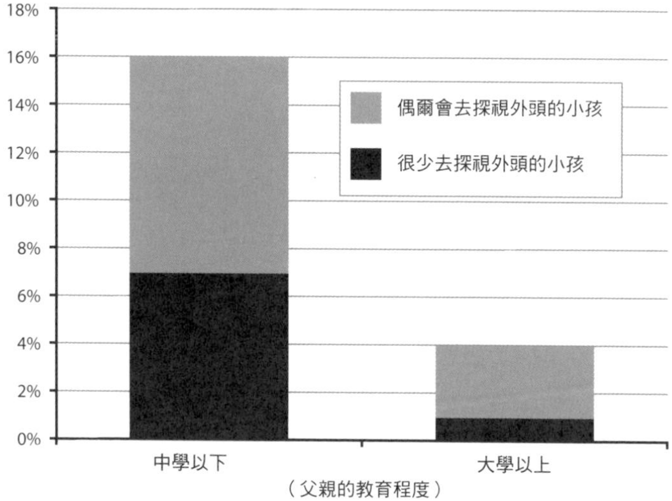

資料來源：National Survey of Family Growth, 2006–2010, men aged 15–44 (NCFMR FP12-02 and NCFMR FP12-08).

浮現的複雜而不穩定的結構特色，家庭輔導員則以「混合的家庭」（blended families）稱之。[32]凱拉所成長的「家庭」有五個大人，還有八個繼兄弟姊妹，而我們在柯林頓港遇到的大衛，他所成長的「家庭」，則是有數不清的大人，還有九個繼兄弟姊妹，從各方面來看都具有這種新家庭型態的特點。

許多小孩，尤其是家庭背景較不富裕、父母學歷較差的小孩，都沒有跟父親住在一塊。圖2.4勾勒出這兩種家庭體系，顯示有多少正值為父年紀（十五到四十四歲）的男人，在外頭有未與他們同住的親生孩子，以及多少父親根本就不再跟外面生的小孩聯繫（在複雜的家庭裡，有時候父親會跟其中一個母親所生的小孩比較

圖2.5　〇至七歲的小孩生活在單親家庭的比例（依家長教育程度）

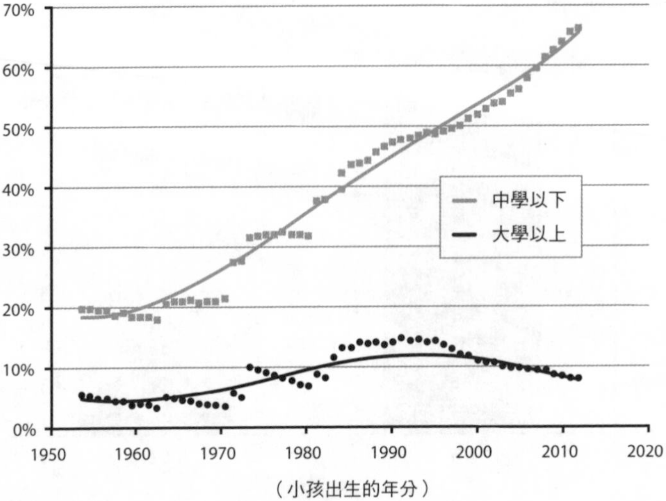

資料來源：IPUMS (Census 1970, 1980, 1990, 2000) and ACS 2011-2012.

親，而犧牲跟其他母親所生的小孩）。低學歷的男人未跟自己親生子女同住的可能性，是高學歷男人的四倍，而且會去探視小孩的低學歷父親，比例也只有高學歷父親的一半。[33]

家庭結構的改變導致過去半個世紀以來，在某些階級中，有許許多多的小孩未在完整的雙親家庭中成長。如麥克拉娜漢與普契斯基（Christine Percheski）歸納：「一九六〇年，美國僅有六%的小孩生活在單親家庭，而到了今天，美國預估有超過半數的小孩在十八歲之前會有段時期生活在單親家庭裡。母親學歷在後四分之一的小孩，比起母親學歷在前四分之一的小孩，前者在童年時期僅跟單親媽媽一起住的可能性是後者的兩倍」。[34]圖2.5呈現兩者之間的差距明顯擴大。[35]

我們的看法與一般評論相反，這樣的趨勢與青少年懷孕率增加的關係不大，甚至是毫無關係，事實上各個種族的青少年懷孕率在過去二十幾年來都穩定地大幅**下滑**，對於非婚生子女比例、小孩貧窮率或社會流動的影響都不大。前述的意外懷孕以及非婚生子女的成長主要集中在二十五至三十四歲的女性。[36]當今美國所有非婚生子女中，四分之三以上是由成年人所生，而且比例還在增加。[37]「小孩生小孩」是個大問題，但**卻不是**現今美國工人階級家庭所面對的主要挑戰。

女性就業

一九六〇年之後，所有女性的就業率都上升，但是擁有大學學歷的女性就業率成長得更快也更明顯，所以在雙軌家庭的年代，擁有大學學歷的母親在外頭工作的比例（七〇％）是中學學歷母親（三二％）的兩倍多（參見圖2.6）。[38]在大學學歷的母親家裡，也比較可能有個養家餬口的男性。如此一來，能夠養育小孩的資源就出現明顯的階級差異。其他條件一致的情況下，現在的職業婦女陪小孩的時間比起現在的家庭主婦少，但是現在的職業婦女陪小孩的時間大概跟一九七〇年代的家庭主婦一樣多，因為現在的職業婦女會減少做其他事情的時間。[39]

圖 2.6　母親就業的趨勢，1960-2010

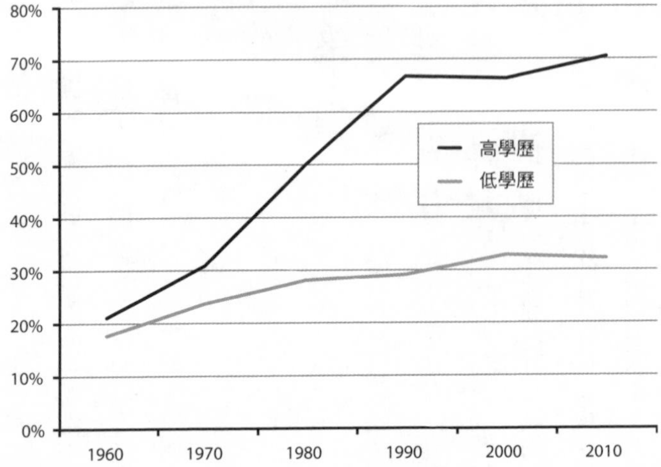

資料來源：IPUMS/ACS data, McLanahan and Jacobsen, “Diverging Destinies Revisited.”

種族與階級

在一九七〇年代，雙軌的家庭結構跟種族息息相關，但是自此之後，家庭結構與雙親社會階級的關係就逐漸超過種族。雙軌（以階級為基礎）的家庭結構型態，不論在黑人與白人家庭都看得到。高學歷的黑人愈來愈像高學歷的白人，低學歷的白人也愈來愈像低學歷的黑人。工人階級家庭的崩潰始於一九六〇年代的黑人，然後在一九八〇與一九九〇年代蔓延到白人身上。[40]

拉美裔與亞裔家庭在美國所占的比例愈來愈高。一般來說，如果從結婚率、未婚生子、離婚與雙親家庭等傳統測量方式來看，新移民社群的家庭要堅固許多。雖然大部分的移民教育程度與經濟地位都比較低，卻不至於影響這項事實。因此，新移民反而是「傳統美國家庭」

最後的模範。另一方面，有些證據則顯示，移民家庭的第二代同樣掉入大家所熟悉的雙軌結構，也就是說移民社群的家庭不因階級差異而不同，這在美國可能只是短暫現象。[41]

為什麼現在是雙軌結構？

婚姻依然有其魅力，絕大多數的美國人不論處於何種階級都想走入婚姻，而大部分人也期待婚姻，雖然婚姻的階級鴻溝也逐漸浮現。一九七〇年代晚期，低學歷家庭的小孩跟高學歷家庭的小孩，長期看來結婚的比例基本上差不多（分別是七八%與七六%），但是到了二〇一二年，高學歷家庭的小孩結婚的比例提高到八六%，而低學歷的小孩則維持不變。[42]另一方面，數十個研究都發現，已婚者不論教育程度為何，對於生活的滿意度，都高於同學歷單身的人。那麼何以就實際的行為來看，雙軌的階級分歧在整個二十世紀似乎不特別顯著，卻在過去三十多年來變得如此突出呢？

經濟因素絕對是故事中很重要的一環。人口學家切爾林（Andrew J. Cherlin）說：「低學歷的男性，薪資從一九七〇年代初期開始下滑，而低學歷的女性，薪資也不再成長。」[43]貧窮、低學歷的美國人在過去四十年的經濟前途愈來愈黯淡（工作更不穩定、相對收入下滑），這使得他們很難做到或維持傳統的婚姻型態。失業、低就業率以及經濟的困頓，打消或破壞人們發展穩定關係的念頭，而這幾乎是許多研究（不論是質化或量化研究）的普遍發現。[44]愈來愈多經濟地位低下的女性，不願意下嫁給所得不高或無法提供經濟安全感的男性。如喬伊與達琳的例子，嚴重與長期的經濟壓力是造成貧窮伴侶無法長久在一起的主要原因，即使他們步入禮堂，也會因為經濟壓力而成為不可靠的伴侶及父母。

如第一章所示，經濟拮据是工人階級家庭解體的惡兆：柯林頓港在地方經濟瓦解後十年之間，離婚率、未婚生子的比例都快速飆高，崩潰的主因是一九八〇年代工廠的倒閉而非一九六〇年的文化混亂。這是全國的現象，而不僅僅限於經濟蕭條的「鐵鏽帶」。

然而，文化則是故事的另外一環。特別是性別與性規範的改變，也造成低學歷的男性與高學歷女性的角色隨之改變。[45]對於貧窮男性來說，婚前性行為以及未婚生子不再貼上汙名，奉子成婚的習俗也一步步消失，打破了生育與婚姻之間的連結。對於高學歷的女性來說，控制生育加上愈來愈多的工作機會，逐步提高晚點生小孩的可能性與吸引力。

民族誌學者艾汀與柯法拉斯（Maria Kefalas）發現，貧窮的女性跟有錢的女性一樣重視婚姻，也和經濟地位比較高的女性一樣，認為若想要婚姻幸福美滿，就必須等到經濟有成之後才能結婚。[46]問題是，對於比較窮的女性來說，經濟有成往往遙不可及。相反的，所有女人都可以當媽媽，不管有沒有結婚，也不需要馬上有豐富的資源，而且生小孩可以帶給她們生命的意義。她們和達琳一樣都相信當媽媽基本上就是「陪伴」。伯頓（Linda Burton）針對貧窮單親媽媽長期的民族誌研究顯示，不論是都市或農村，「貧窮的單親媽媽在這種環境下，會尋求愛情而非婚姻，藉此逃離每天的貧窮與不安，喘一口氣。」[47]

學者對於雙軌家庭系統是源自「結構」（或經濟）還是文化因素有所爭論，最合理的看法是兩種因素都很重要。此外，這個問題的因果關係糾纏不清，貧窮造成家庭不穩定，而家庭不穩定也會帶來貧窮。這種互相增強的關係，在富裕與穩定之間也看得到。這組複雜的因果關係以及因果迴圈（feedback loops）在安德魯與凱拉的生活中可以看得一清二楚。

想要瞭解這組因果關係，可以檢視一下美國歷史上最嚴重的一場經濟脫序——經濟大蕭條——對家庭型態與家庭生活的衝擊。經濟大蕭條的證據顯示，經濟因素與文化的解釋都同等重要。經濟大蕭條造成大規模的男性失業與經濟脫序現象，結果是結婚率下滑，這顯示經濟穩定對於結婚數據長期以來的重要性。（有一名芝加哥的婦女曾說：「這男孩沒工作」。另一個婦女說：「我要嫁個有工作的人。」）[48]除此之外，一九四〇年的調查顯示，總共有一五〇萬的已婚婦女遭到丈夫遺棄，因此全國各地有超過二十萬名無家可歸的小孩四處遊蕩。艾德（Glen Elder）追蹤了大蕭條時期成長的一六七名白人小孩[49]，這份具時代意義的研究發現，一旦父親失業沒有收入，他們與家庭的連帶就一一斷裂，導致家長控制的效力大大削減。經過八十年（還歷經幾次文化變革）之後，還是證實經濟困頓會使人恐懼婚姻，並且摧毀婚姻。[50]

另一方面，一九三〇年代的出生率也急遽下滑，而在一九二〇年到一九四〇年之間，非婚生子女的比例還是維持低檔。[51]當時，男性與女性晚婚也晚生，「沒有結婚證書就不可以生小孩」是那個年代的文化規範。不同於現在，一九三〇年代困頓、貧窮的男人不會婚外生子然後撒手不管。現今父親的角色有更多是出於自願，正如卡森（Marcia Carlson）與英格朗（Paula England）所說：「只有勇於承擔、經濟穩定的男人才會擁抱小孩。」[52]這個重要的文化轉折，深深影響現在貧窮小孩所生長的家庭。[53]

公共政策與政治意識形態的改變是否扭轉了傳統雙親家庭逐漸瓦解的情況？至此為止，最常見的說法是社會福利讓貧窮的單身女性有生小孩的誘因。有一些細緻的研究或多或少確定這些社會福利在統計上有顯著的效果。但是單親家庭在過去半個世紀以來穩定且快速增加，時間上與關乎母親社會福利的起伏並未相互呼應。接受社會福利的人數在一九六〇年代晚期與一九七〇年代初期增加，從一九七二年到一九九二年逐步減少，然後在整個一九九〇年代急遽下滑。此外，由於許多經歷傳統家庭解體的母親並未享有福利，因此福利體系不可能是主要原因，甚至在一九九六年福利資格的認定標準趨嚴之後，傳統家庭的崩解速度還是相當快。[54]

捍衛「家庭價值」的保守派有時會說自由主義與世俗主義（secularism）造成家庭解體。但是，未婚生子與單親家庭遍布全國各地，並未集中在世俗的區域，或大家眼中追求進步政策、民主黨占多數的「藍州」（blue states）。如果有的話，也許反過來看才對：離婚與單親家庭在美國西南部尤其普遍，這些地方基本上支持共和黨，是極為保守的聖經帶（Bible Belt）。[55]我們無

圖 2.7　美國的坐牢率，1925-2010

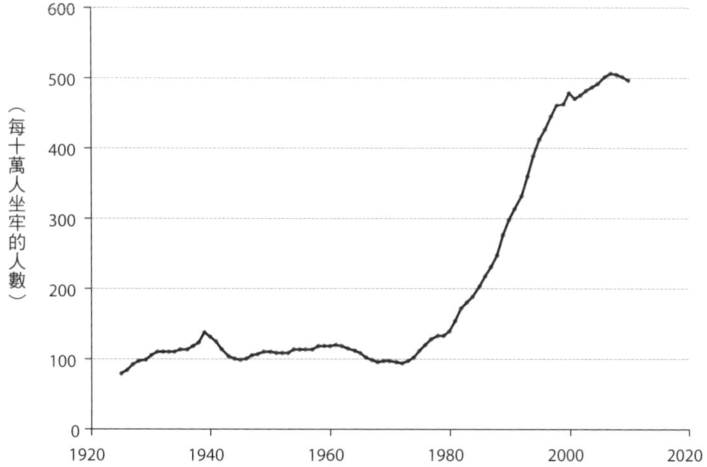

資料來源：*Sourcebook of Criminal Justice Statistics* (Maguire, n.d., Table 6.28.2010), http://www. albany .edu/sourcebook/pdf/t6282010.pdf.

法從簡化的相關性得出任何因果關係，但這些模式提醒我們，不能把工人家庭（白人或有色人種）的崩潰歸咎於組織性宗教的衰退或任何政治上的意識形態。個人價值觀的改變雖然是很重要的因素，但如果把經濟趨勢的反轉考慮進來，意識形態就未必如此重要。

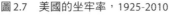

一九八〇年代的一些政策有可能的確造成了家庭的解體：向毒品宣戰（War on Drug），對於三次以上的累犯處以「三振出局的重刑」（three-strike sentencing），坐牢人數快速增加。圖2.7顯示一九八〇年後的幾年，儘管暴力犯罪減少，但是坐牢率卻暴增。這些罪犯高度集中在教育程度較低者，尤其是（但不限於）年輕的黑人，其中年輕爸爸的比例異常地高。[56]

無論是黑人或白人，出生於一九七八年到一九九〇年間的小孩，在十四歲之前經歷父母坐牢的機率大幅提高，而且主要集中在父母教育程度比較低的小孩。一九九〇年出生且父母於中學輟學的小孩，比起同年出生、父母有大學學歷的小孩，前者父母的其中一人曾經入獄的比例是後者的四倍以上。一九九〇年出生的黑人小孩，如果父母學歷比較低，有超過一半的小孩都有父母犯罪坐牢的經驗。[57]

坐牢機率爆增的時期，恰恰就是在低學歷、低收入的社會階層之中，單親家庭愈來愈多的時期。當然，相關性不代表因果關係，但是大量坐牢勢必讓許多年輕的父親離開窮人區，而父親不在身邊，對於白人與有色人種的小孩都一樣是悲劇，在小孩心中留下難以抹滅的傷痕，正如俄亥俄州的大衛以及奧勒岡州的喬伊所經歷的生活。

撇除小孩的其他背景因素，例如父母的教育程度、所得與種族，父親坐牢是小孩在校表現不佳的有力指標，像是學業成績不良與輟學。事實上，坐牢的不良影響也會「蔓延」到父親也坐牢的其他同學身上，甚至是蔓延到父親**並未**坐牢的同學。雖然坐牢與坐牢對孩子的影響普遍見諸於少數族群的小孩身上，但坐牢對於白人小孩的負面影響卻也相當全面。[58]我們在接下來幾章會看見，貧窮小孩生命中最普遍的課題就是父親坐牢。

雙軌體系的結果

不論成因為何，雙軌的家庭型態顯然影響了小孩的生活。美國社會前三分之一受過大學教育者，他們的小孩大部分都跟雙親住在一塊，而現在這樣的家庭一般都是雙薪。但是底部三分之一僅有中學學歷的人，他們的小孩大部分只跟其中一位親生父母同住，事實上，這些小孩大部分都生活在亂七八糟、多重伴侶或混合的家庭之中，而且大多只靠一個人在外頭賺錢。很多研究都顯示，許多小孩子變壞跟底層家庭的型態有關，而許多小孩子表現良好則與上層家庭的新型態有關。[59]比起安德魯與雀兒喜依偎在雙親穩定的呵護之中，凱拉與大衛所成長的環境顯然混亂可怕多了。

父母太早生育與家人關係混亂，使孩子付出生命的代價，他們未來成功的機會逐漸流失。小孩在成長過程中如果未和生父住在一塊，不論種族或階級為何，其標準化測驗的成績會比較差，學業分數較低，接受教育的時間也比較短。[60]這些小孩的行為表現也比較可能有問題，像是害羞、有攻擊性、頻繁的焦慮與抑鬱等心理問題。[61]孩子成長的過程中如果有一段時間由單親媽媽照顧，也比較可能早早發生性行為，然後變成年輕的單親媽媽，複製母親所走的路。[62]

在離婚或再婚家庭成長的小孩之所以面臨特殊挑戰，部分原因在於他們的家庭資源原本就很有限了，但還必須分配給好幾個家庭，還有一部分是因為父母親滿肚苦水，而且家人之間在身體與情感上都有距離，不利於有效的溝通及協調。在多重伴侶的家庭中，父親更少涉入家庭事務，而其他親戚涉入的機會也比較少，加上同一戶裡，每個小孩的父母親都不大一樣，所以會有更多的摩擦、妒忌與競爭，正如我們在凱拉家庭一再看到的情況。如果在這些複雜、多重伴侶的家庭裡，夫妻打從一開始就不曾登記結婚，那每一個問題都會更加嚴重。[63]

當然，家庭破碎也可能對家裡的成年人較好，有時候甚至對他們的小孩也比較有利，特別是遇到有暴力傾向、正與癮頭交戰或因為入獄而經常不在家的父親。不僅如此，許多研究只是指出家庭結構與小孩幸福之間相關，我們無法確定家庭的脆弱性（fragility）是否真的「**造成**」不好的結果。單親家庭與不好的結果之間的相關性也可能只是虛假關係，僅只反映出低所得以及家庭或個人混亂的一般症狀（因此凱拉家庭諸事不順，我們無法確認喬伊與達琳離婚是否為關鍵因素，雖然他們三個人都這樣認為）。但是，最近的研究強烈顯示兩者之間確實存在因果關係。[64]如家庭專家索希爾（Isabel Sawhill）所說：「通則化是危險的，許多單親父母在很艱困的環境下都算做得很棒了，但是平均而言，單親家庭的小孩確實在學校與生活上的表現都比較差。」[65]

因為上述阻礙，近來的研究顯示美國單親家庭最普遍的地區，往往是向上流動最遲緩的地方，這個研究結果一點也不令人意外。[66]當然，家庭結構不是「無緣無故就存在」（uncaused first cause），它和各種因素糾結在一塊，包括種族、居住隔離、社區力量與學校教育。正如我們所見，經濟的困境會大大導致家庭的支離破碎，因此在探討這一代的貧窮是否影響下一代的貧窮時，家庭結構在某種意義上僅可視為一個干擾變數。儘管如此，家庭還是整幅圖像很重要的一部分。雖然家庭與流動之間的因果關係未臻完美，但是相關性還是很強：單親家庭愈多，代表往上流動的現象愈少。

下一章會接著討論教養的階級差異，尤其集中在最新的證據，說明父母對孩子早期的教養方式如何影響小孩的發展。漸漸的，不同社會階級的父母**對**小孩做不一樣的事，也**為**小孩做不同的事，並因此造成很大的影響。

3 教養

遠眺亞特蘭大，這裡是美國南部崛起閃閃發亮的一州，也是太陽帶（Sun Belt）上的一顆明珠。此處曾是電影《飄》男女主角白瑞德與郝思嘉在劇中的故鄉，但是現在已搖身一變成為一個富裕、多元且全球化的大都會，也是美國第九大城市。從一九七〇年開始，亞特蘭大就是美國發展最快的城市，有著蓬勃發展的二十一世紀經濟，這裡是可口可樂、UPS、家得寶（Home Depot）、CNN、達美航空（Delta Air Lines）等公司總部的所在地，美國疾病管理中心（U.S. Centers for Disease Control）也設於此。

巴克海德區（Buckhead）是亞特蘭大繁華的縮影，此區就位於亞特蘭大北邊極其富有的住宅區與商業地帶，市中心聳立著一棟棟高級公寓與一片片購物區，外圍散布著一家家餐廳、高爾夫球場以及要價上百萬美金的房子。這一區九五%住的都是白人，家戶所得中位數（median household income）大約是十五萬美金，小孩的貧窮率幾乎是零。這讓人想起當代美國南方的上流社會，房屋白色的柱子、檸檬水、奢華的辦公空間，以及流行品牌周仰杰（Jimmy Choo）的精品交錯其中。

沿著桃樹路（Peachtree Road）往南走十五分鐘，位置仍在亞特蘭大市中心摩天大樓的籠罩範圍下，不過我們已經跨入全美國毒品與犯罪最猖獗的貧民窟，這區的房子用木板搭建，窗戶用鐵絲纏繞，遊樂場是水泥地板，遊手好閒的人聚集在街角。這一區有九五%都是黑人，家戶所得中位數是一萬五千美金，小孩子的貧窮率大約是七五%。

綜觀亞特蘭大的歷史，整座城市一直飽受種族分化之苦。[1] 到了一九七〇年，雖然法律上的種族隔離已經消除，但白人遷往郊區的情況卻是愈來愈明顯。一九六〇至一九八〇年之間，市中心白人的比例由六二%下滑到三三%；而在一九六〇到二〇〇〇年之間，都會區人口占亞特蘭大的總人口比例從三七%下降到九%，在美國各主要城市中，這裡是人口遠離市中心最明顯的地方。一九七〇年，亞特蘭大已形成黑人住在市中心、白人住在郊區的局面，在學校、居住與各式各樣的社會生活上，兩者一直處於隔離的狀態。

到了二十一世紀初，在全美各主要城市中，亞特蘭大的貧富差距擴張最快。[2] 當然，貧富差距主要源於種族，但是在黑人內部，階級與所得的差距也逐漸擴大。亞特蘭大一直都有一批實力堅強、教育程度良好的中上階級黑人，也有豐富的黑人文化傳統。即使在《種族隔離法》

之下，黑人菁英還是能從教堂、大學與黑人擁有的企業中崛起。民權運動期間，亞特蘭大的黑人政治人物在全美的能見度最高，而且過去四十年來也全由黑人擔任市長。現在，這座城市是美國好幾家黑人主導的大型企業總部所在，也是全美黑人學術菁英最密集的地區，（據說）還是黑人百萬富翁最多的地方。[3]黑人的新聞評論員通常稱這座城市是「黑色麥加」（Black Mecca）。

亞特蘭大都會區的黑人人口最近幾年急遽增加。二〇〇〇到二〇一〇年之間，整個城市大約有五十萬名黑人移入，數量之大遠遠超過全美其他城市。二〇〇八年，亞特蘭大的黑人總數超過芝加哥，現在僅次於紐約市。[4]在大亞特蘭大（Greater Atlanta）地區，所有黑人成年人之中，二六％擁有大學學歷，這是美國前十大都會區比例最高的城市（相對於其他種族占亞特蘭大都會區的比例）。亞特蘭大有許多初來乍到、教育程度良好的黑人，事實上都是從北方移民過來，其中有愈來愈多人居住在各種族裔混居的郊區。黑人住在亞特蘭大市區的比例，從一九七〇年的七九％下滑到二〇一〇年的十五％，因為黑人中產階級與工人階級都快速逃離了危險與荒廢的市中心。[5]這些較富裕、住在郊區的黑人新居民，現在搬到寧靜、舒適與種族混雜的地區，但是那些較不富裕的黑人則是住在城郊地帶，生活周邊是數量比居民還多的假釋金借貸公司廣告招牌及當舖。

留在亞特蘭大市中心的黑人則是非常貧窮。事實上，亞特蘭大市中心貧窮的種族集中程度位居全美前十大都會區之首。[6]亞特蘭大南區與西區這一大片狹長地帶有超過九五％是黑人，小孩的貧窮率從五〇%到八〇%不等。暴力犯罪（集中在這些地區）非常猖獗，而且在全美前十都會區之中，亞特蘭大市中心的犯罪率一直名列前茅（二〇〇五年排第一，二〇〇八年排第三，二〇〇九年排第二，二〇一二年也排第二）。

整個大亞特蘭大地區，實際上的種族分隔比經濟分隔更常見也更強烈，膚色仍持續影響居民的生活機會。儘管如此，黑人內部也沿著經濟界線逐漸出現兩極分化。[7]種族分隔的延續，加上經濟分隔的擴大，使得亞特蘭大的黑人上層階級與中產階級，漸漸與他們階級地位相當的白人區隔開來，也跟貧窮的黑人漸行漸遠。相較於美國前十大都會區的其他城市，亞特蘭大雖有更多的黑人大學畢業生，但黑人貧窮的集中情況卻也更加嚴重。因此，亞特蘭大市似乎逐漸變成三個城市，其中兩個繁華，且其中兩個是黑人。

美國各主要城市之中，亞特蘭大的代間流動排名倒數第二，僅勝過北卡羅萊納州的夏洛特市（Charlotte）。[8]種族之間的差距顯然是主因，但種族內部的階級差距同樣不容忽視。從亞特蘭大三個黑人家庭身上，我們可以一窺美國小孩發展與教養上的階級差異，每個家庭都代表社會階層的不同區塊，也代表著父母介入與支持小孩的不同型態。總體來說，這三個家庭的故事說明了經濟、家庭結構與父母教養之間的交互作用是如何超越種族，影響不同階級小孩未來的發展。

我們會先從戴斯蒙與他兩個弟弟妹妹的故事談起，他們三位來自中上階級的黑人家庭，渾身散發出自信，大約十年前從美國東北搬到亞特蘭大西南部一個種族混合的舒適郊區。[9]戴斯蒙剛從南部最好的一所大學畢業，正準備迎接自己璀璨的未來，背後有著父母卡爾與西蒙妮無微不至的照顧且全心全意的支持。

接下來我們會轉到蜜雪兒、羅倫與她們兩個哥哥。她們姊妹倆跟堅毅、工作勤奮且管教嚴厲的單親媽媽史蒂芬妮住在一塊，生活在窮人與黑人聚集的郊區。當二〇〇〇年中產階級與工人階級大舉搬離貧民區的時候，她們一家也不斷往郊區搬遷，試著找到更好的學區與相對安全的社區。[10]史蒂芬妮的教養方式與西蒙妮及卡爾大相逕庭，這也反映出她相對貧困的現實處境。

最後，我們會談到以利亞這位待人親切、講話輕聲細語的年輕人，他的成長過程大多在紐奧良與亞特蘭大的黑人貧民區度過，根本就像個沒人管的小孩，整天在龍蛇雜處的地區遊蕩。[11]在青少年時期，以利亞的親生父母對他幾乎棄之不顧（我們不曾跟他的父母講過話），而他的故事也讓我們理解，透過「街頭」遊蕩形成的社會化，如何無情地限制了一個人的機會。

西蒙妮、卡爾與戴斯蒙

西蒙妮、卡爾與兒子戴斯蒙就站在他們偌大的房屋門前迎接我們到訪，房子座落在環境優雅的郊區，屋前的草皮不見任何一根雜草。這是一棟磚造的宅邸，籃球場旁的車道還停了三輛閃閃發亮的新車。西蒙妮在學校教書，剛下課回到家，身上穿著軟呢布料的套裝，而卡爾與戴斯蒙則是穿著網球上衣及短褲，坐躺在長椅上。三個人舉止非常優雅，言語中充滿熱情，肢體則是相當放鬆（訪問時戴斯蒙的弟弟妹妹並不在家）。

西蒙妮成長於紐約市一個向上流動的中產階級家庭，一家人最初落腳在哈林區，接著再慢慢搬到市區比較舒適的地方，最後越過河流住到新澤西的郊區。西蒙妮的父親從紐約大學畢業之後，進入美林證券擔任經理，而母親則是一名醫務祕書。西蒙妮憶起過往：「我不覺得自己缺過什麼。」父母親這段幸福美滿的婚姻已經超過五十個年頭，而且化身為她口中「超棒的爺爺奶奶」，也成為這個三代同堂家庭的支柱（即使在戴斯蒙二十幾歲的時候，他每個禮拜還是都會跟爺爺聊天，而弟弟更是每天如此）。西蒙妮就讀私立的天主教學校，然後進入紐約市立大學，拿到產業心理學的學位。

卡爾出生在蘇立南（Suriname），父親是黑人而母親是荷蘭人，在他年幼時一家人就移民到紐約。他的父親在美國鋁業公司（Alcoa）工作，但卡爾說自己的父母就跟大部分的移民一樣，「必須白手起家」。全家落腳紐約的時候，母親在聯合國總部上班，而父親後來創立自己的五金事業。只是父母在結婚三十三年後還是和平離婚。在這樣的家庭長大是件「很棒的事」，卡爾回憶，「我今天擁有的一切，都來自於父母。」一家人總是一起吃晚餐，「細談」學校的生活與新鮮事，而信仰也是生活中很重要的一部分。他說：「很多朋友都會來我們家玩。」在他們眼中，我們是個完美的家庭，是唯一父母完整的家庭。卡爾說自己上了「布魯克林區最糟的中學」，但是父母始終期待他可以上大學。「我們真的沒有太多選擇的餘地」，他說「你必須讀大學」這句話，從小就深植在自己的腦海中。

西蒙妮與卡爾在紐約市立大學相遇。她當時不過二十歲，而他也才二十一歲，兩年之後西蒙妮與卡爾步入禮堂。她想要找個值得信賴且能提供穩定生活的丈夫，而他兩者兼具。結婚之前，夫妻一起跟教會的導師深談，他建議小倆口多等五年再生小孩，而他們也把這句話牢記在心底。西蒙妮在紐約市一家律師事務所服務了九年，從基層的接待員一帆風順地爬到律師助理，但是在戴斯蒙出生後不久，她就離職留在家裡當個全職媽媽。[12]她說：「這小孩真是天上掉下來的禮物，這讓我有了正確的觀念，不再以自己為中心。」

大約在同一時間，卡爾開始擔任華爾街一家大公司的資訊經理。談到自己的工作，他謙虛地說：「我對這份工作相當滿意，因此我在工作上的表現肯定還不錯。」他一直對這份職業感到自豪，所以時常帶著小孩一起上班。戴斯蒙回憶說：「每隔幾個月，爸爸就會帶我們其中一個到公司，上班時他不斷用著電腦，讓我們看一些程式，看得我興致盎然，但我對此根本就一竅不通，而他總是不厭其煩地對我說明。」這反映出小孩在卡爾心中的地位，小孩絕對勝過一切，「教育他們，讓他們發揮最好的能力，多接觸一些有用的人，而不是會帶壞他們的人。」他說。

戴斯蒙說母親也非常重視教育。「她時常給我一些練習本，像是《愛上發音》（*Hooked on Phonics*），然後晚餐吃飯前後我就在餐桌上做功課。」他說。由於父母相當看重教育，因此戴斯蒙認為自己中學畢業之後一定可以繼續念大學，成為專業人士。「我一直覺得自己會從事醫生、科學家之類的工作，」他說，「而我也知道讀大學才能走上這條路，因此我一直覺得自己應該要念大學。」

西蒙妮很有計劃地栽培戴斯蒙。她說：「我一直想要小孩贏在起跑點上，所以不想勞煩其他人替我帶小孩。我們會一起到圖書館上『媽媽與我』的課程。我盡可能讓小孩多接觸一點事物，家裡附近有一些很不錯的兒童體驗博物館，我也會帶著他去。我還不斷安排一些兒童遊戲團體讓他參加。等到他長大之後，每一季我都讓他參加一項運動，中學期間他都在踢足球。他打籃球，學鋼琴，我甚至想讓他去學踢踏舞，只是我先生並不同意。我很注意他們的飲食，戴斯蒙不可以吃麥當勞賣的肉，也不能喝汽水，對於他們所接觸的一切事物，我們都盯得很緊。」

西蒙妮與卡爾要確定自己小孩讀的是好學校，甚至連幼稚園也經過精挑細選。當戴斯蒙還小的時候，他們住在新澤西北部，就在曼哈頓島跨過哈德遜河之處，但是戴斯蒙九歲的時候，他們搬到更南邊，就為了讓戴斯蒙進入優良學區，即使這樣卡爾得花費長達兩小時的通勤時間上班也在所不惜。西蒙妮說：「不是我們的學區不好，而是我不想讓他讀我們家附近的公立學校。」

卡爾對於通勤占掉自己跟小孩的親子時光日漸不滿，所以五年後，他們決定搬到亞特蘭大。西蒙妮回想起一家人如何決定新家的落腳之處：「我想要戴斯蒙讀當地的中學，因為那真的是一所很不錯學校，一所相當多元的學校。我不想要他的同學都是白人，我甚至還沒親眼看過房子就下了訂單，因為我唯一在意的就是學區。我知道如果讀了好的中學，之後也會進入頂尖大學。」

西蒙妮進一步解釋，小孩讀書的時候，她花在小孩學校功課的心力，遠遠超過她的父母。「我會參加戴斯蒙學校的家長會，」她回想起，「然後對在場的人說，『沒錯，這段時間小孩會很辛苦，所以我們也不能懈怠』，我非常清楚孩子在學校的進度。暑假的時候，我會把作業簿都拿出來，一天寫數學，一天練習閱讀，每一次都是一堂課。」

「小孩會帶著印有總統肖像的卡片，沿途記下歷屆美國總統的生平。」她回憶，「有時候我們全家會去佛羅里達，我會讓他們在車子裡玩字卡（flash card），我非常喜愛字卡遊戲。我們抵達某處之後，我會問：『我們為什麼要來這裡？』我們曾到荷蘭參觀安妮・法蘭克（Anne Frank）之家，出發之前會先做點功課，瞭解安妮是誰。我拿著故事書，講了一個成長於社會住宅的小男孩長大後打籃球的故事，與他們的成長經驗完全不同。我會在睡前講故事給三個小孩聽。」

戴斯蒙腦中也有同樣的回憶，他雖然覺得母親有點煩，卻也很感激母親做的一切。「暑假時媽媽會拿補充教材和書本要我們念，」他說：「當我們在佛羅里達與環球影城度假的時候，房子外頭是晴空萬里，而我卻要在屋內看書，這是我一輩子最痛苦的時刻。我有很多數學作業，有時候我會翻到後面偷看答案，假裝自己做完了。我媽媽過來檢查之後就說：『你這麼快就寫完，那就再做下一頁。』我心裡想的是，『如果我都對了，為什麼還要再做？』而我媽想的卻是：『因為我暗中看到你作弊』。我媽介紹我看《哈迪男孩》（*The Hardy Boys*），我真的很喜歡書裡的故事。我的父親就比較實際，他要我看報紙，有時候看看新聞，然後問我：『你學了什麼？』『呃……我不知道，我不記得自己看過什麼了。』但這件事讓我暫時擺脫學校的痛苦時間，這是屬於男人的快樂時光。」

戴斯蒙現在非常愛看書，他說：「這其實有點奇怪，成長過程中，我並不大喜歡看書，不知道為什麼，就是找不到看書的樂趣。但是我現在已經知道看書會使我更有智慧。」

西蒙妮全心參與小孩的學校生活。戴斯蒙的小學有個規定，只要小孩放學一離開學校，就不可以再折返，即使東西忘了帶也不行。戴斯蒙的壞習慣就是常常忘記帶功課回家，所以每天下午，西蒙妮會提早來學校，要他檢查書包，確定他沒忘記該帶的東西。幾個禮拜之後，他就學會自己檢查。西蒙妮也是學校裡相當活躍的志工，她加入戴斯蒙幼稚園的家長教師聯誼會（PTA），也擔任戴斯蒙就讀小學的家長會（PTO）會長。

戴斯蒙記得一家人吃晚餐時總有聊不完的話題。「我想自己在那些日子聽到的事情都非常重要，我真的從餐桌上的聊天學到許多。」西蒙妮與卡爾基本上都同意對話與傾聽是教育小孩的工具。西蒙妮解釋自己的教育哲學：「花時間在小孩身上，就算你不覺得自己做了些什麼，但陪在他們身邊，做點簡單的事，像是帶他們去雜貨店，小孩會記得這些的。即便我的女兒講她生活中瑣碎的事讓我聽，而我並不想聽完整個故事時，我還是會耐著性子聽下去。」

卡爾記得那時候自己的心情，也自豪於他們夫妻跟小孩的關係很密切。他說：「你現在必須多瞭解小孩一點，當他們學音樂學得很痛苦的時候，你要知道箇中緣由。現在戴斯蒙（二十二歲）每天還是會打電話回家，雖然他還有其他的事要忙，所以你必須要稍微放手，但這是極為堅定的親情。看到其他人與小孩互動的樣子，我就會感謝自己擁有的一切。」

西蒙妮與卡爾對於管教小孩以及給予小孩自主性的看法相當一致。西蒙妮說：「我們倆站在同一陣線！如果我想要戴斯蒙做什麼或不准他做什麼，我們都會一起決定，絕對不會在小孩面前起衝突。」發生問題時，他們盡可能立即察覺並且堅定立場。卡爾說：「身為父母，這或許是最痛苦的時候，愛之深責之切，你常常要強迫他：『你必須這麼做，沒有其他選擇。』有時候，你要拿出父母親的架子，並且說：『事情就是這樣！』當然，隨著小孩長大懂事，衝突就會比較少。」所以現在如果我看到什麼，我會說：「你做了那件事，可以解釋一下你為什麼這麼做嗎？你有好好想過嗎？」

西蒙妮管教小孩的手法相當細膩，也非常懂得拿捏分寸。她說：「我不覺得自己有必要懲罰戴斯蒙，沒必要剝奪他們的權利或懲罰他，因為我一直希望家就是他們想要回來的地方，是他們的避風港。當然，一旦你做錯事，你還是會等著瞧。但我不認為我曾經懲罰過他，或是剝奪他們的權利，我從來沒說過：『一個禮拜不准看電視。』」

卡爾也一直試著培養孩子的自主意識。即使他想要鼓勵孩子做些什麼，也還是盡量忍住不插手。他說自己的方法是：「由小孩決定要走什麼路，我能做的就是盡量讓他們多看多聽。」在戴斯蒙尚未決定是否要念醫學院時，卡爾並不是直接告訴他怎麼做才對，而是安排他去跟一些醫生談談，並且讓他參加六個星期的相關課程。

西蒙妮雖然是個體貼的媽媽，但有時也相當強硬，還會出手干預。戴斯蒙在喬治亞中學發生的一段插曲，就說明了她管教孩子的另一面，也顯示她如何巧妙地避開棘手的種族問題。有一回經濟學考試，戴斯蒙看了自己放在地上的卡片，上頭寫著下一堂考試的筆記，但是監考老師指控他作弊。戴斯蒙從學校打手機給母親，她馬上趕到教室瞭解事情的原委。老師跟母子倆談過之後，同意戴斯蒙只是不小心看到。西蒙妮對老師說：「我瞭解你為什麼這麼想（他在說謊），如果是我也會這樣想。如果你想要給他零分，即使他應該可以考得比零分好，但我還是完全支持你的做法。」老師拒絕西蒙妮的提議，說戴斯蒙是個「好學生」。戴斯蒙稍後向母親抱怨老師有種族歧視，母親回他：「不，一點也不會。用點常識吧，你為什麼要把卡片放在地上，然後還低頭看？你應該放在抽屜的夾子裡，多用腦袋想一想。」

宗教信仰對卡爾的影響無所不在。他的生活重心順序是屬靈生活、工作、家庭，再來是運動。戴斯蒙也說到教會與宗教信仰如何深入他的生活。「我們是屬靈的家庭，」他說，「我們用餐前會禱告。如果不是要去禱告，我並不會特別注意到禮拜天。每個主日結束禮拜之後，我們會碰面，父親會問我：『戴斯蒙，你今天在教會學到什麼？』而我會說：『上帝！』他接著追問：『還有呢？』我再回答『耶穌！』對話到此結束。但是當我回到家之後，會開始覺得有點不同，我會再問自己：『為什麼為此禱告？能不能有多一點解釋。』我的強烈信仰背景，使我逐漸建立自己對信仰的看法，並且自問是否同意父母所灌輸的每件事？」

「我的朋友大部分都會上教會，十二歲時，我替一個叫做喜樂歌手的小樂團錄音，也在那裡交到一些摯友。我們每週三與每週六晚上都會一起練詩歌，然後再到青年團契或其他地方唱給大家聽。這使我對信仰更加堅定，讓我敞開心胸，只要有人想找我談信仰，我都很願意談，也有自信如果人家不想聽，我也不會多嘴。」

西蒙妮教養小孩時也十分重視宗教信仰。「戴斯蒙是個信仰堅定的年輕基督徒。」她說，「我希望他每件事都充滿聖靈。我跟兒子們說，如果你跟女孩交往，你會跟她『在一起』，但有可能不會交往太久，而她最後將成為別人的妻子，所以你必須懂得尊重。如果你不喜歡她，別跟她胡搞。我的小孩在中學之前可能都不知道可以未婚生子。」

訪談接近尾聲的時候，他們講了一件事讓我們看到這家人有多親密。戴斯蒙突然透露自己在七年級時被診斷患有糖尿病，而這件事父母在先前的訪談都不曾提到。他說：「這很嚴重。

我們必須改變飲食，改變生活習慣，全家人都為我調整，而這給我很大的幫助，因為我真的非常痛苦，每天都像是一場硬仗。我們開始多吃魚，把糖與熱量留到特別節日才享用，我的家人因為這件事而更加親密。」

從許多方面來看，卡爾與西蒙妮都是有責任感、有一定教育程度的父母，但種族卻影響他們的日常生活，當然也影響了他們教養的方式。「我教養的是黑人小孩，我一直覺得黑人小孩會比較辛苦，所以我總是鼓勵他要勇敢一點。我跟戴斯蒙說：『寶貝，如果你想要拿A，不能只做到九十分就預期可以拿到A，你必須做到九十五分！』」

「種族歧視的事確實會發生，雖然次數不多，但他們卻碰上了。即使戴斯蒙的學業平均成績是四．〇，排名全班第八、第九，負責輔導學生申請大學的老師還是建議他申請技術學院或專科。還有一次，戴斯蒙想請一位老師指導他新的化學課程，那位老師的回應卻帶有貶抑之意。當我跟學校的輔導老師反映，他說：『當然，我可以想見老師會這麼說，老師可能打量一下戴斯蒙，壓根沒想到他很聰明。』」

「社會的目光會緊盯一個黑人男孩……」她頓了一下，然後接著說：「老二從大學回到家裡，當時正在下雨，而他準備冒雨出門，因此順手把衣服的兜帽戴上。我對他說：『你要戴上兜帽去哪？這樣穿會讓人家以為你是貧民窟來的，換一頂棒球帽吧。』我很實際：『你很聰明，每一件事都會心想事成，如果需要費點功夫，那也沒關係吧。』」

離家上大學讓戴斯蒙理解到家庭的重要性。「大一那年很辛苦，」他說，「以前我並未意識到家庭對我有多重要。當我第一天放學回到家，我只想要跟父母說學校這一天發生的事。我看起來就像『我現在很想回家』的樣子，我試著模仿父母的互動方式，尤其是他們如何爭論事情，如何討論電視上的東西。每當我有時間獨自思考時，我就會去想，換作是他們，他們會怎麼做，還有他們會希望我怎麼做。每隔一陣子，我會搞砸一些事，接著我就成長一點，也學會了一些道理。」

在隨後一次訪談的尾聲，西蒙妮回想起自己當父母的心情：「我真的要感謝太多人了，但我也要讓你知道教養是無止無盡的。」此時，在佛羅里達疾病管制中心實習的戴斯蒙，正好因為鑰匙不見打電話問她怎麼辦。掛上電話後，她指著電話說：「來得正好，對吧？你永遠要當小孩的後盾，提醒他們怎麼做，告訴他們理由。當爸媽的，沒有停下來的一天。」

西蒙妮與卡爾與住在本德鎮的厄爾與佩蒂，還有住在柯林頓港的溫蒂與迪克（雀兒喜的父母）天差地遠，種族也完全不同。但是，這三對夫妻都屬於美國的中上階級，而他們的教養方式也大同小異。他們投入大把時間、金錢，把小孩照顧得無微不至，三個家庭之間相似的程度，遠遠大於住在附近同種族的工人階級家庭及下層階級家庭。接下來，我們就轉到亞特蘭大市一個工人階級家庭。

史蒂芬妮、羅倫與蜜雪兒

我們跟史蒂芬妮與她女兒在她們那間偌大房子的餐廳碰面，地點就位於亞特蘭大邊緣的新開發區。房子給人一種「樣品屋」的感覺，到處擺著塑膠花，不過史蒂芬妮笑容可掬地迎接我們，看得出來她是個健談、幽默也懂得怎麼做好母親的人。史蒂芬妮身上穿著在服務業公司上班的制服，她的職位是辦公室經理，而外套上就繡著名字。大女兒羅倫二十一歲，身材高眺，舉止幽雅，全身散發一股自信、端莊的氣息，小女兒蜜雪兒十九歲，身材比姊姊還好，穿著一件粉紅色的天鵝絨毛衣，不斷低頭看手機（兩個兒子都已經不住在家裡）。史蒂芬妮自知教育程度不高，因此先是對自己有限的字彙跟我們表示抱歉。「我很愛說話，而女兒會糾正我的用字錯誤。雖然我對此感到生氣，但事實上還滿喜歡她們這樣做。」聊了一段時間之後，我們清楚看到，儘管史蒂芬妮言語中帶著歉意，但她還是一個堅強、懂得反省的母親。

史蒂芬妮的母親原本居住在喬治亞州，但為了逃離家暴與酗酒的丈夫，搬到了底特律，史蒂芬妮就在此成長。史蒂芬妮的媽媽是領有執照的合格護士（RN），跟史蒂芬妮的繼父窩在一間簡陋的小房子裡，而繼父在克萊斯勒車廠的生產線上工作。雖然他們所在的社區還不錯，但是母親與繼父都是酒鬼，而史蒂芬妮則是跟住在社會住宅的凶神惡煞混在一塊。初中時期，她加入幫派，整天打架鬧事。當她回憶起這段過往時說到：「那時候我砍了幾個人，因為不守規矩和人打架而有好幾次被送入少年監獄。如果我想得到某樣東西，人家卻不給我，我就會闖進去搶走，或者是剪斷對方的頭髮。我不知道自己當時為什麼那麼壞，但是必須很遺憾地說，我實在是個壞蛋。」

由於行為不大檢點，史蒂芬妮屢屢休學，也因此常要留在家裡。「父母整天打我，還叫我看書。七、八年級的時候，我因為成績拿了個D，而被痛打一頓。當我拿了兩個E、一個D與兩個C的成績回家時，父母懲罰我整個暑假不准看電視，也不可以買任何東西。」

有一次史蒂芬妮想要一臺變速腳踏車，但因為她還在禁足，所以母親不給她，於是史蒂芬妮和朋友就靠自己的雙手去拿。「我們偷了一臺回家，還把腳踏車噴成我想要的顏色，之後停在隔壁的巷子裡。」她說，「我們並不需要偷車，但大家還是做了，一切都是出於好玩。感謝上帝，我的小孩並沒有重蹈覆轍，隨著我的年紀漸長，我就想確保自己的小孩可以過上更好的生活。」

史蒂芬妮十五歲的時候母親過世，她只好跟住在底特律的姑媽一起生活。「姑媽是對我最嚴格的人，」她回憶，「因為如此，我也特別尊敬她。」只不過史蒂芬妮的行為還是很不檢點，十二歲的時候，姑媽因為她「過於沒有禮貌、頂嘴、無照駕駛、吸毒」而將她趕出家門。搬回亞特蘭大之後，史蒂芬妮先是在成人教育的計畫中取得「中學同等學歷」（GED），不久之後就懷了一個兒子。她笑著說：「我賭了！」她嫁給了孩子的爸，最終又再生了三個小孩：另一個兒子，然後是羅倫與蜜雪兒。

如今回顧，生了老大是史蒂芬妮生命的轉折點。她說：「當妳有了小孩，妳會更有責任感，因為妳必須照顧小孩，也必須顧好自己。我想的不是未來的生涯發展，只是想要賺錢餬口。當我二十五歲的時候，我開始有了生活重心。『妳真正要的是什麼樣的生活？』我開始把目標放在兒子身上，想要確定自己白天可以跟他們一起去幼兒園，如此一來就可以知道老師是誰，然後保護他們。」

由於不確定往後的經濟情況是好或壞，也無法確定丈夫是否忠心，因此史蒂芬妮在安排生活時，想的都是自己必須一肩扛起小孩經濟穩定的責任。所以，首要之務是找份工作，她先是到大力水手炸雞公司（Popeyes）與哈蒂超市（Hardy's Supermarket）上班，但是這樣的薪水根本付不起瓦斯費與電費，所以她到札萊斯（Zale's）百貨公司找了一份新工作。百貨公司的一位主管看中她的親切與勤奮態度，一路提拔她從收銀員、部門經理再升到商店經理。等到史蒂芬妮生了四個小孩之後，她一個禮拜要工作四十個小時，並且賺到一份她自己覺得「還不錯的薪水」：一年三萬五千美金，大約是五口之家貧窮線的兩倍。

在那些年間，史蒂芬妮的丈夫在外頭和另外一個女人廝混，接著就離家搬出去了，這也證明史蒂芬妮假設自己必須獨力扶養小孩來安排生活的決定非常明智。她後來又再婚，嫁給一個堆高車的司機，兩人現在可說是有個「穩定的婚姻」。第二任丈夫帶來他與前妻所生的小孩，但是史蒂芬妮與丈夫達成協議，他不需要為史蒂芬妮的小孩負責。

十五年前，史蒂芬妮換到目前任職的公司，現在擔任公司主要分公司的辦公室經理。她說：「我喜歡顧客。」樂觀、外向的個性，加上工作謹守本分，讓她帶給全家一份合理又穩定的收入。羅倫說：「如果我們想要什麼，她都會買給我們，不管是筆記型電腦、IPads，還是衣服。」（史蒂芬妮在旁堅持，「名牌的東西不行！」）

蜜雪兒對母親買東西給她們的記憶也差不多。「我並不擔心母親，完全不會。但是我父親自己的小孩太多了，能拿則拿，要不然就會聽到父親說『我現在沒有』。我母親說自己不曾央求任何人為我們做任何事，因為她一切都自己來，凡事靠自己，因此也希望小孩跟她一樣自食其力。」她一直記得十三歲生日的時候：「我的禮物是一臺腳踏車，當時風和日麗，我不斷在死巷裡踩著腳踏車。我們就在游泳池邊開慶生會，在蹦床上跳來跳去，感覺很棒！」蜜雪兒深深感受到自己雖然並不富有，但相對幸運得多，比起那些家庭破碎住在貧民窟的朋友，她說：「我們並非家財萬貫，但相較於那個朋友的家庭，我們還算有錢。」

蜜雪兒也意識到母親一直很拚命工作確保一家人的生活。「母親是我的英雄與靠山，其他人只是閒閒待著什麼也不做，但她卻每天上班，準備好體力，凡事自己來，即使旁邊有其他人在。她老是說就算丈夫離開不在身邊，她還是有辦法付房貸。繼父的兒子有三個小孩，而他卻不願意擔起責任。男人老是說自己是男人，但卻一點肩膀也沒有。」

羅倫從中也學到類似的道理。她說：「你不能信任其他人，時時刻刻做好防備，因為你不知道身邊的人是誰，還有他們有沒有能力負起對家庭還有對每個人的責任。」毫無意外，史蒂芬妮的想法也一樣。「我百分之一百同意，」她說，「生命的經驗讓我知道唯一可靠的人就是妳自己。」

史蒂芬妮當母親的首要之務是養活一家人，第二件要事則是確保一家人的人身安全。她提到自己小時候的情況：「我們在成長的過程中，晚上還是可以走在街上，但是現在如果晚上要上街，你要帶著手槍、烏茲衝鋒槍，或者是防身武器。」他們所住的社區周圍還不算太壞，但幾條街之外，治安是「愈來愈糟」。所以史蒂芬妮與孩子約法三章，羅倫記得母親說：「晚上不准出去亂跑，只能待在家門前的街道上。」

史蒂芬妮解釋：「沒錯，只有待在門前，我才隨時盯得到。我們這一區是個死巷，所以如果有外人走進來，鄰居一眼就可以認出。我把小孩好好地保護在富爾頓郡（Fulton County，女兒上幼稚園、兒子上中學時住的地方）。我不希望他們跟流氓混在一塊，所以把他們保護起來。但是小兒子還是出去跟人混幫派。」史蒂芬妮說這個兒子是「問題最多也最麻煩」的小孩，在家裡情緒失控的時候，還必須「打電話叫警察來制止」。他三兩下就擺脫母親的控制，然後混入「幫派」（十五年後還在裡頭打滾），這提醒了像史蒂芬妮這樣的父母，小孩很容易誤入歧途。

由於史蒂芬妮在底特律長大，這是一座隨時有暴力威脅的城市，因此她也養成一種嚴母的管教方式。我們問到：「妳父母跟小孩子親暱嗎？常抱妳們或……」史蒂芬妮被我們的天真嚇了一跳，馬上插話說：「不不不，我們並不怎麼親暱，不會親親，也不會擁抱，這是其他膚色的人做的事。我不親小孩，也不抱小孩，但我很愛他們，不過不像海狸（Beavers）那麼強調肌膚之親。在現實生活中就是不能這樣。住在底特律，你不能肉麻兮兮，也不能太過軟弱，你必須硬起來，非常非常強硬，如果過於軟弱，別人就會騎到你的頭上。如果你要到底特律，別表現得太弱，你必須要強硬，像個暴民！」講完這段嚴肅的話之後，她放鬆大笑，然後又接著說：「不得不這樣，我工作時笑臉迎人，但一回到家，就板起臉孔來。」

毫無意外，史蒂芬妮管教小孩的方式跟卡爾與西蒙妮天差地遠。每一個小孩都挨過「鞭子」，她這種特殊且嚴厲的管教方式，從蜜雪兒到幼稚園上學的第一個禮拜就看得出來。史蒂芬妮回想當時的情況，蜜雪兒到學校之後，「整天鬼吼鬼叫，大約持續了三十到六十天。」最後，學校擔心小孩在家裡遭到家暴，因此請家庭與兒童服務辦公室派人調查，但查了半天也一無所獲。當時五歲的蜜雪兒想要和剛離家的父親一起生活，史蒂芬妮也同意她搬過去。但後來因為在父親那兒被教訓了兩個禮拜之後，蜜雪兒還是「鬼吼鬼叫」，史蒂芬妮心想「事情必須告一段落」，所以就跑到學校找蜜雪兒，把她叫出教室帶到廁所去，打了她一頓屁股，她回到教室之後，就再也沒事了。[13]

羅倫淡淡地補充說：「長大之後就變成一個惡霸。」

由於她是一個必須努力工作賺錢養家的單親媽媽，史蒂芬妮老是要想盡辦法分配自己的時間與精力，而這也深深影響了她所採取的教養方式。比方說，晚餐時的親子對話不多。史蒂芬妮說：「我們不是大家坐著一起吃晚餐的家庭，誰也不等誰，先到的人就先吃。」羅倫也補充說：「吃飯的時間一到，誰想要吃就吃，不會像聚餐那樣一起坐在餐桌前。」史蒂芬妮解釋：「我們沒有那種時間坐下來閒聊今天發生的事情。」

由於史蒂芬妮的工作必須親切解決難搞的客人，整天下來筋疲力竭，所以早早就上床睡覺。羅倫坦承這讓她們幾個孩子可以趁著晚上偷偷喝伏特加。另一方面，在羅倫成為中學的明星籃球員時，史蒂芬妮則會匆忙趕回家，然後到現場充當「球隊媽媽」替女兒加油。

史蒂芬妮對小孩教育的關心，完全和西蒙妮在意的重點一模一樣，只不過兩人所受的限制不同。史蒂芬妮兩度搬家，希望從龍蛇雜處的貧民窟，搬到比較好的學區以及比較安全的社區。羅倫談到自己成長的社區是「愈來愈好」。當然，搬家背後靠的是史蒂芬妮在經濟階梯上奮力往上爬。

史蒂芬妮不大確定在小孩小的時候她是否曾經在床前說故事給他們聽，但是羅倫確定母親曾經這樣做。史蒂芬妮記得自己至少替小孩辦了借書證，她說「因為小孩每天手邊都要有書」。大致來說，她對於女兒的教育相當自豪，雖然她衡量成功的標準與卡爾、西蒙妮、溫蒂與迪克一家大不相同。（她說：「我的小孩不會蹺課！」）隨著家裡經濟情況改善，她開始覺得可以供應女兒到住家附近的一所社區型大學讀書，羅倫接受了母親的好意，但是蜜雪兒只讀了一年就輟學，她說「我根本就不是一塊讀書的料」。

史蒂芬妮根據自己的經驗，發展出一套強勢的教養哲學。她說：「我媽是個酒鬼，而我不會重蹈覆轍。我每天工作，激勵自己的小孩，督促他們上大學，我要讓他們知道，當他們需要找個肩膀倚靠，我會一直陪在他們身邊，當他們的支柱。」

「我試著做出有建設性的批評，引導自己的小孩走上正途。你唯一能做的就是從旁指導，就像教練把你帶到場上，只能根據你的資質教你，一切都要靠你自己掌握要往哪裡走，一步步從一壘、二壘、三壘再跑回本壘。我試著在生活中讓他們知道外面的世界很複雜，如果生活簡單那是因為我替你們鋪好了路。社會真的充滿挑戰，所以如果你還沒有小孩，而你覺得自己養不起，那就別生。如果你生了小孩，就要好好照顧他們。」

「我不是孩子的朋友！但我是最好的爸媽。父母不需要當孩子的朋友，而是扮演好父母的角色，引導他們走上正軌。所以你要我們回想，自己是否會跟孩子說，『女孩，讓我告訴妳昨天發生什麼事』，我們家不會這樣做。你尊敬我是你的媽媽，我就會尊重你是我的小孩。你需要有人在前面帶路，這就是我主要的任務。」

「當父母不容易，如果有四個小孩，要做的事就更多。你要亦步亦趨，確定他們沒有走偏，也要確定他們有飯吃，有搭上校車去上學，我覺得他們做得很好，我為他們感到驕傲。」

提到自己的小孩如何迎向二十一世紀時，史蒂芬妮的勞碌奔波與犧牲一切，截至目前換來的是憂喜參半的結果。她的大兒子（妹妹戲稱為「人人愛的金童」），前途似乎一片大好。他從線上成人教育的學校修了不少課，而根據史蒂芬妮的說法：「他做起事來一板一眼非常優秀，未來的收入應該也會不錯。」反之，小兒子則是讓她「頭痛的小孩」，之前在中學休學一年，最後終於畢業，現在則是在父親的資源回收中心工作。

大女兒羅倫大致按部就班。羅倫說：「我知道自己不會走偏，不像我的二哥，我不會讓自己淪落到貧民窟。」她婉拒了堪薩斯一所大學的籃球獎學金，儘管球隊教練與母親很希望她可以去打球。她說：「我覺得打球太辛苦了，我只想為青少年做點事。」她很快就要從附近的社區大學畢業，但不幸的是，青少年監護官的經費遭到刪減，如此一來她就必須「去能賺錢的地方，也就是要去面對不想面對的成年人」。她也交了一個住在附近的男朋友，史蒂芬妮認為女兒的男朋友是個「好孩子」。

史蒂芬妮認為蜜雪兒是另一個「頭痛的小孩」。蜜雪兒也承認自己並不好帶，「我不是最差的小孩，但我也不會說自己是個好小孩。我在學校會惹麻煩，成長過程中，我的口語表達以及閱讀理解能力都有問題。我當時覺得這是適應不良的緣故，所以就『換一個班』，而我現在瞭解這樣做真的有幫助。我一直卡在數學與社會科，因為每個人都力求表現，所以我讀中學的時候覺得很困擾。」

儘管史蒂芬妮對孩子盡心盡力，但有時候就是沒辦法幫助孩子跨過人生的關卡。蜜雪兒說：「我會請媽媽幫忙我做功課，她會盡力幫忙，但是有些事也勉強不來。」蜜雪兒拚了命才通過社會科的畢業考，「總共考了六、七次。」她說：「壓力很大，但我最後一次終於過關，媽媽一直在背後支持。」我們問：「怎麼支持？」「她會禱告，並請求上帝幫忙。」蜜雪兒說。

蜜雪兒從社區大學輟學讓媽媽非常不高興。「當我決定不再上學時，她感到晴天霹靂。」蜜雪兒找到一份臨時工作，但很快就辭職不幹，理由是「我必須站在一個地方十個小時，我的腳痛到受不了」。她對媽媽講的則是另外一個理由：「我直接跟她說，他們不需要我了。」

蜜雪兒現在想去念當地的職業學校，希望將來可以到幼稚園當老師。現在她整天跟一個內城區的中輟生混在一塊。史蒂芬妮並不喜歡這個男生，「這傢伙是個懶骨頭，他的家世背景很差。你看！我一直努力避免他們跟這種人接觸，而她居然去跟這種人交往，這實在很煩，根本就不是我為她安排的人生。」

由於資源有限，環境險惡，有時候堅持為人父母的承諾與嚴格的管教顯然還不夠。不論是史蒂芬妮或女兒，都不覺得種族歧視限制了一家人的機會，或許是因為他們每天遇到的阻礙，比較像是經濟問題而非種族問題。蜜雪兒有一次因為停車費未付而遭到警察臨檢，並在警局的拘留室關了四十五分鐘，但她不認為警察是因為種族歧視才這麼做。她說：「或許他只是想達成業績，但我不認為他有種族歧視，我不認為人會有種族歧視，我想黑人當然都會討厭一些白人，而白人也會有自己不喜歡的黑人。」

羅倫說種族歧視在自己成長過程中並無大礙。她說：「若是住在喬治亞可能會遇到，但我從來沒有遇過種族歧視，只聽說過黑人彼此之間講些個人的經驗。」她又說：「在我們這個偏僻、大部分是白人的區域裡，我們從來沒遇到，因為每個人相處融洽，我不曾看過種族歧視，甚至在克萊頓郡（Clayton County）也沒看過。」

史蒂芬妮同意女兒的說法。「在我看來，這不是黑人白人的問題，而是黑人對抗黑人的問題。一開始，某些人做了某些事，我根本不在乎這些人的膚色，但他們會用『種族歧視』來講這些事，因此這個字就跑出來，然後大家就開始用。」

史蒂芬妮甚至說自己在小孩成長的過程中，根本沒教他們要小心種族歧視。「我根本沒時間講這些，大家花太多精力討厭不同膚色的人，這對你毫無幫助。」

自從史蒂芬妮的經濟地位改善以來，時代已經變得不同。不論史蒂芬妮多麼適應自己所處的環境，但她嚴格的教養方式——小孩必須絕對服從，「體罰」勝過講道理，人身安全勝過說話技巧——並不像西蒙妮與卡爾的「規劃栽培」（concerted cultivation），那麼適用於新經濟的變化。[14]儘管如此，史蒂芬妮對小孩的付出，到頭來終於苦盡甘來。「我認為自己把小孩教育成現在這個樣子是一件令人尊敬的事。我們一路走來有高有低，但總是擡得起頭來。我知道他們未來一定要出去闖蕩，不論是離開家去讀書，或是在職場爭取自己想要的東西。天下沒有白吃的午餐！我的生命中沒有人曾經給予我任何東西。我曾經說過，一旦我走到這裡，就不會再走回頭路。上帝最重要，除了上帝、丈夫和孩子，其他事情都可以拋到腦後。這就是我所走的路，而我希望自己做得還不錯。」

以利亞

我們在亞特蘭大北邊一家昏暗的購物中心遇到以利亞，他的工作是在賣場打包，而撞見他的時候正好是午餐休息時間。當時整家店的人，不論是顧客或店員，不是黑人就是拉美裔的人。以利亞身材瘦小，身型約莫只有五呎七吋，穿著寬鬆的衣服，讓他略顯壯碩。牛仔褲的皮帶繫得很低，大約就在臀部上方，腳上穿著喬丹球鞋。以利亞靠著椅背，手肘放在旁邊的椅子上。他起初還不大願意開口，不久之後就心平氣和地與我們聊天，態度看起來非常從容。他一邊講話還一邊做手勢，眼神從頭到尾都盯著我們，看起來是個能言善道的人。儘管嘴巴裡說著悲慘甚至令人難以置信的過往，說話的語氣卻顯得稀鬆平常，一點也沒有誇大，感覺就是在回憶事實，而不是博取同情。訪談到最後，他對我們說：「我還挺喜歡跟其他人講自己的故事。」

以利亞一九九一年出生於德國的紐倫堡（Nürnberg），當時他的父母派駐於美國陸軍在當地的基地。母親在喬治亞州長大，父親來自紐奧良，而以利亞對父母的記憶就是兩人「常常大吵」。以利亞還在強褓的時候，父母就已各自另結新歡。「兩人就是不能好好在一起，」他說。以利亞三、四歲的時候，媽媽又帶了一個新男友回到喬治亞，然後把以利亞交給祖父母照顧，住在非常貧窮且生命飽受威脅的紐奧良市。他對孩提的回憶，先是紐奧良，然後再到亞特蘭大，聽起來極不真實。

他提到：「大家都說我祖父有三十六個小孩。小時候我會聽到臥室裡有奇怪的聲音，而我知道他並不是在跟人家吵架，然後他穿著內褲走出房間，我說：『嘿，爺爺，剛剛是什麼聲音？』他的表情就像是：『喔，我跟你奶奶啦，我們在玩摔角。』我一直到十一歲的時候，才知道那是爺爺跟女朋友做愛的聲音。」

「我看過他喝得醉醺醺，還狠狠打了祖母一頓。我覺得不應該讓小孩看見這種情況，我也被祖父揍過，但那是因為我太笨了。我曾經看過堂哥在哈草，看過他販毒。也曾經目睹祖父大醉之後一絲不掛，我覺得好噁心，一個禮拜都不想回家。」

「我的堂哥叫詹姆斯，是個瘋子，我看過他開槍打人，但是沒看過他殺人，是他教我怎麼搶劫的。我剛來這裡的時候（亞特蘭大），就已經開始搶東西。我對公寓裡的印地安小孩還有穆斯林小孩下手。我知道怎麼從陽臺爬到別人的房子，然後用衣架穿過鑰匙孔把門打開。這些都是堂哥詹姆斯傳授給我的技巧。我不清楚他現在是生是死，因為我離開紐奧良的時候，他正在牢裡服二十五年的徒刑，罪名是一級謀殺。」

「我和堂哥極為親近，跟他的關係比跟父親還要好。當他叫我去搶錢我就去搶，搶到之後會把錢拿給他，然後他分給我大約五十元。他叫我去偷鞋子，我就去偷鞋子，如果有人追著想要抓我的時候，他會開槍射他們，讓他們抓不到我，也無法把我送去青少年監獄。我當時只有六、七歲，我不知道有沒有更好的出路，我要說，『住在貧民窟，你就只能這樣。』這就是我所擅長的，如果你住在紐奧良，你必須非常勇敢，也要很堅強，靠自己挺起身子，別讓任何人騎到你頭上。」

以利亞在紐奧良住的地區到處看得到「真正的暴力」。他說，「如果我聽到有人遭到槍殺，兇手有可能就住在我隔壁。隨時都有人死掉，有人被綁架、強暴、殺害或被謀殺。誰要住在這種鬼地方？我老是看到一些吸毒的人在街上遊蕩，無家可歸，也身無分文。我討厭這一切，我非常不喜歡自己的故鄉。」

「我根本就擡不起頭來，因為只要我一上學，白人同學就會來找麻煩，到處都有種族歧視。我唯一幹過的架是和白人，而不是黑人。如果我跟黑人打架，那都是因為我堂哥，他喊打，我就打。不過，我當時相當喜歡逞兇鬥狠，如果你的腎上腺素飆高，你就會有『想要幹架的心態』，所以這樣的生活真的很糟糕，我非常厭惡這種日子。」

以利亞向我們解釋他口中「想要幹架的心態」指的是什麼：「這就像惡霸到學校之後，要某人把午餐錢交出來那樣：『把午餐的錢拿出來。』在紐奧良，我會說：『身上的錢都交給我；

我要你腳上那雙鞋；我要你身上穿的衣服；我要每一樣東西。』我的堂哥詹姆斯做得比我還乾脆。他不會用拳頭威脅，而是拿著一把槍指著對方的頭：『聽著，如果你不把錢給我，就讓你的腦袋開花。』我也想要他這樣做，我也不是沒看過自己的家人殺人，但我並不希望他這麼做。」[15]

雖然尚未入學，以利亞對於有人遭殺害早已習以為常。「四歲時，我看著一個可愛的小女孩，踩著她的小滑板車，死在快車道旁，事情就是這麼突然。你知道接下來我看到什麼，我看見她的血亂噴，子彈從額頭穿過，鼻子還有這邊（用手比）都在流血，整個嘴巴也都是血。看到這一幕，我真的嚇呆了，非常害怕。我不曾看過這樣的畫面，我嚇到放聲大哭。」

不久之後，以利亞又聽說有個男人在巷子遭人射殺。「聽到這我嚇傻了！」他說，「每次我爺爺帶我去看驚悚片時，我一點也不害怕，因為我早已看過更恐怖的事，『跟我到外頭去，我讓你知道什麼叫恐怖。』」

最後，居然有人死在他家門口。「我記得某天早上醒來去找爺爺時，我打開大門，看到爺爺站在一具屍體旁邊，就在我家門口外面。我一時之間說不出話來，只好跑回房間，繼續躲到棉被裡睡覺。」[16]

以利亞不確定自己在紐奧良期間父母去哪了。他只知道那幾年父親退伍回到美國。「我爸在得救之前到處為家。」十歲之前，以利亞不曾有見過父親的印象。他提到與父親碰面的感想：

「哈，第一次看到他真好。」在父親消失那幾年，以利亞只記得偶爾瞥見父親的身影，他在監獄服刑、在德州與路易斯安納州生小孩，最後在亞特蘭大南部當街頭傳道師。

這段期間，母親則是帶著新男友，回到南卡羅萊納的查理斯頓（Charleston）。十歲的時候，以利亞和他們住了一年，他覺得查理斯頓比紐奧良還平靜。「沒有什麼大事，」他說，「因為我已經習慣暴力、毒品與槍擊事件，所以那時我就走到街上，看看會發生什麼事，準備看人打架。」

一年之後，他回到紐奧良的祖父身邊，在那裡又住了幾年。這段時間，他與父親碰面。「這時候他在坐牢，見面時他跟我解釋他為什麼坐牢，我很想哭，在那個當下很難忍住不落淚，但我努力不讓眼淚掉下來，因為他直直看著我無助的眼神說：『沒事的！』你也知道父親與兒子的關係，我相信父親，因為只要我在他身邊，我就覺得沒什麼好擔心，一切真的都會沒事。」

以利亞十三歲的時候，母親要他從紐奧良搬到亞特蘭大幫忙照顧她跟新男友所生的一歲雙胞胎，以利亞說：「聽說是兩人隨便玩玩就懷孕了。」男友拒絕照顧這對雙胞胎。「我不大喜歡這個傢伙，因為『你這傢伙跟我媽發生性關係，把她的肚子搞大，然後現在撒手不管自己的小孩，叫我去當褓母』。小孩很麻煩的，之前我也沒照顧過小孩，不過照顧小孩有時候也可以讓我避開街上那些麻煩。」

但真的只是有時候，以利亞第一年到亞特蘭大，就因為縱火惹上麻煩。「我做了一些蠢事被關到少年監獄，我幹了這件事，而且老實說，燒掉那個女人的房子還滿有趣的（笑），因為她叫我『黑鬼』，所以我把她的房子燒了，我想的是：『好啊，妳竟然這麼說……』我當時正值血氣方剛、又野又瘋。我早就準備幹點大事，想想當時我真是個恐怖的人。」

不到一個禮拜，以利亞的父親就把他保了出來，然後帶回家管教。「我父親來到警局，花了一大筆錢把我保出來，接著再把我打到不省人事。這可能是我最慘的一次（笑），我被打到一個禮拜都沒辦法坐著，那時候我心想：『媽的，我再也不要燒人家的房子了（笑）。』」

縱火事件過後，以利亞的父母開始嚴格管教。「我媽與我爸真的是緊迫盯人，這種感覺不大好。我媽整天唸我，而我爸的反應就是，『你這個壞蛋，別再幹壞事了。』而我心裡想的是：『好吧，我投降，我就去學校，也不再逃學了。』」

每天放學，以利亞就直接回家，窩在屋裡看電視。「我從來沒有遇過那麼多規定，因為父親不在我身邊，所以沒人管我。當我跟他通電話的時候，他會勉勵我，然後唸一些上帝的話給我聽，但是我媽媽就真的盯得很緊，整天辱罵我，我實在不懂她為何要這樣。」

「老是這一套，總是一樣，『閉上你的嘴，我不要聽這些廢話。』嘿，她一直罵我，說我蠢，說我笨，『你會跟你爸一樣失業，只能跟媽媽住在一起。』不要誤會我的意思，我媽並沒有那麼糟，但這就是她成長的方式，她習以為常的生活，是外公讓她變成現在這個樣子。」

以利亞對於母親打罵的行為提出另一種解釋。「當時她同時做兩份工作，這或許是我媽回到家看到我就不高興的原因。當媽媽一踏進家門，桌上擺著帳單，用過的碗盤沒洗，兒子的房間亂七八糟，整個一團混亂，我想這是她發飆的原因。她常常對我生氣，我並不怪她。但是，這樣會讓她跟小孩無話可說。當你老是罵小孩，用棍子打他們，這真的會破壞關係……也會讓小孩擡不起頭來。」

以利亞說二〇〇六年（當時他十五歲，也是縱火事件兩年後）是他「生命中最糟的一年」，而這句話隱藏許多訊息。他並未明說這一年為什麼是最糟的一年，只說這一年他跟媽媽的關係「壞到極點」。「我爸視我如美國首大通緝要犯，」他說，「我媽則是把我當成她心中最大的痛，所以我跑去跟爸爸一起住，整天挨打。」

接下來，以利亞說自己將如何對待自己的小孩。「告訴他們什麼是對的事。如果我的兒子整天打鬧，像我過去一樣耍流氓，開始搶劫，我只會講些鼓勵的話。別誤會了，我是說我還是會打他，我會教他分辨善惡，但是我會講些鼓勵的話。如果你對孩子說他是個廢物，是個下流骯髒的流氓，那你的小孩就會是個下流骯髒的流氓，你必須相信他有一天會改頭換面。」

以利亞在學校也惹了不少麻煩。至少有一次因為蹺課而被趕出校園。他拿到「恐怖」的成績，畢業看起來似乎遙遙無期。「我覺得自己真的很笨，想要畢業可不簡單，於是我下定決心好好讀點書，讓自己從中學畢業，結果我沒考過。我甚至上了暑修準備考試，但還是沒考過。我總共考了四次，才拿到畢業證書。」

以利亞十九歲畢業，但很快就墮落到嗑藥喝酒的生活，最後讓媽媽趕出家門。他說：「我每晚嗑藥喝酒，跟死黨『混』在一起，從深夜一直到早上八點。我媽對我也愛莫能助，但在我染上毒品，還有被我媽趕出家門之後，我逐漸意識到。『我已經十九歲了，事情應該到此為止，人生不能再這樣下去。』」

兩年後，以利亞還是不確定未來的路要怎麼走。畢業之後，他有時跟媽媽住在一起，有時跟爸爸住在喬治亞南部，有時候則是和朋友鬼混。他說：「去年，我媽把我踢出家門，我只好跟一個朋友住。這個朋友嗑藥、哈草、也吃迷幻藥，然後整天混夜店，找人打炮。哈，真是太瘋狂了。我完全失去理性，整天不知道要做什麼，因此，我思考著，『要當個聖人或罪人？要當個輸家或贏家？』當時，我試著重整自己的生活，我辭掉工作，跑去跟我爸一起住。我想要做點跟教會有關的事，好好信仰上帝，可是似乎不怎麼管用，跟我爸住了五個禮拜之後，我又走回頭路。我開始罵人，耍流氓，變成老樣子。老媽與老爸試著逼我從軍，而我『壓根就不想加入部隊，那不是我想要的，這樣我在軍隊也表現不好啊！』我爸很懶，最後他也離開部隊，為什麼我就要去當兵？」

以利亞試了幾個月挨家挨戶賣菜刀，但要把這份工作做好需要不錯的人際關係，也要有車，但這兩項他都沒有。[17]他形容這份工作：「我真的毫無經驗。嘿，我來自貧民窟，對此一無所知。你必須每天穿得人模人樣，必須是個上流人士才能得到這份工作。我可以做得好，但我卻沒有。」最後，他又回去克羅格批發店（Kroger's）打包貨品。

以利亞對於自己的未來有著各種不同的想法。其中一個夢想就是去傳福音，成為父親的搭檔。「我們會賺很多錢，」他解釋自己的夢想，「我會有自己的教堂，因為我父親是個傳道師，喜歡講道，我們常常討論上帝的話，真的是一對很棒的父子拍檔。」

他的另一個夢想則比較世俗，卻是他比較有動力做的事。他說：「我是一個嘻哈高手，我想做音樂。這是我的夢想，成為一名DJ，我有個音樂夢，發行自己的唱片。不管我現在做到哪，我會繼續往前走，再多存點錢，買一間自己的公寓，然後再回去上學。現在，我試著找另一份工作，努力達成自己的夢想，成為有史以來最厲害的饒舌歌手。我一般不跟人家講這些，就是作曲，然後聽音樂。這就是我想要做的事，成為一個饒舌歌手，過有錢人的生活。」

經過二十一年打打殺殺、紛紛擾擾的日子後，以利亞現在可以自食其力，雖然也只能餬口。看起來，他似乎對於自己六歲時在紐奧良的那種腎上腺素爆衝的感覺相當著迷，他說：「我喜歡打人，打得他們流鼻血，讓他們受傷，打得對方滿地找牙。」另一方面，他又認為自己應該要收斂一下暴戾之氣。他說：「我試著控制住自己，因為別人會覺得那很怪，很瘋狂，而我現在再也不想走那條路，因為我已經是大人了，我是說永遠再也不要過那樣的日子。我要工作，上教堂，然後成家。因為上帝不會希望我再打任何人了，這點我非常確定。」

以利亞的生活那麼亂，顯然源自於他在紐奧良的童年時期父母不在身邊，後來進一步惡化則是因為「經歷過不同轉換期，以及各種難以適應的經驗」。另一方面，他似乎打從心底想要改善自己的處境。如他自己所說：「我一直試著超越自己所有的問題，解決問題，並且相信自己什麼事都做得到。」

他坦承自己依然要跟父母一起「克服許多個人問題」，但他看起來充滿希望。他說：「我要做的就是上教堂，過得快樂，跟朋友混在一起，然後試著成為一個面面俱到的美國公民。」

前面快速瀏覽過的三個家庭，呈現出來的生活顯然不具代表性（令人難過的是，從經濟收入與入獄的種族差距來看，以利亞的故事比起戴斯蒙的故事更能代表美國年輕黑人的情況）。但是，這三個家庭的差異，的確有助於我們瞭解美國近幾十年來，在教養方式上階級差異的浮現與擴大。這三個家庭正好都是黑人家庭，但是他們之間所顯示的階級差異至少跟白人家庭之間的階級差異一樣明顯，擴大的速度也一樣快。

教養方式的改變對於小孩的前途發展至為關鍵。接下來，我會聚焦於兒童大腦發展的最新科學研究，這些研究清楚區分哪些教養方式有助於或有礙於小孩的認知與社會情緒（socioemotional）發展。接著我會把視野拉開，回顧過去幾十年來全國各地教養方式的階級差異，探究階級差異擴大的情況，以及擴大背後的因素，如何讓貧窮的小孩陷於劣勢之中。

兒童發展：學到的東西

近期的研究使我們更加瞭解，小孩的童年經驗與社經環境如何影響他們的神經發展，而兒童早期的神經發展又如何影響他們未來的生活。這些因素對於一個人的影響非常巨大，而且影響深遠。美國國家科學院（National Academy of Sciences）一項指標性研究的作者寫道：「事實上人類早期發展的各個面向，從大腦迴路的演化到小孩子的同理能力，都受到成長過程中的環境及經驗的影響，從還在媽媽肚子裡就開始，一路延伸到童年初期。」[18]結論就是：早期的童年經驗深入骨子裡。

童年中期（六到八歲）以及青少年出現的認知與行為差異的根源，往往在一歲半的時候就已經浮現，而我們現在也知道這些差異甚至源於小孩更早的生活經驗。神經科學已經證實，從生物學上來看，小孩的大腦天生就是從經驗中學習，因此嬰孩早期的環境深深影響大腦發展的架構，而經驗最基本的元素在於與成年人的互動，基本上是父母，但並不限於父母。

嬰兒大腦的健全發展有賴於與穩定而能給予關心的成年人。「發出與接收」（give-and-take）這套重要的學習機制，兒童發展專家稱為「關連互惠」（contingent reciprocity），更簡單地說就是「發球與回球」的互動（serve-and-return）。[19]這有點像是網球場上的發球，小孩子送出某些訊號（例如牙牙學語的聲音），而大人給予回應（像是跟他說幾句話），這就會在嬰兒成長中的大腦迴路上留下一些察覺得到的痕跡，當然許多學習都在孩子學會講話之前就已經開始。但是，研究已經顯示，出生後最初幾年與大人互動所打下的數學及語言基礎，要比正式的訓練還要有效果。[20]這種互動最典型的例子就是當父母念讀本給還在牙牙學語的小孩聽時，他們會指著圖片，然後講出圖片中的東西叫什麼，並鼓勵小孩子回應。

父母給予的認知刺激是最佳的學習基礎，由父母帶大而且常聽也常跟父母講話的小孩（例如西蒙妮與卡爾的家庭），比起那些很少與父母說話的小孩（例如史蒂芬妮跟小孩沒時間一起坐著吃晚餐講白天發生的事），更能發展出複雜的語言技巧。簡單來說，大腦發展像個社會機構，而不是一臺獨立作業的電腦。

腦神經科學家與發展心理學家已經指出一套以大腦為主特別重要的能力，他們稱之為「執行功能」（executive functions），有點像是飛機航線的控制，明顯表現在注意力、衝動控制、心理調適性以及記憶力。這些功能集中在大腦的腦前額葉外皮，可以讓你在聽到手機鈴響時把書放下，牢記要在小孩踢完足球後去接小孩，然後接著再從斷掉的地方重新開始看書。執行功能有缺陷時，人會表現出類似學習障礙與注意力不足過動症的症狀。

正常情況下，如果有人好好照顧，執行功能在三到五歲之間的發展特別快。但是，如果兒童在這段時間經歷嚴重或慢性的壓力，正如以利亞在紐奧良那幾年的恐怖暴力經驗，加上跟他住在一起的爺爺根本就無心看顧，又如史蒂芬妮只能用棍子來阻止蜜雪兒狂叫，這些方法都比較可能導致執行功能受損，因而使人比較沒有能力處理問題、面對逆境以及管理自己的生活。

這項研究有個重大啟示，那就是兒童初期所獲得的技能非常關鍵，這些技能得以讓往後的學習更有效率，因此這幾年的經驗特別重要。反之，隨著小孩逐漸長大，大腦變得愈來愈難改變，這項事實的結論之一就是，從早期介入會比青少年時期才介入更有影響力，而且會事半功倍。

智力與社會情緒的發展從很小的時候就會交織在一塊。研究顯示，所謂非認知技能（non-cognitive skills，像是膽量、社會敏銳性、樂觀、自制、認真負責、情緒穩定）對於未來的成功非常重要。這些技能可以帶給你更健康的身體、更好的學業成績、上更好的大學，也能讓你找到更好的工作、擁有更高的終生收入。有了這些技能你不會惹上麻煩，也不會進入監獄。非認知技能做為預測將來是否成功的指標，至少跟認知技能一樣重要，這些技能在當前的後工業時代甚至比過去的前工業與工業時代更顯重要。[21]

所以，從正面來看，小孩與會關心他、會回應他的成年人互動，將是未來成功的基本要素。從負面來看，忽略與壓力，包括現在所謂的「毒性壓力」（toxic stress），將會阻礙孩子順利發展。事實上，長期忽視對兒童發展的影響，遠比公然的肢體暴力來得深遠。[22]打小孩的確不好，但是完全放任不管有可能更糟。

直覺上，我們知道忽視對小孩不好，在神經科學上也有許多證據解釋為何如此：兒童在早期遭受忽視，會降低「發球與回球」的互動頻率，這將造成大腦發展上難以修復的缺陷。一項針對羅馬尼亞孤兒的指標性隨機研究，研究了很小就送到孤兒院的小孩，發現極度的忽視，會造成小孩的智商、心理健康、社會調適甚至是大腦結構的缺陷。如果小孩在兩歲之前就生活在家庭環境中，那這些缺陷大部分都可以補救，但如果超過兩歲才送到家庭安置，年紀愈大就愈難以修復。[23]

毒性壓力對於大腦發展的影響同樣驚人。壓力的自主反應，也就是腎上腺素、血壓、心跳、葡萄糖濃度與壓力荷爾蒙的增加，來自於演化，幫助所有動物處理眼前的危險。如果有成年人在背後支持，適度的壓力未必有害，甚至會有些幫助，因為壓力可以使人發展出應對問題的技巧。另一方面，如果沒有成年人在背後支持，嚴重與長期的壓力將破壞大腦的基本運作功能，使得大腦中各個部分難以協調，而無法面對挑戰與解決問題。因此，承受毒性壓力的小孩，就很難集中注意力、控制自己的衝動行為，也很難遵守命令。

極度壓力會造成生物化學與解剖學上很大的改變，不僅會破壞大腦的發展，也會改變大腦基本的架構。[24]因為照顧者無法給予安全感或是長期的冷漠、身體與精神上的虐待、父母物質濫用以及缺乏關愛等所造成的壓力，會使小孩的生理顯著改變，導致他們一輩子在學習、行為、身體與心理健康上都遭遇障礙，包括憂鬱、酗酒、肥胖與心臟病。

科學家建立了一套「負面童年經驗量表」（adverse childhood experiences scale），列出一些選項，測量事件是否會帶給小孩毒性壓力。[25]（請見表3.1）如果童年只經歷其中一、兩件事，一般不會對成年產生不好的結果。但是隨著負面經驗增加，留下一輩子陰影的機率也就隨之提高。諾貝爾經濟學獎得主海克曼（James Heckman）綜合整理多項研究的結果指出：「童年早期的負面經驗與以下現象呈現相關：成年的健康狀況不佳，高額的醫療支出，憂鬱症與自殺率、酗酒、濫用藥物的增加，工作表現不好，社會適應不良，身心障礙，並會波及下一代的表現。」[26]

表3.1　負面童年經驗量表

1. 遭大人的肢體羞辱或威脅
2. 遭大人體罰、打耳光或打傷
3. 遭大人性侵
4. 得不到關愛與支持
5. 父母分居或離婚
6. 吃不飽、穿不暖、父母酗酒無法照顧小孩
7. 母親或繼母遭到家暴
8. 跟酒鬼或毒蟲住在一塊

9. 家人憂鬱症或自殺
10. 家人坐牢

以利亞在童年時起碼遇過這十項壓力中的八項，所以他能活下來算是萬分有幸。可以肯定的是，有些小孩（例如以利亞）即使長期活在嚴峻的壓力下也顯得相當堅韌。但是，先天的韌性有可能受到高估，即使是看似戰勝逆境的小孩，長期遭受壓力的摧殘還是會帶來負面的生理效果。[27]這有時候稱為「強亨利效應」（John Henry effect），一位鐵路公司的打樁工人非常努力，想要戰勝蒸汽引擎，但是「因為太過賣命，心臟破裂，強亨利最後放下手中的大錘，倒地身亡」。[28]統計上來說，以利亞已經是苟延殘喘，隨時會喪命。

當然，任何一個小孩不論社會經濟地位如何，都有可能遭逢負面事件，但是來自收入與教育程度較低的家庭，顯然承受更大風險。即使是生活條件達貧窮線兩倍以上的小孩，像是史蒂芬妮所說的「不錯的收入」，經歷父母過世、入獄、家暴、鄰居暴力、吸毒、酗酒等創傷的機率，大概是兩倍到五倍於那些沒那麼窮困的小孩，這些經驗已證實會帶來負面效應，例如憂鬱症、心臟病、發展遲緩甚至是自殺。由於類似經驗往往會不斷累積，因此整體衝擊有可能非常巨大。[29]

那些不利小孩成長的毒性壓力，基本上反映出父母沉重的生活重擔，不論是重度憂鬱或是日常生活中的不斷爭吵。小孩出生後的第一年，母親的壓力對於母嬰關係與照顧尤其有害。這是種惡性循環，孩子在童年遭受壓力的結果，比方說造成「行動化」（acting out）（譯按：精神醫學中傾向用 **acting out** 指稱暴力、具侵略性及犯罪的衝動行為）與注意力不足過動症，經常會增加父母的壓力，因而又使教養行為惡化。[30]

哈佛大學醫學院的生物精神專家已經證明，母親如果常常使用暴力，即使是言語上的暴力，也會破壞小孩大腦的迴路。研究報告指出：「青少年受到父母的言語暴力，也會增加憂鬱、焦慮以及分離不安等症狀。」[31]這項研究驗證了我們所說的「以利亞的假設」：「當你不斷罵小孩，甚至是打小孩，這些行為真的會傷害到小孩，讓小孩感到沮喪。」

另一方面，敏銳、懂得回應的照顧者可以降低壓力對小孩的影響。[32]實驗室裡針對動物所做的研究已經確認此事。比方說，麥吉爾大學（McGill University）的神經生物學家敏尼（Michael Meaney）就證明剛出生的小老鼠，如果比較常被舔舐與撫摸（鼠媽媽照顧小老鼠的標準方式），比起那些較少受到照顧的小老鼠，壓力荷爾蒙就會比較少，長大之後會比較聰明，比較有好奇心，比較健康，也比較能夠處理壓力。敏尼和他的研究同伴進一步證明鼠媽媽與小老鼠之間的行為不只是遺傳的緣故。在一份嚴謹的研究中，研究者讓在基因上比較會舔舐也比較懂得撫摸小老鼠的母老鼠，撫養基因上比較脆弱的老鼠（也就是沒有照顧基因的鼠媽媽所生的小老鼠），結果小老鼠長大之後的行為會比較像照顧牠的媽媽而不是親生媽媽，牠們長大後比較不會有壓力，也發展得比較好。[33]

提供身體與情感上的安全感與舒適感（例如擁抱），就像是鼠媽媽的舔舐與撫摸，會讓小孩的生命變得非常不同。柯林頓港雀兒喜的父母在一位家族密友自殺之後安慰她，實際上就是在「舔拭與撫摸」。親子之間的關係如果溫馨甜蜜，不但有助於培養小孩的韌性，也會把傷害小孩的壓力阻隔在外。[34]例如心理學家伊格藍（Byron Egeland）發現，在明尼亞波利斯（Minneapolis）低收入的母親與小孩之中，如果小孩在一歲時得到比較好的母愛，之後在學校的表現會優於那些未得到妥善照顧的小孩，他們長大之後比較不會焦慮，也比較能在社會上生存。[35]

兒童早期的認知與社會情緒能力（特別是自制力與決心），可以預測小孩未來在學校的表現。有項在蒙特婁長期的隨機研究發現，在七歲的時候就開始提升小孩子的社交技巧（例如輪流排隊、聽其他人講話）與社會信任，可以大幅增加小孩的機會。[36]如果給予小孩與父母一帖社交能力的「良藥」，換句話說，讓小孩子在校讀書遠離監獄，長期來看，他們的經濟表現會比較好。反之，如果伴隨童年的是一帖社會孤立與不信任的「苦藥」，例如以利亞與凱拉所受的教養，就會嚴重扼殺他們的未來。

上述摘要的神經生物學研究，對於社會最根本的重要性在於以下發現：美國小孩良好的腦部發育，絕對跟父母的教育、收入及社會階級息息相關。[37]請看看最近的發現。

•愈來愈多證據指出，成長於貧困環境的小孩，可能會有較高的皮質醇濃度，也常有壓力荷爾蒙。貧窮似乎會帶來困擾，衝擊小孩的生理。[38]

•最近的研究發現，童年時期如果處於貧窮的壓力之下，成年之後大腦中負責控制情緒的部分將會受損。[39]

•加拿大的研究者發現，來自下層階級與上層階級的小孩，腦波情況呈現不一，前者難以專注於一份簡單的任務，顯然是因為他們的大腦一直被訓練成要不斷關注環境之中新的威脅。[40]

•另一份近期的研究從核磁共振（MRI）的證據顯示，貧窮小孩的大腦比起富裕小孩的大腦，成長比較慢，腦中的灰質（gray matter）也比較少，但由於這份研究的樣本不多，所以進一步概念化之前需要更多的研究。[41]

•來自高收入、父母受過良好教育家庭的小孩，可以受益於比較多的言語互動，因為他們父母講話的詞彙比較豐富，也會使用比較複雜的句子。[42]在一份指標性的研究中，兒童發展專家在堪薩斯追蹤四十二個家庭，連續三年每個月用一個小時，仔細觀察家人之間每天的言語互動。他們估計在小孩上幼稚園之前，父母是專業人士的小孩，所聽到的字彙超過工人階級小孩一千九百萬字，而跟父母是靠救濟金過活的小孩比起來，則超過三千二百萬字。[43]

• 一份全國報告指出，中產階級的小孩有七二%在開始上學時已經會看字母，相反地，貧窮家庭的小孩只有一九%。[44]

簡單來說，大學畢業的父母比起只有中學學歷的父母，比較有可能回應小孩的需求；有錢人家的小孩也比貧困人家的小孩，較不會遭逢毒性壓力。此外，階級在認知、情緒與社會能力的差距，從年紀很小的時候就已經顯露端倪，而且在一生中都非常穩定，這也就表示不論差異的成因為何，這些因素影響最大的是在小孩上學之前。[45]當然，這並不是說之後的干涉介入不會有任何效果，也不是說立基於階級的差距是先天注定，而是指出要注意小孩早期發展的重要性。

諷刺的是，新的研究發現往往使階級差異不斷擴大，至少短期來看是如此，因為學歷高的父母比較有可能直接或間接得知新的研究發現，而在教養孩子時學以致用。[46]我們之後會看到，教養方式的階級鴻溝在過去幾十年來不斷擴大。西蒙妮與史蒂芬妮顯然都很愛自己的小孩，但是他們的故事以及科學研究都已經證明，教養這件事不是光有愛就能保證會有好的結果。

教養的趨勢

過去六十年來，有關最佳教養方式的想法，隨著發展心理學家觀點的演進，歷經兩次重大改變。[47]二次世界大戰之後，著名的小兒科醫師斯波克（Benjamin Spock）在他那本瘋狂熱銷的《全方位育兒教養聖經》（*Baby and Child Care*）一書中，教導戰後嬰兒潮的父母應該讓小孩按照自己的步調發展，別逼他們依照成人的生活順序與規定走。他鼓勵父母放輕鬆，享受親子關係。但是，從一九八〇年代開始，社會規範對於「最佳教養方式」的主流想法，已經從斯波克的「放任式教養」（permissive parenting）轉移到「緊迫盯人式教養」（intensive parenting），並且在一九九〇年代迅速發展，有部分原因如我前面所說，乃是因為看待大腦發展的新觀點出現。

新的理念透過小孩教養手冊、親子雜誌與電視上的專家，滲透到社會各個角落。但是，如同之前教養哲學的改變，這個理念在教育程度比較高的家長之間，傳播得最快也最徹底。厄爾（來自本德鎮上層階級的父親）說：「我們這一代幾乎是翻遍每本教人如何當好父母的書，我們的下一代中毒更深，他們幾乎是把教養當成家庭作業在做。」

當代美國的家長從子女還小的時候，就設法刺激小孩的認知與社會技巧，結果讓所謂「好的教養」必須花費許多時間與金錢。尤其對那些有大學學歷的家長來說，現在對「好媽媽」的期望是要投入很多心力在小孩身上，而對「好爸爸」的期待則是需要參與更多家庭生活以及小孩的日常照顧。[48]現代社會中的父母，不論來自社會哪個層級，都開始採取緊迫盯人的方式，但是以下我們就會看到，教育程度比較差、家庭比較不富裕的父母，比較難以落實理念。[49]

深具影響力的家庭人類學家拉蘿（Annette Lareau）把當今美國社會以階級為主的教養模式分成「規劃栽培」（concerted cultivation）與「自然成長」（natural growth）兩種。[50]**規劃栽培**是指中產階級的父母在小孩身上投入心力，培養小孩的認知、社交與文化技能，因而增加小孩生活上成功的機率，尤其是在學校的表現。當西蒙妮跟小孩介紹安妮・法蘭克，或做記憶卡，給戴斯蒙一本《愛上發音》，安排兒童遊戲，或是卡爾帶著戴斯蒙去上班，跟他討論所見所聞，或者是問他在主日學學到什麼，這都是在實行所謂的規劃栽培。

自然成長則是讓小孩更能自己控制成長，不安排任何進度，也不干涉小孩在學校的生活。在這個模式下，父母依靠的是規定與紀律，而不是在一旁監督、鼓勵、說理或是協商。凱拉羅患憂鬱症的時候，喬伊雖然想要介入，但囿於自己的限制，以及自己窮苦的童年成長背景，自然成長似乎是他所能採用的最佳策略。直到今天，這種教養方式依舊是貧窮家庭的特色，即使可能逐漸消失中。

教養方式的階級差異，普遍見於各項研究：受過良好教育的父母，其目標是教養出主動、獨立、自主的小孩，自尊心高，也有能力做好選擇，但是教育程度較差的父母則是把重點放在紀律與服從，以及遵守事先建立的規則。圖3.1呈現兩者的顯著差異。學歷在中學以下的父母，

圖 3.1　父母的教育程度與教養目標

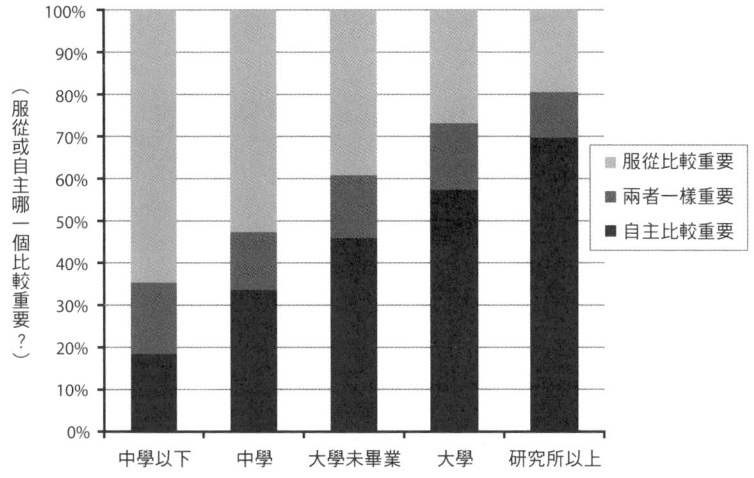

資料來源：Faith Matters national survey, 2006.

贊成服從比自主還要重要，六五％對十八％；擁有碩士學歷的家長則是完全相反，支持自主勝過服從，七〇％對上十九％。上層階級的父母跟小孩之間的關係比較平等，他們管教小孩的方式是講道理與點出錯誤，而下層階級的父母比較有可能使用體罰，例如用棍子打罵。[51]

這些階級差異不只是在嘴巴上說說而已，也表現在家長的實際作為。西蒙妮沒印象自己曾經處罰過戴斯蒙（甚至連一個禮拜不能看電視也不記得有過）。卡爾認為父母有時候就像是足球場上的裁判，你會從口袋掏出有如紅黃牌的「家長卡」，然後說：「逮到了！」但是隨著小孩逐漸長大，他比較傾向於採取蘇格拉底式的對話：「請跟我解釋你在幹嘛，你自己想過這樣做的後果嗎？」

圖3.2　不同階級管教的言語差異

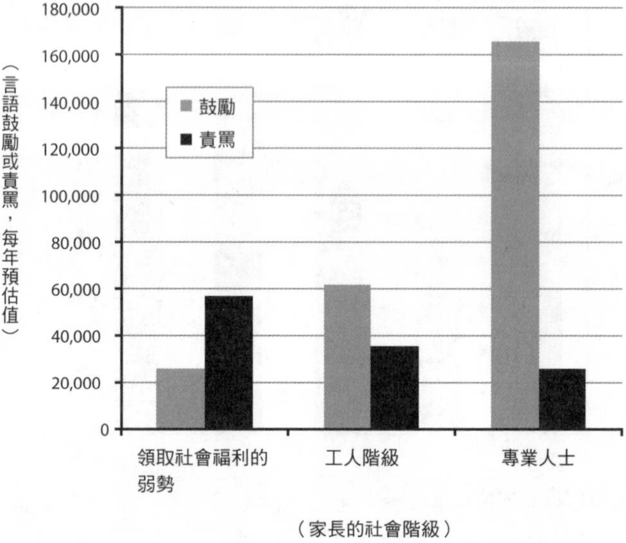

資料來源：Betty Hart and Todd R. Risley, *Meaningful Differences in the Everyday Experience of Young American Children* (Baltimore: Paul H. Brookes, 1995).

反之，史蒂芬妮的父母「打得很兇」，而她自己也信奉愛之深責之切的道理，「你不可以軟弱。你要強硬一點，打從心底就要硬起來。」儘管可以確定她絕對「非常愛自己的小孩」，但如果小孩不聽話，她第一個反應就是體罰。甚至連曾經因縱火事件而讓父親打到不醒人事的以利亞，跟我們說到了自己因為父母的體罰付出了何種代價，也跟我們提到對小孩「講好話」的重要性，但他也沒對如何控制兒子不乖的方式表示任何懷疑。(「別誤會我的意思，如果他不聽話，我絕對會打，我必須教他分辨是非」)。

積極教養與消極教養的階級差

異，也表現在言語上的互動。根據一份詳細的研究，圖3.2顯示父母與小孩日常生活中的言語互動。父母如果是專業人士，每年大約講十六萬六千次鼓勵的話，二萬六千次勸阻的話，工人階級分別是六萬二千與三萬六千次，社會弱勢父母則是二萬六千與五萬七千次。[52]

我們可以稱這個數字比為「擁抱／掌摑比」（hug/spank ratio），階級教養的言語差異為何如此顯著又如此普遍？上一代的專家往往將此差異歸咎於定義含糊的「工人階級文化」，但是大腦科學專家現在已經證明貧窮、教育程度差以及人際關係比較差的父母，管教時比較常採取限制、懲罰與更嚴厲的方式，因為他們長期都經歷著更大的壓力。[53]以利亞非常瞭解媽媽為何如此暴力：「當媽媽下班回到家，看到桌上未繳的帳單，碗盤沒洗，兒子的房間沒打掃，每件東西都是亂七八糟，我想這些是她生氣的原因……我不怪她。」

嚴格的紀律並不只是「工人階級文化」所帶來的現象，也不只是父母壓力所引發的結果，而是上層階級與下層階級在不同的生活環境下，合理的因應之道。有錢的父母可以使用社會學家福斯坦伯格與同事所說的「推動策略」（promotive strategy），在舒適的環境下培養小孩的才幹，提供他們各種機會，並且避免危險（例如戴斯蒙與家人所生活的環境）。反之，貧窮的父母則是使用「防止」策略（preventive strategies），在險惡且危險多於機會的環境中，保護小孩的安全（例如史蒂芬妮帶大小孩的環境）。[54]一如史蒂芬妮對我們說：「我們根本不會親吻及擁抱，那是其他種族才做的事……你在底特律（或亞特蘭大）不能軟弱……要像個惡煞！」

一切證據都強烈顯示，富裕、教育程度高的父母，典型的教養風格是關懷、慈愛、溫情、主動參與以及講道理，簡單來說就是更多的親密擁抱，更少的暴力體罰，讓小孩有更好的社會情緒能耐。以利亞直覺上認為：「如果你對小孩說他除了地痞流氓之外什麼都不是，那他就會是一個地痞流氓。」

教養方式的階級差異不但根深蒂固而且影響深遠。貧窮與孩童發展（不論是認知與社會情緒）之間無所不在的相關性，事實上都可以由父母教養方式的不同來解釋，包括認知性刺激（例如閱讀的頻率）以及社會參與（例如參與課外活動，就像西蒙妮鼓勵小孩參與）。[55] 如果控制母親的教育、語言能力與溫情等因素，父母親的閱讀特別能促進小孩的發展。[56] 兒童發展專家沃德佛格（Jane Waldfogel）與魏許布魯克（Elizabeth Washbrook）觀測孩子四歲在識字能力、數學與語言考試的分數，發現父母親教養方式的不同，尤其是母親的感性、關懷，以及看書與上圖書館的次數，乃是解釋有錢小孩與貧窮小孩在就學準備度落差的最重要因素。[57]

最近幾年教養方式的階級差異是否擴大？這很難找到可靠的指標來回答，因為有說服力的測量往往需要經過好幾年重複執行相同問卷的追蹤調查。不過，有一項例外：家庭晚餐。家庭一起吃晚餐的趨勢說出一個極具啟發的故事。

沃德佛格已經說明，在控制許多其他因素的情況下，家庭晚餐是預測小孩未來發展的強力指標。她寫道：「青少年如果一個禮拜至少與父母共用五次晚餐，在各方面表現都會比較好，比較不會抽菸、喝酒、吸大麻、打架鬧事、發生性行為……比較不會遭停學，學業平均成績比較高，也比較有可能立志畢業之後要上大學。」[58]

我們在本德鎮以及亞特蘭大遇到的那些人之中，富裕家庭把每天吃晚餐的親子對話視為要務。安德魯說：「我的爸媽總是要確定全家人可以一起吃晚餐。」他又說：「這是我們四個人可以真正一起聊天的家庭時光。」戴斯蒙說：「從晚餐餐桌上的聊天，我真的學會很多事。」反之，比較貧窮的家庭就不會（或無法）把一起吃晚餐視為優先事項。達琳回憶說：「我們試過，但情況並不理想……最後是大家一起看電視。」史蒂芬妮與女兒羅倫回憶此事很簡單地說。「我們並不是坐在一起吃晚餐的家庭」媽媽說，女兒在旁補充：「吃飯時間一到，誰想要吃就去吃，不是每個人坐在桌前像聚餐那樣一起吃。」

如圖3.3顯示，從一九七〇年代中期到一九九〇年代初，因為夫妻都要外出工作，家庭要盡力管理複雜的新作息，在各個社會階層中，家人一起共度晚餐的比例愈來愈少。到了一九九〇年代中，父母親擁有大學學歷的家庭，原本家人一起共度晚餐不斷下滑的曲線突然停止下滑，但那些父母親只有中學學歷的家庭仍持續下探。[59]單親家庭比較不可能像一般家庭一樣共進晚餐，但這不是差距擴大的主因，因為差距擴大集中在雙親家庭之間。如此一來，這張圖讓我們再度看到本書不斷出現的剪刀差，貧富差距以及父母教育程度等家庭背景的高低，造成小孩在兒童時期的經驗落差不斷擴大。

圖 3.3　家庭晚餐的趨勢，1978-2005（依家長教育程度）

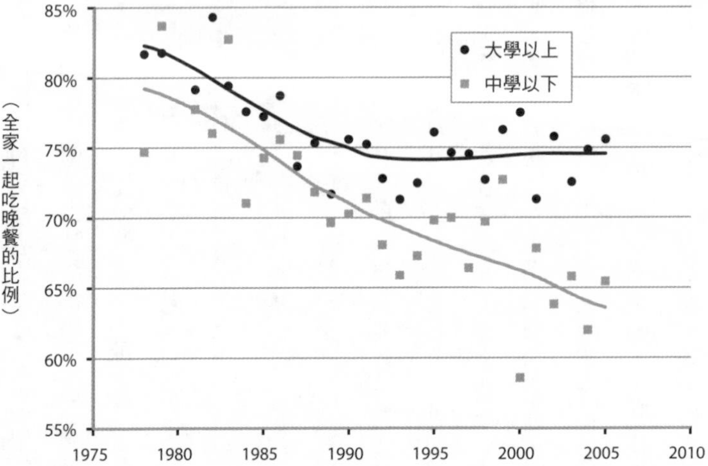

資料來源：DDB Needham Life Style surveys.

家庭共進晚餐不是孩童發展的萬靈丹，卻是一項指標，代表父母能不能對小孩進行細微卻很有力的投資。一九九〇年代到底發生什麼事情？我們從數據上很難看得出來，但一個可能的解釋是當時教育程度較好的父母，逐漸意識到兒童發展中「發球與回球」互動的重要性，因而間接受到影響，也就願意投入更多時間來落實此事，但是教育程度低的父母比較慢認知此事，或者是平常太忙，一起吃晚餐根本就不切實際。

不論父母的社會背景為何，這一代都比上一代投資更多金錢與時間在養育小孩之上。父母增加的投入主要是經驗（特別是加強對學齡前孩童的照顧），這能幫助小孩認知與社會情緒的發展。但是，大學畢業的父母親投入金錢與時間的增加速度，遠遠勝於沒那麼富裕的家長，而且我們底下馬上會看到，這種現象不只表現在餐桌上。

投入更多資源培養小孩，也就表示必須犧牲家庭生活的其他面向（例如成年人的個人照護、家務與消費品）。每對父母縮衣節食，以便把資源集中在小孩身上，但富裕、教育程度高的家庭不僅錢比較多，時間也比較多（因為他們通常由兩人一起分攤照顧小孩的工作），所以他們可以比貧困的家長（通常是單親媽媽）更快速地增加投資，也造成不同階級在小孩身上投入的資源差距不斷拉開。

為了更瞭解背後的緣由，讓我們仔細看看不同階級的父母把金錢與時間花在自己小孩身上的方式。

金錢

平均來看，過去五十年來各個社會經濟階層都增加了對小孩照顧與教育的支出，但是各階級的支出一直不太平均，而且在過去幾十年來是愈來愈不平均（見圖3.4）。事實上，一九八〇年代中期以後，所得最低的家庭，在小孩身上的實際花費愈來愈少，主要是（但不完全是）因為他們可以支配的金錢比較少；而收入比較高的家庭則是愈花愈多，有一部分（真的只有部分）的原因是他們有更多錢可以花用。從一九八三年至二〇〇七年之間，所得分配前一〇%的家庭，花在每個小孩身上的費用，實際上增加了七五%，但是所得分配最後一〇%的家庭則是下

圖3.4　家庭投資在小孩身上的金錢，1972-2007（以2008年的美元固定價格計算）

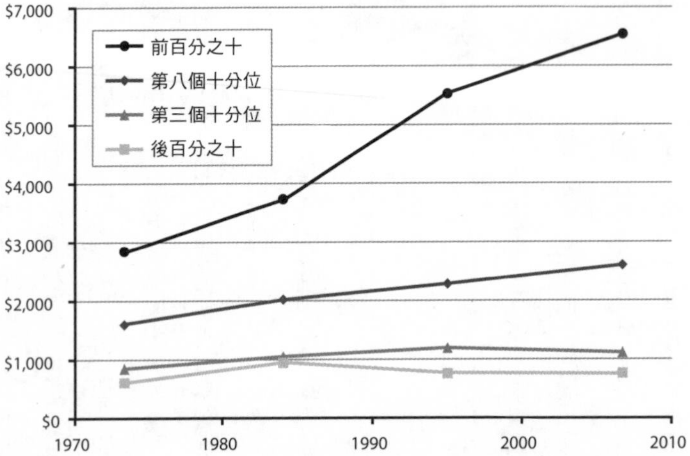

資料來源：Sabino Kornrich and Frank Furstenberg, “Investing in Children: Changes in Parental Spending on Children, 1972–2007,” *Demography* 50 (2013): 1–23.

滑了二二%。到了二〇〇七年，收入金字塔頂端一〇%的家長，每個小孩每年的教養費大約是六六〇〇美金，而收入金字塔底部一〇%的家長每年小孩教養費則是七五〇美金，兩者相差九倍。

增加的部分主要集中在私立教育與兒童照顧，但是階級落差也表現在學音樂、夏令營、旅行、文具、書籍、電腦、課外活動、娛樂與休閒等方面的支出。不僅如此，即使所得相同，家長教育程度的差異也會影響投資小孩是多是少，差距不僅很大，而且愈來愈大。這也就表示富裕家庭**以及**教育程度高的家長（例如戴斯蒙與安德魯），等於是讓小孩受到雙重養分，而貧窮以及教育程度較差的家長（例如蜜雪兒與凱拉），則是讓小孩受到雙重拖累。[60]

從時間與金錢投入的差異，可以清楚預測

小孩未來的認知發展。[61]事實上，父母在小孩身上開銷最大的時期，主要集中在小學之前與大學階段，而我們都知道這兩個階段對於往後向上流動特別重要。有能力自掏腰包投資這個階段的父母，能讓小孩的人生掌握更多優勢，但是就整個社會來看，我們並未好好把錢用在這兩個階段，反而把更多國家資源投入國民教育（K-12），至於教育之間的差距則留待下一章再討論。

時間

不論父母教育程度與所得為何，現代父母花在小孩身上的時間，比起半個世紀之前的父母都還多。但是，如上述在金錢投入方面所見，大學畢業比起中學畢業的父母花在小孩身上的時間增加得更多。但是，階級差異的擴大主要落在「**睡前晚安時刻**」，也就是花在「發展活動」（developmental activities）的時間（研究人員在研究父母親如何分配時間，往往將之區分成「睡前的晚安時刻」與照顧小孩身體的「尿布時刻」（diaper time）這兩種）。最後一點，不同階級投入時間的差異主要集中在幼兒時期，恰如本章前面所說，差異最大的在於父母陪伴時間的多寡。圖3.5呈現不同教育背景的父母，照顧〇至四歲嬰幼兒所花的時間。[62]

在一九七〇年代，母親或父親陪伴小孩的時間事實上並無階級差異。但是到了二〇一三年，大學學歷的父母每天花在嬰幼兒身上的睡前晚安時間，比中學學歷的父母多出一半，也就是說父母如果有大學學歷，嬰幼兒每天大約會多出四十五分鐘的發球與回球互動時間。

圖 3.5　不同教育程度父母照顧〇至四歲嬰幼兒所花的時間，1965-2013

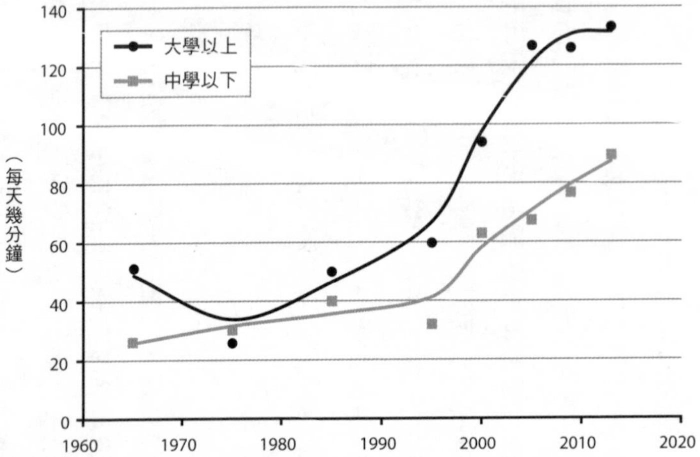

資料來源：Evrim Altintas, "Widening Education-Gap in Developmental Childcare Activities in the U.S.," *Journal of Marriage and Family* (forthcoming 2015).

大學畢業的母親比起教育程度較低的母親，更有可能到外頭工作。這會減少她們照顧小孩的時間，不過因為她們的另一半也比較願意花時間陪小孩，所以她們減少的時間就沒有那麼嚴重的影響。不僅如此，即使是在已婚夫妻之間，大學畢業的父母還是會比較積極投入緊迫盯人式的教養，強調要花時間陪小孩，也強調父親應該要分攤照顧小孩的責任。擁有大學學歷、收入較高的父母，不需要為了工作犧牲陪伴小孩的時間，但是教育程度較低的單親媽媽則必須在外頭工作（例如史蒂芬妮），必須苦幹實幹才能勉強維持生計，只好少花點時間在小孩身上。因此，成長於富裕且教育程度較高的家庭之中，孩子能獲得雙重好處，父母既有能力多花錢點在他們身上，也由於父母重視與小孩的相處而願意多花點時間陪他們，相較之下，中下階級的小孩則處於雙重劣勢。

在教育背景較差的家庭中，小孩子如果沒有父母的陪伴，那他們都做些什麼？研究顯示小孩在白天最重要的活動就是看電視，達琳提到家人一起吃晚餐就是如此。父母學歷較高的小孩（例如戴斯蒙與安德魯）比起父母學歷較低的小孩（例如凱拉、蜜雪兒、以利亞），看電視的時間較少，閱讀與做功課的時間較多。[63]隨著網路的普及，電視逐漸被網路取代，但是基本的情況還是一樣：有錢人家的小孩有父母陪，貧窮人家的小孩則是有螢幕陪。

托育

擁有大學學歷的媽媽，大約有三分之一留在家裡當家庭主婦，像是本德鎮的佩蒂與亞特蘭大的西蒙妮，但是另外三分之二的媽媽就跟許多僅有中學畢業的媽媽一樣要把小孩託人照顧。許多研究都顯示，教育程度高的職業媽媽，會把小孩放在品質較好的托育中心（至少她們負擔得起），而高品質的托育中心一般來說可以提升小孩的認知與非認知能力的發展，雖然有人依舊質疑兩者之間的關聯有多強，並且懷疑隨著小孩進入學校，托育的影響是否就逐漸消退。當然，好的托育對於兒童發展的影響比不上好的教養方式，但是平均而言，家長的教育程度較高，則孩子所獲得的托育與教養都會比較好。[64]

托育的階級差距也在擴大，至少對於是否能把幼童送到專業與正規的托育中心的情況是如此。過去十五年來，教育程度較高、擁有〇到四歲幼兒的母親，已將幼兒照顧從非正式的托育轉向更專業的托育方式，而教育程度較低的職業婦女則是更加倚靠親戚的照顧（特別是祖父母），或者完全仰賴臨時托育。當然，有些托育中心的照顧品質沒那麼好，也有許多祖父母可以給予小孩相當完善的照顧，但是一般來說，托育中心的照顧品質較好。簡單來說，學歷好的媽媽已經提高了托嬰的品質，而學歷差的媽媽一般而言並沒辦法這麼做。[65]

兒童照顧的階級差距，在年齡大一點，也就是四到六歲的小孩身上，表現得更加明顯。有大學學歷的媽媽使用專業托育中心的比例大約是七〇％，相較之下，中學畢業的媽媽只有四〇％。即使過去幾年來幼兒托育的階級差距不斷擴大，但是四到六歲小孩托育的階級差距則是相對穩定。學歷好的家長比起學歷較差的家長，一直以來都投入更多資源在四至六歲小孩的高品質托育照顧，但最近幾年，上層階級的父母甚至將投資延伸到年紀更小的幼兒（〇至四歲），因為最新的腦部科學研究指出，這段時間對兒童發展極為關鍵。

當我們考慮到正式的學前教育時（pre-K），階級落差就會更大。根據「國家幼兒教育研究中心」（National Institute for Early Education Research）的數據，「家庭所得最後四〇％的家庭，四歲幼兒就讀托兒所（不管公立或私立）的比例大約是六五％，而所得前二〇％的家庭則是九〇％。針對三歲的小孩，政府幾乎不提供托兒所，中低所得的家庭只有四〇％就讀，而所得前五分之一的家庭就讀的比例是八〇％。」[66]簡而言之，不論我們用任何方法測量父母對兒童發展的投資，父母教育程度較高、家境較好的小孩，總是贏在起跑點上，甚至大幅領先。

父母承受的壓力

教養的日常挑戰其實充滿壓力：父母跟在小孩後頭收拾，管好家中大大小小的行程，自己與另一半毫無隱私，也沒有自己的時間可言。此外，身為父母還必須處理日常生活中的其他壓力，尤其是工作壓力。當然，家家有本難唸的經，但是許多研究都認為父母親所承受的壓力，事實上與不夠敏銳、缺乏回應的教養方式有關，並對小孩產生不良的影響。壓力沉重的父母不但比較嚴酷，也不夠細心。[67]尤其是經濟壓力對家庭關係更傷，會造成陰晴不定與前後不一的教養方式，還會直接累積小孩的慢性壓力。

本書呈現的眾多人生故事，都說明經濟困頓會帶來沉重的教養壓力，對小孩造成負面影響。一九三〇年代的經濟大恐慌帶來非比尋常的壓力，但是從圖3.6可以看到，過去三十年來，家長經濟壓力的階級差異是穩定擴大，對教養帶來嚴重的後果（圖中的經濟憂慮是透過詢問一系列跟家庭所得及債務相關的問題測量而來）。[68]正如前第一夫人羅拉．布希（Laura Bush）二〇〇七年在白宮的討論會中，針對美國小孩階級差距擴大的觀察：「如果你不知道這份工作可以做多久，不確定這房子還可以住多久，你就沒有餘力投資在小孩身上。」[69]

第一夫人的評論，預見了行為經濟學家穆蘭納珊（Sendhil Mullainathan）與夏菲爾（Eldar

圖3.6　家長對經濟憂慮的階級差距不斷擴大，1975-2005

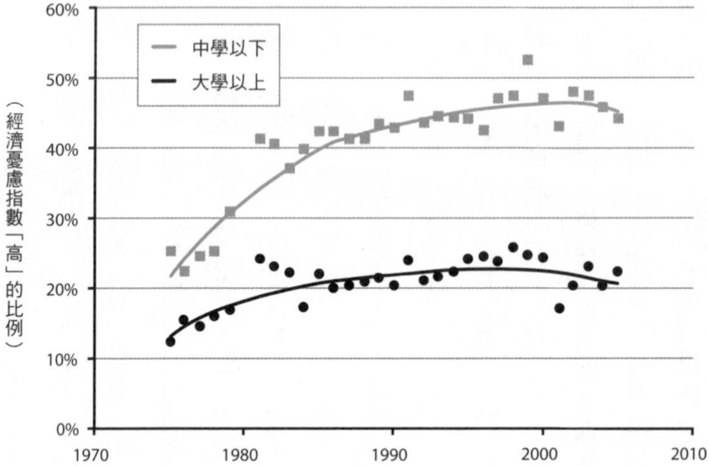

資料來源：DDB Needham Life Style surveys.

Shafir）在二〇一三年所提出的論點。兩人在《匱乏經濟學》（*Scarcity*）一書指出，在匱乏的情況下，大腦掌握、控制以及處理問題的能力會受到衝擊，如同電腦同時執行太多程式會變慢，比起在充裕的情境下，匱乏會讓人更沒效率，也更沒成效。我們通常認為貧窮的父母缺乏技巧、愛心、耐心，對孩子的包容力、關心程度與投入心力都不足，而基本上這些都可以歸咎於父母的心思運作負荷太大。他們寫道：「好的教養需要足夠的頻寬，需要做複雜的決定，也要有所取捨。要有人引導小孩去做他們不喜歡做的事，教他們遵守約定、規劃活動，要跟老師會談，處理小孩子的意見，指導小孩的課業，給予或帶領小孩得到其他幫助，然後還要監督孩子。不論你擁有多少資源，這對任何人都不容易，如果你的頻寬變少，你的難度就會加倍。」[70]

我們前面討論的投資（金錢與時間）差距，往往對小孩的認知發展影響最大。另一方面來看，壓力的差距似乎對於小孩的社會情緒發展特別重要，包括心理健康。[71]更糟的是，教育程度與所得一樣的情況下，單親媽媽更有可能承受到我所說的壓力，因此比較無法讓小孩感受到關愛與支持。[72]美國經濟差距的擴大以直接與間接的方式造成教養的差距惡化（間接的方式就是透過我們在第二章提到經濟對家庭結構的衝擊）。

祖父母的照顧

現今祖父母對於孫子生活的影響，比半個世紀前還來得重要，因為現在的祖父母比過去更健康也更有錢。[73]但是，這股趨勢在上層階級與下層階級的家庭看起來非常不一樣。一般來說，中下階級的祖父母大部分是付出時間以代替父母親原本應提供的資源，而上層階級的祖父母大部分是提供金錢補充父母親的資源。

從全國的統計數據來看，所有小孩之中有四%主要是由祖父母照顧，如同以利亞的例子。這種情況主要集中在年輕、未婚、貧窮、學歷低以及失業的父母身上。祖父母擔任主要照顧者的比例，從一九七〇到一九九七年之間，大約成長兩倍，事實上增加的部分都集中在貧窮與少數族群的家庭上。

由於下層階級的家庭分崩離析，因此祖父母被迫逐漸取代父母，成為全職照顧者。這也提供一套可靠的人力安全網（human safety net），比方說，單親家庭的小孩如果和祖父母住，比起沒有祖父母照顧的小孩，比較不會陷入沮喪。下一章我們會談到羅拉與蘇菲亞，這對姊妹住在橘郡，在吸毒成癮的母親過世之後，她們很幸運地由外公外婆繼續照顧。但是，這通常只是將年輕、很窮、學歷不高（而且現在常常消失）的照顧者，替換成年老、很窮、學歷不高的照顧者，基本上對小孩幫助不大（假如完全沒人照顧，由祖父母代替的確會比較好，但是比起由父母自己照顧並沒有比較好）。以利亞的困境正說明這種情況。祖父母代替父母的情況在有色人種之間較為普遍，但是在貧窮白人之間也急速增加。反之，在上層階級的家庭中，由祖父母照顧的情況並不常見，也未見提升，因為這個階級裡家庭破碎相對少見，而且愈來愈少。

如今，上層階級的祖父母比起上個世代上層階級的祖父母都還要富足。這表示孩子除了能從父母身上獲得資源之外，也愈來愈能從祖父母身上獲得金錢方面的補充（而不只是取代）資源。上層階級的小孩比起下層階級的小孩更有可能得到祖父母的經濟援助，即使他們不見得需要。簡單來說，如果把祖父母的教養納入考量，年輕人的階級差距就更為巨大。

最後，我要再提醒三件事。

第一，近年來，我們一直聽到所謂的過度教養，並打上「直昇機家長」（helicopter parents）

與「過度管教」（overparenting）的標籤。[74]無庸置疑，每個人偶爾都會看到這種令小孩與旁觀者不愉快的現象。但是，如果把過度教養等同於不當管教，其實有點誤導。目前尚無證據指出過度教養所造成的任何缺點跟不當管教有關。此外，如果過度教養有問題，解決方式取決於父母自己，但是不當管教所帶來的問題就不是如此。

第二，雖然這裡所摘要的研究，已經確立父母的社會階級（尤其是教育）與教養方式的相關性，也確定教養方式與小孩的發展有關，但是這些研究中，僅有少數能夠超越外界的質疑，確立兩者的相關屬於因果關係。我所引用的研究全部都嚴謹地使用統計上的控制變數，試著排除虛假相關（spurious correlation），但是基本上這些研究並未採用隨機分配的實驗設計（random-assignment experimental design）。簡單來說，這些證據基本上是「最新發展」，但是這個領域的最新發展並非完美。這項缺失並不代表科學的草率，如果要隨機把小孩分配給不同的家長，比起科學家在小老鼠身上所做的實驗，這種研究要獲得授權同意的難度要大上許多。

第三，對於出生在貧窮家庭、父母教育程度較差的小孩來說，教養方式的階級差異並非阻礙小孩發展的唯一因素。物質上的匱乏，例如營養不良、健康未得到妥善照顧、暴露在環境風險之中（例如有毒的油漆），將長期影響小孩智力與情緒的發展。[75]反之，許多優秀的實驗都證明只要拿錢給貧窮人家，就可以提升小孩學業成績以及社會表現，因此關鍵在於有沒有錢。[76]即使是理想的教養方式，也無法完全彌補貧窮對小孩的負面影響，而無能的教養方式，也不會完全破壞父母財富與教育所賦予的優勢。

換句話說，最好的科學證據已經確認，本章在亞特蘭大三個家庭所看到的教養型態，代表美國普遍的趨勢。貧窮小孩打從年紀還很小的時候就面臨劣勢，而且影響深遠，這早在他們上學讀書前就已經確立，這正是下一章的主題。

4 學校教育

過去幾十年來，加州的橘郡代表著財富、白人、與思想保守的郊區，此地是美國總統尼克森的故鄉，迪士尼、化妝品大廠保妥適（Botox）的總部所在地，也是電視劇《橘郡貴婦的真實生活》（*The Real Housewives of Orange County*）設定的場景。這座城市有如畫一般的景致，沿著海岸線，海邊一棟棟百萬別墅閃爍在燦爛的陽光下，而且氣候四季如春。橘郡夾在洛杉磯郡之北與聖地牙哥郡之南，不僅是個豪華的度假勝地，也是成功男人的嬌妻享用生機飲食的中心。

然而，這幅景象在過去四十年來卻因為人口組成的劇變而逐漸改變。自從一九七〇年以來，橘郡人口成長了一倍，一口氣超過三百萬人，成為美國人口排名第六的郡，從絕對人數來看，也是成長第六快的城市。大部分增加的人口來自移民，觀察家因此說橘郡是「二十一世紀的埃利斯島（Ellis Island）」。[1] 到了二〇一三年，該郡有四六%的人口在家裡並非用英語交談。[2]

今日拉丁裔的移民占總人口數的三分之一以上（一九八〇年是十五%），而該郡從幼稚園到第十二年級的學生當中（K-12），有將近一半是拉丁裔。

橘郡由三十四個城市組成，其中有許多城市天差地遠。如同當地一名人口學家所說：「你有貧民區，也有富人區，但沒有中產階級區。」[3] 舉例來說，拉古納海灘（Laguna Beach）有九一%的居民是非拉丁裔的白人，人均所得是八萬四千美金，但是二十英里外的聖塔安娜郡（Santa Ana）卻有九五%的拉丁裔（五〇%在外國出生），人均所得只有一萬七千美金。

橘郡大部分的拉丁人住在北部內陸河谷地區的貧窮城市，其中也包括聖塔安娜。二〇〇四年，洛克斐勒政府研究中心（Nelson A. Rockefeller Institute of Government）的報告指出，聖塔安娜是美國「最混亂的城市」，因為當地失業率高，貧窮率高，學歷低的人多，房屋蓋得異常擁擠。橘郡的拉丁人不只貧窮，也夾雜在街頭暴力與幫派活動之中，光是聖塔安娜就有二十九個街頭幫派的根據地。[4]

但是，有許多向上流動的拉丁裔中產階級（大部分是移民第二代或第三代），則是快速地從洛杉磯與橘郡的拉丁貧民窟，遷入原先的白人區。一九九〇到二〇一〇年間，原本以白人為主的富裕城市，拉丁人居住的比例愈來愈高。以北邊富爾頓（Fullerton）為例，這裡是加州州立大學富爾頓分校所在地，二〇一二年當地家戶年均所得中位數大約是十萬美金，拉丁裔人口的比例從一〇%上升到二五%，增加了兩倍以上。雖然富爾頓離橘郡最富庶的地區有段距離，但是吸引拉丁人到此落腳的原因非常清楚：優質的學校，旺盛的經濟活力，以及愈顯豐富的文化多元性。

人口轉型的實際結果就是，過去四十年來橘郡拉丁社群**內部**的經濟不平等不斷擴大，正如亞特蘭大黑人社群**內部**的情況。一九七〇到二〇一〇年之間，調整通貨膨脹之後，拉丁裔家庭每年生活費不到二萬五千美金的比例增加了將近一倍，由十三%漲到二五%，同一段時間，生活費超過十萬美金的家庭比例則是從十二%來到十七%。簡而言之，橘郡同時住著更貧窮的拉丁人以及更富裕的拉丁人。[5]

不平等的現象也反映在橘郡的學校。看看以下兩所中學「投入」（input）的資源（參見表4.1），相似的程度令人訝異，一所是富爾頓的特洛依中學，另一所是聖塔安娜中學。兩所學校在每名學生投注的經費都差不多，例如師生比、輔導老師的人數，以及老師的學歷與經驗這兩個衡量教師素質的基本指標等都相去不遠。特洛依中學的課外活動雖然比聖塔安娜中學還要豐富，但這主要是因為兩所學校募款的差異，而不是學區投入經費的不平等。其中幾項明顯由教育單位管控的資源，像是預算、教師人數、品質、輔導老師等，兩所學校大致相同。

兩所學校截然不同之處在於學生，這從貧窮率、族群背景、英文能力、甚至是體格都看得出來。聖塔安娜的學生基本上是窮人、拉丁裔、主要語言是西班牙語，而特洛依的學生族群比較多元，家裡的經濟環境也比較好。但是，兩所學校最驚人的反差還是在於「產出」的結果，

表4.1　特洛依與聖塔安娜中學的基本資料，2012

	城市	特洛依中學，富爾頓	聖塔安娜中學，聖塔安娜
	學生人數	2565	3229
學校資源	每名學生經費	$10,326	$9,928
	老師平均年資	14.9	15.0
	碩士學歷（教師）	69%	59%
	師生比	26:1	27:1
	輔導老師	5	7
	課外活動	34	16
學生	午餐免費或享有補助的比例（根據家庭經濟狀況）	14%	84%
	拉丁裔	23%	98%
	英文能力不好	4%	47%
	通過6/6體能測驗的比例	70%	32%
結果	畢業率	93%	73%
	加州學業表現指數（Academic Performance Index, API，千分位數）	927	650
	學業表現指數與加州其他中學的比較	排名前10%	排名後20%
	參加SAT考試的人數	65%	20%
	SAT平均分數	1917	1285
	逃學率	2%	33%
	每百位學生的停學人數	3	22
	橘郡六十七所中學的排名[6]	3	64

表現在畢業率、學業表現與SAT的測驗成績、逃學率以及停學率等面向。聖塔安娜的學生輟學率是特洛依的四倍，逃學與停學的機率是十倍，而且參加SAT考試的人只有三分之一。就算他們參加了考試，平均成績大概都落在全國的後二五%，而特洛依中學的SAT平均成績是全國前一〇%至十五%。

我們在這一章會遇到兩個墨西哥裔家庭的小孩，藉此得到這兩所學校的第一手經驗，一個是住在北富爾頓的伊莎貝拉與父母卡拉洛及理卡多，他們家離特洛依中學僅有幾條街。另外一個家庭是羅拉與蘇菲亞，這對姊妹住在中聖塔安娜，由爺爺奶奶帶大，離聖塔安娜中學也不遠。[7]從他們的故事可以明顯看出家庭、經濟、族群與學校等各種因素，如何交錯影響小孩的機會。

卡拉洛、理卡多與伊莎貝拉

卡拉洛與理卡多年紀大約都五十幾歲，成長於一九七〇年代洛杉磯中南部西班牙裔的貧民窟。時至一九九〇年代，他們已經一躍成為專業人士，為了尋找比較安全的居住環境與明星學校，他們帶著麥可、伊莎貝拉與蓋碧兒三個成長中的小孩，一家人搬到了富爾頓（現在麥可二十七歲，伊莎貝拉二十歲，蓋碧兒十五歲）。他們目前住的房子位於一條寧靜的死巷，屋子寬敞而帶有牧場風格，一家人充分融入橘郡的中產階級之中。為了去他們家，我們開車爬上小山丘、穿過棕櫚樹、高級購物中心，以及帶有西班牙殖民風格的社區。這裡大部分是中上階級的白人社區，如果拉丁裔的移民有能力在此落腳，往往要比他們的白人鄰居還要富有。[8] 伊莎貝拉跟我們說：「這裡的人很友善，也值得信任，因為這是個安全的區域。」

他們在舒適的客廳接待我們，對著通往露臺的玻璃門，可以看見一座寧靜的藍色游泳池與色彩繽紛的花園。客廳有一座大鋼琴，上頭放著一張伊莎貝拉穿著舞衣的照片。旁邊的餐廳則是大家聊天與寫作業的寧靜空間，可以讓小孩暫時逃離特洛依中學的課業壓力。卡拉洛說家裡三個小孩都讀特洛依中學，你可以感受到他們的焦慮，因為這所學校的學生整天戰戰兢兢，處心積慮要在SAT的成績拚個你死我活，他們把目標放在哈佛、史丹佛與紐約大學等名校。卡拉洛幾個小孩的成長經驗完全不同於她自己和理卡多他們那一代在洛杉磯中南部長大的小孩。

卡拉洛與她的雙胞胎哥哥弗蘭西斯柯出生於墨西哥的小村莊，並且在那裡成長。兩兄妹的父親在二次世界大戰期間，獨自一人來到加州做臨時的鐵路工人，當卡拉洛與弗蘭西斯柯八歲的時候，父親把他們全家（太太、雙胞胎以及另外兩個兄弟姊妹）合法地移民到洛杉磯。由於家裡資源不足，他們只好先落腳在瓦茲郡（Watts），那是一個貧窮肆虐、幫派橫行的社區，整個街坊大部分是黑人。西班牙裔膚色較淡，在黑人之間顯得相當礙眼，卡拉洛清楚記得自己曾被黑人小孩從學校追逐，穿過一個很暗的高速公路涵洞，一路追到家裡。話雖如此，她也記得學校比較友善的黑人老師偶爾會護送她和哥哥回家。為了追求比較安全的生活環境，他們一家人在洛杉磯中南部與東南部等貧窮、拉丁人為主的社區搬來搬去。卡拉洛說：「我們成長的社區居民收入很低，充斥著毒品。」她的同學在初中或高中的時候，就因為習慣吸食強力膠而遭到「退學」。

卡拉洛記得拉丁裔幫派（她稱他們為蟑螂），完全控制了她與哥哥所就讀的學校：

> 我們親眼目睹幫派分子的入幫儀式，想要入幫的人要先讓同夥狠打一頓。這個儀式叫「審判」（courted）。他們要判斷你夠不夠格，挨揍的時間大概二到三分鐘，而且你完全不能還手。如果你倒下，就會被打得更慘，所以這是要證明你夠硬，可以挺得住、流血、瘀青都沒問題，不論是女孩或男孩都一樣。現在入幫儀式已經變成開槍打人，即使對象是無辜的路人也要打，我對於自己的這部分文化感到相當丟臉。

現在，卡拉洛已成為一名兒童社工，她相當瞭解她所就讀的這些學校為何會由幫派文化控制。「我認為這是因為缺乏家庭的凝聚力，」她說，「社區裡的許多家庭已經無法發揮功能了。」

卡拉洛的父母在故鄉墨西哥都只讀到三、四年級，但他們卻給小孩很大的支持，在工作上也做好表率。他們認為小孩在學校表現好不好非常重要，即使他們壓根不清楚大學為何，但還是很鼓勵卡拉洛與弗蘭西斯柯當個專業人士。他們不讓小孩感受到任何經濟壓力，卡拉洛記得父親週末偶爾會帶著小孩去採草莓，賺點生活費，但即使如此，她也不覺得自己的家裡很窮。她年長的手足在政治與文化上都比較早熟，所以她是看著外國電影長大，會跟兄姊們討論文學，並且「聽巴布狄倫（Bob Dylan）與瓊拜雅（Joan Baez）的音樂」。

卡拉洛說，她與哥哥弗蘭西斯柯在洛杉磯就讀的學校非常「險惡」，但是因為兩人在校表現傑出，所以學校裡不論是黑人或白人老師，都非常關心且支持他們倆。事實上，由於老師都知道卡拉洛與弗蘭西斯柯來自劣勢家庭，週末有時還會帶著兩人與家人一起到迪士尼樂園或納氏草莓樂園（Knott's Berry Farm）遊玩。卡拉洛說：「老師是我們的楷模，我們的人生導師。我們常對自己說：『我們必須擁有好的成績，挑戰自我，因為我們必須離開這個龍蛇混雜的地區』。」

不論是卡拉洛或弗蘭西斯柯，在學校都遇到有責任感且關心學生的輔導老師，他們幫助兩人獲得大學獎學金，甚至協助卡拉洛拿到研究所的獎學金。[9]時至今日，兩人都算是橘郡功成名就的專業人士，卡拉洛是名社工，而弗蘭西斯柯是財務顧問。卡拉洛說到自己選擇社工的原因：「我想要改變這個社區，希望讓小孩遠離幫派與毒品。」

卡拉洛與弗蘭西斯柯的故事是第二代移民向上流動的典型案例。卡拉洛說到自己同化的過程：「我們在家裡根本是墨西哥人，但是工作的時候就是個道地的美國人。」他們兩個人都提到要帶小孩回去看自己過往長大的社區，那些地方至今還是一樣恐怖。弗蘭西斯柯不斷警告小孩：「僅僅一代人，你就可以翻身，但也僅僅一代人，就有可能再回到原地。」

卡拉洛從當地的明星大學畢業之後，經歷第一段失敗的婚姻，有好幾年都自食其力努力扮演好單親媽媽的角色（當時只有麥可）。卡拉洛與理卡多在高中畢業十週年的同學會上相遇，兩人後來結婚，接下來幾年又生了伊莎貝拉與蓋碧兒兩個小孩。剛結婚那幾年，卡拉洛在當地的醫院開創了一套快速發展的社工方案，不久之後就和別人合作經營了一家有名的精神科診所，而理卡多則成為一名成功的建築師，在一家大型的非營利機構擔任專案經理。

當伊莎貝拉到了就學年齡，卡拉洛與理卡多夫妻倆為了找尋品質比較好也比較安全的學校，舉家搬到富爾頓。卡拉洛解釋說：

在洛杉磯，大部分西班牙裔的中產階級或專業人士，都搬到比較好的學區，因為我們多數在內城區長大，所以很清楚如果自己的小孩整天面對幫派、暴力以及劣質的教育（很不幸在這樣的學校，老師整天都在管秩序，而不是投入教學），會帶來什麼後果。我們完全知道自己要給小孩什麼，我們希望他們跟其他小孩競爭長春藤名校的入學機會，所以在我們看來，小孩子最重要的就是教育、教育、教育。

她接著說她們最後為什麼選擇這個地區：

我們之所以挑選這裡，是為了讓他們上特洛依中學。我先生跟我查了這所學校，也瞭解他們的SAT測驗成績。我們也查過該校基礎程度的標準化測驗（stardardized testing），我們想要確定基礎科目的老師都受過專業訓練，也充滿教學熱忱。

即使是幼稚園，我也和每個老師聊過，因為學費並不便宜。如果你上私立幼稚園，每個月大約要七百到九百（美金）。我想要知道老師的學歷，如果需要適時的管教，他們會怎麼控制小孩，並從中瞭解他們本身專業的社會技巧以及經營班級的方法。我要確定幼稚園的環境是乾淨的，師生比是恰當的。來念這所幼稚園的都是哪些小孩與哪些家庭，這對我也很重要。我希望（我的小孩）真的能夠發展自己的語言天分。

當伊莎貝拉剛上幼稚園的時候，卡拉洛發現幼稚園的老師是第一年教書的菜鳥，教學並不是「很有章法」，所以她決定要插手幫忙。她問老師：「我們做家長的，要如何讓妳成為我女兒眼中的成功老師。」不久之後，卡拉洛決定自己進入教室。那一年，每週至少一次，她為蓋碧兒聘一個褓母，如此一來她就有時間到課堂當義工。她說自己全心全意投入女兒的學校，學校有個「天賦與才華教育計畫」（Gifted and Talented Education, GATE），而她希望自己的小孩可以參加這項計畫，最後也真的如願以償。她也逐一認識學校各個女職員。她解釋自己的策略：「如果我打電話去問女兒的情況，她們只要一聽聲音就認出我來。」

對於扶養小孩所付出的心力，卡拉洛與柯林頓港的溫蒂以及亞特蘭大的西蒙妮不相上下。卡拉洛在小孩子讀書期間，每一份工作都是兼職，因為她最在意的就是小孩，這是她最重要的工作，也是「最大的挑戰，最大的成就，以及最大的影響」。即使在小孩上幼稚園之前，她和理卡多也花很多時間陪小孩閱讀。她說：「在讀幼稚園時，孩子就已經看得懂蘇斯博士（Dr. Seuss）的漫畫了，也可以從一數到一百，還會寫自己的名字。」他們一家人總是會一起吃晚餐。暑假期間，卡拉洛會替小孩買好數學與閱讀的練習本，帶他們到加州大學爾灣分校以及加州州立大學富爾頓分校上課。「這也是我們搬到此的原因，」她說，「因為大學就在住家附近，而且我知道他們也有一些給小孩上的課程。我用盡一切確保孩子的進度超前一年，而三個小孩的測驗能力至少都超前一、二個年級。」

特洛伊中學

伊莎貝拉與兩個兄弟都上特洛伊中學，學校就在離家不遠的小山丘底下。特洛伊中學是公立明星中學，在大部分的學業指標中，它的表現都相當傑出。二〇一三年，《新聞週刊》將它列為全美排名第四十七的中學。想要跨區就讀的小孩，必須通過競爭激烈的入學考試，而根據卡拉洛的說法，每一年都有數千名申請者，最後只會錄取四百名學生。特洛伊中學有嚴格的科學與技術課程，號稱「科技班」(Troy Tech)，也有幾乎一樣嚴格的國際學士課程，還有幾十種「大學先修課程」。這所學校是全美科學奧林匹亞與學業競賽的常勝軍，而且該校的電腦科學課程據說是世界一流。九九％的畢業生都上了大學，其中七六％上的是四年制的普通大學，二三％上社區大學。學生的組成相當多元，四六％是亞裔，二四％是非西班牙裔的白人，二三％是拉丁裔，而六％是黑人以及少數族群混血，不過該校學生的社經背景就沒有如此多元了（請見表4.1）。

伊莎貝拉對學校充滿熱情。她說，「每個老師都很棒，也都樂於幫助學生。」訪談時伊莎貝拉的同學奇拉也進一步補充學校老師是如何關心學生。在她入學第一年，學校的英文老師知道奇拉的父親剛過世，因此主動關心她。她說：「老師來安慰我，並且對我說：『如果妳需要有人陪妳聊，儘管來找我。』我可以在午休時間直接走進她的教室，對她吐露心事，現在我都還會跟她聊天。」

從特洛依中學的學生素質與課程水準，就能看出該校的課業非常競爭。卡拉洛說在大兒子畢業的那一班，有十五個畢業生的SAT考了二四〇〇分，也就是滿分。伊莎貝拉強調特洛伊中學對學生來說彷彿是個壓力鍋。

有些朋友從一年級就開始練習SAT。如果考了二二〇〇分，一半的人會說：「我要回去重考」。大家雖然都是朋友，但有時候你就是會感受到競爭壓力。這樣做有好有壞，唯一的缺點就是你必須排在前一〇%至十二%，拿到B就算差了。

今年八月，我回校跟高年級同學分享申請大學的心得，一回到校園，我就感覺到那種氛圍。當你身在其中，根本沒想過有什麼不同，但重返學校時，我真真切切感受到他們給自己的壓力。在特洛伊中學你必須戰戰兢兢。

即使是課外活動也非常競爭。伊莎貝拉的文筆極好，當她申請校刊的工作時，才瞭解到競爭有多激烈。她說：「他們面試一年級的申請者，輪到我的時候，我根本毫無準備。五十個人接受面試，最後只打算錄取兩個。這份工作可以給自己留下漂亮的資歷，因為這些人最後都進入柏克萊、史丹佛等名校的新聞系。」

一般人對橘郡當地中學的印象是，大家都在比誰穿的衣服漂亮，誰開的車炫，但是伊莎貝拉強調在特洛伊中學：「我沒有這樣的感受，大家的壓力主要來自課業。我猜如果你在其他學校被叫『書呆子』，那是一種侮辱，但是在特洛伊就不是這樣。你必須勝過……我不是說要勝過其他人（笑），但事實就是如此。」

耐人尋味的是，特洛伊中學的競爭壓力到底源自何處？伊莎貝拉說父母並不會給她和兄弟姊妹施壓。「他們只是不斷確認我們是否已經全力以赴，」她說，「如果我沒有拿到最高分，（他們會說），『沒關係，你已經盡力了，下次再接再勵。』」另一方面，就像她和她母親對我們說的，其他家長給小孩的壓力會感染整間學校的風氣。

「虎媽！」，卡拉洛簡潔有力地用這個名詞來形容其他同學的媽媽。伊莎貝拉解釋說：「如果小孩的考試成績不如家長預期，他們就沒臉回家，因為他們的爸媽會等著，然後說：『嗯，考卷拿出來。搞什麼？怎麼考這麼爛？』」她又解釋說：「許多人都因為家長的壓力而如願躋身名校。有時候，他們則是自我鞭策，不斷要求自己把功課做好，尤其當競爭對手表現很好時，你自然得不斷把標準提高。」

如此一來，「每個人無時無刻都很緊繃」，她和同學奇拉分開講述自己上學一天的生活，但兩人講出來的內容幾乎完全相同：七點到校，上課、運動與課外活動到下午四點或五點，晚餐之後做功課四到六個小時，晚上只剩下五到六個小時的睡覺時間。伊莎貝拉說：「大家不是在比誰睡得少，但是我們講話時會無意：『喔，我只睡六個小時！』、『喔，我只睡四個小時！』」奇拉說：「我在中學熬夜的次數比在大學還要多。你就像個機器人，根本毫無生活樂趣可言！」

卡拉洛與理卡多會盡量協助小孩處理家庭作業。「我先生負責數學，」卡拉洛說，「整個中學期間，如果小孩的作業有需要協助之處，他就會幫忙檢查作文或是數學作業。他們學基礎數學時，我還能幫上忙，但愈來愈難之後，就由他接手了。」但是，他們也勸自己的小孩不要太逞強，例如伊莎貝拉在一年級的時候選了一堂數學課。卡拉洛說：「我和先生參加了學校的家長會，我們看了她的課本，結果居然完全看不懂。於是我先生就跟小孩說：『把這門課退掉』。對我們來說這就像天書，我們一點也幫不上忙。她非常討厭這門課，而我在想，**為什麼我們要讓她選這個注定會被當掉的課呢**？所以我們說：『退掉。』後來她也退掉這門課。」

卡拉洛跟其他特洛伊中學的家長一樣，想要確定自己的小孩可以充分利用學校與整個社區的課外活動。「足球、棒球、女童軍、美術、鋼琴、舞蹈，」她說。她列出自己固定開車接送小孩參加的活動給我們看，另外每天還要開車送他們上學，每週送一次午餐到學校，「我四處跑，十八個月內，就拿到三張超速罰單。」

特洛伊中學有一百多個各式各樣的社團（這還不包括運動團隊），每一個社團都有自己的指導老師，而且至少有十個活躍的社員。其中有國際特赦組織的分會、動漫社、射箭社、西洋棋社、科普特俱樂部、戲劇社、同志聯盟、iStocks投資俱樂部、詩社、數學社、穆斯林社、波利尼西亞俱樂部、勞軍社、世界展望會、美國青年爭取自由組織。每一年，特洛伊中學都有各式各樣的團隊與社團獲得冠軍，包括樂隊、籃球隊、合唱團、越野競賽、游泳、網球、水球、摔角與木琴等。卡拉洛很驕傲地說：「甚至連我們的舞蹈校隊每年也會進入全國決賽。」

伊莎貝拉最愛的課外活動是跑步。「我喜歡這個團隊與教練，因為學校的課業壓力實在太大，」她說，「放學有一段空檔可以練習跑步真的很舒服，我只要全心呼吸就好。」她順帶提到自己同時也是學校越野隊的副隊長，也曾經為班上的年度影片撰寫腳本。

特洛伊中學之所以可以擁有如此驚人豐富的課外活動能量，主要是因為家庭與社區的人都很積極籌措資金。許多課外活動都有贊助團體。卡拉洛說自己還有其他家長會定期捐款給學校，「如此一來每個在科技計畫裡的小孩都有筆記型電腦可以使用，甚至小學就有了。」「家長希望自己的小孩學好各種技能，我的一名女性友人莎曼珊每年都直接捐一千元給她的小學，因為她覺得這筆錢不多，她的女兒上私立學校，每年要一萬二千到一萬五千美金，因此對她來說捐個一千根本不算什麼。」

最重要的是，特洛伊的學生與家長投入很多時間及精力在準備SAT。比方說，伊莎貝拉每個禮拜的課表要排進三次SAT預備課，每一次是三小時，還要加上一次「SAT練習日」。奇拉在中學的時候也參加了SAT的暑期班。她說：「我只是覺得自己需要多一點幫忙，才能更有自信。在高二的時候，班上就開始有一些人把課本帶到學校，利用下課的五分鐘練習SAT，這實在有點過頭了（笑）。」

卡拉洛抱怨因為特洛伊中學的孩子要做的事情太多，所以「幾乎毫無社交活動可言」，可能一年只參加一兩次舞會。伊莎貝拉也同意母親的說法，「許多人真的除了學校之外就沒有其他生活了。」當她省思孩子的中學生活時，你幾乎可以聽到她內心有兩股聲音在起爭執，一個是嚴厲的虎媽，一個是像輔導員般的慈母。「他們的壓力太大了，這是我跟丈夫不喜歡這所學校的一點。從學業上來說，要上頂尖大學就必須用功，但不幸的是，這樣就完全剝奪讀書的樂趣。」

伊莎貝拉的內心也同樣矛盾。她說：「中學的壓力真的很大，實在太恐怖了。但這真的是一所好學校，確實能幫助我上大學。我以前數學一直不好，但現在我的數學還算不錯。」儘管她在特洛伊中學時上進階數學上得很痛苦，但大二的時候她的能力還可以教七個大一同學基礎微積分。

中學畢業前，卡拉洛與理卡多積極幫忙孩子申請大學。「南加大、賓州大學、紐約大學的一些申論非常難寫，」卡拉洛說，「你要夠老練才能回答得好。理卡多的文筆不錯，因此我完全信任他。我認為他會幫助妳（伊莎貝拉）與麥可通過申請這一關。我把麥可的申請資料寄給好幾個朋友，這些人都是教授，其中一個還是院長，請他們給我一些意見。我們對申請大學的事並不熟，我想確定麥可能順利進入他所申請的學校，因為這實在太競爭了。」

麥可及伊莎貝拉幾乎申請上他們所申請的每一間學校。麥可最後從一所長春藤名校畢業，但是在伊莎貝拉準備上大學之前，卡拉洛與理卡多跟許多中產階級的家長一樣，都受到二〇〇八年金融風暴的衝擊，所以有點擔心付不起學費。因此他們鼓勵伊莎貝拉申請州內的大學，該校以良好的寫作課程著稱，最後她決定就讀這所學校，而不是自己比較喜歡但學費較貴的東部頂尖大學。她知道這樣自己大學畢業時就不會背負學貸，也就有機會繼續念研究所。伊莎貝拉與父母都確信這對她的未來是很明智的決定。

羅拉與蘇菲亞

交通離峰的時候，開車從特洛伊中學附近景致優美的小山丘，順著橘郡大道往下走，只要十五分鐘，就可以抵達聖塔安娜中學附近平地上只有兩間臥室的小平房。下午兩、三點左右，伴著和煦的陽光，整個街區顯得非常寧靜，只看得到鎖匙店、壞男孩保釋服務（Bad Boy Bail Bonds）的店面、警局鑑識實驗室（sheriff's forensic lab），每間房子都有鐵絲網圍起來的籬笆，這些似乎暗示著我們已經進入橘郡最危險的城市戰場。[10]在其中一間平房上，一對姊妹站在走廊迎接著我們。二十九歲的姊姊羅拉看起來稍微蒼白沒有元氣，二十一歲的妹妹蘇菲亞高高瘦瘦的，帶著一副膠框眼鏡。蘇菲亞很漂亮，但看起來有點害羞，而姊姊羅拉則像媽媽般在一旁鼓勵她。

這間房子的屋主是兩人的繼父，雖然他已經搬到隔壁的小鎮，但他允許姊妹倆繼續住在這兒，幫忙收帳單。她們說一旁的老鄰居都非常友善，整個街道「基本上住的多是家庭」，上下幾代人窩在一間房子裡。但是，整個更大範圍的區域最近幾年有很大的變化，住戶從收入穩定的拉丁裔工人階級，例如她們的繼父（雖然目前已經退休，但最近幾年都還在學校擔任警衛），變成整天嗑藥、混幫派的年輕人。

出了這條相對平靜的街道，周邊幾個敵對的拉丁幫派，在模糊不清卻要命的邊界劃出各自的地盤。羅拉開始為我們描述這一幅地圖：

這條街上的幫派叫「六街幫」，但這裡實際上是第四街（他們連算數都不會，你就知道他們的教育程度有多差）。接著，真正的第六街還有另一個「六街幫」，但是他們跟這裡的「六街幫」並不是朋友。另外在第七街的幫派，才是第六街的朋友。這整個區塊，從布里斯托區（Bristol）一直到美景區（Fairview），也就是從第一街到第十七街，則是另一個幫派。

你不見得看得到他們的蹤影，但你很清楚他們就在附近。這些人真是危險分子。他們認為「這是我們的地盤」，所以只要有人路過，他們就用一副「這傢伙打哪來？」的眼神看著你。昨天我們就在附近另一條街道，實在很令人害怕。我們知道那附近屬於哪個幫派。當你走進另一條街，只要他們沒看過你，就會從頭到腳打量你。

他們是到另一個街區參加親戚的葬禮，這位親戚前一晚遭人槍擊致死。

蘇菲亞：他最好的朋友朝他的頭開了兩槍，是他從小一起長大的好友。

羅　拉：他年輕的時候加入幫派，在生了一個兒子之後，他變得成熟許多，打算改過向善，而他的朋友對此則是冷眼旁觀。

蘇菲亞：沒錯，所以大家就開始抵制他，並決定要他的命。

羅　拉：當天色暗下來的時候，這些幫派的人也現身參加葬禮，所以我們必須提高警覺，因為彼此並不認識，他們有可能會開槍射我們。其中一個人真的帶了槍，所以我們的一舉一動都必須小心翼翼。我們不知道會發生什麼意外，所以只能頭也不回地快步離開這一區。

姊妹倆從這件事學到一個簡單的教訓：不可以相信任何人，即使是你最好的朋友也不行。她們住的這一區以前並沒有這麼危險。姊妹倆從小就是由祖母以及繼祖父撫養長大（她們叫他「爺爺」）。祖父母都在美國出生，但是中學都只讀到一半。他們給予這對姊妹一個充滿關愛與安穩的家，而當時附近的街道也都還是適合成長的好地方。「我們有個正常的郊區生活，」羅拉回憶，「當時沒有什麼幫派，奶奶會讓我們去公園玩，我們總是在那裡騎腳踏車，玩盪鞦韆。基本上，只要是白人小孩可以做的事，我們也都可以做，所以我們還有童年。」

姊妹倆跟祖父母非常親，即使到現在跟繼祖父也還走得很近。他們會固定一起吃晚餐。祖母會「確定我有帶上牙套」，羅拉回憶繼祖父會重新安排自己工作的班表，這樣才方便接她們放學，而且下課之後還會教蘇菲亞數學。祖父母都會鼓勵她們在學校力求表現。

蘇菲亞：我祖母會說：「你在學校要好好表現！功課寫了嗎？」

羅　拉：他們會坐下來陪我們，檢查我們的功課。

蘇菲亞：如果成績B＋以上或者有其他好表現，他們就會給我們獎勵，帶我們去看電影或逛購物中心。

雖然這家人並不富裕，但她們繼祖父賺的錢還算夠用，羅拉說「我們從來不缺任何東西」。他們一家人一定會慶祝生日，每年也都會到海邊、海洋世界或迪士尼樂園玩三次。羅拉記得祖父母「非常、非常嚴格」，教導女孩要有好的品行並且要懂得尊重他人。

蘇菲亞：她是個嚴格的奶奶。

羅　拉：如果不是她對我們這麼嚴厲，我想我們應該會變成外頭那些在貧民窟混的人。

蘇菲亞：沒錯！

訪　員：祖父母會說他們期待妳們兩個成為什麼樣的人嗎？

羅　拉：他們真的從來沒有對我們提到那些，他們就是想辦法讓我們變成那個樣子。

不幸的是，「奶奶過世之後一切都變了，」羅拉說。雖然繼祖父繼續照顧這對姊妹的生活，但是羅拉（當時十四歲）必須扮演媽媽的角色照顧六歲的蘇菲亞。五年之後，繼祖父也搬走了，不過他還是會拿錢幫助兩姊妹。羅拉解釋說：「他搬出去的時候我才十九歲，我們過得很辛苦。那時妹妹才五年級，我學煮飯與洗衣服學得很辛苦，因為過去我並沒有做過這些家事。但我根本沒得選擇，只能跟妹妹相依為命，還有靠著爺爺的幫助。」

羅拉原本希望就讀離家遠一些但好一點的中學，不過因為突然要扛起照顧妹妹的責任，只好去讀附近的聖塔安娜中學。即使如此，「我也沒時間讀書，因為我必須照顧妹妹，爺爺要上班，我必須快點長大。」最後，羅拉休學，離開聖塔安娜中學，但仍繼續照顧妹妹，姊妹倆失去了大人的指引，必須一起面對眼前的世界。

在祖父母關愛的背後，姊妹倆有段悲慘的身世。兩人同母異父，兩個父親都是毒蟲，而她們的親生母親是幫派的混混，事實上還是聖塔安娜首批混幫派的女生之一。離開幫派之後，母親染上海洛因，也淪為妓女。她們還有個同母異父的姊姊，從小就在寄養家庭長大，但她們跟這位姊姊不曾往來。羅拉說：「讓我媽染上毒品與變成妓女的人，就是這個姊姊的爸爸。」

蘇菲亞幾乎對母親毫無印象。羅拉則還留有一些完整的記憶，但都不是太好的事。她說：

「我一生中大部分的時間媽媽都在坐牢，我只記得她是個毒蟲，整天吸食海洛因。」羅拉與蘇菲亞都說，媽媽跟那一代其他人一樣，都選擇「在街頭混」。羅拉說祖母後來打電話報警，要他們把媽媽帶走，因為祖母深深覺得「需要讓她學到教訓」。因此，母親被抓去坐牢，而她們就由祖母照顧。當姊姊十歲、妹妹兩歲的時候，她們的母親出獄，但是出獄後不久就過世了（死因可能是愛滋病，雖然她們沒有明說）。

幾年之後，羅拉從警方的紀錄中得知母親更早之前也曾被逮捕。「那是我九歲生日的隔天，她因為賣淫而被捕，地點就在這條街往下走一點，而她卻不曾來看我。她離我這麼近，但她卻選擇賣淫與毒品，而不是自己的女兒。」

蘇菲亞不知道自己的父親是誰。羅拉的父親住在富爾頓，但是她相當瞧不起他，當我們問她父親在做什麼，她呸了一聲：「幫派的藥頭！他是個爛人，上一次碰面時只因為我不願意抱他，他居然叫我婊子。」

諷刺的是，由於她們的父母在聖塔安娜都是幫派分子，所以這個身分居然成了姊妹倆的保護傘，幫派的人很少惹她們。「因為大家知道我們的父母是誰，所以不會強迫我們（加入幫派）。」母親的前車之鑑讓她們知道絕對不要嗑藥或酗酒。

聖塔安娜中學

對於羅拉與蘇菲亞來說，上學一開始頗有收穫。祖母安排她們參加「及早啟蒙計畫」（Head Start）（譯按：提供給弱勢小孩的方案），兩人因此留下很棒的小學回憶。羅拉說：「上學很有趣，我喜歡一年級的老師賈西雅太太。她人非常好、又很關心學生，是個很酷的老師。」蘇菲亞也有相同的回憶：「這些老師真的很關心學生，學校也很不錯，老實說我的確很喜歡上學。」蘇菲亞似乎是個早慧的學生，聰明、積極而且被選進資優生計畫。羅拉揶揄妹妹說：「她是個喜歡看字典的怪胎。」蘇菲亞坦承：「沒錯，我喜歡讀字典，這樣還滿酷的！」

羅拉說聖塔安娜中學和過去她們讀的學校「完全不同」。兩人都覺得聖塔安娜中學的硬體建築不算太差，唯獨建築物周邊圍著很高的鐵絲網，「不准進入」的牌子上畫滿幫派的塗鴉，旁邊還有警車伺機而動。造成聖塔安娜中學與特洛伊中學南轅北轍的原因在於社會環境，而不是學校的硬體。

蘇菲亞：每天上學都很恐怖。有同學會帶著槍到學校。
羅　拉：她（蘇菲亞）上學的時候真的看到有人被殺。
蘇菲亞：就在那條街的另一面，遭人殺害的學生就站在那，幾個混混走到他前面，然後問：「你打哪來？」他沒有回答，然後他們就對他開了一槍，丟下他不管。

羅　拉：招牌上還看得到子彈留下的彈孔。

蘇菲亞：小孩會當著老師的面互嗆，開始打架，想要殺了對方。有個女兒威脅要1-8-7我。（1-8-7是幫派用語，意指「殺死」）

羅　拉：我覺得最壞的人是班上一個混幫派的毒蟲。有一天，不知道為什麼他坐在我後面，突然扯我的頭髮，把我往後拉，恐嚇我如果不把身上的錢給他，就要殺了我。後來他放我走，然後大笑一聲。但是，他老是說自己的置物櫃裡有槍，我不清楚這是真還是假。

蘇菲亞：有好幾次，班上的男孩互看不順眼，一言不合就打了起來，看到這實在非常恐怖。女孩也一樣，她們很兇，無緣無故就可以出手打架。

我們問：「學校一天的生活是什麼樣子？」兩個女孩毫不思索地你一言我一語回答：

看到很多人打架，學生上課時會丟東西，對老師沒有禮貌，小孩子互相對罵、爭吵，真的很沒教養。非常沒有禮貌。上課時學生常常會吃搖頭丸或是喝摻了伏特加的運動飲料。

在這種情況下，老師與行政人員表現出事不關己或不願幫助學生的樣子，也就不足為奇了。課堂上的教學與學習並不是老師優先的工作。我們問：「學業在你們學校代表什麼？」

羅拉：什麼也不是。
蘇菲亞：（大笑！）什麼是「學業」？
羅　拉：國中的時候，如果一切都很好，那老師就會很在意學業。
蘇菲亞：中學裡的老師根本不在意。
羅　拉：老師甚至會直接說自己待在學校只是為了一份薪水而已。
蘇菲亞：就只是來學校，只是負責照顧小孩。
羅　拉：沒錯，他們就是來照顧小孩，根本不在乎我們是否學到東西。[11]

蘇菲亞憶及有一次自己因為上課講話而必須週六留校，但老師並不處罰她而是叫她幫忙照顧老師的小孩。羅拉記得的則是學校另一次粗心大意的安排。因為蘇菲亞是拉丁裔，因此學校直接認定她講的是西班牙語，把她安排到以西班牙語為母語的班級。整年下來，蘇菲亞就像鴨子聽雷，不論是課堂練習、閱讀、作業或其他考試都沒辦法進入狀況，只能坐在教室看著窗外發呆。當羅拉跑去學校點出學校的錯誤時，校方竟然說分班已定，無法更改，她只能留在那個班，而由學校提供補救的課程，只不過要早上六點上課。

不久之後，羅拉充當蘇菲亞的監護人，向學校的數學老師詢問蘇菲亞在課堂上的表現，並建議他可以指定一些作業讓蘇菲亞做，以便她趕上其他同學，結果老師居然說蘇菲亞有點「自暴自棄」，他不會再出作業讓她做，「因為她根本不打算要寫」。就連學校的輔導老師也不怎麼關心她，羅拉說：「他們人雖然在，心卻不在，輔導老師根本就不想幫她。」

兩人都認為資優班的學生在聖塔安娜中學是個獨立、神祕的特權階級。羅拉說：「資優班的學生獨自留下來自修，成績優異的好學生都讓好老師教。」由於沒有輔導老師或家長的幫助，也沒有一般大人的理解能力，他們根本就不知道資優班學生的選拔標準為何。當我們逼她解釋時，她只好回說：「如果你很聰明……」講到這卻又察覺到蘇菲亞就算很聰明也沒有辦法擠進資優班，所以改口說：「事實上她在初中與小學的時候，真的很聰明，是個好學生，但是一到高中，情況就完全改觀。」參加SAT考試也只是資優班學生的事，羅拉說：「只有聰明的小孩知道SAT是什麼，而我之所以知道完全是因為我有些朋友要考，除此之外，沒有人會提到SAT。」

在聖塔安娜中學的時候，羅拉與蘇菲亞都不曾參加過任何課外活動與社團活動。羅拉試著加入讀書會，但負責的老師拒絕讓她參加，說她的閱讀能力不夠好。蘇菲亞想要加入排球隊，但也遭到拒絕，因為她不是成績A或B的學生。

當蘇菲亞在聖塔安娜中學課業跟不上的時候，曾經尋求老師與輔導老師幫忙，但到頭來卻是白費心力。她跟老師抗議：「你們這些人一點都沒有用，根本幫不上忙。為什麼你們還把我留在這？」蘇菲亞的繼祖父對於學校的行政人員非常不滿（或許是受到行政人員的施壓），所以羅拉試著介入。（繼祖父跟我們說，當他在一九五〇年代讀書的時候，所有父母親都會參加學校的活動，但是現在的父母對這些活動興趣缺缺。「他們寧可讓其他人參加，但根本沒有人要去。」）蘇菲亞要求讓妹妹轉到專門為普通中學裡功課落後的學生所設置的進修學校，只是同樣被學校拒絕。「他們說自己也愛莫能助，」羅拉說，「學校基本上只想收她的錢，因為學校只想從每個學生身上賺到錢，他們根本就不在乎她跟不跟得上。」

有鑑於此，姊妹倆轉而跟學區辦公室投訴，並且獲得善意的回應。蘇菲亞升上高二時轉到進修學校，適應良好。她們倆解釋說，一般而言「進修學校的學生是普通學校不要的小孩，是帶腳鍊的問題學生，大部分的人根本不想來這邊讀書」。但是，蘇菲亞是「其中的幸運兒，她確實表現得不錯」。

蘇菲亞大部分的時間都在家自學，不過每個禮拜會到學校一至兩次。基本上，她追求的是一種引導式的學習，而且相當成功，因為她再也不會像在聖塔安娜中學那樣無法專心，也不再受人欺負，進修學校的教職員也都很有責任感。羅拉說：「她的老師非常棒！真的會花時間幫助她。」蘇菲亞也同意姊姊的說法：「沒錯，嘿，她真的很棒，還會送我書以及書套。」不僅如此，當蘇菲亞遇到數學的瓶頸時，學校還會安排老師教她。羅拉對此相當吃驚，她說：「他們真的派老師教她。」

雖然學校不大，但蘇菲亞在新環境卻是如魚得水。在學校職員的鼓勵之下，加上她天生的聰明才智與積極態度，她通過「加州中學畢業考」（KC，California High School Exit Examination, CAHSEE，發音就是KC）。接著進修學校的升學輔導老師幫助她進入一所本地的社區大學，更神奇的是，居然有人贊助她學費。過去幾年來，這對姊妹一直都在醫院擔任志工，幫忙照顧愛滋病患。根據她們的說法，這項計畫的主要贊助者之一聽到蘇菲亞的故事，就決定替她支付社區大學的學雜費，為她排除任何影響她進一步升學的經濟阻礙。

蘇菲亞在社區大學的成績不錯，她將來想當老師。但是，姊妹倆的故事還沒有像童話故事般有個美好的結局。羅拉與蘇菲亞一直以來都只能靠自己摸索整個教育體系，得不到學校或家人的引導，也不像那些家世背景好的小孩那麼熟悉制度，對她們而言，所有事情都沒個標準。比方說，蘇菲亞就不是很清楚自己的學校是否有教師培訓的學程，甚至學校採用的是兩年或四年的學制她也不清楚。羅拉說蘇菲亞的學校招了太多學生，這意味她一直都無法選到自己所需的課程，卻要去上一些無關緊要的課。她課餘的時間都在熱狗店打工，她還是希望自己最後可以順利從社區大學畢業。

羅拉對自己則沒有如此大的期待。她因為忙著照顧蘇菲亞而身心俱疲，無暇兼顧學業，高二的時候就決定從聖塔安娜休學。她這樣做是因為有位老師建議她可以在社區大學取得中學同等學歷（GED），但後來證明這項建議根本就是錯的。最後，她雖然取得中學學歷，但是這些經驗讓她對教育感到失望，決定不再繼續升學。她目前在一家平價連鎖服飾店工作，但是她並不喜歡這份職業，而是將所有希望寄託在蘇菲亞身上。她說：「我要蘇菲亞表現得比全家所有人都好，我們全家人都一事無成。」

蘇菲亞也有同感。她說：「沒錯，我們全家人一事無成，沒有一個人進海軍，也沒有一個人當陸軍，沒有人大學畢業，也沒有人當上醫生、警察或任何像樣的職業，每一個人都是輸家。」

蘇菲亞想要超越自己的家人。當我們問她想要做什麼，她的答案很簡單：「我要成功，沒錯，要成功。」

卡拉洛與橘郡其他的拉丁人

由於卡拉洛的工作和拉丁裔低收入戶的小孩有關，因此她對於自己小孩以及聖塔安娜中學小孩之間的教育經驗差異有獨到的觀察，根據她的整理，兩者之間的對比簡單如下：

去到聖塔安娜的市區，你會發現居民大多是西班牙裔、低收入的家庭，而沒有任何資源。這些小孩很多來自只講西班牙語的家庭，他們的父母就算有讀書，頂多也只有四、五年級的程度。有些學生的父母從來沒上學過，卻還是相當成功，就像我們夫妻倆、還有我們的父母皆是如此，但是這樣的人少之又少。大約有七〇％、八〇％的人最後都一事無成。他們最後只好從軍或念職業學校，或是讀專科學校。他們常常因為氣餒半途而廢，因為要有錢才能生存下來。

（比較家長對學校的貢獻），很不幸，你會發現有很大的落差，因為聖塔安娜家長賺的錢只夠付房租與水電瓦斯，根本沒辦法再捐款。他們擁有的機會不如我們，找不到工作，也過得很糟糕。他們分租一間房子，三、四個家庭擠在同一間屋子裡。

當地學校的老師基本上是在管理學生的品行，而不是照顧他們的學業。這些小孩在課堂上很愛搗蛋，非常懶散，還會嗑藥或者是打架。所以說課業？你在開玩笑吧？他們寧可去狂歡。

這對學校老師是一大挑戰，因為大部分的學生根本還沒準備好上中學。他們的閱讀能力差不多只有三、四年級的程度，不過他們還是進入中學就讀，所以完全不會讀書，沒有組織能力，也不知道要努力讀書，對於課業更是毫無責任感可言。我不認為這只是學生的問題，而應該是許多因素加總的結果。他們的家長不會說英文，所以對於小孩的功課也愛莫能助。

由於輔導老師無法拯救那些苦苦掙扎的小孩，所以這些小孩非常辛苦。我曾經問一個擔任副校長的合作對象：「為什麼你們要鼓勵那些已經當掉好幾科的同學來讀書？你們是故意要看他們不及格，而他們最後當然也都會休學。如果你老是不及格，覺得自己難以勝任，誰還要來學校呢？」當然，他們的自尊心會愈來愈低，漸漸擡不起頭來，因為他們覺得在社會與學校都沒有存在感。這些就是成績落後的小孩，他們只能去上進修學校。他們（學校輔導老師）或許可以讓他們入學（進修學校）就讀，當作他們畢業了。但是這些學生顯然還需要補救。他們的智商未必比一般人差。我認為這只是環境與經濟因素造成他們不受重視，這些小孩在整個生涯都會表現得很差，而不單單只是課業方面。

雖然卡拉洛本身是拉丁裔的「虎媽」，她全心全意投入，努力提升自己小孩未來的機會，但是她對於橘郡另一種拉丁青年的困境，也就是出身貧困家庭與混亂社區的小孩，還是相當敏銳。她不像美國現在許多有錢人，反而比較像是半個世紀前的有錢人，她把從聖塔安娜這種地方來的小孩都當成「我們的孩子」。

某種程度來說，特洛伊與聖塔安娜代表美國中學的兩種極端，而非常態。[12]兩者明顯的對比讓我們進一步意識到今日富裕社區的學校與貧困社區的學校之間有許多反差，但是藉著檢視更有系統且全國性的證據，我們可以更準確掌握這些學校在全美各地的差異。

學校：你的同學是誰很關鍵

本章的核心提問是：現在美國的學校到底是**擴大**富有小孩與貧窮小孩之間的差距，還是**縮小**兩者的差距，或者對兩者的差異影響不大？伊莎貝拉與蘇菲亞顯然來自不同家庭，她們就讀的學校也天差地遠，但是學校是加強還是減低她們現在的差異呢？講得更細一些，如果學校對於階級的分歧有所影響，那它們是造成階級差異的**原因**，或只是表現階級差異的**場所**（sites）呢？眾多經驗研究都針對美國當代的學校體系提出看法，對於學校如何延續、縮小或者加深階級差異，這些研究可以告訴我們什麼呢？這類問題並不容易回答，但卻都極具啟發性。

美國公立教育體系的建立是要讓所有小孩，不論出身背景為何，都有機會翻身改變自己的命運。這套教育體系在過去兩個世紀以來，歷經三次的擴張與轉變，而每一次改變的核心目標都是希望讓每個人有公平競爭的機會。

- 一八四〇到一八五〇年代之間的公立學校運動（Common School movement），最後帶來一套近乎全民普及的免費小學教育體系。美國第一位教育改革大師以及公立學校運動之父曼恩（Horace Mann）公開表示：「教育，超越人類出身的各種機制，乃是彌平人類處境最重要的工具。」[13]

- 一九一〇到一九四〇年的全面性中學運動（High School movement）。最後則帶來一套近乎全民普及的公立中學教育體系。經濟學家高汀與卡茲率先研究這段發展，他們認為這場運動乃是美國二十世紀推動經濟成長與社會經濟平等背後石破天驚的力量。[14]
- 公地贈與學院運動（Land-Grant College movement）。這場運動始於一八六二年與一八九〇年的《毛銳爾法案》（*Morrill Acts*），然後就是一九四〇與一九五〇年代的美國《軍人權利法案》（*G.I. Bill*），這些運動奠定了美國民眾高等教育的基礎。《毛銳爾法案》的目的是「高等教育的民主化」，而《軍人權利法案》基本上是提供二次世界大戰與韓戰八百萬名解甲軍人免費的大學教育，這些人大部分來自不同社經背景，這項法案大大擴增了進入學院與大學的管道。[15]

這些運動除了創造平等的機會之外，還有更重要的目標，像是提升國家經濟生產力，並鞏固民主的公民權利。[16]此外，儘管這些運動都宣稱帶著平等主義，但是南北戰爭之前的改革基本上都排除了黑人。總而言之，如果學校無法縮小孩童間的階級差距，大多數的教育改革者會相當失望，但如果學校擴大了這些差距，基本上所有人都會大驚失色。

另一方面，伊莎貝拉、羅拉與蘇菲亞的經驗，似乎不符合平等主義者的期待。那麼現有證據是否能告訴我們當今美國社會階級與學校之間的關係？

讓我們從考試成績以及幼稚園到十二年級的K-12義務教育開始談起。史丹佛大學社會學家雷爾登（Sean Reardon）的指標性研究指出，過去幾十年來，美國不同階級小孩的數學與閱讀測驗成績差距不斷擴大。事實上，雷爾登的圖表與本書以不同指標測量階級差距所得出的剪刀圖根本如出一轍。作者簡述自己的主要發現：「二〇〇一年出生的小孩相較於二十五年前出生的小孩，在高所得與低所得家庭之間小孩的成就差距，大約拉開三〇%到四〇%。」[17]

大致上，這個差距代表出身於高所得家庭的小孩，在學校讀書的時間會比低所得家庭的小孩多上幾年。不僅如此，種族**內部**的階級差距也不斷擴大，而種族**之間**的差距則是不斷縮小（這跟我們之前在其他指標所看到趨勢一樣，例如非婚生子女比例的階級差距）。到了二十一世紀初，進入幼稚園就讀的階級差距要比種族差距還要大上二至三倍。

雷爾登的研究發現令人沮喪，幾乎完全符合其他研究兒童發展所見的階級趨勢，其中也包括非認知的評量（non-cognitive measure）。他的發現非常重要，因為學業成就（以考試成績測量）是造成之後各方面階級差距的主要因素，例如大學畢業率、是否入監以及成年收入的差異。[18]令人訝異的是，雷爾登的分析也指出學校本身並不會製造機會的差距：他說小孩子的落差在進入幼稚園讀書時就已經非常明顯，並未因為進入學校讀書而明顯擴大。經濟學家海克曼（James Heckman）檢視相關證據之後說：「根據母親的教育程度，我們觀察十八歲學生在認知能力上的分數落差（這是判斷小孩是否會進大學的強力指標），發現這些落差基本上在孩子六歲進入學校讀書時就已經浮現。儘管美國的學校教育不太平等，但是對於縮小或擴大學生考試成績的差距，學校並沒有太大的影響。」[19]

其他研究的發現也進一步強化此觀點，亦即學校本身不至於造成機會落差的惡化。舉例來說，小學生在暑假不用上學期間，考試成績的差距會急速拉開，但是秋天開學後，彼此的差距又逐漸穩定下來。雖然社會經濟地位頂層與底部的學校在品質與資源上並不平等，可是一旦我們把非學校因素納入考慮，例如家庭結構、經濟穩定度、父母婚姻，甚至是看電視的時間，學校的品質與資源對於小孩子考試成績、認知能力測驗以及其他社會情緒技巧的階級差距，比較起來，影響並不顯著。[20]

我們在本德鎮、亞特蘭大與橘郡的故事，常常可以看到學校的教職員主動伸出援手，幫助貧窮的小孩，創造公平的競爭環境。還記得喬伊的小學老師嗎？她會利用自己午休的時間教他閱讀；卡拉洛與弗蘭西斯柯的老師會帶著這對雙胞胎到迪士尼樂園與納氏草莓樂園玩；凱拉的學校輔導老師居然還帶她去裝牙套，而圖書館員則是幫助她申請到獎學金；蜜雪兒的特教老師則是隨時在旁，幫助她克服學習障礙；羅拉一年級的老師賈西雅太太則是又「酷」又「關心」她，而進修學校那些「一級棒」的職員則是協助她順利從中學畢業並一路進入大學。反之，聖塔安娜中學的職員幾乎很少主動幫助貧窮的小孩。

事實上，不論是量化或是質化的證據，似乎都認為學校不需要為階級落差的擴大承擔任何責任，還認為學校應該有助於創造公平的競爭環境，正如美國教育改革派所期待的那樣。但是，這個「但是」非常巨大，我們無法否認美國富裕與貧窮人家現在就讀的學校根本就天差地遠，因此似乎很難說學校是一個無辜的旁觀者，對於年輕人階級落差的擴大毫無責任。前面針對特洛伊中學與聖塔安娜中學的比較，就是活生生的例子，說明這兩所學校如何因階級而異。這種情況影響很大，數據資料一直都顯示有錢人家跟貧窮人家就讀的學校，在學業表現上有非常明顯的差異。

所以到底發生了什麼事？

第一個原因基本上就是居住分隔。一如柯林頓港、本德鎮、亞特蘭大與橘郡的情況，富有人家與貧窮人家逐漸住在分隔的社區。[21]雖然每個小孩未必都在父母住的地方上學，但大部分的小孩依然如此。所以過去三、四十年來，居住分隔的情況已導致高所得與低所得學生分流到不同的學校。[22]

諷刺的是，學校的品質竟然有助於解釋居住分隔愈來愈明顯的現象，因為現在大部分的父母決定居住地點時，都會在意所屬的學區。即使家長本身教育程度不高也是如此，就像我們在亞特蘭大工人階級母親史蒂芬妮身上看到的故事。然而，不論父母的族群背景為何，只要是教育程度比較好的家長都會費盡心力替小孩找出最好的學校，然後搬到那個學區，例如亞特蘭大的西蒙妮與橘郡的卡拉洛。西蒙妮與卡拉洛都在小孩學齡前，就開始多方比較考察各所學校，而且也都為了讓孩子就讀優質的中學而選擇落腳在目前居住的地方。

一般而言，上層階級的父母對學校品質的瞭解，勝過下層階級的父母[23]，也比較買得起好學區的房子。布魯金斯研究中心（Brookings Institution）羅思韋爾（Jonathan Rothwell）的研究發現，相同等級的房子，靠近考試成績比較好的公立學校，會比靠近成績比較差的學校，貴上二十萬美金。[24]其他研究也顯示，當民眾競相出高價入手優質學區的房子，他們真正買的是住著許多有錢人、家長文化程度高的區域，而不是為了學校老師的品質、班級人數多寡，以及每位學生的經費而來，這也意味著家長們相信學生父母的投入對於學校品質的影響，要比學校自身的投入還要重要。[25]（當我們一家人幾年前搬到波士頓想要找個有好學校的社區時，我太太使用「牙套指數」，也就是看鎮上有多少小孩戴牙套，這是測量家長與所得的合理指標，也可以由此看出學校的品質。）這個過程把許多天之驕子集中在同一所學校，例如特洛伊中學，也把許多貧窮的小孩集中在另一所學校，像是聖塔安娜中學。

學校的影響應該來自其他更重要的因素，「選校」在目前頂多稍微影響了階級落差。這使得愈來愈多的學生（大約十五％）就讀父母精挑細選的學校，而不是根據所住的地區來挑選學校。但是，家長選擇學校時往往受限於對學校的瞭解程度、通勤以及小孩照顧等條件，這在低所得的家庭更是明顯。[26]比方說，本書所關注的幾位出身貧困的小孩，他們對於選校基本上大同小異，因為家長根本不懂，無法幫助他們做更好的選擇。

不論家庭背景為何，如果孩子在學校的同學都來自富裕、父母教育程度較好的家庭，他們的表現通常會比較好。這似乎是已開發國家的普遍現象。[27]首先證明此事的社會學家柯爾曼（James Coleman）指出：「不論小孩各自的社會背景為何，相較於學校的影響，學生群體的社會構成（social composition）與小孩的成就關連性更高。」這條規則不只適用於考試成績、畢業率、大學入學率等指標，一旦我們控制小孩的家庭背景以及考試分數等變數，學生的組成也會影響到成年後的收入。

歐菲德（Gary Orfield）與伊頓（Susan Eaton）指出，貧窮小孩在高所得家庭孩子組成的學校，表現會比較好，這乃是「教育研究中最一致的發現之一」。事實上，有些研究還指出，中學時的學習效果和**同學家庭背景**的相關性，還比跟**自己家庭背景**的相關性更高。[28]

請你在心裡做個實驗：想想如果蘇菲亞（具有「天賦」與「才能」，還有閱讀字典的早熟能力）能夠神奇地轉到特洛伊中學，而伊莎貝拉則是遭人惡意地分配到聖塔安娜這樣的中學。大概很難想像兩個人的成就會絲毫不受影響。事實上，如果你還記得，當卡拉洛與理卡多決定從洛杉磯的舊社區搬到富爾頓，正好做了一場這樣的實驗。但是，為什麼一間學校的社會經濟組成對於學生有如此強大的影響呢？[29]

許多人（包括專家與一般百姓）第一個想到的解釋是學校的財政：富裕地區的學校，因為主要經費來自地方的財產稅，所以負擔得起更多好老師、職員、更好的計畫與硬體設施。但是，事實上學校的財政可能不是造成階級落差擴大的主要因素。比方說，大部分的研究者早就發現，學校的財政（每名學生的經費、教師薪水）並不是影響學校未來表現的重要指標。[30]不僅如此，過去三十年來，儘管階級落差快速擴大，但許多州的地方財產稅占學校預算的比例是愈來愈少，部分原因是這些州的法院判決要求各學區的預算應該平等。

在有錢學校教書的老師，薪水的確稍微高一點，但這反映出來的可能是比較資深的老師，往往會因為其他非經濟的理由，從窮人、少數族群較多的學校轉到現在的學校任教。[31]不僅如此，師生比或是輔導老師與學生的比例，基本上在比較貧窮的學校也是比較好。[32]針對這一點，我們在表4.1對於特洛伊與聖塔安娜中學的比較，精準反映出這項全國趨勢：學校行政因素的差異似乎太過微不足道，根本無法解釋學生表現的巨大落差。

可以肯定的是，如果我們用更高的薪水聘用更多更好的老師，讓他們在窮人比較多的學校教書，這應該是縮小階級差距的良方。在窮人學校教書的老師，一如我們在聖塔安娜中學看到的情況，勢必面對學生品行不良、語言能力不佳、學業能力不足以及從學校外頭帶來的各種問題，由於這些問題太多，以至於需要投資更多資源才能為學生打造公平的競爭環境。儘管如此，我們還是沒有足夠的證據說明低所得與高所得學校之間日漸擴大的表現差距，是源於公共資源分配的不均。

針對我們的疑惑還有許多合理的猜測，例如學生一起帶進學校的各種東西，正面的部分像是家長在學業上的鼓勵、私人「額外經費」的贊助，而負面部分則包括犯罪、毒品與混亂。我們之前對於聖塔安娜與特洛伊中學所做的對比，就可以清楚看到這些因素在起作用。[33]因此，你的同學是誰，真的至關重大。

首先，家中比較富裕、父母教育程度比較高的小孩，會把父母帶進學校。基本上，各項研究都顯示，那些有錢、教育程度比較高的家長比起貧窮、教育程度比較低的家長，更會親身參與小孩的學校事務。我們的故事清楚說明這項事實。厄爾說：「我們夫妻一個禮拜對小孩學校提出的問題，比起我父母在我整個中學四年還多。」西蒙妮多年來一直擔任紐澤西與亞特蘭大家長教師聯誼會（PTA）的會長；卡拉洛不只到班上擔任志工，也主動認識學校的職員。沒那麼富裕的家長也想參與小孩學校的事務，但他們可能因為要上班（亞特蘭大的史蒂芬妮）、文化障礙（聖塔安娜羅拉的繼祖父）、以及本身教育程度不高（本德鎮的喬伊）等因素，而無法全心參與。所以家長參與學校事務的階級落差擴大，並不是因為缺少參與的動機，而是因為經濟與文化上的阻礙，雖然羅拉的繼祖父認為近年來比較貧窮的家長對學校愈來愈漠不關心。但是，比起低所得的學校，富裕地區的學校特色即在於家長參與及支持度往往更大。

家長的參與會帶來諸多影響。不少研究顯示父母的參與，從關切回家功課，到參加家長教師聯誼會的每一件事情，都和小孩良好的學業表現、較佳的情緒掌控能力相關，家長的參與也與學生行為的其他面向有關，例如比較不會嗑藥與喝酒。教育研究者韓德森（Anne Henderson）

與帛拉（Nancy Berla）歸結此類研究得出的趨勢：「一旦家長參與學校的活動，小孩在學校就會更努力，他們就讀的學校也會跟著愈變愈好。」[34]

但是，從相關性到確定因果關係，其實沒那麼簡單。常到學校走動的家長很有可能從小孩嬰兒時期就開始念書給他們聽，所以到底是走訪學校比較重要，還是念書給他們聽重要？或者因果關係有可能相反，是學生在學校的表現影響父母參與的意願？（如果老師很有可能會誇獎你的小孩，那傍晚走一趟學校接小孩放學似乎還滿有吸引力的）。如果沒有控制性實驗，就難以明確建立因果關係，但是大部分的研究者都相信，父母參與學校事務會讓學生有更好的表現，尤其是社會經濟處於弱勢的青少年。

有錢人家的小孩也會把父母的財富帶入學校。我們私底下常聽到，上層階級與下層階級學校之間的「學校募資」，也就是家長與社區的募款，存在明顯對比。這些贊助使得特洛伊中學的課外活動，比起聖塔安娜中學更加豐富。有一些更極端例子，例如在紐約曼哈頓上西城，好幾所公立學校的家長教師聯誼會，每年都可以募得近一百萬美金來支持學校的活動，也使得這些學校被貼上「公私立學校」的標籤，而在加州的希爾斯堡（Hillsborough），每年從家長募得的經費是三百四十五萬美金，大約增加了學校十七％的預算。關於這些模式，我們目前尚無全國證據，但是上述例子還是令人印象深刻。[35]

在上層階級的社區，家長也會要求更嚴格的課程，而這會帶來更多的學習機會，更少的中

圖4.1　高貧窮率的中學提供較少大學先修課程

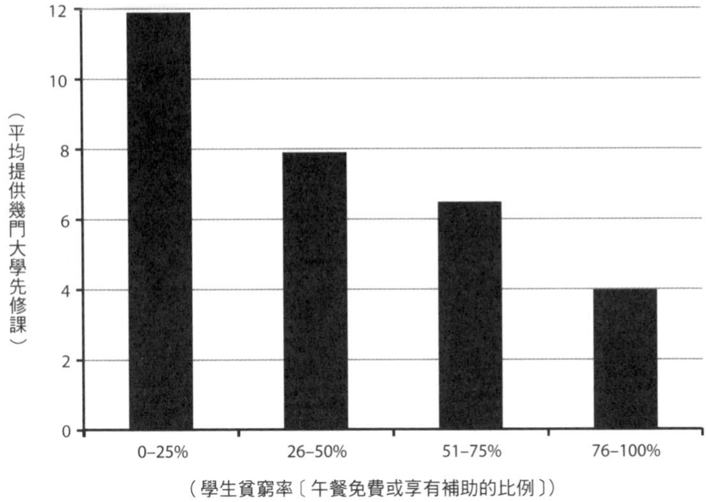

資料來源：Civil Rights Data Collection, U.S. Department of Education, 2009–10 school year.

輟生，也有更多畢業生進入大學。[36]舉例來說，圖4.1是根據二〇一一年全美公立學校的調查所繪製，這張圖顯示，貧窮率低的學校（大致來說就是家長所得在前二五％的學校）所提供的大學先修課程大約是高貧窮率學校的三倍。[37]這個全國趨勢同樣也反映在聖塔安娜與特洛伊中學的對比：特洛伊中學的學生都是書呆子，但是當我們要求蘇菲亞評論聖塔安娜中學的學業表現時，她搗著嘴巴笑說：「什麼是學業？」

同儕壓力對學生的學業表現也扮演關鍵角色。同儕的影響力往往在十五至十八歲時達到高峰，表現在青少年的學業、就學動機、上大學的比例、不良品行、嗑藥、曠課、憂鬱、以及消費行為。由於同儕會散播社會規範、教育價值、甚至是讀書技巧，因此在

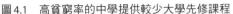

高收入家庭的學校裡，同儕是彼此之間的教育催化劑。高標準與學習動機往往會傳染，而低標準與缺乏學習動機亦然。[38]同儕之間的壓力有助於解釋學生社經背景與學生表現之間的相關性。[39]

但是，有錢小孩的標準及動機從何而來？伊莎貝拉給了我們一個清楚的答案：家長。「（我的父母）不會給我很大壓力，（但）許多同學都有家裡的壓力……如果小孩子的考試成績不如預期，他們就不想回家，因為父母們都在家裡等著看考卷說：『好吧，讓我看看你考幾分。你在搞什麼？』」

所以如果學生的家長大部分教育程度都很高且對教育充滿企圖心，最終的結果是同儕壓力（也就是伊莎貝拉與同學所感受到的「壓力」與「競爭」）會強化從家庭而來的成就動機的整體效果。反之，如果在聖塔安娜中學這種學校，不論家長對小孩的期待為何，同儕營造的環境則會降低每位學生的學習動機。

所以，學校裡的學生如果來自有錢人家與富裕社區，他們帶到學校的資源往往會提升該校所有學生的表現。但是，反過來說也是如此：小孩從貧窮人家與貧困社區帶來的混亂及暴力，也往往會降低學校所有學生的成績。這正是我們在聖塔安娜中學看到的現象，由於學生在課堂裡都在叫嚣打罵，老師就只能充當學生的褓母。

相較於低度貧窮的學校，高度貧窮學校的學生行為不檢、曠課、異常以及輟學的比例較高，而學生英文能力優良的比例則較低，這反映出來的正是貧窮社區的情況。[40] 如我們在聖塔安娜中學所見，上述特性對這些學校的**每個學生都會產生**不良影響，不論他們個人是否行為不檢、曠課不守規矩、輟學與非以英文為母語，情況都是如此。比方說，一份詳細的研究發現，如果班上有學生曾經遭到家庭暴力，這會降低**其他學生**的學習成就，在高度貧窮的學校更是如此。[41]

同樣的，這裡也看得到近年來階級鴻溝不斷擴大的現象，並且再次畫出我們所熟悉的剪刀差圖形。一九九五到二〇〇五年間，郊區學校的校園霸凌大約減少了六〇%，但是都會區的學校只減少四三%。不令人意外的是，在學生犯罪率高的中學，學生的畢業率明顯偏低，因為這種犯罪的傾向會影響班級風氣與老師投入的程度」，「儘管整體而言學校裡的犯罪與學生恐懼減少了，但種族與社會階級在教育經驗上的不平等卻是逐漸增加，因為上述犯罪與恐懼的減少相對集中在郊區與私立學校。」犯罪學家柯爾克（David Kirk）與山普森（Robert Sampson）的結論指出。[42]

幫派多半是一種都會現象，而幫派活動對於學校裡的犯罪與學生的恐懼有顯著影響。都會區的中學，大約有四分之一的學生曾經看過幫派活動，而四分之一的學校每年有二十起以上的暴力事件。[43] 大部分事件發生之後並未到警局報案，但如圖4.2所顯示，在高度貧窮的中學裡，停學處分大約是低度貧窮中學的二．五倍，而我們在表4.1比較特洛伊與聖塔安娜中學的停學處分時，也看到這種差距的極端現象。至於違紀問題在小學與國中階段更是明顯集中在貧窮學

圖4.2　高度貧窮的中學有更多違紀問題

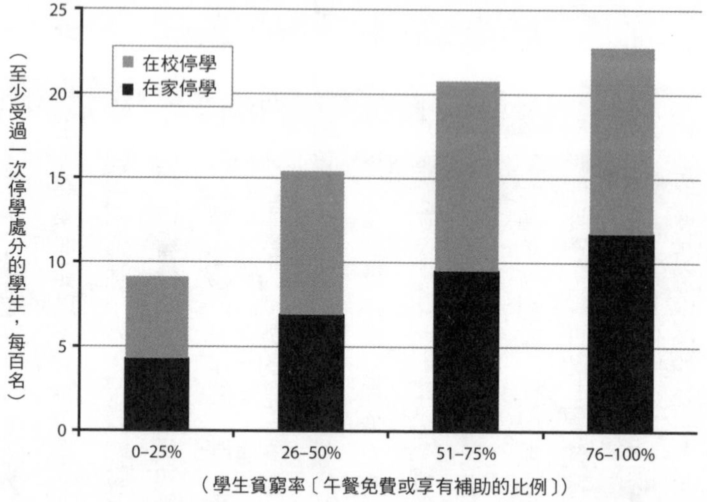

資料來源：Civil Rights Data Collection, U.S. Department of Education, 2009–10 school year.

校，雖然學校很少對年紀這麼小的學生採取停學處分。[44]

其他研究也發現，弱勢學生集中的結果就是「在高度貧窮的班級裡，學生的學業、注意力與行為問題，大約是低度貧窮班級的四倍」。[45]這樣的學校氛圍，正是蘇菲亞與羅拉向我們說的那種恐怖情節：這種氛圍會破壞教室管理、學生學習、以及老師的士氣，也會使老師在有其他選擇的情況下，降低留在這種學校繼續服務的機率。

最近一份針對加州各中學老師每天在教室的活動所進行的研究，生動地描繪出高度貧窮學校與低度貧窮學校在學習環境上的差異。[46]在高度貧窮的學校中，來自學校外頭的壓力比較有可能侵入班級。研究中列出十個「壓力來源」，每一項在高度貧窮學校的發生機率都要比低度貧窮學校高出二至三倍，像是學生吃不飽、居無定所、經濟問題、欠缺醫療與牙齒的照顧、需要照顧家人、其他家庭與搬家的問題、社區暴力、安全疑慮等。如此一來，即使老師在高度貧窮與低度貧窮學校名義上的授課時數相同，但是老師每週在高度貧窮學校的實際平均授課時數，大約會少三．五個小時，一整年下來因為這些學校頻頻出現老師缺席、學校緊急停課或是其他挑戰，實際授課時間大約少了兩個多禮拜。高度貧窮學校與低度貧窮學校表面上獲得的資源相同，但是高度貧窮學校所面臨的環境挑戰，造成它們比較無法給予學生良好的教學品質，而這正是我們在比較聖塔安娜與特洛伊中學時所看到的反差。

蘇菲亞與羅拉從學生的觀點描述了教室裡的氣氛，但這也可以讓我們一窺聖塔安娜中學老師的處境。「學生帶著槍來學校上課，很多人都會打架，上課時互丟東西，不把老師當一回事，還會羞辱老師，要他們閉嘴，然後開始吵架，真的很沒教養，也非常沒有禮貌。」我們無法跟聖塔安娜中學的教職員聊天，但可以想見他們眼中的聖塔安娜中學是何種模樣。

如果你是個聰明、樂觀的年輕老師，每天到學校都像上戰場。理想可能會讓你撐過一、二年，但是如果有機會轉去沒那麼混亂、學生願意聽課的學校教書，你絕對會抓緊機會離開。所以，這些學校的教師流動率非常高，每年也都進來許多菜鳥老師。不僅如此，不少留下來的老師都只是在耗時間，對於混亂已經司空見慣，就算只是當學生的褓母也無所謂，他們冷嘲熱諷地說，在這裡只是因為「混口飯吃」，甚至提不起勁去幫助有心讀書的學生，一心認定自己的學生都很「可悲」，更不假思索地認定所有拉丁裔學生都講西班牙語。

令人難過的是，全國資料完全符合這幅圖像，對於學生人生成就影響更大的優秀老師，大部分集中在收入較高、表現較好的學校，而抱持得過且過、能力比較差的老師，則是不成比例地集中在收入較低、表現較差的學校。這種態勢也許主要是受到老師紛紛離職的影響，而不是學區教師分發的結果。簡言之，在低所得的學校，混亂與危險的氣氛造成老師士氣低落與流動頻繁，而這有助於解釋低所得學校為何會使所有學生（不論出身背景與能力為何）的學業成就較差。[47]

另外兩個因素有時也會被拿來解釋美國學校之間逐漸擴大的階級差距，但證據顯示這兩項因素即使有影響，也是微乎其微。

第一個因素是能力分班（tracking），把學生分成大學預科班（college prep）以及非大學預科班，這種分法在過去幾十年相當常見，而且往往讓家庭教育背景比較好的學生稍微占有優勢。但是，在機會鴻溝不斷擴大的時期，家庭背景比較差的小孩進入大學預科班的管道卻也一直增加。能力分班雖然持續為上層階級的小孩帶來些許好處，但仍不足以解釋機會鴻溝的遽增。[48]（誠如圖4.1所示，貧窮學生就讀的學校，能選的大學先修課較少，這對此類學校的教育機會產生很重要的影響。）

第二個因素是私立學校，而此因素對於教育機會鴻溝擴大的影響，或許不如許多人想的那麼大。過去幾十年來，私立中學學生的比例，從正好超過一〇％，降到八％以下。父母是大學學歷的小孩，就讀教會與一般私立學校，加上在家自學的比例，大約是一〇％，這個比例雖然高於父母僅有中學學歷的小孩（大約是五％），但是兩者的差距一直維持不變。私立學校會給富裕學生些許優勢，但是這個優勢在機會鴻溝與成就落差快速擴張的同時，並未有明顯的成長。[49]

課外活動

校園課外活動大約從一百年前興起，屬於進步派教育改革的一環，之後帶動中學運動。改革的理念是透過課外活動把我們現在所謂的「軟技能」（soft skills）散布到各個階級，像是紮實的工作習慣、自律、團隊合作、領袖氣質以及公民參與的意識。但是，如果我們觀察現今各種課外活動的參與情況，從足球、樂隊、法語社到學生報，就可以看到美國教育體系中階級差距逐漸擴大的另一個層面。

參與課外活動的好處一再獲得證實。如我們所見，富裕、教育背景比較好的家長懂得課外活動的好處，因此有意無意中投入愈來愈多的時間及金錢，支持自己的小孩參加課外活動。這就是為什麼本德鎮的厄爾會買一匹馬給女兒露希，還蓋了一座馬廄；亞特蘭大戴斯蒙的母親西蒙妮堅持兒子每一季都要參加一項運動；橘郡伊莎貝拉的母親卡拉洛為了載女兒到處參加課外活動，領了許多張超速罰單。這些人擁有的時間及金錢，窮人根本難以企及，因此他們可以投入這些資源幫助小孩在課外活動中學習有價值的軟技巧。

小孩持續參加課外活動，對於他們在校或畢業後的各項表現，都有很強的正面影響，即使控制家庭背景、認知技巧以及其他可能混淆的變數，效果依然明顯。這些正面的表現包括，學業成績較高、輟學率較低、曠課較少、工作習慣較好、學習動機較高、品行不良的比例較低、自尊心較強、心理韌性較佳、危險行為較少以及公民參與（投票與自願服務）較多、未來薪水較高，而且職業成就較好。[50]比方說，有一項控制變數的研究（controlled study）指出，學生如果持續參與課外活動，上大學的機率要比那些間斷參與課外活動的學生高出七〇%，而且是未曾參與課外活動者的四倍。[51]另一項研究則與我們在橘郡所遇到的學生特別有關，這項研究發現，從低收入拉丁裔學生參與課外活動的情況（從羅拉與蘇菲亞的情況得知這種學生少之又少），可以預測他們的學業成就。[52]

是否擔任課外活動的幹部影響更大，有一份研究發現，曾任社團與校隊幹部的人，未來更有可能取得薪水較高的管理職。[53]另外，針對一九四〇年代俄亥俄州克里夫蘭中學生的一項有趣調查，甚至發現課外活動對於一個人半世紀之後的神經發展有所影響：這份研究在調整智商與教育成就的差異後發現，參加課外活動的學生顯然比未曾參加課外活動的學生，更不容易發生老年癡呆症。[54]數十份研究發現，課外活動對於年輕學生唯一的負面影響就是與過度飲酒呈現正相關（但跟嗑藥無關），不過這一點也不令人驚訝。但是，不論是男學生或女學生，和學業表現優異最有關的課外活動就是運動，這代表四肢發達的人頭腦也不簡單。

當然，上述研究幾乎都不算真正的實驗，只是隨機選出一些小孩參加並且排除其他小孩，所以我們無法完全排除課外活動與成功之間強烈的相關性有可能是某些未測量的變數所導致，例如本身精力的多寡。但從另一方面來看，許多研究是測量同一個人在不同時間的改變，這樣就可以排除個人內在特質長期的影響。當教育法修正案第九條擴大女孩的運動參與之後（這算是一場自然實驗計畫），有份巧妙的研究藉此找出大學出席率對於個人在勞力市場的成就有強烈影響。另一份研究則是比較兄弟姊妹參與課外活動的情況，發現課外活動的參與跟未來薪水高低具有因果關係，還有好幾項實驗研究也確認了這些類似傳統課外活動的計畫，會影響學生未來的發展。[55]

至於課外活動為何對小孩未來有如此深遠的影響？大家對此提出不少解釋，例如這會影響自信、時間運用（idle hands theory）、正面的同儕效應等。其中一項優點是小孩可以透過課外活動，獲得家庭以外成年人的照顧（下一章會進一步討論）：教練與其他提供意見的大人，往往是極為珍貴難得的人生導師，就像柯林頓港傑西的足球教練以及伊莎貝拉的田徑教練。[56]

但是，課外活動最大的好處，似乎還是教育改革者發明課外活動時所期待的效果：軟技巧與人格。威靈頓公爵（Duke of Wellington）再訪伊頓公學（Eton）的校園時說「滑鐵盧之役勝利的關鍵即在於此」，或許他講述這段名言的時候，腦中想的是人格培養而不是軍事技巧。非認知的能力與習慣，例如膽識、團隊精神、領袖氣質與社交能力，顯然都可以在參與課外活動的過程中發展起來。

許多研究者相信軟技巧與課外活動的參與，對於解釋教育成就以及十年之後薪水的高低，跟硬技巧（hard skills）與正規的學校教育一樣重要，甚至控制家庭背景這項因素之後也是如此。這是因為老闆愈來愈重視非認知的特質，例如工作習慣以及跟他人共事的能力，而這些非認知的特質對於弱勢家庭的學生來說，或許還更加重要。[57]

綜合上述，課外活動對向上流動的影響重大。所以，當我們得知各項研究都證實了課外活動的階級落差非常明顯，尤其是能否持續參與各種活動的落差也是如此時，實在令人非常沮喪。貧窮小孩比起較不貧窮的同學，未參加運動也未加入社團的可能性是三倍（三〇％對一〇％），**兩種活動都參加**的可能性也只有一半（二二％對四四％）。[58]

更令人沮喪的是，近十年來不同階級之間課外活動的參與率也呈現出我們所熟悉的剪刀圖。有項研究發現，過去十五年來，出身富裕的年輕人參與校外俱樂部與社團的比例逐漸上升，但貧窮年輕人參與的比例卻不斷下滑。從一九九七到二〇一二年，六歲至十一歲貧窮小孩與非

圖4.3　課外活動參與的階級落差，1972-2004

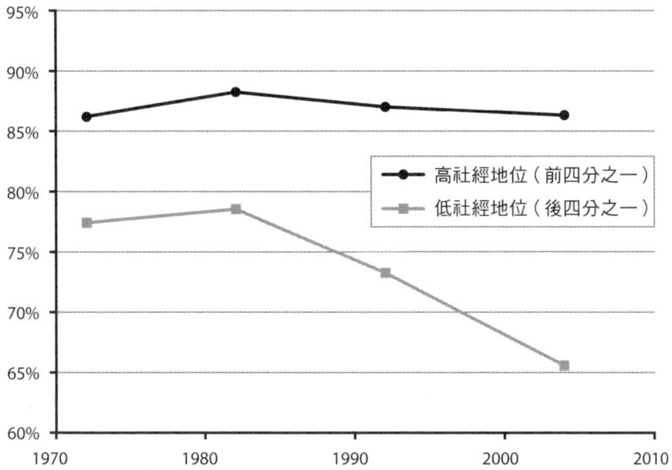

資料來源：National Longitudinal Study of 1972, High School and Beyond (1980), National Education Longitudinal Study of 1988, Education Longitudinal Study of 2002.

貧窮小孩在「課外活動的階級落差」，從十五%上升到二七%，而十二歲到十七歲小孩之間的階級落差，則是從十九%上升到二九%。[59]

我們根據近年來全國的中學調查畫出圖4.3的曲線，曲線顯示課外活動參與的階級差距不斷擴大。同樣的差距也表現在私人的音樂課、舞蹈課、美術課以及擔任運動代表隊隊長的比例。出身富裕人家的十二年級學生，擔任隊長的機率大概是貧窮學生的兩倍，這項差距在過去幾十年來幾乎成長了兩倍。如果每一項分開來看，差距像剪刀圖一樣不斷擴大的型態，幾乎適用於每一種課外活動。最重要的例外是學生自治會，由於富裕學生參與率下滑的速度勝過貧窮的學生，階級落差也逐漸縮小，但是大家不約而同地脫離學生自治會，對於國家的民主來說並非好事。[60]

這些圖確認了我們在個案研究中看到的階級型態是一種全國趨勢。請回想安德魯積極加入學校足球隊並學了六年吉他，戴斯蒙全年參與學校運動以及數年的鋼琴課，伊莎貝拉密集參與運動、舞蹈與鋼琴課。相較於他們精采豐富的課外活動，我們遇到的貧窮家庭小孩，幾乎完全缺乏課外活動的經驗，儘管羅拉試著加入閱讀俱樂部，蘇菲亞想要參加排球隊，卻都徒勞無功。每一位出身優勢家庭的小孩都可以從活動中學到許多軟技巧，這些能力不僅能吸引大學入學的審查人員，也能讓未來的老闆留下深刻的印象。但是，不論貧窮的小孩具備什麼技能，卻沒有任何一個人藉著課外活動快速為自己加分。

什麼因素造成課外活動參與的階級差距不斷擴大？

正如羅拉與蘇菲亞所說的，有些或許是出於學校教職員的主動勸退。教育評論家麥可尼爾（Ralph McNeal）說：「老師與行政人員是課外活動名額的守門員，他們招募自己眼中有才華的學生，並同時排除那些學業表現不及格的學生。」[61]家裡沒有交通工具可能是另外一個理由。然而，整體而言，更重要的因素在於高度貧窮的學校課外活動的選擇較少。

舉例來說，從圖4.4我們看到，在全美國中學裡，有錢人就讀的學校，運動團隊的數量是窮人學校的兩倍，[62]其他研究也顯示課外活動的階級鴻溝，在非運動類的活動上，例如法語社與管樂團，至少也都跟運動團隊的情況一樣明顯。學校提供的課外活動多寡，最終也成為解釋貧

圖4.4　高貧窮學校運動隊伍較少

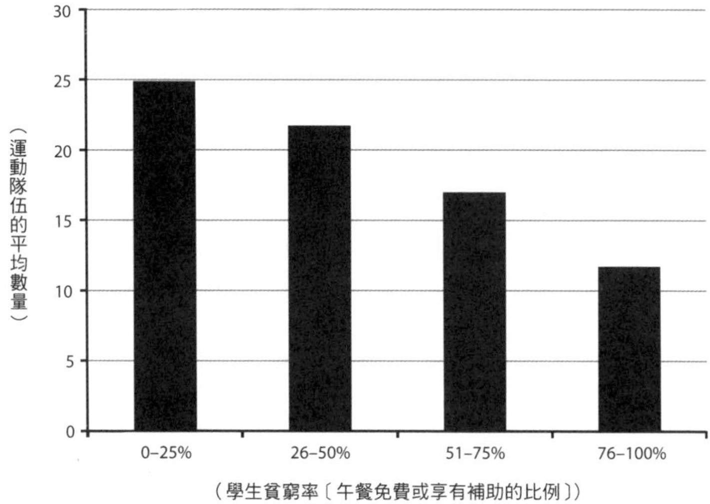

資料來源：Civil Rights Data Collection, U.S. Department of Education（2009–10 school year）

窮學校學業表現較差的一個重要因子。[63]

半個世紀之前，提供課外活動讓每個小孩有機會參與，乃是公立學校對學生、家長與所在社區應負起的重要責任。當時沒有人在談論軟技巧，但是選民與學校的行政人員都瞭解，美式足球、合唱團與辯論社等教導寶貴知識的課程應該對所有小孩開放，不管他們的家庭背景為何。請回想一下一九五〇年代，柯林頓港中學貧窮小孩從事的各式各樣課外活動。

但是，現在由於預算緊縮，考試成績至上，再加上重視學業的「核心能力」，各所學校的董事會決定把課外活動與軟技巧當作可有可無的「雞肋」。不管是富裕或貧窮的學區都能感受到這股壓力，但是由於學生組成背景不同，也因此踏上不同的道路。如圖4.4顯示，有些比較貧窮的學區會減少課外活動，而富裕的學區則是引入私人資源，維持甚至是擴大課外活動的機會。如前文所見，其中一類資源就是針對家長與社區居民所辦的學校募款餐會。雖然這種方式顯然有利於富裕的學區，但是至少在學校內部對有錢與貧窮的學生不會有差別待遇。

然而，危害更大也更普遍的是使用者付費政策的快速擴散，這項政策現在已經強加在全美過半的中學生身上。二〇一〇年的全國調查估計，每位學生平均用在隊費與其他課外活動開銷的金額介於三百至四百美元之間。每年針對中西部六個州的調查顯示，中學裡使用者付費的金額，單單運動一項就翻了一倍，從二〇〇七年的七十五美金漲到二〇一二年的一五〇美金，樂儀隊的平均費用從二〇一〇年的八十五美金漲到二〇一三年的一百美金。即使是在使用者付費遭法院宣告違憲的加州，學校還是透過強制性的「捐款」，迴避相關的規定。[64]有些學校則根據不同的運動收取懸殊的費用，像是在俄亥俄州的佩恩斯維爾（Painesville），越野運動要收五二一美金，美式足球收七八三美金，網球則要收九三三美金！[65]此外，原本由學校負擔但現在必須由家長負擔的裝備費，每一年大約要三五〇美金。[66]

我們尚無確切的全國數據，但是目前合理的估計是，每位學生每年參加一個課外活動的花費是四百美金，因此如果一個家裡有兩個小孩，每人都參加兩種課外活動，一年就要花一千六百美金。如果家長收入在全國排名前二〇％，這筆費用大概占他們整年收入的一％到二％，但是對於收入在後二〇％的家庭來說，同樣的支出大概占整年收入的一〇％（甚至更高）。由此數據看來，貧窮的小孩若可以參與課外活動，才令人訝異。

校方常常反駁說學校會減免清寒學生課外活動的費用，但由於免繳費的學生難免遭受異樣眼光，因此在二〇一二年，全國參加校園運動的學生有六成要付費，其中只有六％獲得校方的豁免，而這其實是意料中的事。開始採用收費制度之前，不論是富裕或貧窮人家的小孩，大約有一半會參加運動，但是開始收費之後，家庭年收入低於六萬以下的小孩，有三分之一的孩童會因為花費提高而放棄參加學校運動（全國家庭年收入中位數是六萬二千美金，因此六萬以下當中有許多都是所謂的中產階級家庭），相較之下，小孩如果來自收入六萬以上的家庭，只有十分之一會放棄參加。在短短數十年間，美國的公立學校已經把課外活動的責任（以及由此帶來培養軟技巧的好處）轉移給家庭，顛覆了實行將近一個世紀的教育政策，而從機會均等的角度來看，其所帶來的結果，也不讓人意外。

但即使是現在的美國，公立學校所提供的課外活動機會，整體來說還是比私人提供的課外活動（像是鋼琴課、足球隊等）公平一些。來自低收入家庭的小孩比較可能參加學校所組織的活動，而比較不可能參加校外組織的活動，例如課後活動、運動隊、音樂課、童軍團。此外，研究人員發現，昂貴的課外活動，例如運動或音樂，比起教會或社區所組織的平價活動，階級差異更大。[67]因此，學校若能提供工人階級小孩一些出了學校就無法參與的課外活動，仍然可以稍微弭平課外活動參與率的階級差距。

在學期間打工是機會鴻溝拉開的另一個因素嗎？[68]專家提醒我們，在這個問題上，不能將兼職以及全職工作混為一談。兼職打工基本上有利於學生將來踏入社會做好準備，而在過去幾十年來，富裕青少年打工的情況是愈來愈普遍。相反的，全職工作很少有長期的好處，就算有也是微乎其微，而且還有可能干擾課外活動。過去四十年來，不論小孩的家庭背景為何，在學期間工作的情況穩定下滑，富裕小孩的下滑情況又稍微快一些，階級差距因此縮小一些。所以，工作並不是造成課外活動參與差距擴大的主要原因。預算的刪減以及學校裡優先順序的改變，或許是課外活動（以及課外活動教導的軟技巧）漸漸變成只有富裕學生才能參與的主要原因。

所以，讓我們回到本章的核心問題：從幼稚園到中學的教育，到底是縮小機會鴻溝，還是讓情況愈來愈糟？

我們的答案是：機會鴻溝更多來自於小孩入學前所經歷的一切，源於學校外頭所發生的事，也受到小孩自己帶入（或沒有帶入）學校的東西所影響，有些人帶來資源，有些人帶來挑戰，這些對於機會鴻溝的影響都大於學校本身。[69]美國現在的公立學校就像是一個回音室（echo chamber），小孩帶進學校的優勢與劣勢，都會影響其他小孩的發展。鄰里之間的階級分隔擴大，造成學校之間的階級分隔也愈來愈大，這就表示中產階級的小孩，例如伊莎貝拉，在學校裡所聽到的基本上是鼓舞人心以及有幫助的回音，而下層階級的小孩，像羅拉與蘇菲亞，她們所聽到的基本上是令人沮喪、有傷害性的回音。

這就表示學校可能是擴大階級差距的**場所**。證據顯示，學校做為一種**組織**，或多或少促成了公平競爭的機會。過去一個多世紀以來，學校所提供的課外活動把重要的機會帶給低收入家庭的小孩，讓他們得以培養軟技巧（這對事業與專業愈來愈重要），因此縮小了階級之間的機會鴻溝。另一方面，相較於一九五〇年代的柯林頓港，那時我所吹的長號、上的長號課，以及美式足球的教學及設備，全部都由學校免費提供，而最近學校的董事會決定放棄自己的歷史責任，也因此造成階級差距愈來愈大。

現代學校做為一種組織，對於機會鴻溝的影響複雜且不明顯，但這並不代表學校改革不能成為解決階級落差的重要元素。反之，即便學校並未造成機會鴻溝的擴大（也沒有太多證據證明學校會造成差距擴大），但學校或許是修補鴻溝的重要地方。關心機會鴻溝的美國人，絕對不能像一般人常犯的錯，把所有問題都推給學校。我們反而應該和學校一起努力，縮小階級之間的落差。學校畢竟是小孩讀書的地方。如我在最後一章所說，我們在全國各地都可以看到各種滿懷希望的改革，在低收入學生就讀的學校裡，這些改革可以提升學校的表現，也能提升這些學校未來的展望，學校雖然不是主要的問題來源，卻是解決問題的一大關鍵。[70]

教育成就的趨勢

由於教育在美國一直是向上流動的主要渠道，隨著現在的學生進入職場，教育成就趨勢（中學畢業、上大學、完成大學學位）變成測量人們當前表現的關鍵指標，對於測量學生未來的成就更是重要。如果中學與大學是小孩階級爬升的重要階梯，介於童年時期家庭所提供的基礎與成年驗收回報之間，近幾年來不同階級的小孩在攀登階梯的表現如何？事實證明，有好消息，也有壞消息。

中學

整體而言，二十世紀美國年輕人中學畢業的比例穩定成長，從二十世紀初的六％，來到一九七〇年代的八〇％，而這也是前述中學運動帶來的成果。[71]如果把中學同等學歷測驗算進來，直到二十世紀最後三十年還不斷增加。不僅如此，過去中學文憑（包括中學同等學歷測驗）的階級差距，隨著弱勢家庭小孩的迎頭趕上，在這幾十年間也逐漸縮小。即使階級差距仍在（家庭社經地位前二〇％的小孩，幾乎都能從中學畢業，但是後二〇％的小孩，則有四分之一沒有中學學歷），截至目前為止，整個趨勢發展似乎頗令人鼓舞。

但是，如果仔細觀察這個發展趨勢也會看到不好的訊息。

第一，弱勢家庭的小孩在一九七〇年之後中學學歷明顯提升，主要是因為拿中學同等學歷證明的人快速增加。事實上，截止二〇一一年為止，同等學歷大約占中學學歷的一二%，而且這些取得同等學歷證明的人，大部分是貧窮家庭的小孩，例如羅拉。不僅如此，最近有許多研究也證明，同等學歷不論是對於繼續念大學，或者是進入勞動市場，其價值都不如正規的中學學歷。事實上，有些研究認為中學同等學歷幾乎就等於中學肄業或沒有中學學歷。許多取得同等學歷的人說，他們最終的目標是大學學位，不過只有極少數人辦得到。因此，過去幾十年來，中學畢業的階級差距逐漸縮小基本上只是一場幻象。[72]

其次，相較於中學輟學，雖然一般中學學歷（不算同等學歷）的價值，在過去幾年來基本上維持穩定，但是比起大學學歷的價值，中學學歷的價值已經快速下滑，因為「大學學歷的報酬」（college premium）迅速成長。從平均薪資來看，大學學歷在一九八〇年時要比一般中學學歷高出五〇%，但是到了二〇〇八年，大學學歷的報酬已經比一般中學學歷高出九五%。[73]由此看來，貧窮家庭出身的小孩從教育所得到的好處，始終是一種雙重幻象，他們一直在一個不斷下滑的電梯中奮力掙扎往上。

大學

過去幾十年來，不同社會經濟背景的學生，大學入學準備（在學業成績方面）以及大學入學率都提高了。但是，大學註冊存在的階級鴻溝則依然延續著，不過實際情況到底是維持或是持續增加，我們還不甚清楚。[74]經濟學家拜利（Martha Bailey）與迪納基（Susan Dynarski）比較一九八〇年與二十年後進入大學就讀的小孩。前面那一個世代，所得分配前五分之一的富裕家庭，五八%的小孩讀了大學，相較之下，最貧窮的後五分之一家庭，只有一九%讀大學。到了二十世紀末，兩種家庭進入大學就讀的比例分別是八〇%與二九%。

雖然貧窮家庭的小孩上大學的比例成長較快，但是因為富裕家庭小孩上大學的比例原本就比較高，所以階級的鴻溝從三九%升到五一%。仔細檢視差距不斷拉大的原因，就可以發現這些原因與我們之前討論過的諸多要素息息相關，像是小學與中學的學業準備、家庭與同儕的支持，以及我們在下一章會檢視的因素，特別是人生導師以及社區的支持。[75]

但是，就算我們將升上大學的比例改變視為好兆頭，也必須注意一些不好的消息。

首先，貧窮小孩進入大學的人數增加，並不表示他們進入傑出學院與大學的人數增加。貧窮小孩上的大學漸漸集中在社區學院，一九七二年的時候，讀大學的貧窮小孩之中，有十四%就讀社區學院，而二〇〇四年的時候是三二%。當然，社區學院的價值在於它是爬出貧窮的階梯，是弱勢家庭小孩的希望，就如同本德鎮的凱拉，亞特蘭大的蜜雪兒與羅倫，橘郡的蘇菲亞。我們在結論時會思索社區學院對於縮小機會鴻溝能有什麼貢獻。

另一方面，對於大部分的小孩來說，社區學院並不是真的可以讓人往上爬的階梯，從教育上來看反而是終點。當學生進入社區大學就讀，八一%的學生說自己打算要取得四年制的學位，但是最後只有十二%真的做到。[76]所以，把社區大學看成常規的四年制大學（也就是我們說大學入學現象的「好兆頭」），其實是種誤解。

如果從進入重點大學這個層面來看，不管怎麼說，這在美國都代表最好的成功機會，最近幾年來，學生在這方面的階級差距確實已經拉大。孩子如果來自收入後四分之一的家庭，最後進入重點學院或大學的比例，一九七二年是四%，而三十年後是五%，但是收入前四分之一的家庭，小孩進入重點大學的比例，在一九七二年與二〇〇二分別是二六%與三六%。到了二〇〇四年，美國「最競爭」的學院與大學，像是艾默里（Emory）、西點軍校（West Point）、波士頓學院（Boston College）與南加大（USC），社會經濟地位前四分之一與最後四分之一的小孩，比例大概是十四比一。[77]這就像是中學學歷，雖然弱勢家庭的小孩已經表現得比幾十年前家庭背景相同的小孩更好，但是優勢家庭的小孩還是拉開了他們領先的距離。

這已經很慘了，卻還有更糟的消息：最近清寒學生就讀大學的人數增加，主要是集中在一些快速擴張的營利型學校，例如鳳凰城大學（University of Phoenix）與卡普蘭學院（Kaplan）。二〇一三年，這類學校招收了十三%的全職大學生，而一九九一年的時候只有二%。這些學校的學生有很大比例來自清寒家庭，同時學生年紀也比較大，而且多為少數族群。拉這些學生一把可以縮小機會鴻溝，亞特蘭大史蒂芬妮的「金童」兒子就具體說明了這種可能性。但是，營利型學校的學費比公立學校貴上兩倍，學生的畢業率、就業率與薪資也比較差。想當然爾，營利型學校的學生背負比較高的債務（特別是政府推出的貸款），也有比較高的貸款違約率。營利型學校雖然在短期的認證課程有比較好的紀錄，但是把這類課程納入大學註冊人數的估計，其實是誇大清寒學生在最近幾年來的進步。[78]

然而，最壞的消息在於大學註冊與大學畢業根本就是兩回事。在三、四十年前，大學畢業的階級落差就已經非常明顯，而且還一直穩定擴大。這帶來的影響很大，因為從各方面來看，完成大學都要比進入大學重要得多，像是工作成就、身體健康、心理健康、壽命、生活滿足感等等。圖4.5預估了過去十四年來的整體圖像。[79]針對影響大學教育最重要的指標，也就是大學畢業率，富裕人家小孩領先的情況愈來愈明顯，這又是一幅令人沮喪的剪刀圖。

從勞力市場來看，讀過大學還是會比沒念過大學吃香。但是，因為經濟成就與社會流動最大的推力來自於擁有大學學歷，因此上層階級的小孩在這場關鍵競賽中再次拉開階級之間的距離。來自低所得家庭的小孩，例如大衛、凱拉、蜜雪兒、羅倫、羅拉與蘇菲亞，更不用說以利亞，每個人都努力想要改善自己的前景，但是不論他們有多聰明，工作有多努力，頂多就只能改善自己在西洋棋盤的角色，而上層階級的小孩卻已遙遙領先玩起立體西洋棋了。

整理一下富裕小孩與貧窮小孩這幾年來在教育階梯上的進展。圖4.6連續十年追蹤了一個世代的小孩，從二〇〇二年十年級開始，一直到二〇一二年大部分的人已經完成最高學歷為止。[80]

圖4.5　大學畢業的階級落差，1970-2011（依家庭所得）

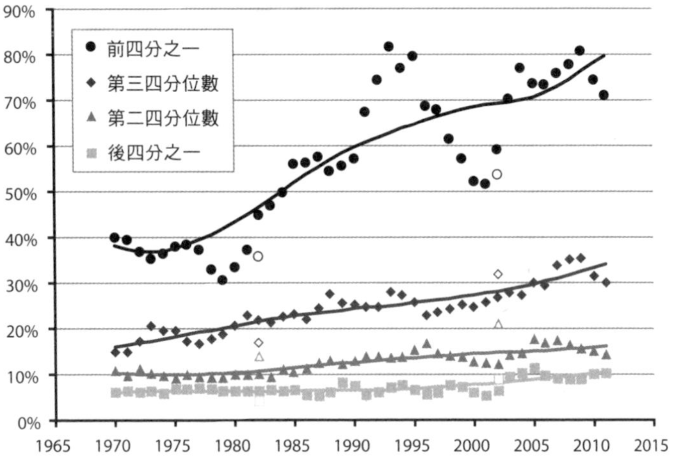

資料來源："Family Income and Unequal Educational Opportunity," *Postsecondary Education Opportunity* 245 (November 2012).

最左邊那兩個長條圖顯示二〇〇二年就讀二年級的同學，大部分在二〇〇四年都順利取得中學畢業證書。家庭社會經濟地位前四分之一的小孩，有九二%的學生順利從中學畢業，而最後四分之一的家庭則有六四%畢業。[81]

圖4.6也顯示中學畢業生大部分都會申請大學，雖然富裕家庭的小孩申請大學的可能性遠大於清寒家庭的小孩（九〇%對五九%）。另一個更嚴重的表象是小孩是否跨過進入大學的門檻。有錢人家的小孩，八九%在中學畢業兩年內進入大學，而貧窮的小孩只有四六%。此外，針對整個世代大學畢業的情況，有錢人家的小孩有五八%順利從大學畢業，而貧窮人家的小孩只有十二%。這就像在貧窮小孩的腳上綁上啞鈴，每往上爬一階，啞鈴的負擔就愈來愈沉重。

圖4.6　爬上教育階級（家庭之間的落差）

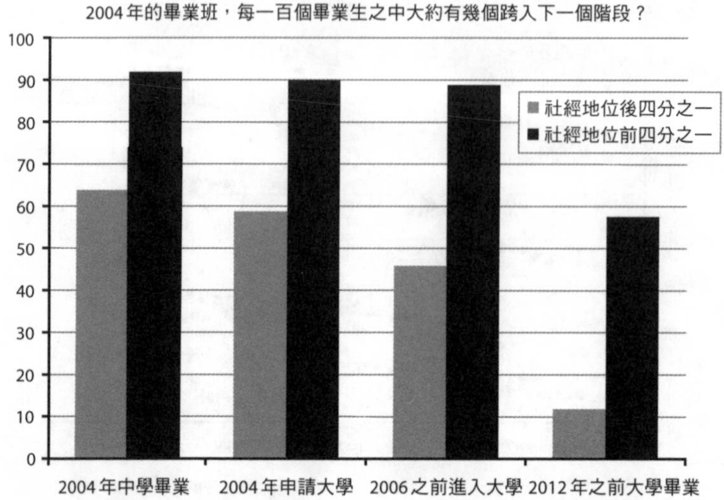

2004年的畢業班，每一百個畢業生之中大約有幾個跨入下一個階段？

資料來源：Educational Longitudinal Study of 2002–2012（根據之前的輟學率稍做調整）。

圖4.7　家庭背景對於八年級學生將來大學畢業的影響大於考試成績

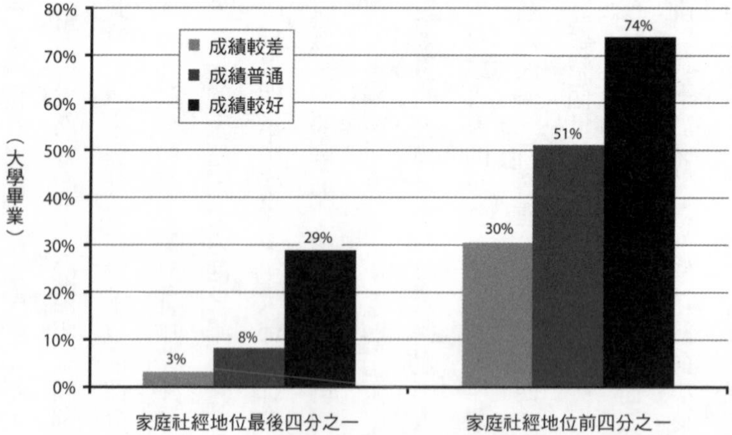

資料來源：National Education Longitudinal Study of 1988 (NELS:88/2000), Fourth Follow-up.

另一方面，如我們在這一整章所見，重點在於區分階級落差的**場所**以及**成因**。由於家庭所得幾乎可以完全預測學生能否順利從大學畢業，所以我們難免會假定大學的費用必定是階級差異的成因。事實上階梯的橫檔（例如大學畢業）雖是階級鴻溝快速成長的場所，但並不表示那導致了學生的落差。事實上，截至目前為止，我們在本書所討論的一切因素，像是家庭結構、教養、童年發展、同儕團體、課外活動的機會，在過去幾十年以來，都造成大學畢業率的階級差距不斷拉開，此外下一章會討論的鄰里及社區也有影響。[82]這些加諸於貧窮小孩身上的負擔，從他們非常年輕的時候就開始積聚重量，不斷上升的學費與學生貸款則是最後一根稻草，而不是主要的負擔。

我們以圖4.7所點出的嚴肅問題做為本章結尾。隨著二十一世紀到來，家庭社會經濟地位對於預測八年級的同學能否從大學畢業，已經比考試分數還要重要。[83]在上一個世代，社會階級對於預測教育成就的重要性，並不如學業能力。[84]但是到了現在，成績好的富裕小孩很有可能從大學畢業（七四％），而成績差的貧窮小孩幾乎無法取得大學學位（三％）。成績一般的學生，如果來自比較富裕的人家，取得大學學位的機率（五一％），是來自一般人家的六倍（八％）。更令人驚訝的是，學業成績高的貧窮學生，從大學畢業的可能性（二九％），居然稍稍低於學業成績低的富裕學生（三〇％）。最後這一項事實尤其難以讓人聯想到美國夢的核心理念：機會平等。

5 社區

電影《費城故事》（*Philadelphia Story*）所設定的場景，就是一九三〇年代經濟大蕭條時期賓州費城富裕的幹線區（MAIN Line）。這部電影由著名女星凱瑟琳・赫本（Katharine Hepburn）主演，捕捉到那個年代一％富人的社會喜悅（social capers）。赫本的角色揣摩自海倫（Helen Hope Montgomery Scott）的真實生活，這位女子曾被《浮華世界》（*Vanity Fair*）雜誌譽為「費城白人菁英專制中的地下女王」。[1] 鍍金時代的豪華莊邸，例如她占地八百英畝的阿卓珊莊園（Ardrossan Estate），現在基本上都已被蜿蜒、綠樹成蔭的小路取而代之，沿路有著一座又一座由大卵石蓋成的豪宅，屋主大多是從事金融、顧問、在大學與醫院工作的新費城菁英。一切有如一世紀之前，帶有田園風味的下美麗恩鎮（Lower Merion）以及鄰近的小鎮，仍然是美國一些最富裕、教育程度最好的家庭選擇定居之處。

幹線區向東十一英里就是另一部社會學的經典電影《洛基》（*Rocky*）所設定的場景，勤奮的白人工人階級居住在肯辛頓（Kensington），鄰近達拉威爾（Delaware）碼頭以及蕭條的工業區，這裡曾經是費城的繁華地帶。在十九世紀末、二十世紀初這段期間，愛爾蘭、義大利、波蘭的移民在磨坊、皮革廠、造船廠、包裝工廠工作，他們幾乎全擠在外觀相同、密密麻麻的兩層樓連棟住宅之中。幾個世代以來，所有家庭都住在相同的街坊，到同一間天主教堂做禮拜，也讀同一所學校。但是到了一九七〇年，工廠與整個鄰里開始陷入長期蕭條，這座城市在一九七〇年到二〇〇〇年之間，總共減少二十五萬份以上的工作。過去在這個社區，居民關係緊密，家庭主婦每天都很自豪地打掃自家門前的階梯，現在則充斥著廢棄的工廠、露天的毒品交易市場以及犯罪橫行的閒置停車場。隨著貧窮的黑人住得愈來愈靠近白人專屬的街道，當地的種族衝突也開始發酵，正如洛基（Rocky Balboa）與拳王阿波羅（Apollo Creed）在擂臺上那場殘酷的對決。

如同美國其他地方，費城地區的不平等與階級分隔在近幾十年來不斷擴大。在一九八〇年左右，下美麗恩家戶所得中位數大約是肯辛頓的兩倍，但是到了二〇一〇年，兩者之間的差距變成四比一。[2]社會科學研究委員會（Social Science Research Council）計算全美國都市地區「漂泊青年」（disconnected youth）的比例時，也就是年紀介於十六至二十四歲之間，既未工作，也不在念書的人，肯辛頓在全國排名幾乎是名列前茅（三〇％），而下美麗恩的排名則遙遙落在最後（三％）。[3]這讓人感覺肯辛頓距離下美麗恩似乎有一百英里，而不是地圖上的十一英里。

這一章描述全國各地社區之中常見的機會鴻溝擴大，同時比較社會資源與環境的挑戰，如何影響富裕與貧窮小孩的命運。我們從兩個白人家庭開始，第一個來自下美麗恩，第二個來自肯辛頓，兩戶人家都是由單親媽媽在家庭混亂與分崩離析的過程中，一路含辛茹苦扶養兩個女兒，一同對抗毒品、青少年婚前性行為等問題，並處理小孩在學校遇到的麻煩。如後文所見，兩位母親掏心掏肺，把一切資源留給小孩，從某些方面來看，兩人都相當成功。但是，我們也會看到住在郊區、經濟富裕、教育程度比較好的家庭如何利用自己的經濟與社會資源，幫助孩子舒緩壓力。另一方面，經濟環境拮据的肯辛頓在鄰里之間曾經有緊密的社會網絡相互支持，但現在這些資源對於貧窮的小孩來說，反而是製造問題，而不是解決問題。

瑪妮、伊蓮諾與瑪黛琳

伊蓮諾（十九歲）與瑪黛琳（十八歲）從小到大，幾乎都是跟母親瑪妮（五十五歲）一起住在下美麗恩鎮。兩個女孩還小的時候，父母親省吃儉用買下座落在下美麗恩的房子，這個社區非常適合小孩居住，不論公私立學校都有一定水準，鄰居也都相當親切友善。當地有著多元的社團，包含了下美麗恩足球俱樂部、阿德摩社區中心（Ardmore Community Center）、基督教青年會以及許多活躍的市民團體，還有各式各樣的宗教組織，供猶太教、長老教派、貴格會、天主教、聖公會（Anglicans）、亞美尼亞人（Armenians）與福音教派聚會，而現在這些社團在推特與臉書等社群網站上也都相當活躍。

老一輩的居民說，過去的幹線區較為多元，郵差與碼頭工人的小孩都就讀當地學校，但今日一切都已改觀。伊蓮諾說：「現在已經沒有那麼多元了，幹線這個地方大部分是中上階級家庭的幻景。」瑪黛琳則是根據自己的觀察提到，她們中學裡的小孩「要不是進入『長春藤名校，要不就是等死』：如果我們不能像父母親那樣賺入數百萬美金，那我就是個失敗者」。

母親瑪妮的父親是電影製片，一生大起大落，她在比佛利山莊長大，是家裡第一個上大學的小孩。瑪妮的父母都是酒鬼，整個家完全沒有家的樣子（她的父母各有過三次婚姻），瑪妮因此生長在相當艱困的家庭環境中，但是瑪妮說自己「非常聰明」，先是讀比佛利中學，然後以全A的成績從頂尖的長春藤大學畢業，主修經濟學。在從事一陣子劇場管理工作之後，她和另一半走入婚姻，之後又在賓州大學的華頓商學院取得企管碩士，然後進入一家顧問公司工作。

女孩的父親薩德跟瑪妮是校友，畢業於同一所長春藤大學，然後在另外一所頂尖大學拿到碩士學位。薩德在小孩出生前後的幾年間，事業如日中天，收入相當優渥，一家人因此得以搬入下美麗恩的豪宅。但是就在女孩讀中學的時候，薩德的事業忽然失敗，還因此罹患憂鬱症。一、二年後，瑪妮決定離婚，因為薩德再也無力養家，而她很清楚自己將要扛起一家人的生計。

瑪妮面對渾沌的未來做了大膽的決定，她打算成為一名獨立的企管顧問，目標是賺到足夠的錢養家，讓全家人可以享受女兒口中「非常奢侈的生活」，包括讀私立學校、騎馬以及聘用足夠的傭人。不論如何，瑪妮決定放手一搏，自己攬起養家的重責大任，這是她一生非常關鍵的轉折點。

由於母親每天賣命工作，有著專業技能，收入也不錯，再加上常常使用信用卡借貸，所以伊蓮諾與瑪黛琳的生活過得非常優渥，住大房子、上鋼琴課、夏天參加帆船營、生日化妝舞會，讀中學的時候還選擇當地最好的私立學校。女孩記得自己快樂的童年，玩捉迷藏，站在小攤前喝檸檬汁，還有堅定的友誼。伊蓮諾說：「她真的是一位很棒很棒的媽媽，感覺她一輩子凡事都會以我們姊妹為重。她真的很勤奮工作賺錢，也竭盡所能為我們付出一切，確保我們可以過上舒適的生活。」

父母離婚對姊妹倆衝擊很大。「這實在來得太突然了，」伊蓮諾說，然後又說：「這可能是我小時候最嚴重的事。」起初，夫妻兩人很努力要共同撫養小孩，聘了一位婚姻／離婚治療師，試著化解兩人之間的摩擦，並且輪流陪女兒住在家裡。但是，這些努力全都徒勞無功，最後薩德逃到西部山區「療傷」。

由於瑪妮選擇了賣命工作的職業生活（及其所帶來的物質支持），用盡一切精力工作，所以當小孩放學回家後，她安排了褓母、外籍幫傭以及其他家事人員到家裡幫忙，開車接送她們到處參加活動，或是準備晚餐等等。瑪黛琳突然插嘴揶揄地說：「我們是這些幫手帶大的。」瑪妮聽到後泰然自若地笑著說：「她們肯定知道這段時間一家人可以過得如此安穩，我是最大功臣，有一天她或許會用不同的角度看待此事。」

由於父母親婚姻破裂，上中學時，伊蓮諾決定上一所菁英就讀的住宿學校，如她自己所說，有部分原因是「我不想要處理家裡亂七八糟的事」。伊蓮諾離家不久之後，其他孩子的媽媽告訴瑪妮，伊蓮諾之前會趁著瑪妮白天上班的時候，跟一群女孩在家裡偷偷吸毒。瑪妮被自己的天真無知嚇到，走進伊蓮諾的房間翻箱倒櫃，找出一盎司的大麻。她急急忙忙跑到住宿學校，把「東西拿出來」跟伊蓮諾懇談了六個小時。「我跟她說我的目標是看著妳熬過青少年時期，不染上任何毒品，也不搞砸任何事情。我以前總是高談闊論，而這次我不會讓她危害我們擁有的一切。」瑪妮停用伊蓮諾的信用卡，堅持她要再大一點才能考駕照，並且警告她如果作奸犯科，「我不會像其他住在幹線這地方的媽媽，我不會聘請大律師替妳打官司。」瑪妮嚴厲的愛似乎在這件事情上奏效，因為伊蓮諾的問題從此不再發生。

伊蓮諾就讀住宿學校期間，不論是課業或人際關係都倍感壓力，因為這意味著她要「又有錢又會運動，人要漂亮也要聰明，就是要表現得完美無暇」。壓力大到她嚴重抑鬱，因此升上十一年級的時候不得不轉學，回到家裡附近的公立中學就讀。伊蓮諾懷疑自己患有注意力不足過動症（Attention Deficit Hyperactivity Disorder, ADHD），但一直要到她回家之後，瑪妮才意識到此問題。

瑪妮全心全意支持女兒，試著找出解決之道。她諮詢了好幾位專家，動用一切人脈，最後一名精神科醫師找出病因並對症下藥，另外她還找了諮商師來幫助伊蓮諾擬定學習策略。瑪妮得知「注意力不足過動症需要一個安靜的讀書空間」，所以重新裝修三樓，讓伊蓮諾有自己的臥室，有一個寧靜、明亮的讀書空間，另外還準備一個房間以備她急躁無法專心時使用。她也憑自己的經驗意識到孩子有可能「被貼上標籤」，因此小心翼翼地隱匿女兒的病情。她說：「我們為這個小孩鋪了一條路，想說這樣做應該會有用，而事實也證明確實如此。」

同一時間，瑪黛琳則是碰上另一種青少年問題。在瑪黛琳八年級的時候，瑪妮發現女兒和男朋友山姆已經快要偷嚐禁果了。瑪妮約了山姆的父母一起吃晚餐，以便「瞭解雙方家長對於此事的反應為何」。瑪妮打算讓瑪黛琳順手就可以取得避孕措施，「我跟她說我並不同意她這麼小就有性行為，但是如果她執意如此，我至少要確定她懂得保護自己。」我也跟她說我們四個大人會努力阻止他們有獨處的機會，山姆的媽媽跟我常常互傳簡訊：「我要去一下雜貨店，請確定在我回家之前，山姆沒離開妳的視線。」

雖然瑪妮和薩德設法在照顧女兒這件事上互相支援，但是兩個女兒難免會感到雙重的壓力。高二的時候，瑪黛琳獲得媽媽的同意，搬到西部照顧爸爸。這一年讓她逃離幹線區的小圈圈，事後證明這樣做的效果還不錯。瑪黛琳有生以來第一次接觸到普通人家的小孩，他們的價值觀與努力工作的模樣讓她留下深刻印象。她說：「我有一些朋友要在餐廳打工才有錢吃午餐……這跟幹線區裡的人所習慣的一切完全不同。」不論是她的父母還是瑪黛琳本人都認為這一年帶給她很大的收穫。

但是，瑪黛琳也體認到西部偏遠地區的學校教育要求遠遠不足，所以她不得不返家，進入下美麗恩鎮一所菁英私立中學就讀，並且說服父親搬回費城住到家裡附近，一直到她中學畢業為止。她也知道自己的作文需要有人教導，所以在母親的協助下，瑪黛琳接受安排到賓州大學上寫作課。瑪黛琳說自己的作文老師後來成為她「極為親近」的人生導師，開書單讓她，陪著她跟一些大學生討論。她說：「他真的改變了我的人生！」

瑪妮相當鼓勵類似的支援。她說：「我一直認為青少年需要跟父母之外且信得過的成年人建立關係。」兩個女孩都有成年友人。舉例來說，當她們走不出父母親離婚的陰影時，兩個人都在平常做禮拜的教堂找到人生導師。瑪黛琳說：「（他）是一個很酷的年輕牧師，大約有半年的時間，我每個禮拜跟他見一次面，因為我的媽媽太擔心我了，所以她要我去跟牧師談談。他從來不對我傳教，只是傾聽，瞭解我遇到的問題，彷彿是一種醫生與病人的關係。隨著瑪黛琳慢慢長大懂事，有幾個朋友的父母也成為她學習的對象，而她最好的朋友之中有許多都是她從小在教會認識的人。當她搬到西部陪父親的時候，父親有個朋友正好念過諮商，而這位朋友也私底下幫助她適應搬家後的生活。

伊蓮諾也是這樣，除了父母之外，她還得到好幾位大人的幫忙，包括教會裡的年輕牧師，以及父親在研究所的一位女性友人，她跟這個朋友每年都到西部健行，一起討論家中的緊張關係。兩個女孩也都提到自己跟老師的互動頻繁，和同儕之間關係緊密，相互扶持，有好幾個朋友甚至是小學就已經認識。兩個女孩在準備SAT考試的過程中，都獲得專業老師的協助。瑪黛琳因此體悟到大人與同儕支持網絡的重要性。「我的童年相當幸運，在其他支持體系崩解或者不適合我的時候，還有其他各種支持體系。」她說，「我也一直非常幸運，一路走來都有很酷的大人，也有很要好的朋友。」

儘管這家人經歷動盪不安的衝擊，但瑪妮與兩個女兒現在看起來過得很好。伊蓮諾就讀中西部一所重點大學，主修企管，在學校裡有一群出身中產階級的死黨，這些朋友「都自己付學費，不把人生機會視為理所當然」。瑪黛琳正準備前往加拿大一所著名的大學攻讀法文與國際發展，她不僅懂事，也非常專注，未來的目標是進入耶魯大學法學院。瑪妮開開心心地再婚，她說女兒起初有些反彈，但現在也都很愛她的新老公，並把他視為「第二個父親」。

瑪妮非常自豪於自己有辦法帶領女兒走過青少年歲月順利進入大學。她說：「我真的完全猜不到最後會怎麼樣，一路走來步步驚心，但我都撐過來了。我們一家就像是穿過危險海域的潛水艇，旁邊布滿了深水炸彈，途中有人想自殺，有人暴食，有人厭食，有人逃家，還差一點就分崩離析，而我的兩個女兒成功克服這些家庭的紛擾。」

這就像是安全氣囊，可以自動充氣保護駕駛免於受到意外撞擊所傷，當她們一家遇到危險的時候，經濟、社會以及制度上的資源都讓伊蓮諾與瑪黛琳得以緩衝免於受傷。[4]父母在下美麗恩鎮以及其他地方的廣闊人脈是如何保護她們，姊妹倆其實只是一知半解。如我們之後會看到的，美國教育程度高、有錢的家長一般都交遊廣闊，具有很多社會學家所謂的「弱連帶」（weak ties），也就是他們認識各式各樣、擁有不同社會利基（social niches）的朋友，像是精神科醫生、教授、企業主管、家人的朋友、朋友的朋友，而瑪妮的女兒顯然就從這樣的關係中受益。反之，社會經濟地位比較低的人，缺少此類有用的弱連帶，取而代之的是相當倚賴家人與鄰居的社會支持。

莫莉、麗莎與艾咪

五十五歲的莫莉有兩個女兒，分別是二十一歲的麗莎與十八歲的艾咪，莫莉的家族與麗莎的婆家，都已經在肯辛頓住了好幾代。我們和莫莉以及她兩個女兒在一間寬二十英尺相當擁擠的連棟住宅碰面，莫莉的現任丈夫三代以來都住在這裡。[5]由於莫莉跟麗莎的婆婆黛安（四十一歲）兩家一直住在同一個地區，我們與這兩個大家族的訪談提供一幅格外清晰的圖像，顯示這個區域在過去半個世紀以來翻天覆地的變化。

現在的肯辛頓是美國犯罪最為猖獗、最危險的區域之一，但是這裡並非始終如此。莫莉與黛安兩個人都記得在自己成長過程中，這個區域非常安全，在酷夏的夜晚，小孩子還可以在屋頂上睡覺，現在的人簡直難以想像。在這個關係緊密、白人工人階級為主的地區裡，每個人幾乎都叫得出鄰居的名字，大家也一起維護社區的安全與清潔。黛安的祖父是當地的警察，認識那裡的每一個小孩，還有每個小孩的父母。事實上，每個人幾乎都認識其他人的小孩，因此創造出一種共同撫養小孩（communal childrearing）的型態。黛安回憶起這一切說：「每個人都相互關心。如果你給兩個街道外的鄰居惹了麻煩，因為他們與你媽媽熟識，所以他們會先把你打一頓，再把你送回家，告訴你的父母，然後你的父母會再打你一頓。」莫莉補了一句：「如果你走在街上，一定會聽到有人說：『莫莉回家吧！』或者『你在這幹嘛？』」

這兩位母親都記得當時社區裡有許多妥善規劃且免費的青年活動，包括當地一個名為「矮精靈拉布列康」（Leprechauns）的青少年娛樂俱樂部（這是一個愛爾蘭裔社區，所以這個名字還頗為適當）。小孩會到當地的冰場溜冰，一起去公園與公立游泳池玩耍，而莫莉也記得自己青少年的時候會在公園隱密的地方偷喝啤酒。當地的「警察運動聯盟」（Police Athletic League, PAL）還有兄弟會會贊助團體運動，而市政府康樂部門也會提供免費的爵士樂以及踢踏舞課程。即使在麗莎與艾咪讀小學的時候，她們也可以很自在地在外頭玩耍，只要不跑出那條清楚的社區界線就沒事。

肯辛頓就和那些年的幹線區一樣，階級非常多元。當我們詢問當時社區是什麼樣貌時，莫莉說：「工廠工人、市中心的白領、律師，同一條街上住了各式各樣的工人。」但是，正如碼頭工人的小孩很早就從幹線區消失，肯辛頓也不再有律師的小孩。自從一九七〇年代開始，肯辛頓歷經的就是一段工作機會外流、家庭破碎、人口減少、種族愈來愈複雜的歷史，而最明顯的就是犯罪與毒品愈來愈氾濫。

大家都很恐懼犯罪。因為害怕遭人槍擊，警察不再走在街上巡邏。社區裡有三個小嬰兒最近剛被流彈波及，所以麗莎現在把女兒留在家裡自學。居民不再關心社區的環境是否舒適整潔，黛安說：「大家都不再參與社區事務了。」她回憶起過去：「每到週末，家家戶戶都在打掃環境，而政府會發垃圾袋讓你裝垃圾。大部分的人現在只管自己的事，即使看到犯罪，甚至是小孩在鄰居的牆上塗鴉，也覺得事不關己。」

大部分的休閒中心與游泳池都關閉了，因為在連年的預算緊縮下，首先被刪減的就是公園與休閒活動的經費。雖然從一九七〇年以來，市政府的整體預算大約提高了三分之一（美元不變價格），但是用在公園與休閒中心的預算卻減少八〇％以上。預算縮水也表現在圖書館等公共服務的減少。警察運動聯盟依然存在，但是現在參加的人必須自己付費。

有很長一段時間，白人居民把社區的衰退怪罪於有色人種的遷入，即使整個社區還是以白人為主。艾咪說：「這裡的種族歧視非常嚴重，他們把公園裡的籃球場拆掉，因為黑人小孩放學之後會跟同學到公園打籃球。」社區裡的經濟停滯，穩定的工作消失，顯然也是整個故事很重要的一環。但是，我們所訪問的女性都認為社區環境的惡化是因為毒品。

大麻、海洛因與安非他命在一九九〇年代流入社區。麗莎說：「這影響我們的家庭，我們的社區，也影響了每一個人，整個社區不再是個安全的地方，我們認識的人，不論住在哪，或是誰，每一個都在嗑藥。」「每一個」包括麗莎的父親、艾咪的父親，也包括麗莎與艾咪本人。他們的隔壁鄰居就是毒品的主要盤商，街上三個不同的藥頭在麗莎還是青少年的時候就販賣毒品給她。

「不論你年紀多大，隨時隨地都可以嗑藥。」麗莎解釋說，「這已經成為我們的生活，我不知道為什麼會這樣，但毒品已經控制一切。」莫莉插話說：「我不認為社區有什麼幫助，我們的鄰居真的會坐在那，在每個人面前大剌剌地抽大麻。」而且情況似乎愈來愈糟，「在任何一條街上，你都可以買到毒品。」莫莉補充：（幾條街外的）肯辛頓街是世界上最恐怖的一條街。那裡有不少人被槍殺，我很不願意這樣說，但這裡的確是如假包換的**貧民窟**。」

莫莉說因為大家都很害怕，「你甚至不知道大家在哪裡工作，因為他們根本不敢跨出家門口一步。當我們還年輕的時候，這裡的人會停下來打招呼，說聲『嗨！』」麗莎補充道：「我試著保持微笑，待人友善，但是每個人的脾氣都很暴躁。」這就是莫莉扶養麗莎與艾咪及兩個兄弟長大的社會環境，這裡的人普遍都很偏執，也難怪兩個女孩都警告我們：「不可以相信任何人。」

莫莉打從小時候（與肯辛頓大部分居民一樣）就十分投入當地的天主教教會。這確實如民族誌學者艾汀等人所言，在這個社區中，天主教堂與隨處可見的教會學校是當地的中樞，當這些機構弱化時，社區也加速衰退。[6]莫莉的父親過世後，母親一個人無法撐起整個家，家中九個小孩於是分別送到各個收容機構。莫莉在天主教服務中心的孤兒院住了六年，而這所機構在她離開之後不久，就因為虐童而關閉，這個經驗造成她與教會疏離，黛安與許多同時代的小孩也都是這樣。

等到有一天，她終於回家時，剛好遇上整個社區的經濟開始蕭條，莫莉常常逃學，漸漸變成一個野孩子。她說：「我雖然有媽媽，卻像個沒有媽媽的小孩。」家人無法給她任何幫助，學校的生涯輔導老師說她「終將一事無成」。她在中學的時候就懷孕了，然後在十二年級休學，小孩的父親來自隔壁的酒鬼家庭，她的嬸嬸與叔叔都勸她別跟那個人廝混，但是她完全沒聽進去，最後和他生了兩個小孩，麗莎與麗莎的哥哥。

莫莉的生命故事體現了這個社區的社會轉型與經濟轉型。她和黛安對於社區裡的緊密關係都有溫馨的童年回憶，但是長大之後隨著社區環境的衰敗，她們經歷了各種背叛、暴力以及人際疏離的經驗，而麗莎與艾咪則是從來不知道這個社區有什麼好的地方，這個社區的凝聚力每況愈下，毒品與犯罪摧毀了居民的生活。

莫莉結婚不到幾年，第一任丈夫果然如她家人所擔心的，變成一個酒鬼與毒蟲。莫莉離開丈夫之後，大約有十年的時間，靠著當服務生與建築工人維生，一個人獨力扶養兩個小孩。三十幾歲時，她和第二任丈夫生了艾咪與艾咪的弟弟，第二任丈夫是個屋頂工人，女兒說一開始他是個好爸爸，但是最後還是染上毒品，麗莎與莫莉只好把他趕出家門。他現在是個流浪漢，這些女孩偶爾會在附近的街道上看到他在遊蕩。

更糟的是，莫莉得了多重硬化症（multiple sclerosis），並因此中風，最終必須靠輪椅行動。她的小兒子差不多也在那時診斷出自閉症，她們當然沒買保險，所以整個家最後被醫藥費壓得喘不過氣來。她們實在太窮，只好從各種社會福利方案擠出一點生活費，雖然她們都覺得福利機構與稅務機關的人員不可理喻，也不通人情。莫莉變成重度憂鬱症，根本無力照顧自己的小孩，所幸這時候社區裡有一家基督教會伸出援手，讓她們有了一線生機。

教會主動為社區裡的青少年辦了一些方案，包括課後輔導與暑期活動，而麗莎在九歲就開始參加教會的活動。這個家在艾咪的父親被趕出家門之後開始分崩離析，麗莎說，「教會是我們主要的支柱」，可以保護她們人身安全，避免受到吸毒的父親騷擾，也可以讓她們在教堂過夜喘一口氣。當莫莉得到多重硬化症時，教會為這家人找到一間進出比較方便的公寓，還蓋了一個無障礙坡道供輪椅使用，即便那時莫莉還不是教友。莫莉說：「如果不是教會，我們絕對撐不過去。」騎著重型機車的牧師丹恩與他年輕的太太安琪拉牧師，到現在依然是麗莎的知己。

麗莎在青少年時期過得極為坎坷，非常需要朋友。雖然她參加了教會，但社區與家庭的崩解還是擊倒了她。她因為常常曠課而被留級，她開始酗酒，也染上無所不在的毒品。事實上，由於教會收留了許多戒毒的人，所以在教會裡面與教會附近輕易就能取得毒品。麗莎特別喜歡嗑一種叫做「彩虹糖」（skittles）的迷幻藥，這是一種從感冒藥提煉出來的毒品，但她同時深受「強力大麻」（laced weed）這種毒品所害，而這是隔壁鄰居給她的。

麗莎跟自己的母親以及學校裡許多女孩一樣，在十二年級的時候就懷孕了。小孩的父親是她的同學，也是給她毒品的人，麗莎不願意嫁給這個人。此時她在常去的教會，經歷一場有如奇蹟的事，她和在教會認識的男孩約翰墜入情網，即使當時她已經挺了七個月大的肚子，約翰還是向她求婚。他對麗莎說：「因為我愛妳，我也會愛妳肚裡的小孩。」（男孩的媽媽黛安建議麗莎把小孩拿掉，但遭到莫莉拒絕）四個月之後，兩人正式結婚。

年輕的牧師安琪拉在精神上一路支持麗莎與約翰度過這段艱苦的歲月，雖然教會裡另一個牧師禁止麗莎挺著大肚子上教會，「因為怕我對其他小孩造成不好的影響」。由於這個原因，再加上教義不同，麗莎與約翰（還有安琪拉與丹恩兩位牧師）最近轉到社區裡另一個蓬勃發展的福音派教會。當麗莎與約翰再也無法忍受跟約翰酗酒的家人住在一塊時，安琪拉幫助麗莎找到新的房子，而教會也幫助約翰在一家基督徒經營的保全公司謀得一份差事。雖然麗莎非常擔心她們目前的教會，會不會和之前的教會一樣，淪為附近毒蟲的天堂，但她篤定地說：「老實說，如果沒有這個教會，我不知道我會淪落到哪裡。」

約翰從職業中學畢業後，繼續念社區大學，但讀了一陣子就覺得不適合而休學。麗莎在懷孕九個月的時候從中學畢業，之後上了一所營利型的技術學校，拿到一張藥師的證照，但是這張證照並沒有給她帶來任何工作，還讓她背負高達五萬元的學生貸款。她現在正在修讀幼兒教育的線上課程，同時讓女兒在家自學。他們的婚姻似乎相當穩定，但整個社區卻非常危險，而麗莎則是「非常擔憂」家裡未來的經濟狀況。

艾咪的情況聽起來和她姊姊一樣糟糕，但是故事的開頭及結果都稍微不同。艾咪在中學的時候展現出音樂的才華，後來進入一所明星中學，並且獲邀加入費城青年交響樂團。但是她在青春期卻一步步墜入社區裡的酒精、毒品與不安全性行為的陷阱，而且愈陷愈深。「我會跟媽媽說我要到離家不遠的朋友家，但實際上卻跑到比較遠的社區，跟男孩鬼混喝酒。」由於艾咪在學校接觸毒品還整天打鬧，所以莫莉把她從學校帶回家自學，但是艾咪在線上考試時作弊，因此遭到留級。最後，莫莉同意讓她回去學校上課，但是回到十年級的班上三個月之後，她就懷孕了，她周遭的朋友幾乎都是這樣。「那些跟我一起惹麻煩，一起喝酒的女孩，每一個都懷孕了。」她說。

令人意外的是，懷孕居然成為艾咪人生正面的轉捩點，因為學校安排她轉到一所專門給年輕爸媽就讀的特殊中學，而那裡的輔導老師協助她留在學校讀書。在這所新學校裡，她開始拿到全A的成績，並且被選為學生會的會長。她的男朋友（孩子的爸爸）還是繼續到處鬼混，但是她從來沒想過要結婚。「婚姻只是讓妳欠一屁股債，」她說，「我為什麼要這樣對待自己呢？」雖然她取得多所優秀州立大學的入學許可，但是她打算就讀北邊一所人文學院，那裡有專門給未婚媽媽就讀的特殊課程。她說：「懷孕改變我的人生，如果不是為了兒子，我根本不會去讀大學。」然而，她還是很擔心為了追求未來的希望，當下的學費要從哪裡來，所以她最近試著在自己的臉書募款，希望能解決學費的問題。

儘管濫用藥物還未成年懷孕，麗莎與艾咪似乎已經安然度過家庭的混亂不堪與社區帶給她們的創傷。在這個過程中，教會扮演很重要的角色，當然還有特殊公立學校給未成年媽媽的就學方案（艾咪的情況）。他們兩個人的故事大力說明了宗教團體的力量如何幫助貧困與混亂的家庭，但是我們在本章後面所檢視的資料很清楚地顯示：全國各地貧窮的小孩跟宗教團體的關係愈來愈疏遠。

莫莉曾經嘗試把女兒從酒精、毒品與未婚懷孕之中救回來，不過並未成功，有部分原因是孩子的父親也被毒品摧毀，另一方面是因為她自己深受疾病與憂鬱症所苦，當然肯辛頓社區的全面瓦解也有影響。莫莉最近又再婚，這一次的對象是在教會認識的男性教友，女兒都說他對媽媽很好。儘管這兩個女孩現在都不打算結婚，也不想再生小孩，但是兩個人都說自己現在很喜歡當媽媽的感覺。但是想當然爾，她們兩個也會擔心自己未來的經濟情況。

總而言之，這兩個費城家庭的故事，似乎已經走到「從此就過著幸福快樂的日子」這套公式，但在肯辛頓比起下美麗恩更不穩定。在保護小孩不受當代青少年問題衝擊這點來說，瑪妮與莫莉所能做的實在天差地遠，瑪妮的女兒比莫莉的女兒處於更有利的位置，比較可能會成功。如果要靠全鎮的力量來帶大一個小孩，美國小孩的前景應該不會太好，近幾年來在全美各地，不論是富裕或是貧窮的鄉鎮，整體環境都隨著我們對小孩的集體責任縮減而逐漸惡化，而且大部分的美國人並不像瑪妮，有資源動用私人力量來取代集體的照顧。

從瑪妮的例子來看，私人力量有一部分代表花錢找人來幫忙帶小孩（家事人員、治療師、寫作老師、SAT家教、私立學校以及重新裝修房子來幫助伊蓮諾治療注意力不足過動症），但這也表示利用一些莫莉與莫莉女兒所沒有的社會網絡來面對問題（與社區裡其他家長合作來降低毒品與未成年性行為的風險，專業人員的網絡帶來一流的醫生，朋友與同事的指導，還有其他「很酷的成年人」來當小孩的朋友）。除了教會之外，鄰里網絡對莫莉、麗莎與艾咪來說比較像是帶來問題，而非提供解決之道，即使是教會這個僅存的社區組織，也很容易受到鄰里的負面影響。

社區與小孩：社會網絡、導師、鄰里、宗教團體

美國人喜歡把自己想成一個「披荊斬棘的個人主義者」，就像是個孤獨的牛仔，騎著駿馬奔向落日，走向大西部拓荒。但是，一長串的四輪馬車，加上一大群開拓者胼手互助的畫面，也同樣精準地象徵了我們的國家故事。綜觀美國歷史，不論在公共哲學層面或在日常生活之中，我們一直都在個人主義與社群主義之間來回擺盪。[7]且不論好壞，過去半個世紀以來，我們已經目睹自己的文化、社會與政治，大幅擺向個人主義（或自由主義）這一端。在此同時，研究者也不斷累積證據，說明社會脈絡、社會制度以及社會網絡，簡單來說就是我們的社區，依然對我們的幸福以及小孩的機會非常重要。

社會網絡

社會科學家常常使用**社會資本**（social capital）來描述社會連結，也就是家庭、朋友、鄰居以及熟人之間非正式的連帶，還有參與民間組織、宗教團體、運動團隊、義工活動等行為。學者一再證明社會資本是預測個人幸福與社群福祉很重要的指標。社群紐帶以及社會網路對於健康、幸福、教育成就、經濟成就、公共安全、以及（特別是）小孩的福祉有很強大的影響。[8]

圖 5.1　教育程度高、富裕的白人父母有比較多好朋友

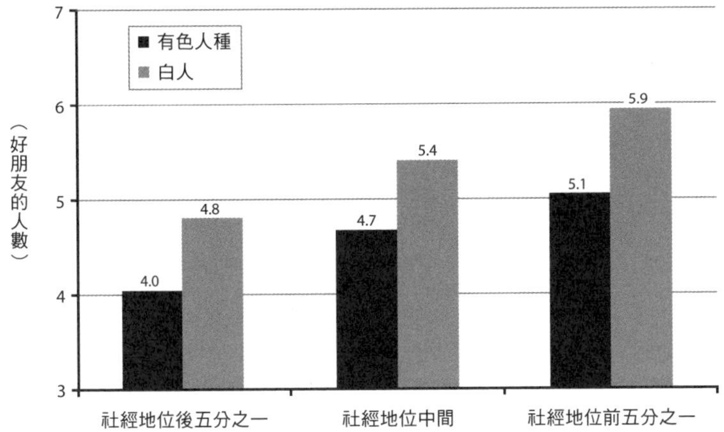

資料來源：Social Capital Community Benchmark Survey, 2000.

但是，社會資本就和金融資本與人力資本一樣，分配得極不平均，而如我們以下所說的，社會連結的差異造成了年輕人機會上的鴻溝。

許多研究都顯示，教育程度比較高的美國人，擁有更廣更深的社會網絡，不論是親朋好友之間的小圈圈，或者是在比較大的社會，情況都是如此。[9]反之，教育程度比較差的美國人擁有的社會網路比較稀疏，也顯得有些多餘，主要集中在自己的家人身上（這裡所說的「多餘」是指他們朋友認識的人跟他自己認識的人常常是同一批人，所以他們缺少一些「朋友的朋友」，讓他們可以認識上層階級的美國人）。簡言之，具有大學學歷的家長，比起教育程度較低的家長，往往擁有比較親密的朋友，也有更多點頭之交。

圖5.1顯示種族與階級皆會影響「親近」朋友的人際網絡密度，此類「強連帶」（strong tie）可以

帶來精神上的支持，以及（在緊要關頭時）物質上的支持。[10]如果不考慮種族因素，社經地位前五分之一比起後五分之一的父母，會多出二〇%到二五%的密友（控制階級因素之後，白人父母的親近好友會比有色人種的父母多出十五%到二〇%）。不同於窮人間生活互動密切的浪漫景象，現今美國人的下層階級（特別是有色人種）往往在社會上相當孤立，甚至跟鄰居也極為疏離。

或許更重要的是，教育程度比較好的美國人也有更多「弱連帶」，也就是說連結到更廣闊、更多元的人際網絡。這種社會連帶的滲透力及多元性對於社會流動、教育與經濟成就特別有價值，因為弱連帶讓教育程度高、富裕的家長與小孩能夠取得豐富的專業資源與支持，而這正是弱勢家庭的父母與小孩難以企及之處。[11]

如圖5.2所示，擁有大學學歷的家長「交友」比較廣闊。如果他們認識的人有著影響小孩前途的職業，例如教授、老師、律師、醫療人員、企業主管，弱連帶的優勢就會特別明顯，但就算是連結到一些比較傳統的工人階級，像是警察與鄰居，教育程度高者仍較具優勢。由圖可知，教育程度較低的父母似乎只在認識警衛上有一些優勢，不過兩者之間的差距非常小。[12]

從我們遇到的幾個家庭之中，已經看到這樣的態勢。

- 本德鎮的安德魯在找工作時利用他父母跟商店老闆以及當地消防部門主管的弱連帶。

圖 5.2　教育程度較高者擁有比較寬廣的社會網絡

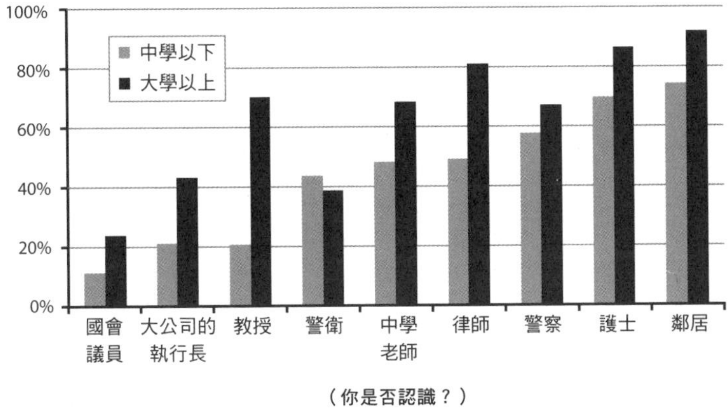

資料來源：Pew Research Center, November 2010 survey.

- 亞特蘭大的卡爾安排兒子戴斯蒙去跟一些「醫院職員」談一談，瞭解自己是否要念醫科。
- 橘郡的卡拉洛替兒子向兩個朋友尋求申請大學的建議，兩個人剛好是大學教授與院長。
- 下美麗恩的瑪妮透過自己的人際網絡，為伊蓮諾找到一個頂尖的諮商師，治療她的注意力不足過動症。

事實上，在我們訪問的弱勢家庭中，完全沒有人有這樣的弱連帶來幫助他們找工作、進大學或者處理身體健康的問題（有個明顯例外是教會替麗莎的老公約翰在保全公司找到工作）。反之，中下階級父母的社會連帶則是不成比例地集中在自己的家族之中（或許還有中學同學與一、兩個鄰居），這些親人因為自己所處的社會位階，因此不大可能擴展中下階級家長的人際網絡。雖然教育程度高、富裕的父母在人際網絡的數量上占有優勢，但更重要的是這些人際網絡帶來了什麼實質的好處，也就是說這些朋友與熟人能夠為他們與小孩做什麼事。

上層階級的家長讓小孩接觸更多的活動、更多專業人士以及其他成年人，使他們可以建立弱連帶。另一方面，工人階級的小孩比較可能只跟親戚與鄰居的小孩固定往來，因此限制他們建立有價值的弱連帶。[13]（當工人階級的鄰居有份好的工作，還可以介紹給朋友，這樣的鄰居關係就顯得更有價值。）小孩子來自有錢、教育程度較高的家庭，不論在適應大學、選擇科系，或是生涯規劃等方面，都可以在親人、學校教職員或是外人之中，找到各式各樣的顧問。相較之下，貧窮家庭的小孩一般就只能從近親之中找到一兩個人來諮詢，而這些人讀過大學的並不多。[14]簡而言之，優勢家庭的社會網絡能夠擴展到其他資源，有助於確保自己的小孩擁有更多的機會。

有錢人家能夠提供給小孩的關係連帶，貧窮人家根本難以企及。但是，關係連帶的重要性不限於進入頂尖大學以及找到一份好差事，社會資本對於保護優勢家庭的小孩免於承受一般青少年常見的風險也一樣重要，例如給予小孩一份不錯的實習工作，或者是到辦公室打雜。過去四十年來的研究一致指出，優勢家庭的青少年吸毒以及酗酒的情況，比貧窮家庭的青少年還要普遍。[15]但是差別在於，有錢人家小孩所處的家庭與社區，具有「安全氣囊」的功能，能盡量減少藥物與其他不幸事件所帶來的負面影響。瑪妮跟社區裡其他媽媽的關係，讓她更有能力保護伊蓮諾不受毒品的戕害。反之莫莉那些嗑藥、販毒的鄰居，則是女兒染上毒品的主要來源。毫無疑問，優勢家庭的小孩對抗意外風險的有利條件不僅僅是身上的社會資本，畢竟還要有錢，瑪妮才可以找一流的諮商師，並且重新裝修伊蓮諾的書房，幫助她改善注意力不足過動症。

最近幾年來社會網絡的階級差異是否有所改變？十五年前，我在《獨自打保齡球》（*Bowling Alone*）這本書中，整理了許多資料印證美國的社區關係日漸凋零。十年之後，有一群原先對我的發現存疑的學者，在一份獨立的研究中提到，親屬以及非親屬的網絡在過去二十年來一直萎縮，但是非親屬網絡萎縮的程度更為明顯。事實上，他們發現美國人的社會網絡漸漸往內縮，網絡愈來愈少，愈來愈集中，同質性也愈來愈高，主要是家族之間的連結，非親屬的網絡則是愈來愈少。[16]針對美國人變得疏離，退回一種相對孤立的社會狀態，最近有一份研究甚至在結論中指出：「雖然各階級的人皆是如此，但這股潮流對於中下階級的人影響更大，最終強化了各個社會階級之間的差異。」[17]雖然還沒有足夠的證據提出定論，但我們依然有理由相信社會連帶的階級差異不只很大（特別是對於向上流動至關重要的弱連帶），而且很可能還在不斷擴大。

而網際網路在當中扮演什麼角色呢？網路是否有助於縮小富裕與貧窮小孩之間人際網絡的落差？還是會擴大彼此的落差？又或者根本毫無影響呢？原則上，網際網路可以讓弱連帶擴展好幾倍，而這也正是領英（LinkedIn）等網站的主要目標。但是，由於網路世界與真實世界的人際關係往往高度相關，[18]如果虛擬世界的連結有如「現實生活中」的連結，對於受過教育的美國人來說比較容易取得，那麼只擴大網路世界的人際關係未必可以縮小階級之間的落差。由此看來，是不是有所謂的「數位落差」（digital divide）呢？

網際網路發展初期，連最簡單的**連線管道**都分布不均，例如教育程度低的美國人，尤其是有色人種，裝上網路的時間就比較慢。不過近來網路**連線**的落差已經明顯縮小，而且種族之間的差異實際上已經完全消失。[19]但是，每個人都可以連上網路，並不表示每個人都可以從網路中獲得相同的好處。

社會學家哈吉坦（Eszter Hargittai）等人研究了網路使用的實際情況，他們指出，「基本使用者的人數成長，未必代表每個人都能夠以類似的方式利用這項媒介的優點。」相較於貧窮家庭的年輕人，來自上層階級的年輕人與家長比較可能把網路應用在工作、教育、政治與社會參與、健康、新聞匯集，而比較少把網路用在休閒娛樂之上。有錢的美國人使用網路是增加他們的機動性，而教育程度比較低的美國人基本上並不從這個角度在使用網路。[20]（書籍還有郵政系統也是如此，這裡的重點是網路在使用上也無法避免不平等。）

民族誌學者波伊德（Danah Boyd）在全國各地訪問了許多青少年，瞭解他們使用網路的方式，最後她在結論指出，現實生活中的不平等會帶到網路世界。她寫道：「一旦資訊隨手可得，有力的個人網絡以及認識能給予幫助的人，經常要比取得資訊本身重要得多……在資訊爆炸的時代，人際網絡如果可以讓你診斷資訊並瞭解整個來龍去脈，比起沒有資訊經驗的朋友與家人，可以帶來更多的優勢……不要因為青少年可以透過科技連結到任何地方的任何一個人，就以為他們可以平等地取得知識與機會。」[21]

小孩子來自教育背景比較好的家庭，會學到更複雜的數位識讀技巧（digital-literacy skills），懂得如何在網路上找資訊，還有如何評估資訊，也會有更多的社會資源支持他們運用這些技巧。這些小孩可以透過網路，幫助他們收割蓬勃的數位經濟與資訊社會所帶來的豐碩果實。雖然下層階級的小孩連接上網路的機會平等，但是他們欠缺數位理解能力（digital savvy），無法利用網路來增加自己的機會。至少從這點來看，網際網路的發展似乎更有可能擴大機會的鴻溝，而不是縮小貧富差距。[22]

導師與「理解能力」

如同我們不斷看到的，家庭以外的成年人經常扮演關鍵的角色，幫助小孩充分發揮自己的潛能。

- 我在柯林頓港的黑人同學雪莉兒，她每週幫忙一位白人女主人打掃房子，這位女主人在雪莉兒申請大學的過程中，發揮臨門一腳的作用。

- 擔任四分衛的中學同學唐恩，由於父母是工人階級，對大學「毫無頭緒」，在牧師的協助下，他才得以順利申請到大學。
- 本德鎮的安德魯則是從父親的中學同學，也就是擔任消防隊長的朋友那裡，得到詳盡的生涯規劃建議。
- 橘郡的卡拉洛在大學老師的支持下，進一步申請研究所，而她的女兒則是因為特洛伊中學劇本寫作指導老師的緣故，意外走上一條從沒想過的路。此外，伊莎貝拉的同學奇拉則是在英文老師持續的關心之下，走出喪父之痛。
- 瑪黛琳在賓州大學的寫作老師成為「影響她一生」的導師，而伊蓮諾則說父親研究所時的女性朋友因為夏天健行跟她長談，而成為她「一生之中最重要的人」（除了父母之外）。
- 幾位年輕的牧師都成為費城下美麗恩與肯辛頓四個年輕女性的支柱與導師，並且在他們家庭困頓時扮演要角。

這些例子體現的都是「非正式的指導」，源自跟老師、牧師、教練、家人朋友等的自然關係。反之，「正式的指導」則是有組織計畫的結果，像是「大哥哥大姊姊計畫」（Big Brothers Big Sisters）以及「兄弟的守護者」（My Brother's Keeper）*。

一些縝密且獨立的評估報告指出，正式的指導可以幫助處於風險的小孩跟成年人（包括父母）發展健康的關係，使他們在學業與社會心理上大為改善，像是學校出席率、學校表現、個人價值、減少濫用藥物，即使仔細控制可能會干擾的變數，正式的指導仍然有效。當這種指導發展為長期關係，其所測得的影響最大，對於風險中小孩的影響也最為強烈（上層階級的小孩在他們的生涯中已經有非正式的導師，所以增加一位正式導師並不會對他們的成就有太大幫助）。從數據上來看，有成年人引導確實很重要。[23]

正式的指導要比非正式的指導少見，時間也比較難以持久。二〇一三年，有一項以年輕人為對象的全國調查，詢問他們對正式與非正式指導的看法。六二%的人說自己曾經得到「非正式」（或自然）的指導，而只有十五%說自己曾獲得正式的指導。此外，非正式的指導關係平均時間大約是三十個月，相較之下，正式的指導大約只有十八個月。[24]因此從頻率與時間長短來看，美國小孩獲得非正式指導的機會大概是正式指導的八倍。

但是，全國的平均值掩蓋了能否得到指導在階級上的顯著差異。非正式的指導（正如我剛

＊編注：「大哥哥大姊姊計畫」成立於一九〇四年，是美國最老也最大的非營利青少年輔導機構，以志工對青少年提供一對一的支持服務。「兄弟的守護者」是美國總統歐巴馬二〇一四年倡議的計畫，結合公私立部門的募資，對有色人種青年男子的成長提供各種支持。

圖 5.3　富裕小孩非正式導師的類型比較廣

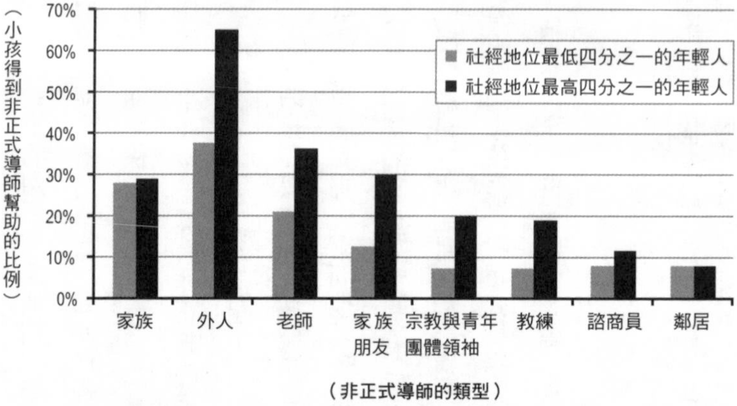

資料來源：The Mentoring Effect survey, 2013.

剛提及的幾個當代個案研究中的例子），在上層階級與中上階級的小孩之間，要比下層階級的小孩還要普遍（我們在柯林頓港的個案研究暗示清寒小孩的非正式指導在一九五〇年代比較普遍，但我找不到任何數據資料來支持這項結論）。圖5.3整理了當前的非正式指導型態，從中可以看出來自富裕家庭、父母教育程度較高的小孩，所能獲得的非正式指導不僅更加廣泛也更為深入。

事實上，針對家庭之外各種非正式的導師，像是教師、家庭朋友、教會或青年領袖、教練，富裕家庭的小孩獲得這類導師指導的機率是二到三倍。優勢家庭與弱勢家庭的小孩同樣都說自己的家族裡有人可以指導他們，但是優勢家庭的小孩往往可以獲得更有價值的專業諮詢，所以家族的導師對優勢家庭小孩未來的教育成就影響更大。[25]總而言之，比起貧窮小孩，優勢小孩獲得的非正式指導持續的時間更長、幫助也

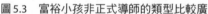

更大（從孩子自己的角度來看是如此）。簡言之，富裕小孩實際上獲得更多也更好的非正式指導。

非正式指導的階級落差在小學階段就已經非常明顯，而且會隨著小孩的年紀，在國中與高中階段持續擴大，而且從現在的情況來看，正式的指導幾乎無法縮小階級之間的落差。事實上，正式指導雖然可以稍稍彌補階級鴻溝，但主要集中在小學與中學階段，隨著小孩年紀增長，正式指導的影響力就會逐漸消失。[26]以中學為例，有錢人家與貧窮人家的小孩，在正式指導方面看不到任何的差異（都是八%）。總結來說，獲得指導的階級落差（非正式加上正式）始於小學，而在小孩最需要外人幫助時迅速擴大。

整體而言，來自富裕人家的小孩中，大約有將近三分之二（六四%）得到家族之外其他人的指導，而窮人則是將近三分之二（六二%）未得到外人的指導。[27]這項令人詫異的階級鴻溝，並不是源於窮人的小孩不想要有人指導，事實上，窮人小孩認為自己（在生命某些環節）需要導師指引的比例，幾乎是富人小孩的兩倍（三八%對二二%），但是並沒有人可以指導他們。因此，造成機會鴻溝的主要原因在於是否有人指導。

獲得指導的落差則加劇了前一章所提的**資訊落差**（savvy gap）。當我們跟全美各地多位富裕及貧窮的小孩聊過之後發現，他們之間最顯著的差異就在於有沒有能力知道哪些制度可以通往機會之途，並且利用這些制度達成自己的目標。

優勢背景出身的小孩比較懂得如何爬上機會的階梯。但是，我們在柯林頓港的大衛、本德鎮的凱拉、亞特蘭大的蜜雪兒與羅倫、聖塔安娜的蘇菲亞、肯辛頓的麗莎與艾咪，以及在全國各地遇到的許許多多十八、九歲的弱勢小孩身上聽到的故事，卻在在顯示出他們對於如何爬上機會的階梯，充滿困惑與不解。這些小孩對於學校的事、兩年制與四年制學院、獎學金方面的事、工作機會，甚至是那些專門設計來幫助他們的各種國家與民間計畫（例如學貸），都不甚瞭解。部分原因是學歷不高的父母，不論是技巧與經驗都相當有限，而且這些小孩缺乏緊密的人際網絡，不像上層階級的小孩身邊有各種非正式導師，這一點其實也很關鍵。在我們田野訪問期間，曾經發生一件令人鼻酸的事，訪談過程中，有個工人階級的父親問我們，他是否能帶著年紀比較小的女兒和兒子一起來受訪，這樣他女兒就可以親眼目睹真正的大學生。所有想解決機會鴻溝不斷擴大的計畫，都必須解決資訊能力的落差以及非正式指導的落差。

街坊鄰里

如我們在第一章所見，整個美國的階級分隔在過去幾十年來不斷擴大，有錢人家的小孩住在貧困街區的人屈指可數，而貧窮人家的小孩住在有錢街區的人也愈來愈少，下美麗恩與肯辛頓就是最好的例子。這個簡單的事實提出本章的核心問題：除了小孩子個人特質之外，小孩在什麼屬性的街坊成長是否會影響他們未來的發展？前面三章我們已經看到，在貧窮的家庭成長，還有就讀貧窮小孩所上的學校，都會限制他們的機會。我們在此拋出的問題是，在貧窮街坊長大，是否會造成更多的阻礙，我們的答案是：肯定會。

美國街坊研究的先驅山普森已經證明美國的街坊是極端不平等，而這深深影響了當地居民。他在研究中寫到，街坊不平等帶來各種後果，影響了「美國人所經歷的各種生活……犯罪、貧窮、小孩健康、公開的抗議、菁英網絡的密度、市民參與、未成年生子、利他主義、認知障礙、集體效能以及遷徙」。他總結說：**「美國人真正的不平等並不在於個人不平等，而是街坊鄰里的不平等。」**[28]

街坊似乎對嬰兒期的影響最大，其次是青春期的後期。[29]孩子在環境惡劣的街坊住的時間愈長，負面的影響就愈大。這些後果往往混雜著好幾個世代的劣勢：孩子的父母如果在貧窮的街坊成長，而孩子本身如果也還繼續住在那裡，不利的情況就會加倍，因為父母會一再感受到孩提時期在街坊留下的傷痕。[30]這種雙重弱勢就是莫莉與女兒生命經歷的寫照。

許多證據一再顯示，街坊的富裕或貧困影響了兒童與青少年發展的諸多面向，即使在考慮小孩以及近親的特質之後也是如此。由於整個國家經歷種族主義、種族歧視以及種族分隔的悲痛史（如在肯辛頓所見），因此若先撇開社會階級，種族對街坊的影響也很大，不過此處我們的重點在於，階級的巨大效應影響了所有膚色的小孩。

富裕的街坊會提升學業表現，主要是因為我們在前一章所討論的學校效應，但也受到其他青少年機構的影響，例如優良的托兒所、圖書館、公園、運動隊伍、青少年團體，這類機構在富裕街坊要比貧窮街坊（如肯辛頓）更為常見。社區裡若有發展良好的社會網絡，就能給予學校的行政主管很重要的資源。[31]反之，許多嚴謹的研究則顯示，貧窮的街坊會孳生不良的行為，導致心理與生理不健康，行為不檢點、犯罪、暴力以及危險的性行為等。[32]大部分的街坊研究主要集中在城市，但最近對於農村地區的研究也發現同樣令人沮喪的結果。[33]

貧窮的鄰里不利於小孩的原因很多，但最重要的或許是鄰里相互合作所帶來的社會凝聚力以及非正式的社會控制，也就是繼山普森之後社會學家所說的「集體效能」(collective efficacy)，這種效能在肯辛頓、聖塔安娜或亞特蘭大貧民窟的貧窮街坊中都比較低。山普森說：「公民之間的集體效能與非正式管道所動員的社會控制以及基於信任的共同期望，息息相關。」[34]

黛安與莫莉回憶她們在年輕時獲得的社區共同教養，就是集體效能活生生的例子，反之現在肯辛頓的居民無法阻止小孩在鄰居的牆上胡亂塗鴉，則清楚說明集體效能的缺乏。集體效能反映在鄰居之間的信任之上，在比較有錢、教育程度較高的鄰里之中，集體效能比較高，而且不論個人家庭資源的多寡，街坊裡的每一位年輕人都能從集體效能之中獲益。街坊的集體效能會影響青少年的未來，這樣的證據不但隨處可見還十分穩定。

圖5.4說明鄰里信任與貧窮街坊之間緊密的相關性。[35]姑且不論個人的特質，如果你住在富

圖5.4　有錢人比窮人更信任自己的鄰居

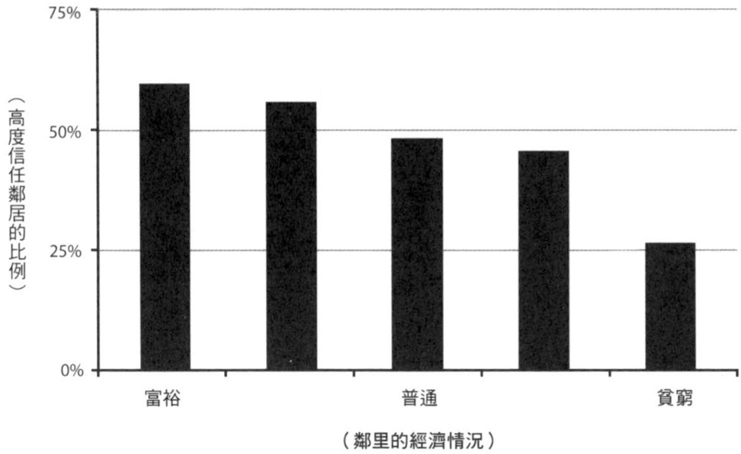

資料來源：Social Capital Community Benchmark Survey, 2000.

裕的街坊，你比較可能會認識並且信任你的鄰居。不管是警衛與法官，只要住在比較富裕的街坊，都比較可能會瞭解與信任自己的鄰居。如我們在圖中所見，愈來愈多貧窮小孩住在貧窮的街區，而愈來愈多有錢的小孩住在富裕的街區，所以集體效能與信任帶來的好處，愈來愈集中在有錢人家的小孩身上。簡言之，我們確實需要傾全村之力扶養一個小孩，但是美國的貧窮小孩卻漸漸集中在遭人遺棄的村子裡。

貧窮小孩所居住的社會環境，人與人之間不信任的程度愈來愈高。過去四十年來針對中學畢業生的社會信任調查確認了此項趨勢，問卷要求受訪者從「大部分的人都可以信任」或「你對待其他人必須非常小心謹慎」挑一個答案（這是在探測受訪者對於一般人的感覺，而不僅僅是對鄰居的感覺）。這道簡單問題的答案一直可以預測受

圖 5.5　十二年級生的社會信任，1976-2011（依家長教育程度）

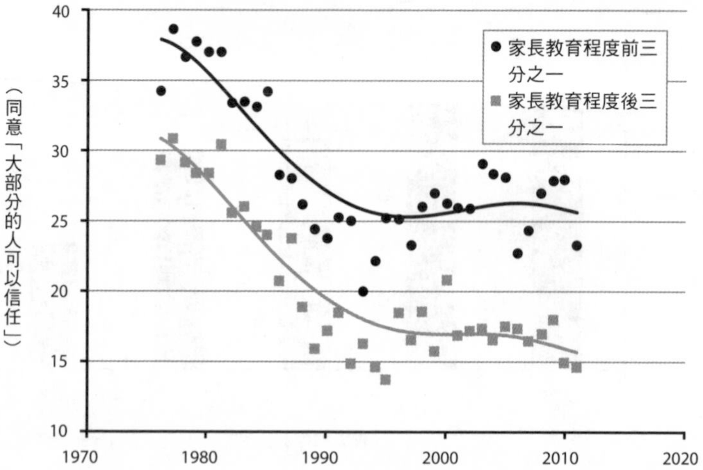

資料來源：Monitoring the Future annual surveys.

訪者的健康、幸福以及其他可以代表人類繁榮的指標，這也許是因為個人所處的社會環境若不斷讓人感覺恐懼，將會對人的身體造成壓力。全世界不管哪個地方，富有的人往往比貧窮的人有更高的社會信任，而美國的年輕人也一直是如此。[36]

過去半世紀以來，不管什麼社會背景的年輕人，彼此之間的信任關係都不斷下滑。[37]不過，如圖5.5所示，過去幾十年來，在美國青少年之間，社會信任的階級落差已經明顯拉開，產生另外一個剪刀差的圖形。從一九七〇年代到二〇一〇年代，對於十二年級學生的調查顯示，家長教育背景比較好的家庭（前三分之一），覺得大部分的人都可以信任的比例大約降了三分之一，但是家長教育程度墊底的三分之一學生，覺得大部分人可以信任的比例大約降了一半。目前在貧窮小孩之中，每七個學生大約會有六個選擇「你對待其他人必須非常小心謹慎」這個選項。

當我們在全國各地詢問小孩同樣問題時，沒有任何貧窮的小孩選擇「大部分的人可以信任」，就他們所描述的生活情況來看，大部分人對此問題的反應都顯而易見。他們所經歷的生活教他們「必須非常小心謹慎」。反之，幾乎我們所採訪的富裕小孩都會說，（在某些條件下）他們確實信任著其他人。兩者之間的對照反映的並非貧窮小孩的偏執，而是顯示他們居住在一個充滿敵意的社會環境之中，身邊的人還有各種制度常常令他們感到失望。

下美麗恩與肯辛頓的居民，曾經都有很高的信任感，但是現在肯辛頓人的信任感幾乎蕩然無存。下美麗恩的伊蓮諾認為大部分的人都可以信任，但肯辛頓的莫莉則說「在費城不能相信任何人，甚至是你愛的人也不行」，每一句話都精確反映出她們生活環境中的信任程度。當安德魯說：「本德鎮是一個互信程度很高的社區」，他指的只是他所瞭解的上本德區（upscale Bend），而不是凱拉眼中冷漠的本德鎮。我們在柯林頓港遇到的年輕貧窮女孩，她在臉書上寫了一段令人辛酸的話，表達出全國各地貧窮小孩的普遍看法：「愛讓你受傷，信任讓你喪命。」

信任感與集體效能低落並不是貧困社區不利於小孩的唯一原因。貧窮社區不利於小孩的另一個重要原因是鄰里的犯罪、毒品以及暴力的負面影響，正如我們在亞特蘭大、聖塔安娜以及肯辛頓所看到的情況。[38]或許是這個緣故，貧窮鄰里所形成的教養方式，也不利於小孩的發展。如同肯辛頓的莫莉以及亞特蘭大以利亞的母親，貧窮社區的家長感到憂鬱、壓力大與罹患疾病

圖5.6　十二至十八歲的青少年肥胖問題（依家長教育程度）

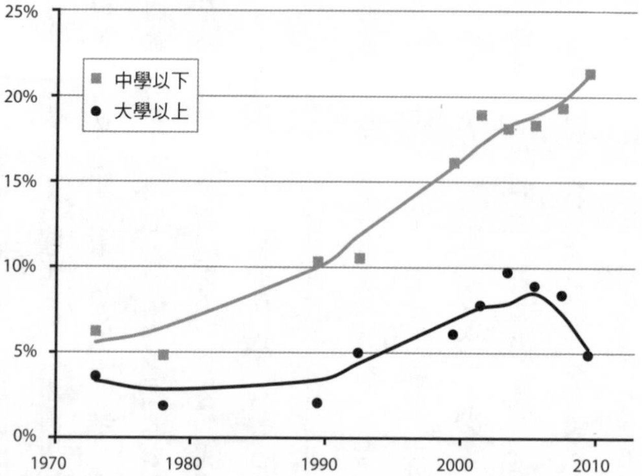

資料來源：Carl B. Frederick, Kaisa Snellman, and Robert D. Putnam, "Increasing Socioeconomic Disparities in Adolescent Obesity," *Proceedings of the National Academy of Sciences* 111 (January 2014): 1338–42.

的可能性比較高，因而造成了「缺乏溫暖與持續的教養」。[39]當然，什麼是最好的教養方式會因鄰里而異，如我們所見，在資源豐富的鄰里，家長比較有可能讓小孩參加妥善規劃的活動，培養他們的才能；但是在資源不足的社區，家長可能基於安全考量而將小孩留在家裡。[40]生活在貧困的社區仍舊是造成家庭混亂以及家長教養不力的一大風險因素，也不利於孩童的發展。

同樣的，生活在貧窮的社區也不利於身體健康。例如，整體來說，肥胖的問題在貧窮的鄰里比較嚴重。[41]我們的研究針對此問題也畫出另一個經典的剪刀差圖。

如圖5.6所示，一九九〇年代當肥胖問題在全國蔓延時，所有青少年肥胖增加的速度大致相同，但是在過去幾十年，家長受過大學教育的小孩，肥胖人數開始減少，而父母只有中學學歷的小孩，肥胖人數則是持續增加。因此，青少年肥胖的階級落差明顯擴大。

階級落差為何不斷擴大？有一部分的解釋認為，公共醫療訊息比較快傳遞到上層階級的小孩，更準確的說法是，因為這些小孩鑲嵌在此類訊息比較豐富的傳播網絡之中。反之，貧窮小孩在社會上相對孤立，導致他們更容易受到各種威脅的侵害。孩子所住鄰里的品質則是階級落差擴大另一個可能的解釋，肥胖症的不均似乎主要源於體能活動的差異，所以不同階級參與戶外活動以及使用運動設施的差異，似乎是主要因素。事實上，有一項名為「機會移居」(Moving to Opportunity）的控制實驗發現，如果讓隨機挑選出的貧窮家庭搬入貧窮率低的街坊，這些家庭的肥胖症與糖尿病將明顯減少。[42]

如我們所見，鄰里之間的經濟分隔在很早以前就已出現，但在一九七〇年代全國經濟不平等浮現之後，卻變本加厲。二〇〇八年金融風暴的衝擊及其後果，更是加速鄰里之間的不均。由於鄰里之間的經濟差異在各方面都影響了年輕人的生活以及機會，所以不令人意外的是，整個都會地區的鄰里不平等與小孩的機會不平等息息相關。[43]不同於一九五〇年代的柯林頓港，當時有錢人家的法蘭克與貧窮人家的唐恩住的不遠，只隔四條街道，如今有錢人與窮人往往住在不同的鄰里，因此富裕鄰里所帶來的好處就集中在有錢人家的小孩身上，而貧困鄰里所要付出的代價也集中在貧窮人家的小孩身上。鄰里之間的不平等愈大，社會向上流動的頻率就愈低，而機會的鴻溝也就愈來愈大。這清楚說明小孩所處的社會脈絡（除了家庭與學校之外）對於他們一生成功機會的影響有多麼深遠。

教會

教會在美國是提供服務給年輕人與窮人很重要的管道。控制其他因素之後，每週上教堂做禮拜的人，自願幫助窮人與年輕人的可能性，大約是那些不上教堂的二到三倍，而且比較可能為了宗教信念而捐款。宗教所帶來的優點，同時表現在人們透過世俗組織與宗教組織所做的奉獻與捐款，而且關鍵似乎不在於教義，而在於是否參加宗教團體。[44]因此，教會協助莫莉與她的家人，降低貧窮對他們一家的影響，這種情況並非罕見。

宗教除了帶來善行義舉外，年輕人上教會也會對學業以及學業之外的事務帶來許多正面的影響。[45]相較於不上教堂的同學，參與教會活動的學生會選比較難的課，學業與考試成績都會比較好，也比較少從中學輟學。當我們控制學生的個人特質、家庭與學校教育的影響之後，發現若小孩的父母固定上教堂，那他們上大學的機率要比父母不上教堂的小孩高出四〇％至五〇％。

上教堂的小孩跟父母以及其他大人的關係會比較好，也會結交更多優秀的同學，比較會參與運動及其他課外活動，比較不會濫用藥物、酗酒或抽菸，比較不會從事危險的行為（例如不繫安全帶），也比較不會有脫序的行為（在店裡順手牽羊、在校行為不檢，或者是遭到校方停課與退學）。至於前面所說的非正式指導，上教堂（如果真的有人指引）對於貧窮小孩的生活影響遠遠大於對富裕小孩的影響，部分原因是富裕的年輕人接觸正面影響的機會較多。

傳統上，教會活動實際上要比社區或課外活動更沒有階級偏差。[46]但是，現在的貧窮家庭一般來說卻比富裕的家庭更少參與教會的活動，而且這樣的階級落差仍不斷擴大中。過去幾十年來，美國人的宗教虔誠度起起伏伏，教育程度比較高的美國人，對於宗教信仰的虔誠度，上升的速度比較快，退卻的速度也比較慢。不僅如此，雖然各個階級的黑人都比白人虔誠，但是不管黑人或白人，上教堂的階級落差都不斷擴大。

一九七〇與八〇年代福音派信徒暴增，主要集中在中產階級與中上階級。從一九七〇年代晚期開始，擁有大學學歷的中年白人，每週上教堂做禮拜的比例幾乎毫無增加（大致來說是從三〇%掉到二七%），但是沒有大學學歷的成年白人卻下滑了約三分之一（從三〇%至三二%，下滑到二〇%至二二%），這也打開一道非常明顯的階級落差，而且是一九五〇年代所看不到的。如果你仔細聽，你會發現美國家庭裡傳出的聖歌歌聲，逐漸帶有上層階級的口音。[47]

不意外的是，同樣的趨勢也出現在青少年之間。最近幾十年來，全國各地年輕人上教堂的比例都在下滑，但是社會經濟地位後三分之二小孩下滑的速度，要比前三分之一的小孩還要快

圖 5.7　十二年級學生上教堂的頻率，1976-2012（依家長教育程度）

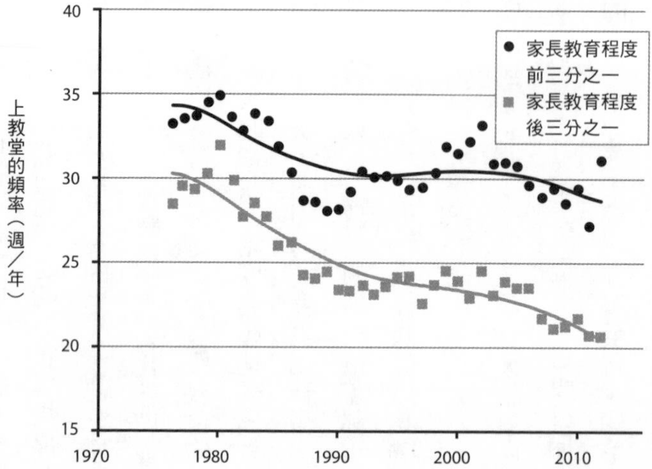

資料來源：Monitoring the Future annual surveys.

二倍。圖5.7讓我們看到熟悉的剪刀差圖形，這張圖證明了一項事實，宗教在費城的麗莎與艾咪童年時所發揮的積極作用，如今在全國貧窮小孩身上已經逐漸式微。

社區與社區的組織，例如教會，是孩童發展與社會流動很重要的資源。但是，這些資源在現今美國社會裡，慢慢不再是公共與集體的資源，迫使所有家庭愈來愈要自食其力。[48]有錢家長的財力與社會資本非常豐富，所以他們輕易就可以憑藉個人力量支持自己的小孩。看顧小孩曾經是大家共同承擔的集體責任，但是近幾十年來這樣的美德已逐漸消逝。「我們的孩子」這種有效觀念不斷萎縮，而且對於優勢家庭與劣勢家庭的小孩產生完全不同的影響。這也帶出我們在下一章所要討論的問題：「那又怎麼樣呢？」以及「我們要怎麼辦？」

6 怎麼辦？

本書呈現美國優勢家庭與弱勢家庭年輕人一連串的生活對比，輔以更嚴謹的資料，說明這些個人圖像所代表的全國各地情況。我們已檢視現今影響美國年輕人成長的幾個同心圓網絡，例如家庭、學校與社區，而且我們也見到最近幾十年來，富小孩與窮小孩所面對的挑戰及機會差異是如何逐步擴大。

這些充滿個人色彩的故事，可能會讓我們忽略機會鴻溝與所得不平等擴大之間更深層的關係。從柯林頓港到費城，本德鎮到亞特蘭大再到橘郡，每個家庭之間的經濟差異，在每個故事當中都是很重要的環節。在每一段故事組曲中，令人感覺沉重、心痛與不祥的主旋律，往往出於下層階級家庭的經濟不斷惡化，尤其對照上層階級家長手上資源的節節上升，情況更為明顯。

當然，所得不平等與機會不平等的關連絕非簡單與立即可見的因果關係。如同個案所呈現，經濟困頓要醞釀好幾十年才會破壞家庭結構與社區的支持力量；父母教養與學校教育的落差也要好幾十年才會變得明顯；童年時期的不同影響同樣要好幾十年才會完全顯現在他們成年的生活之上。不僅如此，這些悲傷的故事在美國發生的時空背景也相當不同。舉例來說，這些過程最早是從有色人種的社區發軔並且惡化的，但如今也擴散到白人社區。

由於時間難以劃定與效果的延遲，造成我們遲遲無法在所得不平等與機會不平等之間建立簡單的統計相關性。這種方法論上的困難有如探索全球暖化問題的源頭。內燃機的發明與地球大氣層發生變化之間相隔了幾十年，而大氣層變化和冰川融化也過了幾十年，而且還要很久海平面才會蓋過紐約的曼哈頓島與佛羅里達的邁阿密。這些時間上的落差難免使科學家對於系統變遷的速度，甚至是變遷的真實性，產生很大的爭論。就全球暖化或機會鴻溝這兩個例子來說，不論是因果關係或是未來的發展，依然充滿著不確定性，但是在這兩個例子裡，如果我們要等到全部釐清才開始行動，那就太遲了。

社會經濟地位的向上流動已經大幅下滑了嗎？關於階級鴻溝為何不斷擴大，我們找到的因素，正好跟經濟學家掣堤（Raj Chetty）等人解釋現今美國社會經濟流動的因素完全相同，像是家庭結構、居住分隔、學校品質、社群凝聚力與所得不平等。事實顯示（如本書所言），這幾個因素是解釋社會流動趨勢最主要的指標。掣堤根據自己研究的初步證據，認為社會流動並未衰退，但是其他人（包括我）則對此持保留態度，十年後當這些年輕世代的資料出爐時，我們懷疑挈堤早先的研究結果是否還站得住腳。[1]

但是，參與爭論的各方都同意一件事：隨著所得不平等擴大，優勢家庭的小孩不論在起跑點或最終的成就，都將遙遙領先弱勢家庭的小孩，就算社會經濟的流動率維持相同也是如此。經濟學家索希爾在《超前或落後》（*Getting Ahead or Losing Ground*）這本書中清楚陳述自己的論點，她寫道：「隨著不平等加劇，人們對於美國社會流動程度的爭論也愈演愈烈。當所得差距擴大，小孩是否有機會在表現上勝過父母變得更加重要……現在的社會流動比起過去是變得更快或更慢，尚無定論，但是現在的梯級間距比昔日還大，因此家庭背景對於一個人最終經濟成就的影響遠大於過去，而且持續的時間可能更長。」[2]

也許讀者會覺得有點意外，這本書中竟然沒有上層階級的壞蛋。事實上，我們故事裡中上階級的父母，沒有任何一人含著金湯匙出生、只要靠著萬貫家財就可以安逸過活。反之，厄爾、佩蒂、卡爾、卡洛拉、理卡多與瑪妮都是家裡第一個上大學的小孩。[3]他們之中大約有半數以上都來自破碎的家庭，每一個人都很努力往上爬，並且花很多時間、金錢與心思養育小孩。他們平凡的出身（雖然不至於到貧窮）在某方面更接近現今貧窮小孩所面臨的處境，而不是他們自己孩子所成長的環境。

上一代之所以能夠向上流動，有一部分是他們年輕時面對的環境比較有利於向上流動。雖然我們直覺地認定他們是「靠自己」，但是從許多小地方來看，他們都受益於出身的家庭與社區的支持，這些資源對現在一般家庭的小孩來說並不容易取得。在他們成長的年代，公共教育資源或社區的支持力量不分階級地提供給所有小孩，目的是把許多人都推上晉升的階梯，不論是本德鎮、比佛利山莊、紐約、柯林頓港或是加州中南部皆是如此。但是這些支持性的制度，不論來自公共或私人，現在都不再像過去那樣服務比較窮困的小孩，而這就是本書的重點。

但是，本書大部分的讀者並不會遭遇相同的困境，本書的作者不會，我們的親生小孩也不會。由於美國的階級分隔日益加劇，愈來愈少成功人士（甚至連我們的小孩也愈來愈少）瞭解另一個世界的窮人如何過活。我們理當對這些弱勢孩童感同身受，但卻礙於缺乏瞭解而愈來愈無法保有同理心。

我在展開這項研究之前也是如此。我以為自己完全是靠著個人努力，從柯林頓港的平凡家庭爬升到現在的地位，大部分的時間，我都沒想過我的好運有多少來自於那個社群主義（communitarian）與平等主義年代之中的家庭、社區與公共制度。如果我和同學們可以往上爬，我認為現在平凡家庭的小孩也辦得到。不過在完成這項研究之後，我有了更深刻的體會。

我們的故事中沒有壞蛋並不表示無人犯錯。現今對於美國機會平等的各種限制，包括我們故事中出現的諸多限制，都可以歸咎於那些反映集體決定的社會政策。至少，我們必須對這些集體決策負起一部分的責任，阻擋他人成功的障礙沒被移除，我們難辭其咎。

但是，為什麼機會鴻溝對於我們這些幸運的人很重要？答案就在於美國貧窮小孩的命運將深深影響我們的經濟、民主以及我們的價值。

機會不均與經濟成長

貧窮小孩獲得的家庭、學校與社區的資源比較有限，無法像富裕的小孩一樣充分發展上天給予的天賦，但這並不是貧窮小孩自己的問題。為了經濟生產力與經濟成長，我們國家必須竭盡所能地挖掘所有人的天賦，不能浪費任何人才。機會鴻溝不但讓我們所有人付出真正的代價，也帶來經濟學家口中的「機會成本」（opportunity costs）。

一九七五年，經濟學家奧肯（Arthur Okun）提出著名的公式，表示人在公平與效率之間「必須有所取捨」（the Big Tradeoff）。[4]我們可以追求提升社會公平的政策，例如透過稅收制度重新分配所得，但這勢必會犧牲經濟生產力。但有時候人們卻忘記，連奧肯自己也認為這種嚴格的取捨公式，基本上**並不適用**於追求機會平等。在這種情況下，沒有所謂的取捨，因為對貧窮小孩的投資能夠提升每個人的成長率，也能讓貧窮的小孩擁有更公平的競爭環境。這在美國歷史上，一直都是公共教育的核心理念，不少經驗研究也都肯定此項前提。[5]

在全球化的環境中，對貧窮小孩的投資不足所要付出的代價甚至更大，因為在技術快速變遷的時代，低技術工人擁有的技能與老闆的需求之間產生了「技術錯配」（skills mismatch）的現象，這也造成經濟學家高汀與卡茲口中的「低教育者的效用減低」以及經濟成長趨緩。[6]當代的公共辯論已經察覺此問題，卻認定這主要是「學校的問題」。與之相反，我們已經看見貧窮小孩所面對的多數挑戰並無法歸咎於學校。經濟學家艾塞默魯（Daron Acemoglu）與奧圖使用完全不同的資料，卻也得出相同的結論：「美國的教育體系絕對不是美國教育聲望日下的唯一因素。」[7]

我們無法輕易算出機會鴻溝所製造的經濟成本，但是有三項研究，分別使用各種不同的方法，得出一些可以廣為比較的預估數據，而且數字大的嚇人。

- 霍澤（Harry Holzer）等人估算美國經濟每年因為小孩貧窮要付出的整體成本。他們的結論指出：「這些成本每一年合計約五千億美金，相當於美國GDP的四%。更精確地說，我們估算每一年因孩童的貧窮1.減少的生產力與經濟產出大約等於GDP的一．三%；2.犯罪提高所要付出的成本也是GDP的一．三%；3.提高醫療經費以及減少健康的價值，大約是GDP的一．二%。」[8]
- 貝菲爾德（Clive Belfield）等人則是關注他們所說的「機遇青年」(opportunity youth)，也就是年齡介於十六至二十四歲，既不在校讀書，也未進入職場的年輕人，這些人基本上就是本書所關注的群體，亦即家庭較貧窮且教育背景較差的小孩。[9]貝菲爾德等人費心估

表6.1 「機遇青年」的經濟成本　　單位：美元

	納稅人負擔	社會負擔
每年（每名青年）	$13,900	$37,450
一生（每名青年）	$170,740	$529,030
這一代的機遇青年帶來的整體負擔（以現在的貨幣計價）	$1.59兆	$4.75兆

資料來源：Belfield et al., 2012

算出每位機遇青年每一年以及終其一生給納稅人增添的成本，接著再算出每位機遇少年對整個社會造成多少負擔（比方說，犯罪所付出的私人成本或是整體成長變慢所要付出的成本）。他們的分析相當全面，甚至還將目前的教育體系因為這些小孩退學而「省下來的成本」列入計算。他們鉅細靡遺地列出整體成本，情況就如表6.1所示，數據看來令人咋舌。

在上述成本之中，大約有三分之二反映的是收入的損失、較低的經濟成長、較低的稅收，而只有不到五%反映的是「福利」計畫的成本。即使我們鐵了心，乾脆讓這些貧窮的小孩自食其力，我們還是要考慮這些小孩因為無法對全國經濟盡一份心力所造成的龐大成本

- 最後，布雷蓓瑞（Katharine Bradbury）與崔斯特（Robert K. Triest）總結過往研究而指出，機會不平等造成極具潛能的弱勢工人無法充分發揮自己的能力，使得成長速度趨緩。接下來，他們比較美國不同都會區的社會流動速度以及成長率，發現社會流動似乎可以加速經濟成長，其速度超過以一般成長理論為基準所預測的成長速度。如果代間流動較慢的亞特蘭大地區，流動速度可以跟上代間流動較快的鹽湖城（Salt

Lake City）地區，就可以讓亞特蘭大地區的實質人均所得十年的成長率增加十一%。如果曼菲斯、田納西地區可以將各自代間流動的速度提高到跟愛荷華州的蘇城（Sioux City）以及鹽湖城等地區一樣，曼菲斯的實際人均所得十年成長率預計會躍升二七%。[10]

如果能進行更多研究，數據當然會更精確，但是這些預估值已經相當完整，我們必須嚴肅以對。不僅如此，這些預估值竟然不約而同都指向一個關鍵點：當我們不理會這群年輕人時，我們要付出的代價其實相當昂貴。

估算「冷漠」所產生的高昂成本，並無法告訴我們該採取何種行動來避免這些成本，也不會告訴我們採取這些補救行動要花掉多少錢，即使諾貝爾經濟學家得主海克曼早就預估，大幅投資兒童早期教育所產生的實質報酬率（大約是六%到一〇%）將會超過股市的長期報酬率。[11]即使我們深明這些估算事實上都過於簡略，還是難免要說，忽略貧窮小孩眼前的困境，會給所有人帶來沉重的經濟負擔。而且就算我們視若無睹，問題也不會自動消失。[12]

這些統計上的發現，十分契合本書所檢視的生命故事。比方說，柯林頓港的大衛就是個懂事而且工作勤奮的小孩，一肩扛起照顧八位「繼手足」以及自己新生女兒的重責大任，還要靠著不斷兼職與低薪的工作，努力維持生計。不過他卻因為自己青少年留下的前科，不適當的學校教育，自身家庭與社區的不良影響，以及有限的經濟選擇而無法大步邁進。雖然他自己很希望可以為柯林頓港的經濟復甦盡一份心力，但卻在無意間給社區資源帶來很大的成本，包括實際成本與機會成本。如果不是我們這些人的幫助，他很有可能就此過一生。大致而言，凱拉、以利亞與蜜雪兒、羅拉、蘇菲亞、麗莎與艾咪的情況都是如此。如果我們可以動手縮小機會鴻溝，這些小孩將不再是我們的經濟拖累，而會如他們所願，成為貢獻經濟的人。

雖說奧肯在公平與效率之間的取捨並非必然，但這也不表示完全沒有取捨的問題。不難想見有些再分配的方案，也許會對社會的生產力帶來無法承受的成本。所以到頭來這還是一個很實際的問題：一項促進機會平等的努力，在什麼情況下會帶來令人無法接受的成本？根據合理的評估，美國現在有很大的空間可以同時提升機會均等與經濟成長。但是，為了達到這些目標，此時此刻就必須大刀闊斧地投資。

機會不平等與民主

民主的本質是每個人對公共的決議都有相同的影響力。[13]代議民主需要的，至少是絕大多數的人（如果不是全民）都能投票以及參與基層的公民事務。影響政治的其他工具（例如財富）如果愈強大，而且在公民之間的分配愈不平均，選舉與基層參與對於確保我們不遠離民主就愈重要。

教育程度高以及富裕的公民比起教育程度低的貧窮公民，會更積極參與公共事務，具備更多政治知識以及市民技巧，也更有可能參與各式各樣的政治與市民活動，這些都是政治行為研究最穩定的發現之一。因此，機會鴻溝日益增大對於美國民主的意義為何？富小孩更相信自己可以影響政府，而大致上來說他們也確實如此。[14]想當然爾，窮小孩腦中比較不會浮現影響政府的念頭。

美國人口統計局（U.S. Census Bureau）定期在全國的抽樣調查中詢問受訪者市民參與的情況，包括他們最近是否曾經跟其他人討論政治，參加自願團體，參加公共會議、參與抵制或「拒買」（buycott）行動，跟其他人一起努力改善社區問題，以及接觸政府官員。圖6.1分別整理二十至二十五歲的年輕人在二〇〇八與二〇一〇年之間，參與上述行動的頻率。中學以下學歷的年輕人，完全不參與各種市民生活的比例，是擁有大學學歷年輕人的兩倍，而參與二項以上活動的比例，則還不到擁有大學學歷年輕人的一半。[15]

壞消息尚未結束，從民主參與的基礎，也就是投票來看，年輕人之間的階級差距在近幾十年來不斷擴大，形成另一個剪刀差圖形。根據最近的全國選舉數據，受過大學教育的年輕人比起那些只有中學以下學歷的年輕人，投票率一直有二到三倍的差距。[16]

諷刺的是，如果我們從投票以外的市民參與來看，像是參加公共會議或連署請願，近年來的階級差異似乎逐漸縮小，但這只是因為有錢人家的小孩退出市民社會的速度要比貧窮人家的

圖 6.1　大學學歷的年輕人公共參與比較活躍

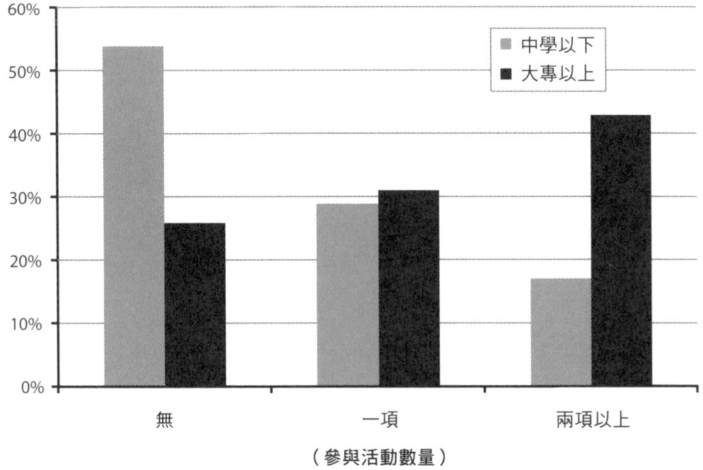

資料來源：Current Population Survey, 2008 and 2010.

小孩更快。[17]令人稍感安慰的是，市民參與下滑其實是普遍現象，一如我們在第四章看到的學生會參與情況，只不過這也表示下一代愈來愈不願意參與公共事務，而且儘管剪刀的開口縮小，階級差距依然非常明顯。

針對中學畢業生所進行的優質全國調查已經證實，家長的教育程度如果較低，他們的小孩比起家長有大學學歷的小孩，對於政治較陌生，較不感興趣，比較不信任政府，也比較不會去投票，更不可能公開參與地方事務。不僅如此，白人內部的階級差異比起有色人種內部還要顯著。[18]網路參與最近快速成長，但是使用網路參與政治的數位落差依然巨大，也不見減緩。[19]

更糟的是，如同政治學家舒茲曼（Kay Schlozman）、維巴（Sidney Verba）與布雷迪

（Henry Brady）等人所述，政治參與的階級落差逐漸橫跨世代，因為小孩往往延續父母政治參與的程度，正如他們往往會繼承父母的社經地位。所以隨著世代的發展，階級的落差也不斷累積。他們寫道：「如果父母的教育程度高而且家庭富有，不僅可以帶給子女就業成功的優勢，也讓他們在政治影響力上占據上風。」[20]

因此，政治參與度的傳承，代表一種雙重劣勢（double whammy）。教育程度高的父母比較可能參與政治，而小孩從小耳濡目染，自然而然和大人一樣愈來愈熱中於政治，這是父母政治參與的直接影響。但是除此之外，父母教育程度較高的小孩，更有可能在長大成人後也擁有高學歷，而他們較高的學歷同樣有利於他們成年之後的政治參與，這是一種間接影響。反之，弱勢家庭長大的小孩，則因為家裡少了可以學習公民角色的模範，加上自己的教育程度不高，因此在政治參與上受到雙重打壓。

這種雙重劣勢進而對第一章所揭示的美國傳統理想帶來雙重挑戰。首先，美國人往往相信政治不平等比經濟不平等更加嚴重；其次，我們相信繼承而來的不平等比一個特定世代之間的不平等更嚴重。繼承所造成的政治不平等，令人難以忍受的程度已經十分接近美國革命當時所反抗的政治體制。

在訪談之中，我們發現不論家庭背景是富裕或貧窮，從這些小孩身上，都可以看到普遍且日益嚴重的政治冷漠。基本上，現在的美國人都對政治與政府深感不滿，但各階級的共同之處也僅止於此。我們所遇到的中下階級小孩不斷遠離市民生活，然而，上層階級的小孩卻一直受到父母親、同儕與導師們的鼓勵去參與政治活動。有好幾個例子可供參考。

柯林頓港雀兒喜的父母親在社區相當活躍，並常常針貶時事，雀兒喜說：「我基本上和他們的政治立場一致，但我還是必須弄清楚這些事情，因為我現在可以投票了。我正要進入職場並且貢獻社會，我必須接受更高的教育，才能更瞭解一切。」

反觀另一頭，大衛生活在混亂的家庭，完全沒有政治或公民參與的效法對象，所以當我們問到這些議題時，得到的是困惑的眼神與三言兩語的簡短回應，彷彿我們問的是莫札特和獵狐活動（foxhunting）。

問：你曾經投票嗎？

答：從來沒有。

問：你知道父母親是否參與政治活動嗎？或他們曾經參與類似的活動？

答：我並未跟他們聊過這些事情。

在美國另一端，本德鎮的安德魯則是回答，自己和父母親一樣會參與社區活動，將來也打算去投票（他還說自己和父親支持不同政黨）。雖然他在人生這個階段還不算相當活躍，但他經過大學辯論的洗禮之後變得更熱中於公共議題，還想像自己將來會從政。

反之，在凱拉的腦海中，政治有如天方夜譚，她的心思已經被那些要命的個人煩惱所盤據。

問：妳曾經參與政治或社區事務？

答：應該沒有。

問：妳喜歡看新聞嗎？

答：時間一過就不是新聞了。都是某某人殺了某某人、或者某某人搶了某某人，我對這些事情根本不感興趣。

問：妳對於即將來臨的選舉是否感興趣？妳會去投票嗎？

答：我並不在乎這些事。

問：妳有支持的政黨嗎？

答：他們都一樣遜。

問：妳的父母親到底有沒有參與政治？

答：沒有。

上層階級參與政治與下層階級遠離政治，兩者之間的對比在統計分析以及訪談年輕人的時候都一清二楚，這給美國民主帶來兩項根本的風險，一項比較明顯、一項比較隱晦。

首先，政治發言的階級差距擴大，會使政治體系愈來愈難代表美國的利益與價值，進而造成政治疏離感的惡化。事實上，愈來愈多證據指出趨勢確實如此。[21]金錢在美國政治中的角色日益重要，缺少投票箱所帶來的民意壓力會使代表性不足。政治人物喜歡說「讓投票說話」，但如果你不投票，選舉的結果就不可能對你有利。政治科學家道爾（Robert Dahl）寫道：「如果你在政府中被剝奪了平等的發言權，那你的利益比起那些有權發言者的利益，不受重視的可能性相當高。如果你自己不說話，誰會為你發聲？」[22]

美國政治學會（American Political Science Association）的藍絲帶工作小組（blue-ribbon task force）在十年前也得出相同結論，作者寫道：「現今美國公民發聲的程度與受重視的程度並不平等。有權勢的人比其他人的參與度更高，並且愈來愈能透過有組織的行動對政府提出他們的訴求。因此，政府官員更容易回應有權勢者的訴求而非一般老百姓與窮人的訴求。當優勢者喊出清楚與整齊劃一的聲音時，政策制定者很容易就聽見並且定期追蹤；而收入中下的公民只能發出微弱無力的聲音，根本無法獲得政府官員的聆聽。」[23]簡而言之，機會鴻溝削弱了政治平等，也因此降低了民主的正當性。

美國年輕人對政治愈來愈冷漠，在機會鴻溝中處於弱勢的年輕人更是如此，這對民主的穩定帶來第二種隱晦而捉摸不定的危險。這種危險是政治思想家鄂蘭（Hannah Arendt）與社會學者孔豪瑟（William Kornhauser）所謂的旁觀者沉默，他們兩人在二次大戰後，便對於一九三〇年代經濟與政治夢魘以及反民主極端主義的興起，深感震驚。

疏離與冷漠的公民會變成一個個被動與分散的個人，他們和社會組織脫節，在一般正常的情況下，他們對於政治穩定的威脅微乎其微，因為任何激烈的行動都將因為民眾的冷漠而銷聲匿跡。也許在這種情況下的政府不會非常民主，但起碼會維持穩定。不過，如果在嚴峻的經濟或國際壓力下，例如一九三〇年代整個歐洲與美國所面臨的龐大壓力，這些「被動」的民眾可能會瞬間顯現高度的不穩定，容易受到極端反民主意識形態的人士操控。

孔豪瑟在《群眾社會的政治》（*The Politics of Mass Society*）一書中主張，最容易受到煽動性群眾運動影響的公民，例如納粹主義、法西斯主義、史達林主義，甚至是美國的麥卡錫主義，正是那些「最沒有機會參與正式或非正式集體生活的人」。[24]鄂蘭在她的經典著作《極權主義的起源》（*Origins of Totalitarianism*）也提出相同的論點，她寫道：「這些群眾的主要特質不是殘酷和落後，而是孤立以及缺乏正常的社會關係。」[25]我們不需要屈服在這些政治夢魘底下，但不妨想想現今美國貧窮小孩面對希望渺茫與人際疏離的未來，是否會造成日後難以預料的政治後果。因此，機會鴻溝不僅會損害美國的經濟繁榮，也會削弱我們的民主，甚至危及我們的政治穩定。

機會不平等與道德義務

截至目前為止，我們的重點都放在我國弱勢孩童生活困境所造成的經濟與政治後果，就像大衛、凱拉、以利亞、羅拉以及本書其他人的故事一樣。但這些論點背後還有一個核心基礎：忽視這些小孩就是違背了我們最深的宗教與道德價值。

基本上所有宗教都具有照顧弱勢的共同承諾。聖經箴言第二十九章第七節預言說：「給予窮人照顧是公平正義，但不包含以此對待惡人。」耶穌告誡一位虔誠的富翁，告訴他應該放棄擁有的一切去賜予窮人，因為「財主要進入天國的大門比駱駝穿過針眼更加困難」。（馬可福音10:21-25）以賽亞憤怒的神將以色列的長老和統治者聚在一起，以公平正義的態度怒斥他們：「你們怎麼敢壓榨我的子民，把窮人的臉踩進塵土之中？」（以賽亞書3:15）

教宗方濟各（Pope Francis）最重要的貢獻就是提醒一切有信仰與沒有信仰的男男女女，人內心最深處的道德義務就是關心自己的鄰居，尤其是貧窮的孩童。他在二〇一三年提到：「幾乎沒有人意識到，我們竟然對窮人的哭喊、對他人痛苦的哭泣無動於衷，也不覺得有必要去幫助他人，彷彿這一切都是別人的責任，跟我們自己毫無關係……。（當）我們孤立年輕人，這對他們並不公平：年輕人應該是家庭、國家、文化與信仰所共有的……他們才是人類真正的未來。」[26]

美國歷史的基礎文件，從〈獨立宣言〉到〈蓋茲堡演說〉（Gettysburg Address）都擁護一項基本原則，也就是人生而平等的道德價值。但是在美國歷史上大部分的時刻，我們居然默默地、毫無羞恥地將有色人種與女人排除在此原則之外。然而，幾乎所有公平正義的道德理論都導向這項原則，這是敲動過去一百年來解放運動的錘子，擴張了平等的權利。一如金恩博士（Martin Luther King）一九六三年三月在華盛頓所說：「我們共和國的締造者在擬定憲法和獨立宣言的輝煌篇章時就簽署了一張支票，每一個美國人都能兌現這張支票。」

如第一章所見，在我們之中，九五%的人會說「美國領土上的每個人都有相同的成功機會」，只是這個共識基本上不曾在美國當代的爭議歷史中達成。機會平等原則從細節來看有如千絲萬縷，尤其是那些的確需要公平處理的棘手問題。例如，哲學家爭辯著智力、健康、精力等方面的基因差異，是不是成了合理化機會不平等的理由，甚至機會平等的原則是否表示我們應該設法彌補人的厄運。

這些抽象的辯論似乎為當代爭論帶來一些啟示：如果某個人因為智力或意志力不足而從中學退學，這是否違背了機會平等的原則？[27]我們必須在理論世界中處理這些複雜的議題，**但在美國今日真實世界中並不需要如此**。正如本書所示，直到現在為止，我們離所謂的機會平等仍有很長一段距離，即使是對充滿天賦與活力的小孩也是如此（至少完全比不上我們自己過去的表現），因此我們若過於拘泥於機會平等的原則，似乎會有一些危險。

即便在真實的世界，機會平等也需要與其他價值，包括自由與自主，放在一起取捨。如果以機會平等之名，阻止富裕的家長在孩子睡前朗讀《晚安月亮》（*Goodnight Moon*），或者要求情侶不可以婚前生子，難免會略顯荒謬。另一方面，機會平等的原則有時確實會凌駕其他價值：例如，我們要求父母不管是把小孩送到公立學校或私立學校，都必須提供小孩適當的教育，而我們根據的原則就是父母的自主權不應凌駕孩子接受基本教育的權利。

有時候我們會覺得把責任推給父母教養小孩的方式是合理的。我們可能會怪以利亞、凱拉、大衛或蘇菲亞的父母親做出錯誤的決定，確實如此，這些孩子也責怪自己的父母！但是讓小孩為父母親的疏失負責，有違大多數美國人的道德觀。[28]

機會平等絕非公眾行動的明燈。但是，我們毋須解開哲學上的難題，就可以意識到現今美國富小孩與窮小孩的機會鴻溝日益擴大這個現象在道德上難以令人接受。我們毋須信奉完美無暇的機會平等，就會同意宗教理想與基本的道德原則將督促我們追求比現狀更好的機會平等。

怎麼辦？

我們個人、社區成員或者整個國家應該要怎麼做才能幫助貧窮的小孩追上有錢的小孩呢？正如本書所述，這個問題並不容易回答，也不會有一個簡單明確的答案。相反的，在「紅色」

的共和黨與「藍色」的民主黨對立逐漸升高的美國社會中，最終要處理的卻是交雜各種因素而擺盪於兩者的「紫色」問題。有些原因（例如未婚生子）從「紅色」保守派的角度來看就特別明顯；其他原因（例如所得不平等）從「藍色」自由派的觀點來看，則是更加嚴重。如果我們想提供每個小孩更多機會，社會的公民領袖就必須超越政黨與意識形態。如果想解決機會鴻溝，我們就必須考慮整個光譜上各種可能的解決途徑。

接下來我將提出一系列補救方案，也就是能夠改變現況的集體承諾。[29]要把這些建議轉化成全面性的行動計畫，是一大工程。美國是一個龐大異質的國家，因此不同的情境需要搭配不同的政策組合，在柯林頓港行得通的方法，不一定適用於亞特蘭大、橘郡、費城或本德鎮。國家政策制定者最優先的考量，可能和公民或宗教活動者眼中最有效的方法截然不同。我們接下來會討論廣泛的行動議題，目的是刺激所有美國人反思與行動。

我在此提出的建議是根據目前所能掌握的最完善證據。所幸目前這塊研究領域的發展相當活躍，學者與實務工作者都在追尋更有創意的解決之道。我們應該追求成本效益，但是從目前機會鴻溝的規模來看，縮小鴻溝要投入許多成本。我們必須採取一套試點的策略，從實際經驗中瞭解何種方法有效，以及在哪裡有效。所以，我評斷現有提案的標準並不在於是否已經證明有效，而是有沒有充分證據證明該建議具有前瞻性。

幸運的是，美國聯邦體制的設計能讓我們好好執行這項策略，因為這套體系鼓勵我們在不同地方嘗試各種想法，並且從中相互學習。在過去的歷史之中，我們已經成功藉此方法解決比較大的問題。十九世紀末，在快速都市化、大規模遷移、動盪不安的社會經濟與技術變遷、政治紛爭與經濟不平等的嚴峻局勢中，兩黨來自全國各地的公民領袖一起探索各式各樣的社會、經濟與政治改革之道。有些改革宣告失敗，有些遭到揚棄，不過有一些改革卻展現出令人意想不到的效果。進步時代（Progressive Era）的成功經驗如雨後春筍般遍及全國各地，最後聯邦立法（與資助）推動全國改革。改變不只由上而下，也從下而上，我們現在必須仿效那些成功創新的年代。

家庭結構

如第二章所見，在南轅北轍的公共辯論中，有一件事出乎意料地超越意識形態的對立而逐漸凝聚共識，亦即工人階級家庭的崩解是機會鴻溝日益擴大的主要原因。不幸的是，大家也漸漸同意一件事，那就是除非工人階級所得長期下探的趨勢有所轉變，否則截至目前為止透過直接介入、以政府為主的解決方式，成效都相當有限。

某些保守派一貫主張的「婚姻政策」，訴諸傳統婚姻規範以減少單親家庭。[30]然而，儘管這項政策目標有許多優點，但事實表明，試圖提高婚姻穩定的政策實驗，立意雖好但並未奏效。一九九六年的福利改革終結「我們所知的福利」（welfare as we know it）*，這對於降低美國窮人、低學歷者結婚率不斷下滑的趨勢毫無幫助。小布希（George W. Bush）所帶領的政府繼續推動一連串的政策實驗，設法提高結婚率與增加婚姻的穩定性，並且嚴格評鑑這些政策的執行成果。其中「打造堅固家庭」（Building Strong Families）計畫率先提供未婚父母關係技巧的訓練與其他服務，而「支持健全婚姻」（Supporting Healthy Marriage）計畫也提供已婚配偶同樣的支持服務。然而，雖然零星傳出好消息，但這些實驗即使是規劃妥當、資金充沛的公共計畫，也沒有任何一個能充分證明得以提高結婚率或是讓夫妻關係長久。可以肯定的是，宗教團體毋須政府介入就可以影響他們的信徒，所以教會對於婚姻、教養與照顧小孩的責任，有加強支持的作用。[31]另一方面，除非能翻轉民間常規根深蒂固的趨勢，或是工人階級的經濟出現強而有力且持續的復甦之外，我尚未看到什麼其他辦法可以提振美國窮人的結婚率。[32]

如果婚姻毫無復甦的跡象，我們如何靠著降低未婚生子的比例來減少單親家庭？我們幾乎可以肯定，想要重建過去性與婚姻之間密不可分的關係已經太遲，根本就是緣木求魚。但我們可以透過更有效的避孕方式，去除性與生小孩之間的關連嗎？經濟學家索希爾提出了以下方法。

> 有太多年輕人在他們準備共度一生並為人父母之前，就有了性關係並生了小孩。過去社會規範汙衊未婚生子，現在必須汙衊的是毫無計畫就為人父母。全新、價格低廉且長效的控制生育方式，將有可能扭轉這種錯誤。[33]

避孕是解方嗎？[34]雖然有些宗教領袖以道德為由強力反對，但有九成的美國人支持避孕。有些估計報告指出，年輕未婚女性之中有六〇%是意外懷孕，而且低收入的女性比起富有的女性更不想生小孩。我們真的不知道為什麼嘴巴講出來與實際所為之間會有這麼大的落差。長效可逆避孕措施（Long-acting reversible contraceptives），例如子宮內避孕器（IUDs）或者是植入式避孕，在實行避孕的女性之間，減少意外與非計畫性懷孕的效果是避孕藥的二十倍以上，但我們實際上並不知道有多少貧窮的年輕女性選擇政府補助的長效可逆避孕措施，因為截至目前為止的經驗研究都來自於已經選擇避孕的女性。

如果把目前的風氣由意外生育轉向按部就班懷孕生子，也許對於縮小機會鴻溝會有很大的影響。社會推行的運動已經展現一些成果，比方說愛荷華州的「避免意外懷孕」（Avoid the Stork），而且過去數十年來，青少年懷孕明顯減少也帶來一絲希望，讓我們相信社會風氣可以改變，雖然截至目前為止依然欠缺堅實有力的證據確定這個方法可以降低成年女性未婚生子，尤其是（如我們在第二章所見）許多未婚懷孕其實有點「半推半就」。

由貧窮、教育程度不高的單親母親扛起家計的家庭不可能立即消失，我們要如何幫助這些

* 編注：美國柯林頓總統於一九九六年以「貧窮家庭短期救助」（TANF），取代美國實行六十年的「失依兒童家庭救助」（AFDC），新方案主張救助最長不超過五年，且領取兩年後就要有工作。

家庭，尤其是他們的小孩？金錢顯然非常重要。貧窮家庭、學校以及社區所面對的問題源於過去幾十年來的經濟發展停滯，國內教育程度比較低的人口，在經濟上幾乎毫無實質的成長，而這之間的因果連結非常清晰且深刻。比方說，北卡羅萊納州工廠關閉與地方經濟的變遷，對於小孩的閱讀與數學成績影響極大，尤其對年紀比較大的小孩影響更為顯著。[35]我所能想像最立刻奏效的方法，是讓低薪工人的經濟情況好轉，使他們持續復甦，因為這不僅讓他們更晚生兒育女，甚至可能有助於貧窮的男女走入婚姻。

其實只要提供一小筆額外的金錢補助給貧窮家庭，就可以改善他們小孩在學校的表現，也可以讓小孩邁向所得較高的人生之途，尤其是把錢集中投資在小孩剛出生的那幾年，效果會更加明顯。受嚴密控制的政策實驗已經顯示，金錢在幼稚園與小學時期可以縮小機會鴻溝，或許是因為它降低了家庭壓力對於小孩腦部初期發育的影響。

孩子出生後的五年，如果家庭所得增加三千美金，似乎可以提升小孩的學業表現，SAT的考試成績大約增加二十分，而一生所得大約可以增加二〇%。正如社會政策專家肯沃錫（Lane Kenworthy）整理研究結論說的：「只要幾千元的政府現金移轉（government cast transfers），就可以讓最需要用錢的小孩，未來有更好的人生。」[36]我們可以運用各種詳細測試過的方法，把資源分配給最需要的人。[37]

- 擴大**薪資所得租稅補貼**（Earned Income Tax Credit, EITC），尤其是針對有年幼小孩的家庭。這套辦法最初由保守派經濟學家佛里曼（Milton Friedman）提出，過去二十五年來則由兩黨政府不斷擴大推行。人們普遍認為這套方案能夠有效增加有工作窮人的可支配所得，而它也成為繼食物券（food stamps）與醫療補助計畫（Medicaid）之後，美國最大的扶貧方案之一。只不過這項計畫只幫助有工作的窮人，因此幫不到最貧窮的小孩。
- 增加**子女租稅扣抵**（child tax credit），而且讓所有稅額可以全部退稅，這個方案是由茶黨的代表人物共和黨猶他州參議員李伊（Mike Lee）所鼓吹，這可讓太窮而繳不出任何一毛聯邦稅的家庭小孩獲益，也因此可以觸及最窮的小孩。
- 維持長期的反貧窮計畫，像是食物券、房屋券以及育兒照顧。這些方式至少就目前的補助程度而言，還不足以阻止機會鴻溝繼續擴大，但整體來看也是社會安全網很重要的一環。

所有想化解家庭與社區機會鴻溝的作為，都應該努力減少因非暴力犯罪而入獄的情況，並且加強犯罪矯治。[38]入獄（尤其是父母親坐牢），幾乎是本研究每位受訪的貧窮小孩共有的經驗。犯罪已經降到歷史新低，但是近幾十年來入獄服刑的人數卻大幅增加，不僅耗費納稅人大量的稅金，也影響了家庭與社區。現在各政黨已經不分彼此，普遍重視這個問題，包括華盛頓的聯邦政府以及全國各地的州政府。最終足以縮小機會鴻溝的政策變革如下：

- 減少非暴力犯罪的刑責，針對假釋管理盡量給予更大的自由裁量權。
- 協助犯人更生，別忘記這些罪犯包含教育程度不高、工作紀錄不佳、患有心理疾病且常常濫用藥物的年輕人。
- 把目前用在監獄的經費逐漸轉移到就業訓練、藥品、醫療，以及其他更生服務（rehabilitation services）。

孩童發展與教養

我們在第三章已經看到小孩的扶養與父母的教養（尤其是兒童前期的教養），深深影響了機會鴻溝的形成，然而此項洞見對於化解機會鴻溝帶來什麼想法？首先，最新的證據顯示，平均而言品質最好的兒童照顧（特別在兒童前期）就是小孩父母親的照顧。孩童發展專家沃德佛格（Jane Waldfogel）整理這些發現之後說：「如果母親在小孩出生後的前幾年未從事全職工作，小孩的平均表現會比較好。」[39] 因此，假使我們想縮小機會鴻溝，就應該允許父母有更多工作彈性，在小孩一歲前可以請產假（至少可以兼職），而政策上也應該避免在小孩出生頭一年要求領取社會福利的人必須返回職場（目前有些州政府的確這樣做）。事實上，任何一個先進國家在小孩一歲前給予父母（尤其是低收入父母）的支持都比美國來得好。[40]

研究清楚顯示，當小孩進入托兒所之後，托育機構的品質對小孩的影響甚鉅。另外，除了父母親對小孩的照顧之外，這份研究也顯示以機構為主的照顧，一般來說要比親戚、鄰居或朋友之間的私下照顧更好。[41]當然，每一種托育方式的品質參差不齊，而衡量品質並不容易，還常常有爭議。但是，我們在書中一再看到，能否取得高品質、以機構為主的日間托育是階級鴻溝拉大的另一個面向，富裕小孩能取得高品質托育者增加了，但貧窮家庭的小孩在這方面的機會不是下降，就是毫無起色。所以，任何人想要縮小機會鴻溝，就必須釐清如何提供低收入家庭負擔得起、高品質且以機構為主的托育照顧。在這一塊最著名的就是所謂的「早期啟蒙計畫」（Early Head Start）以及「教育照護」（Educare）方案，這是一個遍及全美由民間慈善家所贊助的非營利托兒中心網絡。

不論小孩上哪一種托兒所，我們在第三章也看到，教育程度高與程度低的家庭之間，「教養落差」（parenting gap）正不斷擴大。落差產生的直接因素有一部分來自物質資源的差異，但有一部分則是因為教育程度較低的父母也比較欠缺教養的技巧。站在第一線努力幫助貧窮小孩的老師、社工以及醫療專業人員，像是我們在奧克拉荷馬市訪視的貧窮鄰里，則是強調小孩在家裡所面對的問題必須透過提供「全面」的家庭服務來解決，尤其是與家長（基本上是單親媽媽）進行一對一的家庭訪視服務。[42]

某些簡單的建議（像是「每天唸書給小孩聽」）當然有其價值，但是影響力更大的是給予貧窮父母專業的「叮嚀教導」。有些計畫已經證明能改善孩童發展的結果，像是護士家庭夥伴計畫（Nurse-Family Partnership）、學齡前兒童的家庭指導計畫（Home Instruction for Parents of Preschool Youngsters, HIPPY）、小孩優先計畫（Child First）以及英國政府的問題家庭（Troubled Families）計畫。這幾項計畫的共同之處就是由受過專業訓練的人員定期進行家庭訪視，幫助各個家庭處理健康問題、小孩撫養問題、壓力以及其他家庭議題。雖然這樣做所費不貲，但是這類計畫的「報酬率」相當可觀。[43]

如第三章所見，孩童發展專家對於學前教育的重要性逐漸形成共識。但是，美國幼兒教育的註冊人數在三十九個經濟合作與發展組織（OECD）的會員國之中排名第三十二。平均來看，在所有已開發國家中，三歲幼兒中有七〇%都已經入學，而美國卻只有三八%。[44]已有一些優質方案被拿來用方案評鑑的最高標準研究，且是採隨機控制與數十年的追蹤調查。針對密西根州一九六〇年代的「啟蒙方案」以及北卡羅萊納州一九七〇年代的「初學者計畫」（Abecedarian Project）所做的經典研究指出，這些計畫的效果顯著，可以促進初期教育進步，降低小孩長大成人後作奸犯科的比例，並且提高這些參與者終生的所得。[45]

不過後續的研究認為「啟蒙方案」並沒有如此巨大的影響，這也引發人們質疑學前教育的成本效益是否如此有利。專家通常把後期計畫的影響較不明顯歸因於以下幾個因素：1.美國社會各地的教養方式普遍改善（這使得辨別特定計畫是否有效的門檻提高）；2.後期計畫的品質有時候較不理想，也缺乏全面的支持；3.過度關注短期的考試成績，但是對於小孩長大成人之後最正面的影響是社會情緒的發展與行為，例如是否犯罪，而不僅僅是學業成績。幼兒教育計畫（教師培訓、教育時間長短與課程）的品質差異很大，而品質愈高成效才會愈大，雖然要精確衡量品質一直很難。[46]

儘管如此，我們還是可以清楚看到設計良好、以機構為主的幼兒教育優於其他替代選項，雖然它的成本也比較高。比方說，波士頓公立小學細心規劃的高品質學前教育（pre-K program），雖然所費不貲，但一直都證實相當有效。根據教育專家鄧肯（Greg Duncan）與默南（Richard Murnane）的說法，波士頓學前教育計畫的關鍵要素，包含了優質的課程，薪水佳、訓練良好與指導有素的老師，以及清楚的職權制度。鄧肯與默南結論指出，「用心設計與執行的學前計畫，有可能成為改善低所得家庭小孩生命機會的重要策略之一。」[47]

雖然如我所提，美國政府對於幼兒教育的資助最近幾年穩定成長，但在這個領域依然遠遠落後其他已開發國家。全美國最引人注目的幼兒教育方案起於一九九八年的奧克拉荷馬州，這裡也是美國最支持共和黨的其中一州。到了二〇一二年，這項計畫涵蓋整個州九九%的學區，以及七四%的四歲小孩。奧克拉荷馬的計畫符合全美早期教育研究中心（National Institute for Early Education Research）十項品質標準中的九項，另外也給予家長全面性的支持與引導。在土爾沙（Tulsa）實施的指標計畫中，初步的評估顯示學生在閱讀、寫作與數學等方面都有長足的進步。[48]

學校

第四章說明富裕小孩與貧窮小孩就讀的學校在品質上天差地遠，小孩本身帶進學校的資源與挑戰要比學校所追求的政策，更能解釋兩者的反差。因此，在這個領域最有前瞻性的方式就包括將小孩、經費與老師換到不同的學校。

我們在整本書不斷提到，社會階級的居住分隔擴大是造成小孩教育經驗差異的潛在因素。居住分隔根植於所得不平等的擴大，因為人們就是渴望跟相同階級的人為鄰，也因為美國中產階級會透過住宅體現個人財力，所以降低階級分隔的努力受到頑劣的抵抗。雖然有些政策的目的在於打消鄰里間的不平等，但是其他政策，例如劃分專屬區域的法規（exclusive zoning regulations）以及降低房屋貸款，都間接強化了居住分隔。但是，致力於改變這些政策、還有學區的劃分以及學校選址的主張，都成為政治上激烈辯論的箭靶。

公共補貼的混合所得住宅政策（mixed-income housing），是過去幾十年來嘗試的各種可能解決方案之一。住的近並不會自動產生「橋接型的社會資本」（bridging social capital），也就是說窮人搬進富裕的社區，並不會自動融入新的社區。但是，貧窮的小孩轉到一所比較好的學校，通常會表現得更好。舉例來說，在紐澤西州芒特勞雷爾（Mount Laurel）的自然實驗顯示，貧窮的小孩如果舉家遷入一個比較富裕的地區，相較於無法搬家的貧窮小孩，他們在學校的成績會比較好，也比較能融入校園，這有部分原因是父母變得更關心小孩的教育。比方說，搬到新社區（與學區）的家庭之中，有九六%的小孩後來都順利從中學畢業，相較之下，那些未搬家的家庭只有二九%的小孩能從中學畢業。社會學家梅西連續數年追蹤芒特勞雷爾的實驗，針對混合所得住宅政策的結論是：

> 這未必可以提供美國所有窮人與弱勢家庭一個遷移的範例。那些深陷毒品、犯罪、家庭暴力與紛擾的人，並不適合成為經濟實惠保障住宅發展計畫（affordable housing development）的對象。……保障性住宅發展計畫對於數百萬中下所得、受困於貧窮城市地區、無處可去的家庭來說，的確是很恰當的介入方式，而這些新進者無論如何都會試著在學校盡力表現，並且努力工作，爭取往上爬的機會。[49]

除了把貧窮的小孩轉到比較好的學校之外，另一個方法是投入大筆經費到現有的學校，改善學校的品質。最根本的做法則是學校體系需要把高素質的老師放到貧窮的學校，而且讓他們真的有辦法教書，而不是整天忙著維持課堂秩序。如同我們比較橘郡兩所學校所列出的各種令人擔憂的細節，位在貧困地區的學校面臨了更大的挑戰。如果我們在乎機會鴻溝的問題，我們的目標就不僅僅是讓各所學校的經費補助一致，也要讓最終的結果一致，而這將需要龐大的補償經費（compensatory funding）。比方說，如果生涯規畫的諮商老師人數相同，但貧窮學校的諮商老師若整天都忙著開懲戒會議，那就無法給予學生相同的影響，也無法提高他們升大學的意願。二〇一二年，只有十七個州分配比較高的經費給貧窮學區的每位學生，這是一種「進步」的做法，但是有十六個州卻完全相反，採取「退步」的學校經費補助制度，反而分配較少經費給貧窮的學區。[50]二〇一三年，公平與卓越委員會（Equity and Excellence Commission）建議美國教育部藉由改變各州與聯邦的政策，以多元的策略讓全國從托兒所到中學的各所學校更為平等，其中包括提供大量新的資源給貧窮學生集中的學校。[51]

補助貧窮學校的另一項重點在於聘請訓練有素、經驗豐富以及更有能力的老師。我們看到貧窮學校的老師會因為各種挑戰落荒而逃，像是校園暴力、混亂、學生逃學、缺乏上學意願、英文能力太差以及家庭環境不支持，這也意味著貧窮學校的學生通常只能接受比較差的教育。許多貧窮學校的老師現在做的是一份偉大的工作，靠著理想支持，但是在市場經濟之中，如果想吸引更多好老師從事如此吃力不討好的工作，最簡單的方式就是改善聘任老師的薪資條件。聯邦政府曾經以試辦的方式，資助一項「人才轉移方案」（Talent Transfer Initiative），兩年之中多付了兩萬美金給都市學校的頂尖教師，讓他們到十個不同的大型學區裡頭高度貧窮、成效不彰的學校教學。其中十個職缺由九個頂尖教師出任，而就算額外的加給沒有了，幾乎所有老師還是繼續留下來，學校的閱讀與數學成績也顯著提升。[52]

全國「學校改革」的其他做法也有助於縮小機會鴻溝。[53]延長在學校的時間以便提供更多的課外活動與增加機會，也都展現了前瞻性。[54]許多特許學校，例如「知識即力量學校聯盟」（KIPP Schools）與下文討論的「哈林兒童特區希望學校」（Harlem Children's Zone Promise Academy），都證實能提升貧窮小孩的表現。但是，一些嚴謹的研究也發現，特許學校並非萬靈丹，一般來說也無法縮小階級差距，其中一部分原因是教育程度高的家長比較知道如何挑選好學校，也比較有辦法將他們的小孩送到這些學校就讀。[55]

教育上另一個縮小機會鴻溝的常見方法則來自教育改革者的悠久傳統，強調學校與社區之間的連結，這可回溯到進步時代杜威在芝加哥的貢獻。[56]這個方法的一項措施就是在學校推動服務貧窮小孩的社會與健康工作。社區學校聯盟（Coalition for Community Schools）在結論指出：「社區學校是學校與其他社區資源形成夥伴關係的地點，整合了學術、醫療與社會服務，將青年與社區發展還有社區參與結合，會使學生的學習進步，家庭更加穩定，也讓社區更為健全。」[57]基本上，社區學校的內容包含了各時段的青年活動、讓家長與社區成員主動參與教育過程的方案，另外也會把小孩與家庭連結到社會服務與醫療機構。很多國家也有類似的學校，例如英國，即使這些計畫費用高昂，但計畫評估的結果都相當正面，尤其對於面臨困境的小孩與社區更見成效。截至目前為止，針對美國社區學校所做的有限評估也顯示這有不錯的效果。[58]

「學校—社區」連結的另一種辦法是，讓社區團體採取更主動的角色創立社區特許學校，或是組織整個社區推動更好的學校。其中最有名也引發深入研究的方案就是哈林兒童特區計畫。這項方案由深具號召力的教育專家及組織者卡納達（Geoffrey Canada）在一九七〇年創立，哈林兒童特區計畫包括了孩童初期教育、課後輔導、課外活動、家庭、社區與醫療方案、大學就讀、預防照顧，以及其他各種方案，其中最主要的學校投資就是設立特許學校（哈林兒童特區希望學校）。嚴謹的評鑑顯示，希望學校相較於紐約其他公立學校的學生，不同種族之間在考試成績的落差已經大幅縮小。[59]

天主教教會學校則是學校從「學校—社區」的緊密網絡獲得好處的另一個案例。在全國調查中，社會學家柯爾曼發現，如果家庭背景相同，就讀天主教教會學校的學生要比公立學校的學生成就更好，尤其是來自貧窮家庭的學生，而此研究結果後來經過布瑞克（Anthony Bryk）等人的證實並且加以擴展。柯爾曼與布瑞克等人將學生的優秀表現歸因於教會學校所鑲嵌的社區與道德社群。比方說，基督國王學校群（Cristo Rey schools）就是由天主教教會中學在全國所形成的著名網絡，支持內城區拉丁裔小孩的教育與在職訓練。[60]

美國曾經在學校內外都有非常嚴謹的職業教育、實習以及工作訓練體系。其他國家（例如德國）到目前也都還有，但是最近幾十年來美國已經不再把錢花在這些職業教育。有一部分是因為「人人上大學」這個口號的興起，這反映出的信念是，在現代經濟中，大學學歷是通往成功之路的入場券。雖然「大學紅利」（college premium）真的很高，但是如我們在第四章所見，弱勢家庭小孩取得大學學歷的人數並不多。因此，若能努力改善貧窮小孩進入一般大學就讀的機會並提高畢業率，絕對非常值得，而且最好在進大學之前就提前開始實行一些措施，因為如我們所見，貧窮小孩在就讀小學之前所面對的挑戰就已經相當驚人。

然而，「人人上大學」的信念往往會減少政府與民間對中學與大學教育中職業訓練的支持。職涯學院（Career Academies）就是當代職業教育中深具潛力的著名案例，如同作家沛克（Don Peck）所說：「在規模比較大的中學之中，有一百到一百五十名學生同時上一般學科與實習的課程，這些課程設計是為了培養工作的技巧。全國目前在運作的職涯學院，大約有兩千五百所，學生一起上課，並且接受相同的生涯輔導，當地企業家和學院合作，在學生尚未畢業之前就提供實習機會。」[61]控制變數的實驗研究發現，參加職涯學院的學生平均年收入比未參加的學生高出十七%，而職涯學院的學生取得大學學歷的比例則和沒有參加的學生不相上下。[62]

這個領域的專家也提出其他前瞻性的實驗做法，像是喬治亞州青年實習計畫（Georgia Youth Apprenticeship Program）以及威斯康辛與南卡羅萊納類似的計畫，還有全國的青年能力培養網絡（YouthBuild network）。但是，對於這些實驗的成效評鑑並不多，遠不如對幼稚園到中學教育的例行評鑑。其他國家的研究顯示擴大技能與職業訓練，能夠為學生個人及整體經濟帶來莫大的好處，但是美國在此類計畫的花費卻只有其他國家的十分之一，只占我們國家經濟的一小部分。

有人擔心這類計畫可能造成階級分隔的雙軌教育制度，但這並不切實際。在這塊領域的任何努力，都需要整合優質的學校，並且讓產業與高等教育之間形成更緊密的夥伴關係，發展並執行優質的標準，用以洗刷職業教育或實習教育乃二流教育的汙名。我們需要更嚴謹的研究來確定哪些計畫符合成本效益，哪些不符合。但是，大衛與凱拉、蜜雪兒與羅倫、羅拉與蘇菲亞、麗莎與艾咪等年輕人，並不是在經過嚴格訓練獲得職業證照或是四年制大學帶來高薪工作之間進行取捨，而是要在優質的職業訓練與完全不受高等教育之間選擇。學徒制與職業教育是一塊極具前瞻性的領域，各州與各個城市都應該試一試，尤其要搭配良好的評估方案。[63]

社區學院最初成立於進步年代，在一九六〇與一九七〇年代快速擴張，讓那些基於各種原因而無法讀大學的學生有機會接受高等教育。社區學院的提倡者長期以來分成兩派，一派認為社區學院主要是提供一條四年制大學的管道，另一派則認為社區學院是一種職業教育。一九六〇年代，社區學院有四分之三的學生把社區學院當作「轉運站」，但是到了一九八〇年，則有將近四分之三的學生將此當作「終點」。直到現在，全國各地大約有將近一半的大學生就讀社區學院。雖然八成以上的學生都把目標放在學士學位，不過只有一小部分的人達成。

對於許多非典型的學生來說，社區學院的好處顯而易見：大部分不設入學門檻，離家不遠，而且可以半工半讀，最重要的是學費便宜。但是，這條管道的限制也一清二楚：社區學院幾乎有三分之二的學生在畢業前會休學或是轉到其他四年制的一般大學。社區學院的文憑不像一般大學那麼值錢，但是對本書提及的貧窮小孩來說，社區學院比起向現實妥協只讀到中學還是有吸引力多了。另一方面，社區學院的註冊學生之中，大約有四〇%是家裡第一個上大學的小孩，而這些人基本上不大可能進入一般大學就讀，所以社區學院並沒有實際幫助低所得家庭的小孩拿到大學學位。

社區學院不僅必須在微薄的預算下辦學，而且近幾年來預算還遭刪減，財政補助限縮，學費提高，學生服務減少，而且輔導與教學的品質也常常不太平均。社區學院的每項缺點都嚴重影響低所得家庭的學生。但是，關鍵在於評鑑社區學院的表現時，欠缺一個「比較的標準」。營利型的私校（例如麗莎拿到那張不值錢的藥學文憑所就讀的學校）畢業的比例要比社區學院高，但是這類學校的費用是三倍之多，所以他們的學生畢業之後所背負的學貸也會比社區學院的學生更高（麗莎的學貸是五萬美金）。

儘管社區學院過往的紀錄有好有壞，但社區學院確實具有前瞻性，絕對是縮小機會鴻溝的一種方法，能帶給貧窮孩子一條實際的向上之路。為了發揮這個角色，他們需要更多的資金，改善學務工作，與當地的就業市場還有一般大學保持良好關係，也需要更低的輟學率。美國最好的社區學院，例如邁阿密達德學院（Miami Dade College），已積極迎接這項挑戰。如同社區學院的兩位專家柯亨（Arthur Cohen）與布拉渥（Florence Brawer）的結論：「社區學院的潛力比其他學校都大，因為他們關心的是最需要幫助的人……如果社區學院能成功讓更多學生達成主流社會眼中的成就地位，即使只有一小部分，他們就算是改變了整個世界。」[64]

社區

學校與社區模糊的界線包括放學後的活動、人生導師，以及最重要的課外活動。如我們在第四章討論的，美國發展出課外活動正是要培養公平的機會，而我們從數十份的研究結果得知，這種策略確實奏效。課外活動能以一種自然又有效的方式，給予孩子人生指導、授予軟技巧，而且我們已經有一個密布全國，由教練、指導員、顧問以及其他經過訓練來幫助小孩的成年人所形成的網絡。簡單來說，美國已經設計並且採取一套近乎完美的工具來解決這個問題，這幾乎就是我們在這個現實世界中所能找到解決社會、教育與經濟政策的靈丹妙藥。奇怪的是，隨著機會鴻溝擴大，我們卻建立起使用者付費的制度，逐漸將貧窮學生排除在這套經過時間考驗的系統之外。

所以，如果你關心本書討論的問題，可以立即採取以下行動。闔上這本書，隨即造訪當地的學區督導（school superintendent），最好帶個朋友同行，詢問本地是否有使用者付費的政策。對他解釋，要求窮人簽署費用減免同意書的政策並不值得去做，因為這等於是強迫貧窮小孩戴上象徵汙名的黃色星星（yellow star），彷彿在跟大家說：「我的父母親太窮了，所以我付不出參加費。」跟他解釋說，如果每個學生都可以參加球隊或樂團，那麼每位學生都可以表現得更好。堅持終止使用者付費政策。當你到那裡時，你可以問問自己是否可以幫什麼忙，讓本地學校不管在教室或者校外都可以對貧窮孩童提供更實際的服務。

這之中很重要的一項做法是指導計畫（mentoring program）。我們在第五章已經看到成人的指導會讓小孩的生活出現顯著的差異，但是我們也見到正式的指導計畫根本尚未縮小這些小孩獲得非正式指導的階級落差。全美各地有許多社區都有當地的指導方案，但是貧窮孩子渴望獲得更多成年人的指導。如果這類計畫可以快速擴張，可能真的能縮小機會鴻溝而帶來改變。

當然，認真的指導計畫需要嚴格的訓練、謹慎的品質控管，最重要的是要穩定。[65]貧窮小孩最不需要的就是另一個不可靠的大人像個「過客」般闖進生命之中。指導方案如果是因為相同的興趣而自然產生的連帶關係，這樣效果會最好，例如網球、滑板或釣魚。[66]美國國民服務隊的志工方案集中在貧窮小孩的指導，這似乎讓我們看見整個國家真的把縮小機會鴻溝當一回事。

教會領袖的支持與指導對於我們在費城看到的四個年輕女孩來說都極具價值。然而，全國各地的教會目前都只碰到表面，尚未完全發揮。舉例來說，我們在第五章所提到的全國年輕人導師情況調查顯示，一切有如我們在陷於風險的小孩身上所見，不論是正式或非正式指導，宗教組織都不是指導的主要來源。如果美國的宗教人士逐漸瞭解到機會鴻溝並不符合道德，那指導就是他們可以立即發揮影響力的方式之一。

我們在第五章討論了社區效應的重要性，鄰里的再造非常有助於縮小機會鴻溝。這些努力影響了貧窮學生在校的表現，以及校外的生活。社區再造並不是無人問津的領域，地方、州政府與聯邦政府的決策者以及企業和社區的領袖在過去半世紀以來，實驗了許多再生計畫，一般來說這些策略可以分成兩大類。

- 針對貧窮社區的投資。從一九七〇年代以來，已經有許許多多的嘗試，但成效不一。[67]舉例來說，一九九〇年代密爾瓦基的新希望計畫（New Hope），針對貧窮社區裡的貧窮家庭，提供薪資與就業上的支援，成功改善父母的所得與小孩的學業成績與品行。巴爾的摩、查塔努加（Chattanooga）、代頓（Dayton）、洛杉磯與明尼蘇達州聖保羅等地的「就業增加」（Job-Plus）方案有類似的成效。[68]這些計畫成功的關鍵似乎繫於政府、民間部門與地方社區之間的合作。
- 將貧窮的家庭遷移到比較好的社區。這類仔細評估過的各種計畫雖然效果不一，也不是非常顯著，但是基本上都具有正面效果，尤其是對比較年幼的小孩影響更大。有些證據顯示如果可以結合更密集的諮詢，支持家庭搬到新的社區，效果將有所改善。[69]

縮小機會鴻溝

美國富裕小孩與貧窮小孩之間的機會鴻溝，是個複雜且日益嚴重的問題。這代表此問題不會有簡單速成的解決方案，但也表示我們可以從很多地方著手。有些事我們可以馬上做，像是終止課外活動使用者付費的政策。其他比較大的改變，就需要耗費比較長的時間落實，像是建置全國幼兒教育體系或恢復工人階級的薪資，但是我們必須及早開始。當我們還在尋找成本效益的有力證據之際，我們也需要同時採取行動。

公立中學花了幾十年的時間，才幾乎遍及全美國各個角落，不過促成美國經濟生產力與社會流動在全世界領先的中學運動，卻早在一個世紀之前就已經在美國各個地方社區萌芽。這項改革的本質在於富裕的美國人願意投資讓別人家小孩得益的學校。

因為經濟落差擴大而威脅到美國的經濟、民主與價值，並非史無前例。每個人為了成功克服這些挑戰並重建機會而做的特定回應，從細節來看都不盡相同，但是這些回應的背後都是他們願意承諾將資源投資在其他人的小孩身上。而且，這些承諾背後都有帶有一種更深的情感，那就是這些小孩也是我們的小孩。

不是每個美國人都抱有社群的責任感。波士頓名流愛默生（Ralph Waldo Emerson）在〈自立〉（Self-Reliance）這篇作品中提到：「別像個現代的好人一樣，別說我的責任是要讓所有窮人過上好日子。他們是我的窮人嗎？我跟你這個愚蠢的慈善家說，我相當吝嗇，幾乎是一分、一毫、一毛都不拔，這些人不歸我管，而我也不是他們的一分子。」[70]愛默生清楚說出美國的個人主義傳統。

兩個世紀之後情況似乎好轉，波士頓市的執行長，同時也是在波士頓郊區查席爾（Chelsea）土生土長且堅毅的工人階級艾許（Jay Ash），歸納出另一個更有氣度也更具社群主義的傳統：「如果我們的孩子陷入麻煩，不論是我的孩子，我們的孩子或是任何人的孩子，我們都有照顧他們的一份責任。」[71]

在當今美國社會中，不僅是艾許的說法正確，即使是我們之中抱持和愛默生相同看法的人，也應該理解我們對於這些孩子的責任。美國的貧窮小孩不僅僅是我們的一分子，而我們也是他們的一分子，他們是我們的孩子。

我們孩子的故事

希娃（Jennifer M. Silva）／普特南（Robert D. Putnam）

我們的質化研究

有些人會從數字瞭解世界，但大多數的人是從故事中學習。本書的主要目標在於讓更多受過教育的美國人理解「另一半的人如何過活」，所以我們花費大量篇幅描述這些富小孩以及窮小孩的生命故事。本書包含了嚴謹的數據資料，呈現美國小孩之間穩定擴大的機會鴻溝。但是，雖然量化資料能夠說明美國小孩的實際情況，以及為什麼我們應該要關心這些事，但這些資料卻無法告訴我們，一旦提供機會給小孩逐漸變成個人的責任，一旦「我們的小孩」這種意識不再，那麼在這種社會成長是怎麼一回事。

量化資料無法讓我們看到**日常生活的樣貌**：單親媽媽（例如史蒂芬妮）如何靠著微薄的收

入獨力扶養小孩；當她老是煩惱如何為小孩找到一個棲身之地，讓他們免於街頭的危險時，她是如何與小孩互動；一個因為父親入監、母親酗酒而遭到遺棄的小男孩（例如大衛），長大之後要如何在那個老是打擊他的社區中努力扮演好為人父的角色；甚至是一個中上階級的母親（例如瑪妮），又是如何日日夜夜擔心自己是否為孩子準備好一切，讓他們足以面對工作環境殘酷、家庭關係脆弱的這個世界。

為了瞭解上述問題，希娃花了兩年的時間，走遍全美各地，訪問年輕人與他們的父母，「在當前這個世界裡成長，是什麼樣子？」她的第一站是作者普特南的故鄉：俄亥俄州的柯林頓港。普特南記得自己在柯林頓港的時候，每個小孩都能獲得父母、商店老闆、老師、牧師、校長或教練的忠告，以及他們提供的機會與支持，不管你是有錢人家或貧窮人家的小孩，也無論你是黑人家庭或白人家庭的小孩。她訪問了十幾位普特南的同學，並向全班做了一份書面問卷（後文會說明），得到的結果十分吻合普特南的記憶。但是，柯林頓港在一九五〇年代人人共享的繁榮、強烈的社區共同感以及俯拾即是的機會，在希娃二〇一二年春天造訪時，早已消失無蹤。反之，希娃帶回來的是柯林頓港的雙城記（呈現出兩個美國），中上階級小孩成長的過程中有大學獎學金的支持，可以參加各種球隊，也有關心他們的教會長輩；但是工人階級的小孩則是面對重重難以預料的障礙，像是虐待他們的繼母、入監服刑的父親、意外懷孕還有青少年拘留。才短短半個世紀，柯林頓港就冒出這麼多貧窮的小孩，這讓普特南感到震驚，也讓我們懷疑鐵鏽帶工人階級小孩之處境遠不如全國平均是否為特殊現象。

於是我們擴大觀察的地點，加入明尼蘇達的杜魯斯（Duluth）、賓州的費城、喬治亞州的亞特蘭大、德州的奧斯丁、奧勒岡州的本德、加州的橘郡以及麻州的沃爾瑟姆（Waltham）與威斯頓（Weston）。這些地點代表了美國各地不同的經濟及文化，包括鐵鏽帶上工業蕭條的小鎮（柯林頓港與杜魯斯）、中產階級化的旅遊景點（本德）、興盛的高科技「神奇」城市（奧斯丁）、發展不均再生過的都市中心（費城與亞特蘭大），以及因為人權革命而躍上舞臺的阿拉巴馬州伯明罕（Birmingham）。我們會選中橘郡的原因在於它是超級富豪的聖地，可以讓我們一窺「橘郡神話」下所掩蓋的窮人與工人階級的移民社區。在波士頓郊區的沃爾瑟姆與威斯頓，兩個緊鄰的區域不論是家庭所得、學校品質以及房價都是天差地遠，這讓我們有機會瞭解在一二八公路（Route 128）這條「美國科技大道」的左右兩側何以並存著「兩個美國」。

接下來兩年，我們用了數百個小時，造訪上述研究地點的家庭，並且訪問了一〇七位年輕人與他們的父母。希娃幾乎參與本書的所有訪問，而哈佛大學社會系才華洋溢的研究生桑德爾森（Jasmin Sandelson）則是在亞特蘭大的購物中心發現以利亞。我們選擇從年輕人著手，歲數介於十八到二十二歲，這些人剛度過中學，年紀夠大，足以思索上大學的問題以及未來的工作。鎖定這個年齡層的成年人，是因為他們剛脫離家庭與中學，開始認真思考如何建立自己的認同及生活，從他們身上我們得以窺見這些年輕人如何理解自己的童年，還有他們對未來的看法。

也讓我們得以同時呈現他們對未來的憧憬，以及橫亙在眼前的經濟、社會與文化障礙。

我們至少會訪問受訪者的父親或母親，以此做為受訪年輕人的補充資料（有時候家長與小孩會一起受訪，但我們盡可能分開訪問，在有些案例中，小孩已經跟父母失聯，我們也就無從得知家長的看法）。家長的訪問會補上家庭的經濟狀況，他們如何選擇居住地點以及讓小孩上什麼學校，扶養小孩的教育哲學與實際做法是什麼，他們對於小孩的前途會有什麼樣的擔憂與焦慮。有些家長也會提到自己的童年，這讓我們洞悉過去幾十年來小孩成長過程的轉變，包括教養方式、鄰里與社區的緊密程度，以及學校的做法。

這本書所談的內容是階級落差的擴大，因此我們把受訪者分成中上階級與工人階級兩類。由於「社會階級」（social class）在美國文化的定義非常模糊且充滿爭議，所以我們乾脆以家長的教育程度做為指標，如果父母從四年制的大學畢業，這個家庭就歸為中上階級，但如果只讀到中學，這個家庭就歸為下層階級或工人階級。本書所介紹的十位中上階級家長，有五位是大學畢業，四位研究所畢業，還有一位則在生完小孩之後回去念書完成學士學位。這些家庭的小孩不是正在讀大學，就是已經大學畢業。但是，本書所提到的十三位工人階級家長中，有五位連中學都沒畢業，四位中學畢業，還有另外四位因為已經沒有和小孩生活在一起，所以我們無從得知他們的學歷。這些工人階級家庭的小孩至少都讀到中學（或通過中學同等學歷測驗），其中還有三位讀了幾年大學，不過，沒有任何一位拿到大學學位。

在每一個城市之中，我們理想的受訪者是具備「四重奏」模式（quartet model）：一對工人階級母女加上一對中上階級的母女，或是一對工人階級的父子加上一對中上階級父子。有時候在當地訪問的時間緊迫，我們無法完全符合這種四重奏模式，但在大部分的城市我們至少都完成了一組四重奏的訪談。我們選擇母女及父子是為了控制性別變數，比較小孩的成長是如何隨著時間改變。比方說，俄亥俄州的溫蒂記得自己的父母不曾對她未來的工作有任何期待，但是她的女兒雀兒喜從很小的時候就準備將來要當律師。這個方法讓我們可以清楚看見栽培小孩的性別差異愈來愈小，但不同階級之間的差異則是愈來愈大。

為了找到合適的家庭，我們先是尋求當地的生涯輔導員、學校委員會、非營利組織與見多識廣的人推薦適合的受訪者。但是，我們也費了很多心力「在各個角落」尋找，開著車到沃爾瑪超市、電子遊樂場、速食店，或是到大學校園、修車廠、中途之家、購物中心，在這些年輕人買東西、工作、讀書或閒逛的地方尋找受訪者。其他挖掘受訪者的「捕魚場」（fishing holes）還包括警察局、消防局、工廠、餐廳、社區活動中心、娛樂場所，以及社區大學、區域大學、州立大學和私立大學。

我們會先詢問參與者的意願，問他們是否願意「參加一項瞭解現代人成長過程的研究」。我們接觸的所有人之中只有幾位拒絕參加，不過有好幾位貧窮小孩因為親子關係嚴重失和，拒絕把我們引介給他們的父母。每一個受訪的家庭都可以拿到五十美元的受訪費。而他們使用這筆錢的方式也迥然不同：中上階級的家長往往婉拒這筆錢，他們的小孩會開玩笑說這是買啤酒的錢，但是工人階級的受訪者則是用來解決燃眉之急。橘郡一個信仰虔誠的家庭則覺得我們是「上帝恩賜的禮物」，因為他們正愁著要用什麼錢來付瓦斯費或吃飯。橘郡的羅拉則是把這筆錢用來弔唁不久前才因為幫派火拼而遭殺害的親人。

尋找受訪者的過程往往讓我們更瞭解他們的日常生活。舉例來說，當我們在亞特蘭大遇到在服務業工作的史蒂芬妮，我們表示願意給她女兒五十美金進行訪談，她馬上打電話給女兒蜜雪兒，要她在接受希娃的訪問之前不能外出，這也顯示當時沒有工作也沒有上學的蜜雪兒多麼需要這筆錢來支付瓦斯費及餬口。此外，當本德鎮的消防員比爾與一家人在當地的炸魚餐廳遇到希娃的時候，他解釋說，「我希望兩個孩子都可以來看看大學畢業的人長什麼樣子，還有讓他們知道你們的人生都在做些什麼」，我們打從心底體認到，有些工人階級家庭的父母在引領小孩走向前途未卜的世界時，有多麼徬徨無助。

訪談時，我們通常從結構式問卷的主題開始，這些議題涵蓋了整個家庭的經濟情況，包括他們住在哪裡，居住的房子是租的還是買的，有沒有足夠的錢支付帳單，有沒有醫療保險或退休計畫金，還有他們是否曾經覺得手頭很緊。接下來會問他們家裡有哪些人，父母教養的情況，小孩的讀書經驗，課外活動，是否上教堂，還有生日與度假的回憶。

我們特別關心機會與階級流動的情況，所以接著我們會透過一系列的問題，請年輕人與父母回想他們內心的渴望，以及對未來的期待，包括：「當你要決定下一步怎麼做的時候，身邊有誰可以提供意見？你有哪些選擇？你的成績如何？你是否考過SAT？你是否考慮過要繼續念大學還是就業？你幾歲開始跟父母討論上大學的事？談了哪些和大學有關的事？」我們也問這些年輕人與父母親一系列跟大學有關的問題，包括是否參觀大學、上大學先修課，是否有私人的申請大學指導老師或寫作家教，實習機會與工作、課外活動等方面的狀況如何。我們還詢問他們是否預先準備大學學費，申請學費補助以及大學基金等事宜。我們關注年輕人所能掌握的社會資源，包括人生導師、生涯輔導員、老師、牧師以及其他重要的成年人。我們也詢問了更「感受性」的問題，像是信任、安全感、希望以及對未來的焦慮；他們現在是否變成自己曾經想像的那個樣子、他們一路走來得到什麼協助以及遭遇什麼阻礙。

雖然每一場訪談都會提到這幾個問題，不過也會留一些空間讓受訪者自己陳述，由他們點出訪問過程所忽略的重點。在有些情況下，我們的訪談大綱似乎顯得過於天真可笑，比方說，如果我們問一位年輕女工有關鋼琴課的問題，而她在很小的時候就被母親遺棄，留下她一人孤伶伶只有老鼠跟她作伴。遇到這種情況，我們才知道工人階級小孩的生活，與我們預想的「正常」童年根本天差地遠，因此我們鼓勵受訪者用自己的話說出他們的故事。

允許受訪者跳脫既定的題綱，使我們得以發現許多我們之前分析小孩成長時所忽略的經驗類別。比方說，我們在家庭結構的量化資料中，只區分了兩種類別：中上階級的新傳統穩定型態（neo-traditional stability）以及工人階級的動盪不安型態（disruptive flux）。但是，瑪妮這位離婚的中上階級婦女則呈現出截然不同的情況，她讓我們看到中上階級的父母如何在危急時刻充當子女的「安全氣囊」，保護好自己的小孩（例如送女兒去讀住宿學校，請司機送小孩去參加課外活動，聘請專業的諮詢人員），避免小孩遭受父母離婚以及單親家庭的負面影響。

我們的訪問通常是一到三個小時之間，而希娃往往會親自前往或透過電話複訪。受訪者隨時可以停止受訪，也可以拒絕回答任何問題，但幾乎沒有人這樣做。在受訪者的同意下，我們根據錄音檔謄寫逐字稿，希娃則為每件個案寫下摘要，然後我們兩人再跟研究團隊其他人員密集討論。最後普特南以大家討論的共識為基礎，寫出書中各個故事的初稿。

由於工人階級小孩的居住情況變動頻繁，電話也常因為欠款而斷訊，所以要追蹤這些人相當困難。跟這些工人階級小孩保持聯繫最好的方式是透過臉書（Facebook），即使他們的電話號碼常換，他們的臉書帳號還是會維持不變。看著他們在臉書更新的訊息、與他們在臉書上互動，比起單獨一次的訪談我們所能知道的還要深入，所以在他們同意之下，我們在分析時也會使用他們更新的訊息和貼文。

訪談地點都由受訪者決定。中上階級的家庭通常選擇在家裡，因此訪問過程中我們可以看到他們寬敞的庭院，附近安全的街道，家裡還會很自豪地掛上孩子穿著棒球服或舞蹈服的照片，而我們在其中也感受到家庭聚餐及閒聊等令人愉悅的日常生活節奏。有時候我們也會到工人階級的家裡訪問，一樣可以獲得豐富的資訊。比方說，當我們造訪聖塔安娜的羅拉、蘇菲亞而開車穿越鄰近地區時，很難不注意到人行道上打量我們的那些年輕人。其他幾次我們則是在咖啡館、餐廳或公園進行訪問，一邊聊天一邊吃著當地人喜歡的小吃攤或看著小孩玩耍。

有時，我們所知的一切大部分來自訪談之外發生的事。比方說，在研究計畫初期，家庭結構研究所記載的一切在我們眼前活生生上演，一個又一個工人階級的小孩對我們說，他們的父親因為坐牢、嗑藥、暴力相向或是在他們的生命中消失，所以無從讓我們訪問他們的父親（我們的四重奏研究設計因而留下一道缺口）。收集不到這些工人階級父親的聲音，我們始料未及，但卻發現他們的缺席對孩子的影響非常深遠。當蜜雪兒小心翼翼開著車跟希娃穿過克萊頓郡時，我們也短暫體會到身為年輕黑人工人階級是什麼感覺，她很擔心稍有違規，就會被警察拉下車，她還告誡希娃在這個龍蛇混雜的地區出入有多麼危險。光是跟工人階級的受訪者約訪這麼簡單的一件事，也會受到諸多因素影響，例如欠缺方便的交通工具，沒錢付瓦斯費，工作時間不穩定以及照顧小孩等，這讓我們體會到，長期處於不穩定且充滿不確定的狀況下，要計劃未來有多麼困難。

建立信任關係是這類研究的根本之道。為了保護受訪者，我們會告知研究目的是要瞭解現在小孩的成長經驗，並且向他們保證在轉述他們的故事時一定會匿名處理。因此，雖然本書所講的每一個細節都是真的，但是我們必須使用化名，例如學校或公司的名字，或者只是說「一所長春藤大學」以及「華爾街的大公司」以讓讀者更瞭解背景。所有引言都一字不差地引用受訪者說過的話。[1]為了符合聯邦人文學科研究的倫理規範，每次訪談開始，訪員都會先說明我們將如何使用他們分享的資料，請他們簽署一份知情同意書，授權我們使用訪談的資料。

希娃是個訪談老手，不但懂得怎麼找到年輕受訪者，還能夠熟練地訪問他們的生命故事，[2]而且她也非常懂得如何讓受訪者卸下心防。她發現幾乎每位受訪者都願意讓她進到家裡，和她分享他們的故事。受訪者之所以如此開放，有可能是我們的社會認為像希娃這樣的年輕白人女性毫無威脅性，而且非常有愛心。希娃也會運用自己的背景，與受訪者建立共通的連結。希娃做訪談時年近三十歲，外表看起來比實際年齡還小，剛取得博士學位，正在找教職，而且即將結婚。她在訪問年輕人的時候，自己也正處於跨入成年的過渡期，相當瞭解他們在找工作、要不要繼續升學以及選擇結婚對象之間的焦慮，當她與家長聊天的時候，其實是發自內心地想詢問他們對這些事情的意見。

希娃也是家裡第一個大學畢業的小孩，她在工人階級的環境中長大，童年時期身旁都是消防員、獄卒與農夫這類職業的人，但她也經歷過衛斯理學院（Wellesley）與哈佛大學的中上階級世界。遊走邊緣的背景讓她可以悠游在中上階級與工人階級的受訪者之間。當受訪者在臉書發出交友邀請時，她也選擇接受，這使得他們可以敞開心門，進入彼此的生活。與受訪者成為臉書朋友會讓她更像一般朋友，而不是陌生的研究人員，而這又會進一步帶來信任與互惠關係。當她在臉書上把交友狀態改為「已婚」並貼上婚紗照時，許多受訪者都點了「讚」。

本書最後只深入描寫五個地方，每個地方挑選二至三個家庭為個案。把故事限定在五個地方，是為了講述更多受訪者故事背後的歷史、社會經濟與文化脈絡。我們選擇這五個地點是因為這些地方整體來看可以代表美國的多元性，地域上有北部、南部、東部、中西部與西部，規模有大有小，發展也有起有落。我們之所以選中這些家庭，是因為他們既能代表美國多元的族群，又能呈現同一個族群或同一個社區內部的階級差異。雖然種族、族群、地方經濟與文化的些微差異讓我們可以呈現美國社會的複雜性，但是這些類別之間的差異（例如種族或地區），並不像社會階級的差異如此明顯或有影響力。

我們也試著透過成雙個案的比較，說明具體的議題，透過系統性的研究呈現全國各地階級落差的逐步擴大，包括家庭、教養、學校教育以及社區等四個面向。比方說介紹家庭結構那一章，我們試著從同一個地方找到兩個對比的例子，詳細對照兩戶家長的生活與家庭結構；當我們要介紹教育的時候，我們也是從同一個地方找到一對例子，包含兩個完全相反但相距不遠的中學，藉此提供豐富的資訊。

由於研究地點有限、族群與地理相當多元、需要符合階級配對、還有資料過於豐富等種種限制，使得我們必須割捨許多生動的故事。我們也很想告訴讀者德州奧斯丁妮可的故事，一位年輕的女孩在中學就已經懷孕，一路靠著在必勝客上夜班想辦法畢業；還有德魯斯的泰勒，父親是大學教授，而會拉大提琴的他，目前正在著名的長春藤大學念書。另外則是麻州沃爾瑟姆工人階級的小孩迪倫，因為社會服務部的建議，他從家裡被帶走（或許沒有充分的理由），他目前在加油站工作，而且對於世界充滿了不信任。希娃或許會在自己往後的著作把這幾個故事還有其他個案寫出來。但是，我們已經窮盡一切能力與知識，在取捨原始素材時，避免讓這本介紹生命故事的著作過於偏頗。

不論如何，我們提供這些故事是想要說明，而不是要證明。本研究當中的民族誌敘事，目的並不在於呈現美國的圖像（由於我們樣本太少而且採用的是方便抽樣，所以根本不可能做到），也不是要確認特定事件的發生經過是否真如受訪者所言，而是想找出有什麼方法，可以將我們分析的類別（家庭結構、教養方式、學校教育、鄰里與社區）應用到不同的家庭、種族背景和地方。本書用以概念化的量化資料來自於我們整理的社會科學研究發現，但無論如何，我們相信這些生命故事準確地勾勒出這些數據資料呈現的趨勢。

我們在訪談中發現中上階級小孩，即使種族、性別與地區不同，但在全國各地看起來與聽起來都極為類似，而工人階級的小孩看起來也都一樣。比方說，住在亞特蘭大的黑人工人階級男孩以利亞，在生活經驗上更貼近柯林頓港的白人工人階級男孩大衛（遭父母遺棄、坐牢、學校教育惡劣等），而不是住在亞特蘭大郊區的黑人中上階級男孩戴斯蒙。不過我們並不是要說種族對於小孩的成就毫無影響，如同我們在亞特蘭大所看到的，不論是中上階級的戴斯蒙或工人階級的以利亞，在學校與社區都要面對種族歧視與種族偏見的傷害。但是，戴斯蒙的母親會干涉學校，在孩子還很小的時候就費心建立小孩的認知技巧與自信，甚至在戴斯蒙出門前檢查他穿什麼衣服，這些基於階級身分的教養方式可以保護戴斯蒙，使他免於經歷以利亞每天面對的惡劣環境。

訪問過程中，我們常常要反省研究是否漏掉什麼。先前，當我們發現故事中少了工人階級的父親之後，希娃刻意訪問了兩位跟小孩失聯的工人父親，目的是要瞭解（而不是譴責）他們為何無法教養子女。為了勾勒出我們研究社區更完整的圖像，我們還另外加入其他報導者：社區領袖、校委員會成員、非營利組織的負責人以及住在庇護所無家可歸的小孩。雖然我們並未直接進行這些訪問，但是他們的知識與洞見都影響了我們的分析。

我們的抽樣方法，是從工作地點、學校、娛樂場所尋找受訪者，這意味著我們遇不到少數幾位特別成功的工人階級小孩，這些人戰勝所有不利條件，一路讀到頂尖大學。另一方面，我們也無法遇到社區裡最疏離也最邊緣的年輕人，這些人沒工作，不上學，也不參加社區的休閒活動，還有那些無家可歸，到處亂跑或正在坐牢的年輕人，也都無法進到我們的樣本之中。事實上，本書介紹的下層階級小孩，每一位都有中學學歷（或通過同等學歷考試），但是全國弱勢家庭中大約每四位小孩就有一位根本無法讀到中學，因此我們的樣本少了這最底層的四分之一。我們並不想刻意挑選這些人來誇大美國貧窮小孩的困境，但是本書貧窮小孩令人心痛的故事，事實上低估了我們社會中最底層、最貧窮的小孩在生活中所經歷的悲劇。

我們並未詢問任何受訪者對於本書故事的看法，除了普特南的同學，因為就算我們非常小心謹慎，柯林頓港的許多人還是可以輕易辨識出書裡所說的人是誰。基於這個原因，我們有時候會聽聽他們對於我們的詮釋做何反應，但是沒有任何一個人要求我們大幅刪除或改寫某些段落。

我們的量化研究

為了驗證普特南對於一九五〇與六〇年代柯林頓港的記憶或其他口述文字是否會因為昨日情懷而有所偏頗，以及唐恩、法蘭克、麗碧、傑西與雪莉兒等人的深度訪談是否足以代表整個班級，我們在二〇一二年針對一九五九年這一班進行匿名的問卷調查，而這群人當時約七十一歲。

這一班的畢業生有一五〇人，但是到了二〇一二年，有二十六位已經過世，而十四位下落不明（其中有好幾位可能也已經過世）。我們請其餘的一一〇位同學填寫問卷，其中有七十五名（六八%）完成。當然，未填寫問卷的人之中，大約有十五個身體狀況不佳所以無法填寫，因此合理的估計是，在有能力填問卷的人之中，大約有四分之三完成問卷。

幸運的是，我們還有一些關鍵資訊，包含了一九五九年這班**所有**同學，包括他們的性別、種族與階級地位，在中學的年級手冊（yearbook）當中，我們還發現他們參與運動與其他課外活動（包括學術社團與得獎）的完整紀錄。因此我們可以徹底分析我們的調查樣本在人口特徵、學歷或各方面相較於整屆畢業生是否有偏頗之處。簡而言之，我們調查的樣本相當有代表性。學業與課外活動有成就的女性在最後的樣本中稍微多了一些，但無論如何都不至於影響最終結果。從各方面來看，我們調查樣本的特徵和那些因為過世、生病、失聯或直接拒絕而無法接觸到的同學，事實上是一致的。

為了檢證樣本的代表性，我們也試著追蹤二十幾位因故未畢業的一九五九級同學。雖然可想而知這些人的回覆率不會太高，但我們還是完成八份問卷，而他們基本上都在其他學校讀完中學。因此，我們雖然知道一九五九這一級就讀柯林頓港中學的有些學生，最後沒有畢業，但這些中途輟學的人不多，不至於影響我們從樣本中所得出的推論。

除了請一九五九級的學生針對他們一九五〇年代的回憶寫些開放性的問題之外，問卷還針對受訪者的家庭背景、校內與校外成長經驗、教育經驗、職業成就以及配偶及小孩回答一些詳細的封閉式問題。我們在第一章使用問卷調查的結果說明一九五〇年代柯林頓港的社會、經濟與家庭狀況。我們統計分析的主要問題是社會流動，亦即家庭背景是否能夠預測一九五九年那班學生後來的成就，哪些因素會傳遞或降低世代之間社經地位的傳承。

雖然我們針對父母及小孩找了各種社會經濟地位的指標，但是截至目前為止最穩定也最可靠的指標是教育成就，所以我們對於社會流動的分析相當仰賴這組數據。針對一九五九年那班學生，父母的教育程度有多大程度足以預測子女最終的教育成就？（既然我們的結論是世代之間的流動相對較高，所以使用教育做為觀察指標在方法論上實屬保守，比方說如果我們用經濟影響力，世代之間的流動有可能會更大。）

如第一章所言，我們看到的結果竟然如此清晰與簡單：

- 學業成績（班級排名）基本上可以預測將來是否會上大學。
- 教育程度比較低的家長比較不會鼓勵自己的小孩上大學，而父母的鼓勵在決定小孩是否上大學只能說還算重要。這兩者之間的關係比起班級排名與上大學的關係還要弱，事實上也是家長背景與小孩最終成就的唯一關連。
- 其他如父母的財富、家庭結構與鄰里的社會資本等指標，也就是我們所測量的其他指標，對於今日機會鴻溝的生成，影響並不大，亦即這些因素都無法預測小孩是否會上大學或者是將來的教育成就。

多變量的模型或呈現結果的路徑圖（path diagram），可以從以下連結獲得：http://www.

robertdputnam.com/ourkids/research。

以下幾點說明也許對於統計高手有幫助，雖然這些簡短的說明絕對過於簡化，也無法滿足所有專業人士的好奇。

- 本書所有的相關性分析都採取標準的人口控制（standard demographic controls）。
- 本書提出的各種趨勢，所根據的樣本都具有全國代表性，包括所有的種族。但是，事實上在每一件個案中，我們都只針對白人進行一致性分析（identical analyses），不過在樣本數量足夠的情況下，我們也會針對有色人種做一致性分析。這些額外的分析是為了確認在每一個基本的個案中，我們看到的趨勢不僅僅反映種族的型態，至少有一部分也反映了階級的型態。
- 本書每一張剪刀差圖所呈現的機會鴻溝擴大，在統計上都是顯著的。而大部分圖中的趨勢曲線都經過「局部迴歸調整」（LOESS-smoothed），減少年度數據對於統計視覺呈現的「干擾」。
- 我們關注的焦點是美國年輕人可用資源及其成就的階級差異趨勢。但是，有時候我們會放上橫斷面的數據，只呈現階級在某個時間點（現在）的差異，而不呈現階級差異的時間變化。不這麼做的理由相當簡單，因為在這些個案中，我們無法找到過去幾十年的數據進行比較。比方說，我們取得的生涯導師資料顯示，在今日，人生導師這項資源有很大的階級差異，但是關於過去非正式導師的情況，我們完全沒有可供比較的資料，因此也就無從得知這項數據歷年來的階級差異，雖然我們的確針對這一點提供了質化的資料。

最後，我們使用了各種公開的全國數據來分析，並畫出本書的圖。你可以從以下連結，看到我們所用數據的完整介紹：http://www.robertdputnam.com/ourkids/research。

謝辭

本書的研究結果主要仰賴許多有創意、充滿幹勁的學者多年來在這塊領域的耕耘。由於我剛跨入社會階層化、社會流動與不平等幾項主題，所以大量引用他們辛苦研究的成果與深入的觀察。許多人在我研究的過程中成為我的朋友，但是有一些人我也只是讀過他們的作品。當我們的國家全力對抗機會的鴻溝，其中一項很重要的資產就是這麼一大批各式各樣的專家投入社會與經濟不平等的研究。

任何感謝名單勢必都會因為無意中的疏漏而不完善，但是如果完全不感謝任何人卻是更加糟糕。除了在注釋中寫下引用的作品之外，這一長串的專家包括Chris Avery, Jeanne Brooks-Gunn, Raj Chetty, Sheldon Danziger, Greg Duncan, Susan Dynarski, Kathy Edin, Paula England, Robert Frank, Frank Furstenberg, Claudia Goldin, David Grusky, Jennifer Hochschild, Michael Hout,

Christopher Jencks, Lawrence Katz, Lane Kenworthy, Glenn Loury, Douglas Massey, Sara McLanahan, Richard Murnane, Katherine Newman, Sean Reardon, Richard Reeves, Robert Sampson, Isabel Sawhill, Patrick Sharkey, Jack Shonkoff, Mario Small, Timothy Smeeding, Betsey Stevenson, Jane Waldfogel, Bruce Western及William Julius Wilson。

許多朋友與同事的見解、鼓勵以及對各階段初稿的評論促成本書的完成。除了前一段所列出的人之外，還要感謝Joel Aberbach, Robert Axelrod, John Bridgeland, John Carr, Jonathan Cohn, Matthew Desmond, Ronald Ferguson, Matt Gillman, John Gomperts, David Halpern, Ross Hammond, Diana Hess, Nannerl Keohane, Robert Keohane, Gary King, Meira Levinson, Chaeyoon Lim, Michael McPherson, Dick Ober, Christin Putnam, Jonathan Putnam, Lara Putnam, Paul Solman, Luke Tate, Elsie Taveras, Dennis Thompson, and Mary Waters。即使有這麼多專家的意見，但本書所出現的任何錯誤顯然還是要由我個人負責。

最感謝的是數十名家長與年輕人的坦率信任，將他們生活大大小小的事說給我們聽。他們的看法勇敢地說出新世代年輕人所面對的負擔與機會，有助於我們把統計上的趨勢轉化為現實生活。可惜的是，由於專業的倫理以及恪守匿名的承諾，讓我們無法一一列出他們的姓名表示感謝。事實上，在大部分的個案中，即使我不知道他們的真名，我們也還是小心翼翼地保護他們的身分。假如沒有他們的聲音，我可能連一句話也說不出來。

如同上一章〈我們孩子的故事〉所述，希娃是整個田野研究團隊的靈魂人物，當然還有桑德爾森（Jasmin Sandelson）從旁協助。在每個研究地點，他們都必須仰仗當地一般觀察者的知識與人脈，我們要感謝每一位在地的觀察者，包括阿拉巴馬州的David Joyner與Stephen Woerner，亞特蘭大的Lawrence Phillips，德州奧斯丁的Joseph Kopser，本德鎮的Abby Williamson還有已經過世的Melissa Hochschild，明尼蘇達杜魯斯的Holly Sampson，橘郡的Paul Vandeventer，俄亥俄州的Ginny Park, Connie Cedoz, Gerri Gill, Jack Nitz, Jan Gluth, Chris Galvin, Pat Adkins, Gary Steyer, Don Sauber, Lori Clune, Darrell Opfer, Lawrence Hartlaub, Paul Beck, Zack Paganini, Nathaniel Weidenhoft, Tiffany Perl, Maureen Bickley以及我一九五九年那一班同學，還有費城的Kathy Edin, Melody Boyd, Jason Martin與Tracie Blummer。

此研究計畫大約始於十年前，當時一位大學生克魯克絲（Rebekah Crooks），現在是Rebekah Crooks Horowitz，深具觀察力地寫了一份期末報告。克魯克絲的洞見在於，她發現自己哈佛的同學都熱中於公民參與，但是她中學時的工人階級同學卻沒有這樣的特質。雖然我並未被報告說服，但是我鼓勵她用一些經驗資料來驗證自己的想法，因此在她之後所寫的畢業論文中，又再進一步證明自己敏銳的觀察確實千真萬確，而且更甚於她最初的構想。克魯克絲後來走上一條完全不同的路，但是帶著她的祝福，我的研究團體一起探索她的觀點，我承認剛開始的時候我們也做得相當零散，不過當我們發現愈來愈多的證據支持克魯克絲所提美國年輕人階級鴻溝不斷擴大的核心論點，大家對此事的興趣以及關心也逐步提高。

我受益於一群相處融洽且盡心盡力的博士生與博士後研究人員，他們超乎常人的智慧與心力，讓這項計畫徹底變成一項團隊成果。這個團隊寫出各種作品，並且詳細檢閱龐大的文獻，他們廣泛搜尋相關資料，然後用手上最巧妙的研究方法探索這些資料，更重要的是，他們把每條論證以及各項不確定的推論都交付仔細的檢驗。我大多數會聽從他們的建議，但也不見得每次都同意，因此本書一切的錯誤依然要由我一人承擔。

這些人是我合作過最犀利也最有責任感的團隊，其中包括Josh Bolian, Brielle Bryan, Brittany Butler, Anny Fenton, Reuben Finighan, Kate Glazebrook, Hope Harvey, Elizabeth Holly, Rachel Horn, Barbara Kiviat, Cyrus Motanya, Katie Roberts-Hull, Jasmin Sandelson, Lois Shea, Wolfgang Silbermann, Eric Stephen, Laura Tach, Brian Tomlinson, James Walsh, Edwenna Werner, and Matt Wright。

在三年研究的高峰期，核心團隊是由驚奇五人組所形成，包括Evrim Altintas, Carl Frederick, Jen Silva, Kaisa Snellman, and Queenie Zhu。這五位學者已經成為不平等研究（inequality studies）這個領域公認的新星，未來這幾個人的名字一定常會被提及。在他們學術生涯準備起飛的時候，我對於自己能夠從他們身上所學到的一切深懷感激。如果沒有這五人小組，這本書根本不可能完成。

這樣的一個大型研究計畫需要許多資助。對此，我們得益於許多機構，他們的觀點和我們一樣，都認為美國未來所要面對的這個根本問題需要廣泛的視角（包含跨學科的觀點與見解）以及近距離的觀察（探索每個小孩、家庭以及社區的生活經驗）。這些慷慨大方的資助單位包括Spencer Foundation, the Rockefeller Brothers Fund, the W. K. Kellogg Foundation, the Ford Foundation, the Legatum Institute, the Markle Foundation, the William T. Grant Foundation, the Annie E. Casey Foundation, the Bill and Melinda Gates Foundation, the Carnegie Corporation of New York, the Corporation for National and Community Service, and the University of Manchester。哈佛大學甘迺迪政府學院，尤其是院長David Ellwood以及執行院長（Executive Dean）John Haigh更是一路支持，總是不厭其煩地提供支援，確保整個團隊是否經濟無虞，並且確實達成目標。

一個很強的團隊需要一位很強的領導者。近二十年來，森德（Tom Sander）在我接連幾個計畫中就是扮演這樣的角色。事實上，本書每一個分析上的概念，都是建立在他所督導或是親自執行的研究計畫。森德同時具備驚人的遠處觀察力（從遠方觀看相關工作的進行）、公正不阿的態度（踢一踢停車場上每部車的每一顆輪胎，確定我們賣出去的不是垃圾）以及個人對於社會公義的承諾。他很努力地監督大家的工作並為計畫爭取財源。森德帶領大家將研究成果發展成解決方案，而不僅僅停留在點出問題。

吉布森（Kylie Gibson，還有原先擔任她這個職務、也是研究團隊現在的資深顧問 Louise Kennedy Converse）秉持責任感、技巧以及敏銳度，負責研究過程中的所有行政支援。不僅如此，她還積極涉入計畫中的大小細節，從擬定研究策略到文章的編輯（如果她願意絕對可以當個專業的編輯與塔臺的航管員）。她也同時指導我們團隊裡的其他行政人員，包括Ruth Reyes, Saebom Soohoo, Tara Tyrrell, and Blake Worrall。

列斯特（Toby Lester）以令人敬佩的專業態度編輯本書的一字一句。在他的巧手與努力之下，本書變得更好、更流暢，最重要的是更為簡潔。班德（Bob Bender）與Simon & Schuster的同事讓最終的書成為一本令我們感到自豪的作品。薩加林（Rafe Sagalyn）近二十年來都是我的作品經紀人，又再次以良好的友誼、明智的建議以及專業的知識證明自己是出版界最令人敬佩的一號人物。梅洛（Anne Mellor）與塞洛尼（Peter Cerroni）幫助我保持身心的平衡，並且同時默默忍受我喋喋不休地講述美國貧窮小孩的困境。

我二十多年的好友導師盧（Lew Feldstein）是美國傑出的公民領袖之一，多年來主持新罕布夏慈善基金會（New Hampshire Charitable Foundation）。盧不斷逼我瞭解這項計畫，甚至在我質疑自己是否可以落實時也不中斷。他負責幫我們尋找計畫的財源，並且督促我們發展出可行的想法，幫助活躍的公民運動者縮小機會鴻溝。正如許多人所說，盧是一個貨真價實的好人。

我的家人長期以來默默容忍我把心力都放在研究上，但是在這項計畫的過程中，他們更多地參與到實質的研究之中。我兩個小孩Jonathan與Lara以及他們的另一半Christin、Doug與Mario，七個孫子Miriam, Gray, Gabriel, Noah, Alonso, Gideon, and Eleanor Wren都積極加入我們對於當代美國小孩成長與扶養小孩的漫長對話。由於我們一家有好幾個初出茅廬的社會科學家與才華洋溢的作家，因此他們也提供我在寫作上許多實用的建議。當我在寫這本書，而我操控的球隊在家人所玩的線上遊戲「夢幻美式足球」表現跌入谷底時，他們也會暫時不講那些垃圾話。（哈，明年再來吧！）說得再嚴肅一些，我們從本書那些不幸家庭所瞭解的事，讓我們更清楚地意識到我們這一家所享有的特權與天倫之樂。

Rosemary是這個家真正的社會資本家（social capitalist），她把教育以及養育小孩當做一生的職志，不論是我們家的小孩或是整個社區的小孩（她在廚房貼上座右銘：一百年之後，重要的是不是我銀行裡有多少錢……而是這個世界會因為我在某個小孩的生命中扮演重要的角色而變得更好）。她在這個研究計畫所扮演的角色，遠超過她在我先前著作所占據的份量。當她指導我們故鄉兩個陷入麻煩的年輕女性，或者是當她教導鄰近小鎮無家可歸的小孩，讓本書所呈現的觀點更加清楚。她仔細閱讀書中每一份田野訪談的每一段話，並且幫助希娃與我理解這些年輕的生命。她也把這本書從頭到尾看過好幾遍，從初稿到排版的稿子，再到最後的校稿。過去五十幾年來，我對她的感激遠溢於言表。

Story of an American Experiment to Fight Ghetto Poverty (New York: Oxford University Press, 2010); Leonard S. Rubinowitz and James E. Rosenbaum, *Crossing the Class and Color Lines: From Public Housing to White Suburbia* (Chicago: University of Chicago Press, 2000); Micere Keels, Greg J. Duncan, Stefanie Deluca, Ruby Mendenhall, and James Rosenbaum, "Fifteen Years Later: Can Residential Mobility Programs Provide a Long-Term Escape from Neighborhood Segregation, Crime, and Poverty?" *Demography* 42 (February 2005): 51–73; Jens Ludwig, Brian Jacob, Greg Duncan, James Rosenbaum, and Michael Johnson, "Neighborhood Effects on Low-Income Families: Evidence from a Housing-Voucher Lottery in Chicago" (working paper, University of Chicago, 2010); Jennifer Darrah and Stefanie DeLuca, " 'Living Here Has Changed My Whole Perspective': How Escaping Inner-City Poverty Shapes Neighborhood and Housing Choice," *Journal of Policy Analysis and Management* 33 (Spring 2014): 350–84.

70. Ralph Waldo Emerson, "Self-Reliance," in *Essays: First Series* (1841)。感謝Thomas Spragens提醒我有這段話。
71. Yvonne Abraham, "Doing Right by the Children in Chelsea," *Boston Globe*, August 31, 2014.

我們孩子的故事

1. 有些引述會稍稍修改，刪除感嘆詞、錯誤的發語詞與重複語句。為了前後一貫，同一場訪談對於同一個主題所表示的意見會放在一起成為一句話，但是這樣的編輯絕對不會改變意思或說話的語氣。
2. Jennifer M. Silva, *Coming Up Short: Working-Class Adulthood in an Age of Uncertainty* (New York: Oxford University Press, 2013).

扶輪社（Rotary Club）的暑期學校與導師計畫，則是靠著釣魚等戶外活動把大人與弱勢的小孩集合在一塊。

67. Nancy Andrews and David Erikson, eds., "Investing in What Works for America's Communities: Essays on People, Place and Purpose," report by the Federal Reserve Bank of San Francisco and Low Income Investment Fund, 2012, accessed October 12, 2014, http://www.frbsf.org/community-development/files/investing-in-what-works.pdf; Tracey Ross and Erik Stedman, "A Renewed Promise: How Promise Zones Can Help Reshape the Federal Place-Based Agenda," report of the Center for American Progress, May 2014, accessed October 12, 2014, http://www.americanprogress.org/issues/poverty/report/2014/05/20/90026/a-renewed-promise/.

68. Patrick Sharkey, "Neighborhoods, Cities, and Economic Mobility" (paper prepared for the Boston Federal Reserve conference on Inequality of Economic Opportunity, Boston, October 17–18, 2014), and sources cited there. Greg J. Duncan, Aletha C. Huston, and Thomas S. Weisner, *Higher Ground: New Hope for the Working Poor and Their Children* (New York: Russell Sage, 2009); Johannes Bos et al., "New Hope for People with Low Incomes: Two-Year Results of a Program to Reduce Poverty and Reform Welfare" (New York: MDRC, 1999); Aletha C. Huston et al., "New Hope for Families and Children: Five-Year Results of a Program to Reduce Poverty and Reform Welfare," Manpower Demonstration Research Corporation, 2003; Aletha C. Huston et al., "Work-Based Antipoverty Programs for Parents Can Enhance the School Performance and Social Behavior of Children," *Child Development* 72 (2001): 318–36; Howard S. Bloom, James A. Riccio, Nandita Verma, and Johanna Walter, "Promoting Work in Public Housing. The Effectiveness of Jobs-Plus. Final Report." Manpower Demonstration Research Corporation, New York: 2005.

69. Patrick Sharkey, "Neighborhoods, Cities, and Economic Mobility"; Xavier de Souza Briggs, Susan J. Popkin, and John Goering, *Moving to Opportunity: The*

64. Arthur M. Cohen and Florence B. Brawer, *The American Community College*, 5th ed. (San Francisco: Jossey-Bass, 2008), 444. See also Sandy Baum, Jennifer Ma, and Kathleen Payea, "Trends in Public Higher Education: Enrollment, Prices, Student Aid, Revenues, and Expenditures," Trends in Higher Education Series, College Board Advocacy & Policy Center (May 2012): 3–31; Clive R. Belfield and Thomas Bailey, "The Benefits of Attending Community College: A Review of the Evidence," *Community College Review* 39 (January 2011): 46–68; and Christopher M. Mullin and Kent Phillippe, "Community College Contributions," Policy Brief 2013–01PB (Washington, DC: American Association of Community Colleges, January 2013)。針對社區大學的藍帶工作小組全國報告，包括：American Association of Community Colleges, "Reclaiming the American Dream: Community Colleges and the Nation's Future," report from the 21st Century Commission on the Future of Community Colleges (April 2012), accessed October 12, 2014, http://www.insidehighered.com/sites/default/server_files/files/21stCentReport.pdf; and Century Foundation Task Force on Preventing Community Colleges from Becoming Separate and Unequal, "Bridging the Higher Education Divide: Strengthening Community Colleges and Restoring the American Dream" (New York: Century Foundation Press, May 2013), accessed October 12, 2014, http://tcf.org/assets/downloads/20130523-Bridging_the_Higher_Education_Di vide-REPORT-ONLY.pdf。我要特別感謝Edwenna Rosser Werner針對社區大學做了很詳細的背景研究。
65. 關於如何把指導做到最好的方針，請見：MENTOR, "Elements of Effective Practice for Mentoring," 3rd ed., report of the National Mentoring Partnership, accessed October 12, 2014, http://www.mentoring.org/downloads/mentoring_1222.pdf。
66. 我這裡指的就是Tenacity，這是波士頓一個以學校為基礎非常有效的導師計畫，以網球為號召。丹麥的導師計畫Skateducate靠的是滑板。新英格蘭

12, 2014, http://www.mdrc.org/publication/career-academies-long-term-impacts-work-education-and-transitions- adult hood.

63. Harry J. Holzer, "Workforce Development as an Antipoverty Strategy: What Do We Know? What Should We Do?," *Focus* 26 (Fall 2009), accessed October 11, 2014, http://www.irp.wisc.edu/publications/focus/pdfs /foc262k .pdf; William C. Symonds, Robert Schwartz, and Ronald F. Ferguson, "Pathways to Prosperity: Meeting the Challenge of Preparing Young Americans for the 21st Century" (report for the Pathways to Prosperity project, Harvard School of Graduate Education, 2011); Ben Olinsky and Sarah Ayres, "Training for Success: A Policy to Expand Apprenticeships in the United States" (report for the Center for American Progress, December 2013), accessed October 12, 2014, http://cdn.americanprogress.org/wp-content/uploads/2013/11/apprenticeship_report .pdf; Robert I. Lerman, "Expanding Apprenticeship Opportunities in the United States" (report for the Hamilton Project, Brookings Institution, 2014); David Card, Jochen Kluve and Andrea Weber, "Active Labour Market Policy Evaluations: A Meta-Analysis," *Economic Journal* 120 (November 2010): F452–F477; Katherine S. Newman and Hella Winston, *Learning to Labor in the 21st Century: Building the Next Generation of Skilled Workers* (New York: Metropolitan, forthcoming 2015)。「青年能力培養計畫」(YouthBuild)已經顯示非實驗研究(nonexperimental research)的正面效果，例如 Wally Abrazaldo et al., "Evaluation of the YouthBuild Youth Offender Grants: Final Report," Social Policy Research Associates (May 2009)。勞動部(The Department of Labor)委託非政府組織MDRC在八十三個地方的青年能力培養計畫執行一項實驗性的隨機控制實驗(RCT)。控制的實驗研究發現這些計畫，例如Job Corps、Service and Conservation Corps與National Guard Youth ChalleNGe都有不錯的效果，請見：MDRC, "Building Better Programs for Disconnected Youth," February 2013, accessed November 24, 2014, http://www.mdrc.org/sites/default/files/Youth_020113.pdf。

2014, http://www.communityschools .org/assets/1/assetmanager/evaluation%20 of%20community%20schools _joy_dryfoos.pdf; Martin J. Blank, Atelia Melaville, and Bela P. Shah, "Making the Difference: Research and Practice in Community Schools" (report of the Coalition for Community Schools, May 2003), accessed October 12, 2014, http://www.communityschools.org/assets/1/page/ccsfullreport.pdf; Child Trends, "Making the Grade: Assessing the Evidence for Integrated Student Supports" (report, February 2014), accessed October 12, 2014, http://www.childtrends.org/wp-content/uploads/2014/02/2014–07 ISS Paper2.pdf.

59. Will Dobbie and Roland G. Fryer, Jr., "Are High Quality Schools Enough to Close the Achievement Gap? Evidence from a Social Experiment in Harlem," NBER Working Paper No. 15473 (Cambridge: National Bureau of Economic Research, November 2009).

60. James S. Coleman and Thomas Hoffer, *Public and Private High Schools: The Impact of Communities* (New York: Basic Books, 1987); Anthony S. Bryk, Peter B. Holland, and Valerie E. Lee, *Catholic Schools and the Common Good* (Cambridge: Harvard University Press, 1993); G. R. Kearney, *More Than a Dream: The Cristo Rey Story: How One School's Vision Is Changing the World* (Chicago: Loyola Press, 2008). See also Derek Neal, "The Effects of Catholic Secondary Schooling on Educational Achievement," *Journal of Labor Economics* 15 (January 1997): 98–123, and William H. Jeynes, "Religion, Intact Families, and the Achievement Gap," *Interdisciplinary Journal of Research on Religion* 3 (2007): 1–24.

61. Don Peck, "Can the Middle Class Be Saved?," *Atlantic*, September 2011, accessed October 11, 2014, http://www.theatlantic.com/magazine/archive/2011/09/can-the-middle-class-be-saved/308600/; Ron Haskins and Isabel Sawhill, *Creating an Opportunity Society* (Washington, DC: Brookings Institution Press, 2009).

62. James J. Kemple, "Career Academies: Long-Term Impacts on Work, Education, and Transitions to Adulthood," MDRC Report (June 2008), accessed October

Bureau of Economic Research, November 2009); Philip Gleason, Melissa Clark, Christina Clark Tuttle, and Emily Dwoyer, "The Evaluation of Charter School Impacts: Final Report (NCEE 2010–4029), National Center for Education Evaluation and Regional Assistance, accessed October 11, 2014, http://ies.ed.gov/ncee/pubs/20104029/; Ron Zimmer et al., "Charter Schools: Do They Cream Skim, Increasing Student Segregation?," in *School Choice and School Improvement*, eds. Mark Berends, Marisa Cannata, and Ellen B. Goldring (Cambridge: Harvard Education Press, 2011); and Joshua D. Angrist, Susan M. Dynarski, Thomas J. Kane, Parag A. Pathak, and Christopher R. Walters, "Who Benefits from KIPP?," *Journal of Policy Analysis and Management* 31 (Fall 2012): 837–60。

56. Mark R. Warren, "Communities and Schools: A New View of Urban Education Reform," *Harvard Educational Review* 75 (Summer 2005), accessed October 12, 2014, http://www.presidentsleadershipclass.org/images/uploads/ca_files/Communities_and_Schools.pdf。至於社區的社會資本對於學校改革的重要性，請參考：Anthony S. Bryk, Penny Bender Sebring, Elaine Allensworth, Stuart Luppescu, and John Q. Easton, *Organizing Schools for Improvement: Lessons from Chicago* (Chicago: University of Chicago Press, 2010)。

57. "What is a Community School?," Coalition for Community Schools, accessed October 12, 2014, http://www.communityschools.org/aboutschools/what_is_a_community_school.aspx.

58. Colleen Cummings, Alan Dyson, and Liz Todd, *Beyond the School Gates: Can Full Service and Extended Schools Overcome Disadvantage?* (London: Routledge, 2011); Colleen Cummings et al., "Evaluation of the Full Service Extended Schools Initiative: Final Report," Research Brief No. RB852 (Department for Education and Skills, June 2007), accessed October 12, 2014, http://webarchive.nationalarchives.gov.uk/20130401151715/http://www.education.gov.uk/publications /eOrderingDownload/RB852.pdf; Joy G. Dryfoos, "Evaluation of Community Schools: Findings to Date" (report, 2000), accessed October 12,

David N. Kinsey, *Climbing Mount Laurel: The Struggle for Affordable Housing and Social Mobility in an American Suburb* (Princeton: Princeton University Press, 2013), 195.

50. Bruce D. Baker, David G. Sciarra, and Danielle Farrie, "Is School Funding Fair? A National Report Card" (The Education Law Center and Rutgers Graduate School of Education, 2012).
51. U.S. Department of Education, "For Each and Every Child—A Strategy for Education Equity and Excellence," a report to the Secretary (Washington, DC: The Equity and Excellence Commission, 2013), accessed October 11, 2014, http://www2.ed.gov/about/bdscomm/list/eec/equity-excellence-commission-report.pdf.
52. Steven Glazerman, Ali Protik, Bing-ru Teh, Julie Bruch, and Jeffrey Max, "Transfer Incentives for High-Performing Teachers: Final Results from a Multisite Experiment (NCEE 2014–4003)" (Washington, DC: National Center for Education Evaluation and Regional Assistance, Institute of Education Sciences, U.S. Department of Education, November 2013), accessed October 11, 2014, http://ies.ed.gov/ncee/pubs/20144003/pdf/20144003.pdf.
53. Duncan and Murnane, *Restoring Opportunity*.
54. Erika A. Patall, Harris Cooper, and Ashley Batts Allen, "Extending the School Day or School Year: A Systematic Review of Research (1985–2009)," *Review of Educational Research* 80 (September 2010): 401–36.
55. 針對特許學校成效的重要研究，包括：Caroline M. Hoxby and Sonali Muraka, "Charter Schools in New York City: Who Enrolls and How They Affect Their Students' Achievement," NBER Working Paper No. 14852 (Cambridge: National Bureau of Economic Research, April 2009); Atila Abdulkadiroglu, Joshua Angrist, Susan Dynarski, Thomas J. Kane, and Parag Pathak, "Accountability and Flexibility in Public Schools: Evidence from Boston's Charters and Pilots," NBER Working Paper No. 15549 (Cambridge: National

46. 最近評估幼兒教育的眾多文獻，包括David Deming, "Early Childhood Intervention and Life-Cycle Skill Development: Evidence from Head Start," *American Economic Journal* 1 (July 2009): 111–34; Jens Ludwig and Douglas L. Miller, "Does Head Start Improve Children's Life Chances? Evidence from a Regression-Discontinuity Design," *Quarterly Journal of Economics* 122 (2007): 159–208; and Alexander Gelber, "Children's Schooling and Parents' Behavior: Evidence from the Head Start Impact Study," *Journal of Public Economics* 101 (2013): 25–38。我們也可以在「嬰兒健康發展計畫」(Infant Health Development Program)看到激勵人心的結果，請見：Greg J. Duncan, Jeanne Brooks-Gunn, and Pamela K. Klebanov, "Economic Deprivation and Early-Childhood Development," *Child Development* 65 (April 1994): 296–318; John M. Love and Jeanne Brooks-Gunn, "Getting the Most Out of Early Head Start: What Has Been Accomplished and What Needs To Be Done," in *Investing in Young Children: New Directions in Federal Preschool and Early Childhood Policy*, eds. W. Steven Barnett and Ron Haskins (Washington, DC: Brooking Institution, 2010), 29–37。
47. Greg J. Duncan and Richard J. Murnane, *Restoring Opportunity: The Crisis of Inequality and the Challenge for American Education* (New York: Russell Sage Foundation, 2014), 53–69.
48. William T. Gormley, Deborah Phillips, and Ted Gayer, "Preschool Programs Can Boost School Readiness," *Science* 320 (June 27, 2008): 1723–24; William T. Gormley, Jr., Ted Gayer, Deborah Phillips, and Brittany Dawson, "The Effects of Universal Pre-K on Cognitive Development," *Developmental Psychology* 41 (November 2005): 872–84; William Gormley, Jr., Ted Gayer, Deborah Phillips, and Brittany Dawson, "The Effects of Oklahoma's Universal Pre-K Program on School Readiness: An Executive Summary" (Georgetown University: Center for Research on Children in the U.S., November 2004).
49. Douglas S. Massey, Len Albright, Rebecca Casciano, Elizabeth Derickson, and

pdfs/National_Research_Agenda_for_Early_Education.pdf. Early returns on evaluation of Educare are promising; see N. Yazejian and D. M. Bryant, "Promising Early Returns: Educare Implementation Study Data, March 2009" (Chapel Hill: FPG Child Development Institute, UNC, 2009) and "Educare Implementation Study Findings–August 2012," accessed December 16, 2014, http://eln.fpg.unc.edu/sites/eln.fpg .unc .edu/files/FPG-Demonstrating-Results-August-2012-Final.pdf.

43. Jane Waldfogel and Elizabeth Washbrook, "Early Years Policy," *Child Development Research* 2011 (2011): 1–12; Amy J. L. Baker, Chaya S. Piotrkowski, and Jeanne Brooks-Gunn, "The Home Instruction Program for Preschool Youngsters (HIPPY)," *The Future of Children* 9 (Spring/Summer 1999): 116–33; Darcy I. Lowell, Alice S. Carter, Leandra Godoy, Belinda Paulicin, and Margaret J. Briggs-Gowan, "A Randomized Controlled Trial of Child FIRST: A Comprehensive Home-Based Intervention Translating Research into Early Childhood Practice," *Child Development* 82 (January 2011): 193–208; "Policy: Helping Troubled Families Turn Their Lives Around," Department for Communities and Local Government, accessed October 10, 2014, https://www.gov.uk/government/policies/helping-troubled-families-turn-their-lives-around/activity. See also Tondi M. Harrison, "Family Centered Pediatric Nursing Care: State of the Science," *Journal of Pediatric Nursing* 25 (October 2010): 335–43.

44. OECD, *Education at a Glance: OECD Indicators 2014* (OECD Publishing, 2014), chart C.21, p. 320.

45. James J. Heckman, "Skill Formation and the Economics of Investing in Disadvantaged Children," *Science* 312 (June 2006): 1900–1902; Arthur J. Reynolds, Judy A. Temple, Dylan L. Robertson, and Emily A. Mann, "Age 21 Cost-Benefit Analysis of the Title I Chicago Child-Parent Center Program," Executive Summary (National Institute for Early Childhood Education Research, June 2001).

37. 有關薪資所得租稅補貼以及子女租稅扣抵的可能改革方向，請參考：Thomas L. Hungerford and Rebecca Thiess, "The Earned Income Tax Credit and the Child Tax Credit: History, Purpose, Goals, and Effectiveness" (report, Economic Policy Institute, September 25, 2013), accessed October 10, 2014, http://www.epi.org/publication/ib370-earned-income-tax-credit-and-the-child-tax-credit-history -purpose -goals-and- effectiveness/。

38. Jeremy Travis, Bruce Western, and Steve Redburn, eds., *The Growth of Incarceration in the United States: Exploring Causes and Consequences* (Washington, DC: National Academies Press, 2014).

39. Jane Waldfogel, *What Children Need* (Cambridge: Harvard University Press, 2006), 45–62，引文來自該書第四十五頁。她強調小孩出生第一年如果是**全職工作**會造成傷害，而不是小孩一歲之後去工作，或者是第一年的時候兼差。

40. 二〇〇八年的一份報告指出，美國在二十一個高所得國家中，政府對於家長育嬰假給薪的政策，應該是最小氣的，而家長育嬰假的長度也大概接近墊底。請見：Rebecca Ray, Janet C. Gornick, and John Schmitt, "Parental Leave Policies in 21 Countries: Assessing Generosity and Gender Equality" (Washington, DC: Center for Economic and Policy Research, 2008)。最近有更多資料也確認了美國的排名落後，請見：OECD Family Database, PF2.1 Key characteristics of parental leave systems, October 14, 2014, http://www.oecd.org/els/soc/PF2_1_Parental_leave_systems_1May 2014.pdf。

41. 日間照顧中心品質的相關研究證據，請見：Waldfogel, *What Children Need*, 72–81, and Lisa Gennetian, Danielle Crosby, Chantelle Dowsett, and Aletha Huston, "Maternal Employment, Early Care Settings and the Achievement of Low-Income Children," Next Generation Working Paper No. 30 (New York: MDRC, 2007)。

42. Educare Learning Network, "A National Research Agenda for Early Education," April 2014, accessed October 10, 2014, http://www.educareschools.org/results/

the American Academy of Political and Social Science 654 (July 2014): 42–43.

33. Sawhill, *Generation Unbound*, 3.
34. 接下來兩段的證據，來自 Sawhill, *Generation Unbound* 9,105–44。對於此問題的不同觀點，請見：Andrew J. Cherlin, *Labor's Love Lost: The Rise and Fall of the Working Class Family in America* (New York: Russell Sage Foundation, 2014), Chapter 7。
35. Elizabeth O. Ananat, Anna Gassman-Pines, and Christina M. Gibson-Davis, "The Effects of Local Employment Losses on Children's Educational Achievement," in *Whither Opportunity? Rising Inequality, Schools, and Children's Life Chances*, eds. G. Duncan and R. Murnane (New York: Russell Sage, 2011), 299–315.
36. Kenworthy, "It's Hard to Make It in America," 97–109; Greg Duncan, Pamela Morris, and Chris Rodrigues, "Does Money Matter? Estimating Impacts of Family Income on Young Children's Achievement with Data from Random-Assignment Experiments," *Developmental Psychology* 47 (September 2012): 1263–79. See also Rebecca A. Maynard and Richard J. Murnane, "The Effects of a Negative Income Tax on School Performance: Results of an Experiment," *Journal of Human Resources* 14 (Autumn 1979): 463–76; Neil J. Salkind and Ron Haskins, "Negative Income Tax: The Impact on Children from Low-Income Families," *Journal of Family Issues* 3 (June 1982): 165–80; Pamela Morris et al., *How Welfare and Work Policies Affect Children: A Synthesis of Research* (New York: MDRC, 2001); Gordon B. Dahl and Lance Lochner, "The Impact of Family Income on Child Achievement," *American Economic Review* 102 (August 2005): 1927–56; and Greg J. Duncan, Ariel Kalil, and Kathleen M. Ziol-Guest, "Early Childhood Poverty and Adult Achievement, Employment and Health," *Family Matters* (Australia Institute of Family Studies) 93 (2013): 26–35, accessed October 11, 2014, http://www.aifs.gov.au/institute/pubs/fm2013/fm93/fm93c.pdf.

(Summer 2013): 226–58。在這篇有趣的文章中，作者認為我們有責任幫助家長扶養小孩，因為這些小孩未來會促進整個社會的福祉。我的觀點則是認為，我們不應該把道德責任放在**家長**，而應該放在**小孩**身上。

29. 分析機會鴻溝的研究方法問題，請見：Lane Kenworthy, "It's Hard to Make It in America: How the United States Stopped Being the Land of Opportunity," *Foreign Affairs* 91 (November 2012): 103–9。我要特別感謝Tom Sander仔細回顧處理機會鴻溝的各種政策選項。

30. Charles Murray, *Coming Apart: The State of White America*, 1960–2010 (New York: Crown Forum, 2012)，這篇文章處理機會鴻溝的方式與我的描述相同，但是卻提出完全不同的診斷。

31. 針對宗教社群對於成員的態度與行為的強力影響，請參考：Robert D. Putnam and David E. Campbell, *American Grace: How Religion Divides and Unites Us* (New York: Simon & Schuster, 2010)，尤其是該書第十三章。

32. Isabel V. Sawhill, *Generation Unbound: Drifting into Sex and Parenthood Without Marriage* (Washington, DC: Brookings Institution Press, 2014), 91–93, citing Robert G. Wood, Sheena McConnell, Quinn Moore, Andrew Clarkwest, and JoAnn Hsueh, "The Effects of Building Strong Families: A Healthy Marriage and Relationship Skills Education Program for Unmarried Parents," *Journal of Policy Analysis and Management* 31 (Spring 2012): 228–52; JoAnn Hsueh, Desiree Principe Alderson, Erika Lundquist, Charles Michalopoulos, Daniel Gubits, David Fein, and Virginia Knox, "The Supporting Healthy Marriage Evaluation: Early Impacts on Low-Income Families," *SSRN Electronic Journal* (2012), accessed October 11, 2014, www.ssrn .com/abstract=2030319; Adam Carasso and C. Eugene Steuerle, "The Hefty Penalty on Marriage Facing Many Households with Children," *The Future of Children* 15 (Fall 2005): 161; Ron Haskins, "Marriage, Parenthood, and Public Policy," *National Affairs* (Spring 2014): 65–66; Maria Cancian and Ron Haskins, "Changes in Family Composition: Implications for Income, Poverty, and Public Policy," *ANNALS of*

26. Pope Francis, in "Apostolic Exhortation *Evangelii Gaudium* [The Joy of the Gospel], to the Bishops, Clergy, Consecrated Persons and the Lay Faithful on the Proclamation of the Gospel in Today's World," Vatican Press, 2013, accessed October 6, 2014, http://w2.vatican.va/content /dam/francesco/pdf/apost_exhortations/documents/papa-francesco_esortazione-ap_20131124 _evangelii-gaudium_en.pdf; 教宗聖方濟各在搭機往巴西里約途中所接受的訪問：John L. Allen, "Pope on Plane: No to a 'Throw-Away' Culture," *National Catholic Reporter*, July 22, 2013, accessed October 6, 2014, http://ncronline.org/blogs/ncr-today/pope-plane-no-throw-away-culture。
27. 針對機會均等在倫理學上的討論，基本的參考作品如下：Lawrence A. Blum, "Opportunity and Equality of Opportunity," *Public Affairs Quarterly* 2 (October 1988): 1–18; John H. Schaar, "Equality of Opportunity, and Beyond," in *Equality: Selected Readings*, eds. Louis P. Pojman and Robert Westmoreland (New York: Oxford University Press, 1997), 137–47; William Galston, "A Liberal Defense of Equality of Opportunity," in *Equality*, eds. Pojman and Westmoreland, 170–81; Bernard A. O. Williams, "The Idea of Equality," in *Equality*, eds. Pojman and Westmoreland, 91–101; John Rawls, *A Theory of Justice*, rev. ed. (Cambridge: Belknap Press of Harvard University Press, 1999); John E. Roemer, *Equality of Opportunity* (Cambridge: Harvard University Press, 2000); Will Kymlicka, *Contemporary Political Philosophy: An Introduction*, 2nd ed. (New York: Oxford University Press, 2002), 53–101; T. M. Scanlon, "When Does Equality Matter?" (paper presented at a conference on equality at the John F. Kennedy School of Government, Cambridge, MA, April 2004), accessed October 6, 2014, http://www.law.yale.edu/documents/pdf/Intellectual_Life /ltw-Scanlon .pdf; and Richard Arneson, "Equality of Opportunity," *The Stanford Encyclopedia of Philosophy*, October 8, 2002, accessed October 6, 2014, http://plato.stanford.edu/entries/equal-opportunity/。
28. Serena Olsaretti, "Children as Public Goods?," *Philosophy and Public Affairs* 41

Participation and Educational Differences," *Journal of Research on Adolescence* 21 (September 2011): 586–94。二〇〇八年與二〇一〇年的投票率資料，來自人口普查局的「目前人口調查」。

17. Wray-Lake and Hart, "Growing Social Inequalities in Youth Civic Engagement? Evidence from the National Election Study," 這份資料測量遊行的參與下滑，同樣看到鴻溝縮小的趨勢。
18. Carl Frederick以「監視未來」的資料，針對二〇〇五至二〇一二年間中學畢業生的分析。
19. Kay Lehman Schlozman, Sidney Verba, and Henry E. Brady, "Weapon of the Strong? Participatory Inequality and the Internet," *Perspectives on Politics* 8 (June 2010): 487–509.
20. Schlozman, Verba, and Brady, *The Unheavenly Chorus*, quote at 83.
21. Larry M. Bartels, *Unequal Democracy: The Political Economy of the New Gilded Age* (Princeton: Princeton University Press, 2008); Martin Gilens, *Affluence and Influence: Economic Inequality and Political Power in America* (Princeton: Princeton University Press, 2012); Jan E. Leighley and Jonathan Nagler, *Who Votes Now? Demographics, Issues, Inequality, and Turnout in the United States* (Princeton: Princeton University Press, 2013).
22. Dahl, *On Democracy*, 76.
23. American Political Science Association Task Force on Inequality and American Democracy, "American Democracy in an Age of Rising Inequality," *Perspectives on Politics* 2 (December 2004): 651.
24. William Kornhauser, *The Politics of Mass Society* (Glencoe, IL: Free Press, 1959), 212。有關群眾社會理論的全面介紹，請見：Christian Borch, *The Politics of Crowds: An Alternative History of Sociology* (New York: Cambridge University Press, 2012)。
25. Hannah Arendt, *The Origins of Totalitarianism* (New York: Harcourt, Brace, 1951), 310, as quoted in Borch, *The Politics of Crowds*, 181.

因為技術工人的供給限制，或許是因為所得高度不均促發財政上的不穩定，又或者是因為政治扭曲與民眾的不安阻礙經濟成長。

13. Robert A. Dahl, *On Democracy* (New Haven: Yale University Press, 1998).

14. Meira Levinson, *No Citizen Left Behind* (Cambridge: Harvard University Press, 2012); Sidney Verba, Kay Lehman Schlozman, and Henry E. Brady, *Voice and Equality: Civic Voluntarism in American Politics* (Cambridge: Harvard University Press, 1995); Kay Lehman Schlozman, Sidney Verba, and Henry E. Brady, *The Unheavenly Chorus: Unequal Political Voice and the Broken Promise of American Democracy* (Princeton: Princeton University Press, 2012); Andrea K. Finlay, Constance Flanagan, and Laura Wray-Lake, "Civic Engagement Patterns and Transitions over 8 Years: The AmeriCorps National Study," *Developmental Psychology* 47 (November 2011): 1728–43; Jonathan F. Zaff, James Youniss, and Cynthia M. Gibson, "An Inequitable Invitation to Citizenship: Non-College-Bound Youth and Civic Engagement," Report prepared for PACE (Washington, DC: Philanthropy for Active Civic Engagement, October 2009).

15. 二〇〇八年與二〇一〇年的公民參與資料，來自人口普查局的「目前人口調查」(Current Population Survey)，基於研究目的，「大學學歷」比較二十至二十五歲目前在大學讀書或是擁有大學學位的年輕人。我們只計算年輕人在我們所計算的六種活動中回報的數字。另見："Understanding a Diverse Generation: Youth Civic Engagement in the United States," CIRCLE Research Report (Tufts University, November 2011), accessed October 6, 2014, http://www.civicyouth.org/wp-content/uploads/2011/11/CIRCLE_cluster_report2010.pdf。

16. Laura Wray-Lake and Daniel Hart, "Growing Social Inequalities in Youth Civic Engagement? Evidence from the National Election Study," *PS: Political Science and Politics* 45 (July 2012): 456–61; Amy K. Syvertsen, Laura Wray-Lake, Constance A. Flanagan, D. Wayne Osgood, and Laine Briddell, "Thirty-Year Trends in U.S. Adolescents' Civic Engagement: A Story of Changing

11. James J. Heckman, "An Effective Strategy for Promoting Social Mobility," *Boston Review* (September/October 2012); James J. Heckman, Seong Hyeok Moon, Rodrigo Pinto, Peter A. Savelyev, and Adam Yavitz, "The Rate of Return to the High/Scope Perry Preschool Program," Forschungsinstitut zur Zukunft der Arbeit/Institute for the Study of Labor Discussion Paper No. 4533 (Bonn, Germany: IZA, October 2009), accessed September 26, 2014, http://ftp.iza.org/dp4533.pdf。其他的研究者雖然同意幼兒教育的回報率相當有利，但是Heckman的估算可能太高，或許是因為他只根據一九六〇年代在密西根伊普西蘭蒂（Ypsilanti）一所佩瑞幼稚園（Perry Preschool）所做的指標研究。
12. 針對所得不平等（而非機會不均）所產生的經濟效果，教科書裡的理論一度認為所得不平等因為可以促進努力與儲蓄，帶頭投資推動成長，因此有利於經濟成長。不論如何，最近有許多證據則提出完全相反的結論，也就是高度的不平等會阻礙持續的增長。更多的研究請參考：Alberto Alesina and Dani Rodrik, "Distributive Politics and Economic Growth," *Quarterly Journal of Economics* 109 (May 1994): 465–90; Andrew G. Berg and Jonathan D. Ostry, "Inequality and Unsustainable Growth: Two Sides of the Same Coin?," IMF Staff Discussion Note 11/08 (Washington, DC: International Monetary Fund, April 8, 2011); Joseph E. Stiglitz, *The Price of Inequality: How Today's Divided Society Endangers Our Future* (New York: W. W. Norton, 2012); and Jonathan D. Ostry, Andrew Berg, and Charalambos G. Tsangarides, "Redistribution, Inequality, and Growth," IMF Staff Discussion Note 14/02 (Washington, DC: International Monetary Fund, February 2014)。二〇一四年中，標準普爾則是因為美國貧富之間的大幅差距，將他們對美國經濟成長的預測削減了〇・三%，而且預估經濟會因為不平等而持續混亂一陣子。Peter Schroeder, " S&P: Income Inequality Slowing Economy," *The Hill*, August 5, 2014, accessed October 6, 2014, http://thehill.com/policy/finance/214316-sp-income-inequality-slowing-economy。經濟學家對於極度不平等會降低成長的原因莫衷一是，或許是因為有錢人的高儲蓄率而限制整體需求，或許是

Mismatch in the Labor Market," *Annual Review of Sociology* 29 (2003): 135–65; James J. Heckman et al., "The Rate of Return to the HighScope Perry Preschool Program," *Journal of Public Economics* 94 (February 2010): 114–28; Pedro Carneiro and James J. Heckman, "Human Capital Policy," in *Inequality in America: What Role for Human Capital Policies?*, eds. James J. Heckman, Alan B. Krueger, and Benjamin M. Friedman (Cambridge: MIT Press, 2003).

7. Daron Acemoglu and David Autor, "What Does Human Capital Do? A Review of Goldin and Katz's *The Race Between Education and Technology*," *Journal of Economic Literature* 50 (June 2012): 426–63.

8. Harry J. Holzer, Diane Whitmore Schanzenbach, Greg J. Duncan, and Jens Ludwig, "The Economic Costs of Childhood Poverty in the United States," *Journal of Children and Poverty* 14 (March 2008): 41–61.

9. Clive R. Belfield, Henry M. Levin, and Rachel Rosen, *The Economic Value of Opportunity Youth* (Washington, DC: Corporation for National and Community Service, 2012), accessed October 6, 2014, http://www.dol.gov/summerjobs/pdf/EconomicValue.pdf。在準備展開工作與人生的年輕人當中，機遇青年占了最底層年輕人的十七%。

10. Katharine Bradbury and Robert K. Triest, "Inequality of Opportunity and Aggregate Economic Performance," (paper prepared for the conference on Inequality of Economic Opportunity, Federal Reserve Bank, Boston, October 2014)。「都會區」(Metropolitan area)從操作性定義來看就是市中心周邊的「通勤區」(commuting zone)。我要感謝Bradbury及Triest從龐大的數據資料中，計算出這個深具意義的預估值。近期相關的研究，請參考：Chang-Tai Hsieh, Eric Hurst, Charles I. Jones, and Peter J. Klenow, "The Allocation of Talent and U.S. Economic Growth." Working Paper 18693 (Cambridge: National Bureau of Economic Research, 2013); and Gustavo A. Marrero and Juan G. Rodriguez, "Inequality of opportunity and growth," *Journal of Development Economics* 104 (2013): 107–22。

第六章 怎麼辦？

1. Raj Chetty, Nathaniel Hendren, Patrick Kline, and Emmanuel Saez, "Where Is the Land of Opportunity? The Geography of Intergenerational Mobility in the United States," *Quarterly Journal of Economics* 129 (November 2014); Raj Chetty, Nathaniel Hendren, Patrick Kline, Emmanuel Saez, and Nicholas Turner, "Is the United States Still a Land of Opportunity? Recent Trends in Intergenerational Mobility," *American Economic Review Papers & Proceedings* 104 (May 2014): 141–47。另見第一章，注釋48。
2. Isabel V. Sawhill, "Trends in Intergenerational Mobility," in *Getting Ahead or Losing Ground: Economic Mobility in America*, eds. Ron Haskins, Julia B. Isaacs, and Isabel V. Sawhill (Washington, DC: Brookings Institution, 2008).
3. 溫蒂是本書柯林頓港唯一出身富裕家庭的父母，西蒙妮的父親就讀紐約大學（NYU），厄爾的父親在進入建築業之前讀了一年的大學，但是在厄爾就讀大學之前生意垮了，使得厄爾必須自食其力。
4. Arthur M. Okun, *Equality and Efficiency: The Big Tradeoff* (Washington, DC: Brookings Institution Press, 1975).
5. Claudia Goldin and Lawrence F. Katz, "The Legacy of U.S. Educational Leadership: Notes on Distribution and Economic Growth in the 20th Century," *American Economic Review* 91 (May 2001): 18–23; Eric A. Hanushek and Ludger Woessmann, "The Role of Cognitive Skills in Economic Development," *Journal of Economic Literature* 46 (September 2008): 607–68; Elhanan Helpman, *The Mystery of Economic Growth* (Cambridge: Harvard University Press, 2010); Martin West, "Education and Global Competitiveness: Lessons for the United States from International Evidence," in *Rethinking Competitiveness*, ed. Kevin A. Hassett (Washington, DC: AEI Press, 2012).
6. Claudia Goldin and Lawrence F. Katz, *The Race Between Education and Technology* (Cambridge: Harvard University Press, 2008), 98; Michael Handel, "Skills

Studies of Religious Influence," *Review of Religious Research* 47 (September 2005): 23–50; Jonathan H. Gruber, "Religious Market Structure, Religious Participation, and Outcomes: Is Religion Good for You?," *Advances in Economic Analysis & Policy* 5 (December 2005)。

46. Eric Dearing et al., "Do Neighborhood and Home Contexts Help Explain Why Low-Income Children Miss Opportunities to Participate in Activities Outside of School?," *Developmental Psychology* 45 (November 2009): 1545–62。作者分析「二〇〇〇年社會資本的社區基本調查」(Social Capital Community Benchmark Survey)十七種不同類似的組織中，只有自助、退伍軍人以及老人團體在接納會員上比宗教團體還沒有偏見。

47. Putnam and Campbell, *American Grace*, 252–53。上教堂階級差異擴大的世代趨勢，可以在「一般社會調查」(General Social Survey)、「全國教育研究」以及「羅普政治與社會趨勢」(Roper Political and Social Trends)都看得到，不論是以（相對或絕對）教育或做為社經地位的衡量指標皆是如此，雖然如果以教育來看會更清楚。上教堂的測量方法每一個調查都不同，但是由教育程度所看到的趨勢卻是類似。階級差距的成長在男性身上比女性更加明顯，而且如果有差距的話，黑人要比白人明顯，福音派新教徒要比其他教派還要大。如果所有種族一起分析，擴大的趨勢就會消失，因為有色人種比較貧窮，教育程度較低，而更常上教會，但是如果把各個種族分開來看，階級落差擴大的情形在每個種族皆是。

48. See Barrie Thorne, "The Crisis of Care," in *Work-Family Challenges for Low-Income Parents and Their Children*, eds. Ann C. Crouter and Alan Booth (Mahwah, NJ: Lawrence Erlbaum, 2004): 165–78; and Markella B. Rutherford, *Adult Supervision Required: Private Freedom and Public Constraints for Parents and Children* (New Brunswick, NJ: Rutgers University Press, 2011).

legacy/uploadedfiles/pcs_assets/2013/MobilityandtheMetropolispdf.pdf; Jonathan T. Rothwell and Douglas S. Massey, "Geographic Effects on Intergenerational Income Mobility," *Economic Geography* 90 (January 2015): 1–23.

44. 請參考Robert D. Putnam and David E. Campbell, *American Grace: How Religion Divides and Unites Us* (New York: Simon & Schuster, 2010)，尤其是該書第十三章。這一段所使用的數據來自該書所介紹的二〇〇六年「信仰效應」（Faith Matters）的全國調查。

45. John M. Wallace and Tyrone A. Forman, "Religion's Role in Promoting Health and Reducing Risk Among American Youth," *Health Education and Behavior* 25 (December 1998): 721–41; Mark D. Regnerus and Glen H. Elder, Jr., "Staying on Track in School: Religious Influences in High- and Low-Risk Settings" (paper presented at the annual meeting of the American Sociological Association, Anaheim, CA, August 2001); Chandra Muller and Christopher G. Ellison, "Religious Involvement, Social Capital, and Adolescents' Academic Progress: Evidence from the National Education Longitudinal Study of 1988," *Sociological Focus* 34 (May 2001): 155–83; Christian Smith and Robert Faris, "Religion and American Adolescent Delinquency, Risk Behaviors, and Constructive Social Activities," a research report of the National Study of Youth and Religion (Chapel Hill, NC, 2002), accessed August 21, 2014, http://eric.ed.gov/?id=ED473128; Jonathan K. Zaff, Kristin A. Moore, Angela Romano Pappillo, and Stephanie Williams, "Implications of Extracurricular Activity Participation During Adolescence on Positive Outcomes," *Journal of Adolescent Research* 18 (November 2003): 614; Jennifer L. Glanville, David Sikkink, and Edwin I. Hernandez, "Religious Involvement and Educational Outcomes: The Role of Social Capital and Extracurricular Participation," *Sociological Quarterly* 49 (Winter 2008): 105–37。這些控制好幾個有可能造成虛假相關的變數。針對參與宗教的選擇性偏誤，最好的研究指出如果有偏誤的話，偏誤往往會隱藏而不是誇大宗教的影響。請見：Mark D. Regnerus and Christian Smith, "Selection Effects in

Adolescents," *American Journal of Health Promotion* 18 (May 2004): 378–86; Deborah A. Cohen, Brian K. Finch, Aimee Bower, and Narayan Sastry "Collective Efficacy and Obesity: The Potential Influence of Social Factors on Health," *Social Science & Medicine* 62 (2006): 769–78; H. Mollie Greves Grow, Andrea J. Cook, David E. Arterburn, Brian E. Saelens, Adam Drewnowski, and Paula Lozano, "Child Obesity Associated with Social Disadvantage of Children's Neighborhoods," *Social Science & Medicine* 71 (2010): 584–91.

42. Centers for Disease Control and Prevention (CDC), "Physical Activity Levels Among Children Aged 9–13 Years—United States, 2002," *Morbidity and Mortality Weekly Report* 52 (August 22, 2003): 785–88; Penny Gordon-Larsen, Melissa C. Nelson, Phil Page, and Barry M. Popkin, "Inequality in the Built Environment Underlies Key Health Disparities in Physical Activity and Obesity," *Pediatrics* 117 (February 2006): 417–24; Billie Giles-Corti and Robert J. Donovan, "Relative Influences of Individual, Social Environmental, and Physical Environmental Correlates of Walking," *American Journal of Public Health* 93 (September 2003): 1583–89; Jens Ludwig et al., "Neighborhoods, Obesity, and Diabetes—A Randomized Social Experiment," *New England Journal of Medicine* 365 (2011): 1509–19.

43. Paul A. Jargowsky, "Concentration of Poverty in the New Millennium: Changes in Prevalence, Composition, and Location of High Poverty Neighborhoods," report by the Century Foundation and Rutgers Center for Urban Research and Education (2013), accessed August 21, 2014, http://tcf .org/assets/downloads/Concentration_of_Poverty_in_the_New_Millennium.pdf; Ann Owens and Robert J. Sampson, "Community Well-Being and the Great Recession," *Pathways Magazine* (The Stanford Center on Poverty and Inequality, Spring 2013): 3–7; Patrick Sharkey and Bryan Graham, "Mobility and the Metropolis: How Communities Factor into Economic Mobility," Pew Charitable Trust report (December 2013), accessed August 21, 2014, http://www.pewtrusts.org/~/media/

Processes, Self-efficacy, and Adolescent Mental Health," *Journal of Health and Social Behavior* 53 (June 2012): 183–98; Elizabeth T. Gershoff and Aprile D. Benner, "Neighborhood and School Contexts in the Lives of Children," in *Societal Contexts of Child Development: Pathways of Influence and Implications for Practice and Policy*, eds. Elizabeth T. Gershoff, Rashmita S. Mistry, and Danielle A. Crosby (Oxford: Oxford University Press, 2014), 141–55.

39. Leventhal, Dupéré, and Shuey, "Children in Neighborhoods"; Rand D. Conger and M. Brent Donnellan, "An Interactionist Perspective on Socioeconomic Context of Human Development," *Annual Review of Psychology* 58 (2007): 175–99; Glen H. Elder, Jr., Jacquelynne S. Eccles, Monika Ardelt, and Sarah Lord, "Inner-City Parents Under Economic Pressure: Perspectives on the Strategies of Parenting," *Journal of Marriage and Family* 57 (August 1995): 771–84; Véronique Dupéré, Tama Leventhal, Robert Crosnoe, and Eric Dion, "Understanding the Positive Role of Neighborhood Socioeconomic Advantage in Achievement: The Contribution of the Home, Child Care, and School Environments," *Developmental Psychology* 46 (September 2010): 1227–44; Candice L. Odgers et al., "Supportive Parenting Mediates Neighborhood Socioeconomic Disparities in Children's Antisocial Behavior from Ages 5 to 12," *Development and Psychopathology* 24 (August 2012): 705–21.

40. Frank F. Furstenberg et al., *Managing to Make It: Urban Families and Adolescent Success* (Chicago: University of Chicago Press, 1999).

41. Gershoff and Benner, "Neighborhood and School Contexts in the Lives of Children," 143; Jason M. Bacha et al., "Maternal Perception of Neighborhood Safety as a Predictor of Child Weight Status: The Moderating Effect of Gender and Assessment of Potential Mediators," *International Journal of Pediatric Obesity* 5 (January 2010): 72–79; Beth E. Molnar, Steven L. Gortmaker, Fiona C. Bull, and Stephen L. Buka, "Unsafe to Play? Neighborhood Disorder and Lack of Safety Predict Reduced Physical Activity Among Urban Children and

370。

35. 圖5.4描繪信任與貧窮之間的簡單相關性，但是如果我們控制個人財力、教育、公民身分、族群、犯罪率、所得不平等、族群多元、語言、通勤時間、遷入遷出、房屋所有、性別、區域與年紀，信任與貧窮之間的關係還是相當穩定與明顯。請見：Robert D. Putnam, “E Pluribus Unum: Diversity and Community in the 21st Century: The 2006 Johan Skytte Prize Lecture,” *Scandinavian Political Studies* 30 (June 2007): 137–74, especially Table 3。同樣的型態也適用於鄰居之間聊天的時間有多頻繁。

36. See Putnam, *Bowling Alone*, 138; and Orlando Patterson, “Liberty Against the Democratic State: On the Historical and Contemporary Sources of American Distrust,” in *Democracy and Trust*, ed. Mark E. Warren (Cambridge: Cambridge University Press, 1999), 187–91.

37. Putnam, *Bowling Alone*; Wendy M. Rahn and John E. Transue, “Social Trust and Value Change: The Decline of Social Capital in American Youth, 1976–1995,” *Political Psychology* 19 (September 1998): 545–65; April K. Clark, Michael Clark, and Daniel Monzin, “Explaining Changing Trust Trends in America,” *International Research Journal of Social Sciences* 2 (January 2013): 7–13; Jean M. Twenge, W. Keith Campbell, and Nathan T. Carter, “Declines in Trust in Others and Confidence in Institutions Among American Adults and Late Adolescents, 1972–2012,” *Psychological Science* 25 (October 2014): 1914–23.

38. Sampson, *Great American City*; Leventhal, Dupéré, and Shuey, “Children in Neighborhoods”; Dafna E. Kohen, V. Susan Dahinten, Tama Leventhal, and Cameron N. McIntosh, “Neighborhood Disadvantage: Pathways of Effects for Young Children,” *Child Development* 79 (January 2008): 156–69; Gopal K. Singh and Reem M. Ghandour, “Impact of Neighborhood Social Conditions and Household Socioeconomic Status on Behavioral Problems Among U.S. Children,” *Maternal and Child Health Journal* 16 (April 2012): 158–69; Véronique Dupéré, Tama Leventhal, and Frank Vitaro, “Neighborhood

Demonstration Program—Final Impacts Evaluation" (Washington, DC: U.S. Department of Housing and Urban Development, 2011)。

29. Velma McBride Murry et al., "Neighborhood Poverty and Adolescent Development," *Journal of Research on Adolescence* 21 (March 2011):114-28. 但是根據Raj Chetty、Nathaniel Hendren與同事一份尚未發表的作品，他們使用機會移居（前一個注釋有提到）所拿到的證據，確定社區效應對年紀比較小的小孩影響最大。

30. Patrick Sharkey and Felix Elwert, "The Legacy of Disadvantage: Multi-generational Neighborhood Effects on Cognitive Ability," *American Journal of Sociology* 116 (May 2011): 1934–81.

31. 馬里蘭州的隨機控制研究預估，社區貧窮對於小孩往後的影響，有三分之二要歸因於貧窮的學校。Heather Schwartz, *Housing Policy Is School Policy: Economically Integrative Housing Promotes Academic Success in Montgomery County, MD* (New York: Century Foundation, 2010)。另一份詳細的控制研究發現，在一個高度貧窮的社區成長，將增加學生從中學輟學的可能性。請見：David J. Harding, "Counterfactual Models of Neighborhood Effects: The Effect of Neighborhood Poverty on High School Dropout and Teenage Pregnancy," *American Journal of Sociology* 109 (2003): 676–719。至於學校與社區的網路，請見：Anthony S. Bryk, Penny Bender Sebring, Elaine Allensworth, Stuart Luppescu, and John Q. Easton, *Organizing Schools for Improvement: Lessons from Chicago* (Chicago: University of Chicago Press, 2010); and Mark R. Warren, "Communities and Schools: A New View of Urban Education Reform," *Harvard Educational Review* 75 (2005): 133–73。

32. 社區對於小孩的影響，請看Leventhal, Dupéré, and Shuey, "Children in Neighborhoods."全面的討論。

33. Cynthia M. Duncan, *Worlds Apart: Poverty and Politics in Rural America*, 2nd ed. (New Haven: Yale University Press, 2014).

34. 針對集體效能，請參考：Sampson, *Great American City*, Chapter 7, quote at p.

上最複雜的研究，這份作品發現非正式指導對於弱勢小孩的影響更大，但是如此效果往往會因為優勢小孩獲得非正式指導的次數較多而抵銷。

26. 這份調查所說的正式指導關係，大部分都和學校有關。由教會所進行的正式指導關係相當罕見，而且（更重要的是）集中在社經地位高而不是社經地位低的小孩。

27. 這一段討論「指導」的時候，「富裕」和「貧窮」指的是社經地位的綜合指數在前四分一與後四分之一的人。

28. Robert J. Sampson, *Great American City: Chicago and the Enduring Neighborhood Effect* (Chicago: University of Chicago Press, 2012), 356，粗體字是原文就有。這份研究的社區效應一直受到複雜的方法論所擾，尤其是所謂的「選擇性偏誤」。因為一般來說是人選擇住在哪，如果住到某個社區裡的人有獨特的性格，很有可能是他們把自己的特質帶入社區，而不是社區的環境「造成」人有此特質。但是，當代最好的研究已經根據此風險而調整，此處討論根據那些面對此方法論問題而相當穩定的研究發現。事實上，定時性橫斷面（cross-sectional）的研究很有可能因為忽略長期效果的的衝擊，而低估社區真正的影響。針對此方法論上的問題，請見：Sampson, *Great American City*, especially Chapters 12 and 15; Robert J. Sampson and Patrick Sharkey, "Neighborhood Selection and the Social Reproduction of Concentrated Racial Inequality," *Demography* 45 (February 2008): 1–29; and Tama Leventhal, Véronique Dupéré, and Elizabeth Shuey, "Children in Neighborhoods," in *Handbook of Child Psychology and Developmental Science*, 7th ed., Vol. 4, eds. Richard M. Lerner, Marc H. Bornstein, and Tama Leventhal (Hoboken, NJ: Wiley, forthcoming 2015)。這些辯論的核心是一九九〇年代「機會移居」的實驗，這場實驗追蹤一批隨機挑選出的貧窮家庭，他們讓這些家庭搬到低貧窮率的社區，然後仔細比較控制組之中類似而未遷徙的家庭。針對這場實驗複雜而混合的結果，請見：Jens Ludwig, et al., "Neighborhood Effects on the Long-Term Well-Being of Low-Income Adults," *Science* 337 (2012): 1505–10; and Lisa Sanbonmatsu et al., "Moving to Opportunity for Fair Housing

Education: Complementary or Compensatory Resources?," *Sociology of Education* 82 (October 2009): 344–67。David L. DuBois and Naida Silverthorn, "Characteristics of Natural Mentoring Relationships and Adolescent Adjustment: Evidence from a National Study," *Journal of Primary Prevention* 26 (2005): 69–92，這篇文章指出非正式指導會改進青少年正面與負面的各種行為，例如中學畢業、大學上課、每週工作十或十個小時以上、飲酒狂歡、吸毒、抽菸、參加幫派、打架、冒險、尊嚴、生活滿意、憂鬱、自殺的想法、健康、體育活動、性病、避孕以及使用保險套。

24. Civic Enterprises in association with Hart Research Associates, "The Mentoring Effect: Young People's Perspectives on the Outcomes and Availability of Mentoring," report for MENTOR: The National Mentoring Partnership (January 2014), accessed August 21, 2014, http://www.mentoring.org / images/uploads/Report_TheMentoringEffect.pdf。這份報告提供豐富的證據，說明正式與非正式的指導對於陷入險境的小孩有何價值。我們要感謝公民企業（Civic Enterprises）的John Bridgeland 以及哈特研究中心（Hart Research Associates）讓我們使用這份調查（全國十八至二十一歲的小孩總共一一〇九個樣本），但分析得到的觀點一概由我們負責。受訪者聽到的問題是：「年輕人可以獲得指導的其中一種方式是透過規劃好的方案……其中一個指導計畫就是『大哥哥大姊姊方案』（Big Brothers Big Sisters）」。第二種指導方式是由一名成年人進入年輕人的生活，然後自然發展出一種非正式的指導關係。這名成年人可以是這家人的朋友或是一個可以跟年輕人在校外維持聯繫的老師（不是父母或扶養年輕人的大人）。不論是規劃好的方案或非正式的指導關係，成年人都是一股支持的力量，並且跟年輕人有共識，建立一種關係，提供引導、支持、鼓勵，以幫助年輕人一段時間，讓他們正面與健康地發展。」訪問受訪者是否有過這種人生導師，如果有的話，我們再追問每一段指導關係的詳情。

25. Erickson, McDonald, and Elder, "Informal Mentors and Education: Complementary or Compensatory Resources?," 344–67。這是目前為止在統計

709–23; Lee Rainie and Barry Wellman, *Networked: The New Social Operating System* (Cambridge: MIT Press, 2012).

19. Kathryn Zichuhr and Aaron Smith, "Digital Differences," Pew Internet and American Life Project (April 13, 2012), accessed August 21, 2014, http://pewinternet.org/~/media//Files/Reports/2012/PIP_Digital_differences_041312.pdf.

20. Eszter Hargittai and Amanda Hinnant, "Digital Inequality: Differences in Young Adults' Use of the Internet," *Communication Research* 35 (October 2008): 602–21; Fred Rothbaum, Nancy Martland, Joanne Beswick Jannsen, "Parents' Reliance on the Web to Find Information About Children and Families: Socio-Economic Differences in Use, Skills and Satisfaction," *Journal of Applied Developmental Psychology* 29 (March/April 2008): 118–28; Eszter Hargittai and Yuli Patrick Hsieh, "Digital Inequality," in *The Oxford Handbook of Internet Studies*, ed. William H. Dutton (Oxford: Oxford University Press, 2013), 129–50.

21. Danah Boyd, *It's Complicated: The Social Lives of Networked Teens* (New Haven: Yale University Press, 2014), 172–73.

22. Eszter Hargittai, "The Digital Reproduction of Inequality," in *Social Stratification*, ed. David Grusky (Boulder: Westview, forthcoming), 936–44.

23. 有關導師的效果，可參考：Jean Baldwin Grossman and Joseph P. Tierney, "Does Mentoring Work?: An Impact Study of the Big Brothers Big Sisters Program," *Evaluation Review* 22 (June 1998): 403–26; David L. DuBois, Bruce E. Holloway, Jeffrey C. Valentine, and Harris Cooper, "Effectiveness of Mentoring Programs for Youth: A Meta-Analytic Review," *American Journal of Community Psychology* 30 (April 2002): 157–97; David L. DuBois et al., "How Effective Are Mentoring Programs for Youth? A Systematic Assessment of the Evidence," *Psychological Science in the Public Interest* 12 (August 2011): 57–91; Lance D. Erickson, Steve McDonald, and Glen H. Elder, Jr., "Informal Mentors and

Revisited: The Social and Cultural Contingencies to Class Marginality," *Sociological Forum* 29 (June 2014): 453–75.

15. 這是針對「監視未來」計畫一九七六至二〇一二年之間的調查分析，以及美國緝毒局（DEA）針對美國青少年毒品使用的調查。另見：Jennifer L. Humensky, "Are Adolescents with High Socioeconomic Status More Likely to Engage in Alcohol and Illicit Drug Use in Early Adulthood?," *Substance Abuse Treatment, Prevention, and Policy* 5 (August 2010): 19; and Megan E. Patrick, Patrick Wightman, Robert F. Schoeni, and John E. Schulenberg, "Socioeconomic Status and Substance Use Among Young Adults: A Comparison Across Constructs and Drugs," *Journal of Studies on Alcohol and Drugs* 73 (September 2012): 772–82。
16. Putnam, *Bowling Alone*; Miller McPherson, Lynn Smith-Lovin, and Matthew E. Brashears, "Social Isolation in America: Changes in Core Discussion Networks Over Two Decades," *American Sociological Review* 71 (June 2006): 353–75。針對McPherson等人的發現在方法論上的批評，請見：Claude S. Fischer, "The 2004 GSS Finding of Shrunken Social Networks: An Artifact?," *American Sociological Review* 74 (August 2009): 657–69; and Claude S. Fischer, *Still Connected: Family and Friends in America Since 1970* (New York: Russell Sage Foundation, 2011)。至於確認關係網絡萎縮的研究（雖然未必等於說全面的社會疏離增加），請見：Miller McPherson, Lynn Smith-Lovin, and Matthew E. Brashears, "Models and Marginals: Using Survey Evidence to Study Social Networks," *American Sociological Review* 74 (August 2009): 670–81; and Anthony Paik and Kenneth Sanchagrin, "Social Isolation in America: An Artifact," *American Sociological Review* 78 (June 2013): 339–60。
17. Petev, "The Association of Social Class and Lifestyles," 633, 651.
18. Jeffrey Boase and Barry Wellman, "Personal Relationships: On and Off the Internet," in *The Cambridge Handbook of Personal Relationships*, eds. Anita L. Vangelisti and Daniel Perlman (Cambridge: Cambridge University Press, 2006),

10. 這份基礎（Benchmark）調查所問的問題是：「你最近有多少密集往來的友人？這樣的朋友指的是，你跟他們在一起會感到自在、會跟他們講私事、會向他們求助。」這份二〇〇〇年的調查總共有三萬個樣本，詳細與原始的資料，請參考：http://www.hks.harvard.edu/saguaro/ communitysurvey/ 與 http://www.ropercenter.uconn.edu/data_access/data/datasets/social_capital _ community_survey.html. See also Campbell, Marsden, and Hurlbert, "Social Resources and Socioeconomic Status," 97-117。
11. See Mark S. Granovetter, "The Strength of Weak Ties," *American Journal of Sociology* 78 (May 1973): 1360–80; Mark Granovetter, *Getting a Job: A Study of Contacts and Careers* (Cambridge: Harvard University Press, 1974); Nan Lin, Walter M. Ensel, and John C. Vaughn, "Social Resources and the Strength of Ties: Structural Factors in Occupational Status Attainment," *American Sociological Review* 46 (August 1981): 393–405; Joel M. Podolny and James N. Baron, "Resources and Relationships: Social Networks and Mobility in the Workplace," *American Sociological Review* 62 (October 1997): 673–93.
12. 感謝Pew研究中心（Pew Research Center）的 Lee Rainie與Keith Hampton 協助我們取得這份資料。研究人員所詢問的二十二種職業清單中，教育程度最能預測網絡的廣度，其次是年紀（最高的是中年晚期），再來就是居住在小鎮的影響。種族與性別則不具預測力。
13. Annette Lareau, "Invisible Inequality: Social Class and Childrearing in Black Families and White Families," *American Sociological Review* 67 (October 2002): 747–76.
14. Ann L. Mullen, *Degrees of Inequality: Culture, Class, and Gender in American Higher Education* (Baltimore: Johns Hopkins University Press, 2010); Jenny M. Stuber, *Inside the College Gates: How Class and Culture Matter in Higher Education* (Lanham, MD: Lexington, 2011); Elizabeth A. Armstrong and Laura T. Hamilton, *Paying for the Party: How College Maintains Inequality* (Cambridge: Harvard University Press, 2013); Anthony Abraham Jack, "Culture Shock

B. Ortner, *Anthropology and Social Theory: Culture, Power, and the Acting Subject* (Durham: Duke University Press, 2006), 99。

5. 我的同事Kathryn Edin在我們研究費城市中心時扮演重要的角色，引導我們瞭解當地，帶領我們做訪問，並且大方地跟我們分享她對此區的瞭解，以及她一些未出版的作品。
6. Melody L. Boyd, Jason Martin, and Kathryn Edin, "Pathways to Participation: Youth Civic Engagement in Philadelphia," unpublished manuscript (Harvard Kennedy School, 2012). See also Kathryn Edin and Maria J. Kefalas, *Promises I Can Keep: Why Poor Women Put Motherhood Before Marriage* (Berkeley: University of California Press, 2005).
7. 針對此搖擺效應的討論，經驗層面請參考Robert D. Putnam, *Bowling Alone: The Collapse and Revival of American Community* (New York: Simon & Schuster, 2000)，哲學層面請見E. J. Dionne, Jr., *Our Divided Political Heart: The Battle for the American Idea in an Age of Discontent* (New York: Bloomsbury USA, 2012)。
8. 我的作品對於此龐大的文獻做了介紹，請見：Putnam, *Bowling Alone*, 287–363。
9. Peter V. Marsden, "Core Discussion Networks of Americans," *American Sociological Review* 52 (February 1987): 122–31; Claude S. Fischer, *To Dwell Among Friends: Personal Networks in Town and City* (Chicago: University of Chicago Press, 1982); Karen E. Campbell, Peter V. Marsden, and Jeanne S. Hurlbert, "Social Resources and Socioeconomic Status," *Social Networks* 8 (March 1986): 97–117; Marjolein I. Broese Van Groenou and Theo Van Tilburg, "Network Size and Support in Old Age: Differentials by Socio-Economic Status in Childhood and Adulthood," *Ageing and Society* 23 (September 2003): 625–45; Ivaylo D. Petev, "The Association of Social Class and Lifestyles: Persistence in American Sociability, 1974 to 2010," *American Sociological Review* 78 (August 2013): 633, 651.

83. 考試成績指八年級學生的數學成績。家庭的社經地位包括家長學歷、職業與家庭所得三個指標的綜合。「高」指的是考試成績或社經地位在前四分之一，「低」就是指考試成績或社經地位在後四分之一，「中間」則是介於高低之間。大學畢業是指在讀完十年級之後的十二年內取得大學學歷，資料來源：MaryAnn Fox, Brooke A. Connolly, and Thomas D. Snyder, "Youth Indicators 2005: Trends in the Well-Being of American Youth," U.S. Department of Education, National Center for Education Statistics, 2005, p. 50, based on data from the National Education Longitudinal Study of 1988 (NELS:88/2000), Fourth Follow-up。
84. Philippe Belley and Lance Lochner, "The Changing Role of Family Income and Ability in Determining Educational Achievement," *Journal of Human Capital* 1 (Winter 2007): 37–89.

第五章　社區

1. H. G. Bissingher, "Main Line Madcap," *Vanity Fair*, October 1995, 158–60, 165–82.
2. U.S. Census Bureau, as compiled by Social Explorer, accessed through Harvard University Library.
3. Kristen Lewis and Sarah Burd-Sharps, "Halve the Gap by 2030: Youth Disconnection in America's Cities," Social Science Research Council, Measure of America project, 2013, accessed October 3, 2014, http://ssrc-static.s3.amazonaws.com/moa/MOA-Halve-the-Gap-ALL-10.25.13.pdf.
4. 雖然我在這裡用「安全氣囊」(air bag) 比喻，但我不是第一個注意到此現象的人。人類學家Sherry Ortner說：「我從中上階級的家長與長大成人的小孩身上都聽到我說的『挽救機制』(rescuing mechanisms) 是如何神奇地排列在陷入麻煩的小孩身上，包括諮商、治療、矯正方案、教導、強化課程、女兒懷孕墮胎以及提供昂貴的法律服務給觸法的兒子。」請見：Sherry

全國樣本，並且進行十年的追蹤。請見：http://nces.ed.gov/surveys/els2002/ and Erich Lauff and Steven J. Ingels, *Education Longitudinal Study of 2002 (ELS: 2002): A First Look at 2002 High School Sophomores 10 Years Later* (NCES 2014–363), U.S. Department of Education (Washington, DC: National Center for Education Statistics, 2013), accessed June 17, 2014, http://nces .ed.gov/pubs2014/2014363.pdf.。這裡的社經地位是結合家長所得、家長學歷以及家長的職業地位的綜合指標。由於那一年出生的小孩，有不少低社經地位者在十年級之前就已經輟學，因此這份資料據此做出調整。另外，針對一九八八年的八年級生（早在二〇〇二年的十二年前就讀十年級）所做的分析指出，社經地位前四分之一的學生，從八年級到十年級之間，輟學率是三%，相較而言社經地位後四分之一的學生則有十四%的輟學率。請見：Steven J. Ingels et al., *Coming of Age in the 1990s: The Eighth-Grade Class of 1988 12 Years Later (NCES 2002–321)*, U.S. Department of Education (Washington, DC: National Center for Education Statistics, 2002), accessed June 17, 2014, http://nces.ed.gov/pubs2002/2002321.pdf.。

81. 二〇〇二年教育長期追蹤調查的原始資料指出，這批學生社經地位後四分之一的人輟學率是七%，但是這個數據明顯低估真正的輟學率，因為他們在八年級的同學，如果無法從中學畢業，大部分在十年級受訪之前就已經輟學離開學校。

82. 大學的財務是另外一個主題，這裡並未回顧這場快速擴大的辯論，請見第五章對於「理解能力」(savvy) 的討論。Michael Hout, "Social and Economic Returns to College Education in the United States," *Annual Review of Sociology* 38 (August 2012): 379–400。另見 Duncan and Murnane, *Restoring Opportunity*, 16–17, citing James J. Heckman and Alan B. Krueger, *Inequality in America: What Role for Human Capital Policies?* (Cambridge: MIT Press, 2005)，James J. Heckman與Alan B. Krueger觀察到：「針對大學花費以及學業準備兩項因素解釋富小孩與窮小孩之間的差距不斷擴大的相對重要性，分析家抱持不同的看法。」

education; Sean Reardon, "Education," in State of the Union: The Poverty and Inequality Report, 2014, Stanford Center on Poverty and Inequality, Stanford University, 2014, 53–59, accessed October 3, 2014, http://web.stanford.edu/group/scspi/sotu/SOTU_2014_CPI.pdf.

78. 根據 Sandy Baum and Kathleen Payea, "Trends in For-Profit Postsecondary Education: Enrollment, Prices, Student Aid and Outcomes," College Board, Trends in Higher Education Series, 2011，就讀營利型大學的全職學生，六年內畢業的比例是二二％，相較之下，就讀公立大學者是五五％，而就讀非營利型大學者則是六五％。David J. Deming, Claudia Goldin, and Lawrence F. Katz, "The For-Profit Postsecondary School Sector: Nimble Critters or Agile Predators?," *Journal of Economic Perspectives* 26 (Winter 2012): 139–64，這篇文章則是指出，如果控制學生的背景，營利型大學的畢業情況會比較差。另外參考：Suzanne Mettler, *Degrees of Inequality: How the Politics of Higher Education Sabotaged the American Dream* (New York: Basic Books, 2014)。

79. 這張圖表的估計是來自 "Family Income and Unequal Educational Opportunity, 1970 to 2011," *Postsecondary Education Opportunity* 245 (November 2012)。圖4.5的基本態勢大致與Bailey and Dynarski, "Gains and Gaps" 的結果類似，這項研究在方法論上比較可靠，但是只限於一九八二年與二〇〇三年兩個時間點。即使圖4.5有可能高估所得前四分之一家庭小孩的大學畢業率（高估一〇％），但我使用這張圖的原因是它的長期變化趨勢比較一致。這張圖上未填滿的點就是呈現 Bailey-Dynarski的資料。另見：Patrick Wightman and Sheldon Danziger, "Poverty, Intergenerational Mobility, and Young Adult Educational Attainment," in *Investing in Children: Work, Education, and Social Policy in Two Rich Countries*, eds. Ariel Kalil, Ron Haskins, and Jenny Chesters (Washington, DC: Brookings Institution Press, 2012), 208–36。

80. 圖4.6的資料來自二〇〇二年到二〇一二年的「教育長期追蹤調查」（Educational Longitudinal Study），這份研究從二〇〇二年十年級學生抽出小階級之間的落差。

73. David Autor, *The Polarization of Job Opportunities in the U.S. Labor Market: Implications for Employment and Earnings*, The Center for American Progress and the Hamilton Project, accessed May 13, 2014, http://economics.mit.edu/files/5554.

74. Martha J. Bailey and Susan M. Dynarski, "Gains and Gaps: Changing Inequality in U.S. College Entry and Completion," NBER Working Paper No. 17633 (Cambridge: National Bureau of Economic Research, December 2011); Mark E. Engberg and Daniel J. Allen, "Uncontrolled Destinies: Improving Opportunity for Low-Income Students in American Higher Education," *Research in Higher Education* 52 (December 2011): 786–807.

75. Robert Bozick and Erich Lauff, *Education Longitudinal Study of 2002 (ELS: 2002): A First Look at the Initial Postsecondary Experiences of the High School Sophomore Class of 2002* (NCES 2008–308), U.S. Department of Education (Washington, DC: National Center for Education Statistics, October 2007)，這兩份資料使用比較新的資料，他們指出截至二〇〇六年，低所得家庭的學生在中學畢業之後馬上進入大學就讀的比例是四〇%，但是家庭所得超過十萬美金的學生則是八四%。

76. "Bridging the Higher Education Divide: Strengthening Community Colleges and Restoring the American Dream," The Century Foundation Task Force on Preventing Community Colleges from Becoming Separate and Unequal (New York: The Century Foundation Press, 2013), 3–4.

77. Michael N. Bastedo and Ozan Jaquette, "Running in Place: Low-Income Students and the Dynamics of Higher Education Stratification," *Educational Evaluation and Policy Analysis* 33 (September 2011): 318–39; Susan Dynarski, "Rising Inequality in Postsecondary Education," *Brookings Social Mobility Memo* (February 13, 2014), accessed June 17, 2014, http://www .brookings.edu/blogs/social-mobility-memos/posts/2014/02/13-inequality -in-postsecondary-

2013): 243–64.

69. Altonji and Mansfield, "The Role of Family, School, and Community Characteristics in Inequality in Education and Labor-Market Outcomes," 339–58。這份研究發現家庭因素比社區與學校因素還要重要，而學校又比社區重要。但是，他們並未在控制學校因素（班級大小、老師經驗）的情況下分析哪些因素重要，像是比較同儕影響、學習環境等因素的影響。Palardy, "High School Socioeconomic Segregation and Student Attainment," 740，這份研究則發現「控制家庭、學習背景與學校努力等因素後，學生就讀高社經地位的學校，進入四年制大學的可能性，要比讀低社經地位學校的學生，要高出六八％。」簡而言之，撇開學生的個人背景以及學校可用的資源不談，低所得與高所得學校會產生很大的差異。因此，解釋這種趨勢的因素是同儕影響以及學校是否重視學業的準備，並且加上老師的教學動機。

70. 我們亟需這樣的想法，其中一個很重要的例子請見：Duncan and Murnane, *Restoring Opportunity*。

71. Richard J. Murnane, "U.S. High School Graduation Rates: Patterns and Explanations," *Journal of Economic Literature* 51 (June 2013): 370–422. See also Russell Rumberger and Sun Ah Lim, "Why Students Drop Out of Schools: A Review of 25 Years of Research," Policy Brief 15 (University of California, Santa Barbara: California Dropout Research Project, October 2008)。如同Murnane詳細的描述，測量中學輟學與中學完成率在技術一團亂，所以我們應該謹慎看待這裡所提供的詳細數字，但是基本的圖像看起來大致正確。

72. Murnane, "U.S. High School Graduation Rates," 370–422; James J. Heckman, John Eric Humphries, and Nicholas S. Mader, "The GED," NBER Working Paper No. 16064 (Cambridge: National Bureau of Economic Research, June 2010). 不考慮二十世紀末美國中學同等學歷的快速增長，Murnane認為中學的輟學率從一九七〇到二〇〇〇年之間處於停滯狀態，雖然在二十一世紀初輟學率開始下滑，而普通中學的畢業率又回到一九七〇年之前的成長狀態。二〇〇〇年之後改善的原因還不是非常清楚，也無法確定它是否縮

Correlates in High Schools," *Social Science Research* 39 (March 2010): 296–309; Palardy, "High School Socioeconomic Segregation and Student Attainment," 737.

64. Kate I. Rausch, "Pay-to-Play: A Risky and Largely Unregulated Solution to Save High School Athletic Programs from Elimination," *Suffolk University Law Review* 39 (2005–2006): 583–611.
65. Bob Cook, "Will 'Pay to Play' Become a Permanent Part of School Sports?," *Forbes*, August 22, 2012, accessed June 17, 2014, http://www.forbes.com /sites/bobcook/2012/08/22/will-pay-to-play-become-a-permanent-part-of -school-sports/.
66. "Pay-to-Play Sports Keeping Lower-Income Kids out of the Game," C. S. Mott Children's Hospital National Poll on Children's Health, Vol. 15, no. 3 (Ann Arbor: University of Michigan, May 14, 2012); "Huntington Bank Annual Backpack Index 2007–2013," accessed May 11, 2014, http://mms.businesswire.com/media/20130723005089/en/376266/1/2013Hun tingtonBackpackIndex SupplyList.pdf?download=1.
67. Eric Dearing et al., "Do Neighborhood and Home Contexts Help Explain Why Low-Income Children Miss Opportunities to Participate in Activities Outside of School?," *Developmental Psychology* 45 (November 2009): 1545–62; Bennett, Lutz, and Jayaram, "Beyond the Schoolyard: The Role of Parenting Logics, Financial Resources, and Social Institutions in the Social Class Gap in Structured Activity Participation," 131–57.
68. Jeremy Staff and Jeylan T. Mortimer, "Social Class Background and the School-to-Work Transition," *New Directions for Child and Adolescent Development* 119 (Spring 2008): 55–69; Jeylan T. Mortimer, "The Benefits and Risks of Adolescent Employment," *Prevention Researcher* 17 (April 2010): 8–11; Kelly M. Purtell and Vonnie C. McLoyd, "A Longitudinal Investigation of Employment Among Low-Income Youth: Patterns, Predictors, and Correlates," *Youth & Society* 45 (June

78 (May 2010): 883–931; Elizabeth Covay and William Carbonaro, "After the Bell: Participation in Extracurricular Activities, Classroom Behavior, and Academic Achievement," *Sociology of Education* 83 (January 2010): 20–45.

58. Christina Theokas and Margot Bloch, "Out-of-School Time Is Critical for Children: Who Participates in Programs?," Research-to-Results Fact Sheet No. 2006–20 (Washington, DC: Child Trends, 2006).

59. Kristin Anderson Moore, David Murphey, Tawana Bandy, and P. Mae Cooper, "Participation in Out-of-School Time Activities and Programs," Child Trends Research Brief No. 2014–13 (Washington, DC: Child Trends, 2014)。這些數據包括跟學校有關以及以社區為主的活動。

60. Kaisa Snellman, Jennifer M. Silva, Carl B. Frederick, and Robert D. Putnam, "The Engagement Gap: Social Mobility and Extracurricular Participation Among American Youth," *ANNALS of the American Academy of Political and Social Science* (forthcoming, 2015); Kaisa Snellman, Jennifer M. Silva, and Robert D. Putnam, "Inequity Outside the Classroom: Growing Class Differences in Participation in Extracurricular Activities," *Voices in Urban Education* 40 (forthcoming, 2015).

61. Ralph B. McNeal, Jr., "High School Extracurricular Activities: Closed Structures and Stratifying Patterns of Participation," *Journal of Educational Research* 91 (January/February 1998): 183–91.

62. 請見本章注釋32。在多變量的分析中，學校運動團體的數量會因為貧窮率、少數族群的註冊人數以及靠近都市而減少。換句話說，團體運動在富裕、白人、郊區以及比較偏僻的學校較常見，學校的規模大小並沒有影響。

63. Pamela R. Bennett, Amy C. Lutz, and Lakshmi Jayaram, "Beyond the Schoolyard: The Role of Parenting Logics, Financial Resources, and Social Institutions in the Social Class Gap in Structured Activity Participation," *Sociology of Education* 85 (April 2012): 131–57; Elizabeth Stearns and Elizabeth J. Glennie, "Opportunities to Participate: Extracurricular Activities' Distribution Across and Academic

52. Robert K. Ream and Russell W. Rumberger, "Student Engagement, Peer Social Capital, and School Dropout Among Mexican American and Non-Latino White Students," *Sociology of Education* 81 (April 2008): 109–39。
53. Peter Kuhn and Catherine Weinberger, "Leadership Skills and Wages," *Journal of Labor Economics* 23 (July 2005): 395–436.
54. Thomas Fritsch et al., "Associations Between Dementia/Mild Cognitive Impairment and Cognitive Performance and Activity Levels in Youth," *Journal of the American Geriatrics Society* 53 (July 2005): 1191–96。參加兩項以上活動者，罹患老人癡呆症的機率，是參加活動少於二項者的三分之一。
55. Zaff, Moore, Pappillo, and Williams, "Implications of Extracurricular Activity Participation During Adolescence on Positive Outcomes"; Betsey Stevenson, "Beyond the Classroom: Using Title IX to Measure the Return to High School Sports," *Review of Economics and Statistics* 92 (May 2010): 284–301; Vasilios D. Kosteas, "High School Clubs Participation and Earnings" (unpublished manuscript, March 22, 2010), accessed December 15, 2014, http://ssrn.com/abstract=1542360. See also J. M. Barron, B. T. Ewing, and G. R. Waddell, "The Effects of High School Athletic Participation on Education and Labor Market Outcomes," *Review of Economics and Statistics* 82 (2000): 409–21, and E. R. Eide, and N. Ronan, "Is Participation in High School Athletics an Investment or a Consumption Good?: Evidence from High School and Beyond," *Economics of Education Review* 20 (2001): 431–42.
56. Eccles, Barber, Stone, and Hunt, "Extracurricular Activities and Adolescent Development," 865–89.
57. Christy Lleras, "Do Skills and Behaviors in High School Matter? The Contribution of Noncognitive Factors in Explaining Differences in Educational Attainment and Earnings," *Social Science Research* 37 (September 2008): 888–902; Flavio Cunha, James J. Heckman, and Susanne M. Schennach, "Estimating the Technology of Cognitive and Noncognitive Skill Formation," *Econometrica*

Hunt, "Extracurricular Activities and Adolescent Development," *Journal of Social Issues* 59 (December 2003): 865–89; Jennifer A. Fredericks and Jacquelynne S. Eccles, "Is Extracurricular Participation Associated with Beneficial Outcomes? Concurrent and Longitudinal Relations," *Developmental Psychology* 42 (July 2006): 698–713; Amy Feldman Farb and Jennifer L. Matjasko, "Recent Advances in Research on School-Based Extracurricular Activities and Adolescent Development," *Developmental Review* 32 (March 2012): 1–48; Nancy Darling, "Participation in Extracurricular Activities and Adolescent Adjustment: Cross-sectional and Longitudinal Findings," *Journal of Youth and Adolescence* 34 (October 2005): 493–505; Susan A. Dumais, "Cohort and Gender Differences in Extracurricular Participation: The Relationship Between Activities, Math Achievement, and College Expectations," *Sociological Spectrum* 29 (December 2008): 72–100; Stephen Lipscomb, "Secondary School Extracurricular Involvement and Academic Achievement: A Fixed Effects Approach," *Economics of Education Review* 26 (August 2007): 463–72; Kelly P. Troutman and Mikaela J. Dufur, "From High School Jocks to College Grads: Assessing the Long-Term Effects of High School Sport Participation on Females' Educational Attainment," *Youth & Society* 38 (June 2007): 443–62; Beckett A. Broh, "Linking Extra-curricular Programming to Academic Achievement: Who Benefits and Why?," *Sociology of Education* 75 (January 2002): 69–95; Daniel Hart, Thomas M. Donnelly, James Youniss, and Robert Atkins, "High School Community Service as a Predictor of Adult Voting and Volunteering," *American Educational Research Journal* 44 (March 2007): 197–219 and studies cited therein。

51. Jonathan F. Zaff, Kristin A. Moore, Angela Romano Pappillo, and Stephanie Williams, "Implications of Extracurricular Activity Participation During Adolescence on Positive Outcomes," *Journal of Adolescent Research* 18 (November 2003): 599–630。這份研究控制了學業能力、學校混亂、家庭結構、家庭社經地位、族群以及同儕影響等變數。

Curriculum Enrollment, and Their Consequences," in *Whither Opportunity? Rising Inequality, Schools, and Children's Life Chances*, eds. Duncan and Murnane (2011), 84–85。我們的分析資料是每年針對中學畢業生所做的「監視未來」調查，資料顯示父母擁有大學學歷的中學生，選擇大學先修班的學生，從一九七六年到二〇一二年之間穩定維持在六〇%，而父母只有中學學歷的學生，選擇大學先修班的比例則是從三〇%升到四〇%以上。簡單來說，雖然畢業生分流的落差還在，但是當機會鴻溝與成就落差的其他面向還是不斷擴大時，畢業班分流的落差已經縮小了三分之一。小學裡的能力分班在過去十年還是持續增加，但是我們找不到證據說能力分班不利於貧窮家庭的小孩。請見：Tom Loveless, "The Resurgence of Ability Grouping and Persistence of Tracking: Part II of the 2013 Brown Center Report on American Education," Brookings Institution Report, Brown Center on Education Policy, 2013, accessed October 3, 2014, http://www.brookings.edu/research/reports/2013/03/18-tracking-ability-grouping-loveless; Courtney A. Collins and Li Ga, "Does Sorting Students Improve Scores? An Analysis of Class Composition," NBER Working Paper No. 18848 (Cambridge: National Bureau of Economic Research, 2013)。

49. National Center for Education Statistics, "Advance Release of Selected 2013 Digest Tables, Table 201.20: Enrollment in Grades 9 through 12 in Public and Private Schools Compared with Population 14 to 17 Years of Age: Selected Years, 1889–90 through Fall 2013," Institute of Education Sciences, U.S. Department of Education, Washington, DC, accessed October 3, 2014, http://nces.ed.gov/programs/digest/d13/tables/dt13_201.20 .asp; Thomas D. Snyder and Sally A. Dillow, "Digest of Education Statistics 2012," Table 41 (NCES 2014–015), National Center for Education Statistics, Institute of Education Sciences, U.S. Department of Education, Washington, DC, December 2013.

50. 如果讀者想要閱讀這方面豐富的文獻，包括特定課外活動之間的相關性，請見：Jacquelynne S. Eccles, Bonnie L. Barber, Margaret Stone, and James

率與校園幫派及校園暴力之間的關係。

44. 請見本章注釋32。在多變量的分析中，停學率可以由學校貧窮率、黑人註冊人數、城市環境以及學校規模較大做出解釋。至於學校紀律的測量，我們無法光從停學率就判斷有多少是因為行為失當，還有多少是因為紀律的標準，但是從學生的調查，還有羅拉與蘇菲亞的訪談中得知，我們很難說圖4.2的趨勢完全是因為紀律標準的歧視。

45. Greg J. Duncan and Katherine Magnuson, "The Nature and Impact of Early Achievement Skills, Attention Skills, and Behavior Problems," in *Whither Opportunity? Rising Inequality, Schools, and Children's Life Chances*, eds. Duncan and Murnane, 65.

46. John Rogers and Nicole Mirra, *It's About Time: Learning Time and Educational Opportunity in California High Schools* (Los Angeles: Institute for Democracy, Education, and Access, University of California, Los Angeles, 2014).

47. Raj Chetty, John N. Friedman, and Jonah E. Rockoff, "The Long-Term Impacts of Teachers: Teacher Value-Added and Student Outcomes in Adulthood," NBER Working Paper No. 17699 (Cambridge: National Bureau of Economic Research, 2011), accessed June 16, 2014, http://www.nber.org/papers/w17699; Martin Haberman and William H. Rickards, "Urban Teachers Who Quit: Why They Leave and What They Do," *Urban Education* 25 (October 1990): 297–303; Hanushek, Kain, and Rivkin, "Why Public Schools Lose Teachers," 326–54; Donald Boyd, Hamilton Lankford, Susanna Loeb, and James Wyckoff, "Explaining the Short Careers of High-Achieving Teachers in Schools with Low-Performing Students," *American Economic Review* 95 (May 2005): 166–71; Palardy, "High School Socioeconomic Segregation and Student Attainment"; Duncan and Murnane, *Restoring Opportunity*, 49–50; Eric A. Houck, "Intradistrict Resource Allocation: Key Findings and Policy Implications," *Education and Urban Society* 43 (May 2011): 271–95.

48. George Farkas, "Middle and High School Skills, Behaviors, Attitudes, and

先修課程的關鍵因素是家長所得而不是種族。如果我們控制貧窮率、都市化程度、學校規模以及其他因素，少數民族比較多的學校實際上比白人學校提供更多先修課程。小孩如果來自富裕之家，參加大學先修課程考試的可能性，要大於貧窮人家的小孩，但是階級之間的落差在過去十年來已經縮小。請見：College Board, "10th Annual AP Report to the Nation," February 11, 2014, 6。另一方面，「天賦與才華教育計畫」完全跟K-8學校裡的貧窮無關，而在高貧窮率的中學裡，比例則稍微高一些。

38. See Palardy, "High School Socioecomic Segregation," 741–42, and the literature cited there, and Robert Crosnoe, *Fitting In, Standing Out: Navigating the Social Challenges of High School to Get an Education* (New York: Cambridge University Press, 2011).
39. Palardy, "High School Socioeconomic Segregation," esp. 735.
40. Greg J. Duncan and Richard J. Murnane, *Restoring Opportunity: The Crisis of Inequality and the Challenge for American Education* (New York: Russell Sage Foundation, 2014), esp. 47–49; Toby L. Parcel and Joshua A. Hendrix, "Family Transmission of Social and Cultural Capital," in *The Wiley Blackwell Companion to the Sociology of Families*, eds. Judith Treas, Jacqueline Scott, and Martin Richards (London: John Wiley and Sons, 2014), 374.
41. Scott E. Carrell and Mark L. Hoekstra, "Externalities in the Classroom: How Children Exposed to Domestic Violence Affect Everyone's Kids," *American Economic Journal: Applied Economics* 2 (January 2010): 211–28.
42. David S. Kirk and Robert J. Sampson, "Crime and the Production of Safe Schools," in *Whither Opportunity? Rising Inequality, Schools, and Children's Life Chances*, eds. Duncan and Murnane.
43. Simone Roberts, Jana Kemp, Jennifer Truman, and Thomas D. Snyder, *Indicators of School Crime and Safety: 2012* (Washington, DC: National Center for Education Statistics, 2013), accessed June 16, 2014, http://nces.ed .gov/pubs2013/2013036.pdf.。我們尚未發現有任何統計數據是探討學校的貧窮

Outcomes and Socio-Emotional Skills (New York: MDRC, 2013), accessed June 16, 2014, http://www.mdrc.org/sites/default/files/The_Impact_of_Family_Involvement_FR.pdf; and Mikaela J. Dufur, Toby L. Parcel, and Benjamin A. McKune, "Does Capital at Home Matter More than Capital at School? The Case of Adolescent Alcohol and Marijuana Use," *Journal of Drug Issues* 43 (January 2013): 85–102。至於是否高估父母參與的影響，可參考最近的辯論：Keith Robinson and Angel L. Harris, *The Broken Compass: Parental Involvement with Children's Education* (Cambridge: Harvard University Press, 2014); and Mai Miksic, "Is Parent Involvement Really a Waste of Time? Recent Polemic Versus the Research Record," CUNY Institute for Education Policy (Policy Briefing, April 23, 2014), accessed June 16, 2014, http://ciep.hunter.cuny .edu/is-parent-involvement-really-a-waste-of-time-recent-polemic-versus -the-research-record/。

35. Kyle Spencer, "Way Beyond Bake Sales: The $1 million PTA," *New York Times*, June 3, 2012, MB1; Rob Reich, "Not Very Giving," *New York Times*, September 5, 2013, A25。雖然我們無法掌握家長捐款給「公共私校」(public privates)的整體趨勢，根據全國獨立學校協會(National Association of Independent Schools)的數據，家長捐款給私立學校的金額中位數，在過去十年來上漲了六三%，從五十四萬八五六一美元來到八十九萬五六一四美元。請見：Jenny Anderson, "Private Schools Mine Parents' Data, and Wallets," *New York Times*, March 26, 2012。

36. Russell W. Rumberger and Gregory J. Palardy, "Test Scores, Dropout Rates, and Transfer Rates as Alternative Indicators of High School Performance," *American Educational Research Journal* 42 (Spring 2005): 3–42; Palardy, "High School Socioeconomic Segregation and Student Attainment."或許高所得學校比起低所得學校，比較不需要把錢花在補救教學與管理小孩，這讓他們可以把多一點經費用在專業學科的教學，雖然我並沒有這方面的資料足以當作佐證。

37. 請見本章注釋32。圖4.1、4.2與 4.4之中學校的四個貧窮等級，大約就是學校分布的四分位數。經過更詳細的分析之後發現，學校是否有提供大學

University Press, 2009) 以及 Rob Greenwald, Larry V. Hedges, and Richard D. Laine, "The Effect of School Resources on Student Achievement," *Review of Educational Research* 66 (Autumn 1996): 361–96。

31. Eric A. Hanushek, John F. Kain, and Steven G. Rivkin, "Why Public Schools Lose Teachers," *Journal of Human Resources* 39 (Spring 2004): 326–54.

32. 這裡是根據Carl Frederick 二〇一一至二〇一二年，針對八五%的公立K-8與中學品質的分析（尚未出版），後來在二〇一四年的時候由美國教育部的市民權辦公室（Office of Civil Rights）匯集出版，請見：http://ocrdata.ed.gov/。我們控制了潛在的混淆變數，包括中學的種族組成以及午餐免費或減免的學生人數等測量學生貧窮率的指標，最後發現諮商老師與學生的比例毫無影響，而每百名學生所擁有的老師愈多，正面影響愈大。中學與K-8學校都是如此。

33. Palardy, "High School Socioeconomic Segregation and Student Attainment," 這篇文章強調學校的學習環境以及同儕影響，乃是社會經濟分隔與學校成就之間兩個關鍵的變數，也可以讓人看清楚這背後廣大的文獻討論。

34. Anne T. Henderson and Nancy Berla, *A New Generation of Evidence: The Family Is Critical to Student Achievement* (Washington, DC: National Committee for Citizens in Education, 1994), 1。對於父母參與所帶來的影響，比較近期的作品包括：William H. Jeynes, "The Relationship Between Parental Involvement and Urban Secondary School Student Academic Achievement: A Meta-Analysis," *Urban Education* 42 (January 2007): 82–110; Nancy E. Hill and Diana F. Tyson, "Parental Involvement in Middle School: A Meta-Analytic Assessment of the Strategies That Promote Achievement," *Developmental Psychology* 45 (May 2009): 740–63; William Jeynes, "A Meta-Analysis of the Efficacy of Different Types of Parental Involvement Programs for Urban Students," *Urban Education* 47 (July 2004): 706–42; Frances L. Van Voorhis, Michelle F. Maier, Joyce L. Epstein, and Chrishana M. Lloyd with Therese Leung, *The Impact of Family Involvement on the Education of Children Ages 3 to 8: A Focus on Literacy and Math Achievement*

of Inequality: Why Separate Means Unequal in American Public Schools," *Sociology of Education* 85 (July 2012): 287–301; and for a comprehensive recent overview, Gregory J. Palardy, "High School Socioeconomic Segregation and Student Attainment," *American Educational Research Journal* 50 (August 2013): 714–54. Reyn van Ewijk and Peter Sleegers, "The Effect of Peer Socioeconomic Status on Student Achievement: A Meta-Analysis," *Educational Research Review* 5 (June 2010): 134–50。研究發現，小孩班上社會經濟地位的組成對考試成績的影響，是學校社會經濟組成的兩倍大。這系列研究源於一九六〇年代對於種族分隔效應的關心，在那個時候階級分隔與種族分隔高度重疊。但是在過去半個世紀以來，階級分隔不斷擴大，但種族分隔卻逐漸消失，因此我們現在可以比較種族分隔與階級分隔的反向效果。種族分隔依然是很明顯的全國問題，幾乎所有相關的研究都指出階級分隔至少對學生的成就會造成傷害，請見：Richard D. Kahlenberg, "Socioeconomic School Integration," *North Carolina Law Review* 85 (June 2007): 1545–94。

29. 這項研究與其他討論社會環境影響的作品一樣，也陷入方法論的爭議，尤其是選擇性偏誤。比方說，由於貧窮的小孩並不是隨機分配到學校之中，因此就讀高所得學校的人，可能會讓他們有比較好的成就，完全不同於其他學校與其他同學。請見：Douglas Lee Lauen and S. Michael Gaddis, "Exposure to Classroom Poverty and Test Score Achievement: Contextual Effects or Selection?," *American Journal of Sociology* 118 (January 2013): 943–79。最近有一項研究在處理這個問題時，依然發現學校的社經組成有很大的影響，請見：Victor Lavy, Olmo Silma, and Felix Weinhardt, "The Good, the Bad, and the Average: Evidence on the Scale and Nature of Ability Peer Effects in Schools," NBER Working Paper No. 15600 (Cambridge: National Bureau of Economic Research, 2009)。

30. 有關學校財務的研究不少，而且夾雜許多爭議，請比較 Eric A. Hanushek and Alfred A. Lindseth, *Schoolhouses, Courthouses, and Statehouses: Solving the Funding-Achievement Puzzle in America's Public Schools* (Princeton: Princeton

(Amsterdam: Elsevier, 2011), 485–519, accessed June 16, 2014, http://EconPapers.repec.org/RePEc:eee:educhp:3–10。

25. David M. Brasington and Donald R. Haurin, "Parents, Peers, or School Inputs: Which Components of School Outcomes Are Capitalized into House Value?," *Regional Science and Urban Economics* 39 (September 2009): 523–29.

26. Lareau and Goyette, eds., *Choosing Homes, Choosing Schools.* 針對學校的選擇是否會縮小階級與種族鴻溝，相反的觀點請見 Mark Schneider, Paul Teske, and Melissa Marschall, *Choosing Schools: Consumer Choice and the Quality of American Schools* (Princeton: Princeton University Press, 2000); Tomeka M. Davis, "School Choice and Segregation: 'Tracking' Racial Equity in Magnet Schools," *Education and Urban Society* 46 (June 2014): 399–433.

27. Jaap Dronkers and Rolf van der Velden, "Positive but Also Negative Effects of Ethnic Diversity in Schools on Educational Performance? An Empirical Test Using PISA Data," in *Integration and Inequality in Educational Institutions*, Michael Windzio, ed. (Dordrecht: Springer, 2013), 71–98，以及這篇文章所引用的作品。

28. 有關此主題的龐大文獻，可從以下作品下手：James S. Coleman et al., *Equality of Educational Opportunity* (Washington, DC: U.S. Department of Health, Education & Welfare, Office of Education, OE-38001, and supplement, 1966), 325; Gary Orfield and Susan E. Eaton, *Dismantling Desegregation* (New York: New Press, 1996); Claude S. Fischer et al., *Inequality by Design: Cracking the Bell Curve Myth* (Princeton: Princeton University Press, 1996); Richard D. Kahlenberg, "Economic School Integration," in *The End of Desegregation* , eds. Stephen J. Caldas and Carl L. Bankston III (Hauppauge, NY: Nova Science, 2003), esp. 153–55; Russell W. Rumberger and Gregory J. Palardy, "Does Segregation Still Matter? The Impact of Student Composition on Academic Achievement in High School," *The Teachers College Record* 107 (September 2005): 1999–2045; John R. Logan, Elisabeta Minca, and Sinem Adar, "The Geography

Sociological Review 74 (October 2009): 683–708; David T. Burkam, "Educational Inequality and Children: The Preschool and Early School Years," in *The Economics of Inequality, Poverty, and Discrimination in the 21st Century*, ed. Robert S. Rycroft (Santa Barbara: Praeger, 2013), 381–97; Seth Gershenson, "Do Summer Time-Use Gaps Vary by Socioeconomic Status?," *American Educational Research Journal* 50 (December 2013): 1219–48; Flavio Cunha and James Heckman, "The Technology of Skill Formation," *American Economic Review* 97 (May 2007): 31–47; Heckman, Promoting Social Mobility."。

21. Kendra Bischoff and Sean F. Reardon, "Residential Segregation by Income, 1970–2009," in *Diversity and Disparities: America Enters a New Century*, ed. John Logan (New York: Russell Sage Foundation, 2014), https://www .russellsage.org/publications/diversity-and-disparities.
22. Joseph G. Altonji and Richard K. Mansfield, "The Role of Family, School, and Community Characteristics in Inequality in Education and Labor-Market Outcomes," in *Whither Opportunity? Rising Inequality, Schools, and Children's Life Chances*, eds. Duncan and Murnane, 339–58. James E. Ryan, *Five Miles Away, a World Apart: One City, Two Schools, and the Story of Educational Opportunity in Modern America* (New York: Oxford University Press, 2010)，最後這項作品指出大部分的小孩都是就讀附近的學校，即使參加選校計畫的人也經常是就讀家裡附近的學校。
23. Annette Lareau and Kimberly Goyette, eds., *Choosing Homes, Choosing Schools: Residential Segregation and the Search for a Good School* (New York: Russell Sage Foundation, 2014).
24. Jonathan Rothwell, "Housing Costs, Zoning, and Access to High-Scoring Schools," Brookings Institution (April 2012)。其他人估計好學區對於房價的加分效果也非常顯著。請見：Sandra E. Black and Stephen Machin, "Housing Valuations of School Performance," in *Handbook of the Economics of Education*, vol. 3, eds. Eric Hanushek, Stephen Machin, and Ludger Woessmann

Rising Inequality, Schools, and Children's Life Chances, eds. Greg J. Duncan and Richard M. Murnane (New York: Russell Sage Foundation, 2011)。不同於我在本書所介紹的諸多測量方式，Reardon發現，當我們以父母所得而不是教育來劃定階級，階級差距的擴大最為顯著，雖然由父母教育程度所帶來的差距，依然大過所得造成的差距。這項證據就是家庭所得第九十百分位與第十百分位之間的差距。

18. 關於認知技巧（由測驗成績測量）與非認知技巧對於成年成就的預測，請參考James J. Heckman, "Schools, Skills, and Synapses," *Economic Inquiry* 46 (July 2008): 289–324，以及這篇文章所引用的其他作品。

19. James J. Heckman, "Promoting Social Mobility," *Boston Review*, September 1, 2012, accessed June 16, 2014, http://www.bostonreview.net/forum/promoting-social-mobility-james-heckman. 海克曼又說：「同樣的型態也適用於社會情緒的技巧。測量這項技巧發展的方式是『反社會指數』(anti-social score)，也就是測量行為偏差的問題。同樣地，落差很早就開始，而且持續下去，學校不平等也不是這項問題的主因。」Greg J. Duncan and Katherine Magnuson, "The Nature and Impact of Early Achievement Skills, Attention Skills, and Behavior Problems," in *Whither Opportunity? Rising Inequality, Schools, and Children's Life Chances*, eds。但是，Duncan及Murnane在五十七頁也說注意力與行為問題的階級落差在小學期間並不會擴大。

20. 暑假的差距拉大主要是因為階級鴻溝，而不是因為種族的鴻溝。請見：David T. Burkam, Douglas D. Ready, Valerie E. Lee, and Laura F. LoGerfo, "Social-Class Differences in Summer Learning Between Kindergarten and First Grade: Model Specification and Estimation," *Sociology of Education* 77 (January 2004): 1–31; Douglas B. Downey, Paul T. von Hippel, and Beckett A. Broh, "Are Schools the Great Equalizer? Cognitive Inequality During the Summer Months and the School Year," *American Sociological Review* 69 (October 2004): 613–35; Dennis J. Condron, "Social Class, School and Non-School Environments, and Black/White Inequalities in Children's Learning," *American*

American Society: A Reappraisal," *History of Education Quarterly* 26 (Summer 1986): 301–6; Joel Spring, *The American School, 1642–2004* , 6th ed. (New York: McGraw Hill, 2005); Sarah Mondale and Sarah B. Patton, eds., *School: The Story of American Public Education* (Boston: Beacon, 2002); and Michael B. Katz, *The Irony of Early School Reform: Educational Innovation in Mid- Nineteenth Century Massachusetts* (Cambridge: Harvard University Press, 1968).

14. Claudia Goldin, "America's Graduation from High School: The Evolution and Spread of Secondary Schooling in the Twentieth Century," *Journal of Economic History* 58 (June 1998): 345–74; Claudia Goldin and Lawrence F. Katz, *The Race Between Education and Technology* (Cambridge: Harvard University Press, 2008).

15. 學者對於此項改革的目標與結果有很詳細的辯論，主要觀點包括：Edward Danforth Eddy, *Colleges for Our Land and Time: The Land-Grant Idea in American Education* (New York: Harper, 1957); Mary Jean Bowman, "The Land-Grant Colleges and Universities in Human-Resource Development," *Journal of Economic History* (December 1962): 523–46; Colin Burke, *American Collegiate Populations: A Test of the Traditional View* (New York: New York University Press, 1982); Harold M. Hyman, *American Singularity: The 1787 Northwest Ordinance, the 1862 Homestead and Morrill Acts, and the 1944 GI Bill* (Athens: University of Georgia Press, 2008); Suzanne Mettler, *Soldiers to Citizens: The G.I. Bill and the Making of the Greatest Generation* (Oxford: Oxford University Press, 2005); Glenn C. Altschuler and Stuart M. Blumin, *The GI Bill: A New Deal for Veterans* (Oxford: Oxford University Press, 2009); and John R. Thelin, *A History of American Higher Education* (Baltimore: Johns Hopkins University Press, 2011)。

16. David F. Labaree, "Public Goods, Private Goods: The American Struggle over Educational Goals," *American Educational Research Journal* 34 (Spring 1997): 39–81.

17. Sean F. Reardon, "The Widening Academic Achievement Gap Between the Rich and the Poor: New Evidence and Possible Explanations," in *Whither Opportunity?*

5. U.S. Census Bureau, from Steven Ruggles, J. Trent Alexander, Katie Genadek, Ronald Goeken, Matthew B. Schroeder, and Matthew Sobek. Integrated Public Use Microdata Series: Version 5.0 [Machine-readable database] (Minneapolis: University of Minnesota, 2010).
6. Fermin Leal and Scott Martindale, "OC's Best Public High Schools, 2012," *Orange County Register*, May 25, 2014, database accessed February 24, 2014, http://www.ocregister.com/articles/high-331705-college-schools.html?data=1&appSession=530132967931354。這裡的排名來自加州教育局（California Department of Education）的資料，由上述文章所計算。學業表現占一半，大學與生涯準備占二五%，學習環境占二五%。
7. 這兩戶的全部家人都是美國公民，小孩都在美國出生。非法移民及其小孩，顯然有其他挑戰。
8. 這一區拉丁裔人的家庭所得中位數接近十一萬五千美金，而非拉丁裔的家庭約十萬五千美金。在這個人口普查區，低於貧窮線的小孩不到五%。這裡的資訊由Social Explorer 整理自美國人口普查局的資料，透過哈佛大學圖書館取得。
9. 卡拉洛也是一個明星運動員，所以她能靠著獎學金，還有當教練與裁判的打工收入來完成大學學業。
10. Uniform Crime Reporting Statistics, accessed November 18, 2014, http://www.ucrdatatool.gov/Search/Crime/Local/RunCrimeTrendsInOneVarLarge.cfm.
11. 我們對校園裡毒品與暴力的描述，還有老師上課會拿著撕得亂七八糟的課本抄課文，附近中學另一個女孩也有同樣的說法。
12. 這兩所學校都不是絕對極端的狀況，根據加州州政府的學業表現指數（Academic Performance Index），特洛伊中學排在第九十百分位，聖塔安娜中學排在第二十百分位。
13. Horace Mann, *Twelfth Annual Report of Horace Mann as Secretary of Massachusetts State Board of Education* (Boston: Dutton & Wentworth, 1848). On the Common School movement, see David Tyack, "The Common School and

Hughes, and Linda J. Waite, "Grandparents Providing Care to Grandchildren: A Population-Based Study of Continuity and Change," *Journal of Family Issues* 33 (September 2012): 1143; and Rachel E. Dunifon, Kathleen M. Ziol-Guest, and Kimberly Kopko, "Grandparent Coresidence and Family Well-Being: Implications for Research and Policy," *ANNALS of the American Academy of Political and Social Science* 654 (July 2014): 110–26。

74. David Elkind, *The Hurried Child: Growing Up Too Fast Too Soon* (Cambridge, MA: Perseus, 2001); Paul Tough, *How Children Succeed.*
75. Gary Evans, "The Environment of Childhood Poverty," *American Psychologist* 59 (2004): 77–92.
76. Hanson et al., "Family Poverty Affects the Rate of Human Infant Brain Growth"; Greg J. Duncan and Richard J. Murnane, *Restoring Opportunity: The Crisis of Inequality and the Challenge for American Education* (New York: Russell Sage Foundation, 2014), 30 and the sources cited there.

第四章　學校教育

1. 這裡的資訊由Social Explorer 整理自美國人口普查局的資料，透過哈佛大學圖書館取得。Gustavo Arellano, *Orange County: A Personal History* (New York: Simon & Schuster, 2008), 13。
2. Orange County Community Indicators Project, *Orange County Community Indicators 2013* (Irvine, CA: 2013), accessed June 16, 2014, www.ocgov.com / about/infooc/facts/indicators.
3. Adam Nagourney, "Orange County Is No Longer Nixon Country," *New York Times*, August 29, 2010, accessed June 16, 2014, http://www.nytimes.com/2010/08/30/us/politics/30orange.html.
4. "Street Gangs in Santa Ana, CA," Streetgangs.com, accessed June 16, 2014, http://www.streetgangs.com/cities/santaana#sthash.rnESeLn4.dpbs.

2010): 685–704, esp. 693.

72. Marsha Weinraub, Danielle L. Horvath, and Marcy B. Gringlas, "Single Parenthood," in *Handbook of Parenting*, 2nd ed.: Vol. 3: *Being and Becoming a Parent*, ed. Marc H. Bornstein (Mahwah, NJ: Lawrence Erlbaum, 2002), 109–40; E. Mavis Hetherington and Margaret Stanley-Hagan, "Parenting in Divorced and Remarried Families," in *Handbook of Parenting*, 2nd ed.: Vol. 3: *Being and Becoming a Parent*, ed. Bornstein, 287–315; Sarah McLanahan and Christine Percheski, "Family Structure and the Reproduction of Inequalities," *Annual Review of Sociology* 34 (2008): 268. See also cites in Greg J. Duncan, Kjetil Telle, Kathleen M. Ziol-Guest, and Ariel Kalil, "Economic Deprivation in Early Childhood and Adult Attainment: Comparative Evidence from Norwegian Registry Data and the U.S. Panel Study of Income Dynamics," in *Persistence, Privilege, and Parenting: The Comparative Study of Intergenerational Mobility*, eds. Timothy M. Smeeding, Robert Erikson, and Markus Jantti (New York: Russell Sage Foundation, 2011), 212; Ariel Kalil, Rebecca Ryan, and Elise Chor, "Time Investments in Children Across Family Structures," *ANNALS of the American Academy of Political and Social Science* 654 (July 2014): 150–68.

73. Teresa Toguchi Swartz, "Intergenerational Family Relations in Adulthood: Patterns, Variations, and Implications in the Contemporary United States," *Annual Review of Sociology* 35 (2009): 191–212。針對祖父母扶養孫子的趨勢，請見：Gretchen Livingston and Kim Parker, "Since the Start of the Great Recession, More Children Raised by Grandparents," Pew Research Social and Demographic Trends (September 9, 2010), accessed May 13, 2014, http://www .pewsocialtrends.org/2010/09/09/since-the-start -of-the-great-recession-more-children-raised-by-grandparents/; Gretchen Livingston, "At Grandmother's House We Stay," Pew Research Social and Demographic Trends (September 4, 2013), accessed May 13, 2014, http://www .pewsocialtrends.org/2013/09/04/at-grandmothers-house-we-stay/; Ye Luo, Tracey A. LaPierre, Mary Elizabeth

"Inequality in Early Childhood Education and Care: What Do We Know?," in *Social Inequality*, ed. Kathryn M. Neckerman (New York: Russell Sage Foundation, 2004).

67. Keith Crnic and Christine Low, "Everyday Stresses and Parenting," in *Handbook of Parenting*, 2nd ed.: Vol. 5: *Practical Issues in Parenting*, ed. Bornstein, 243–68; Deater-Deckard, *Parenting Stress*, and sources cited there.

68. 圖3.6是根據「DBB Needham生活風格調查」所繪。經濟焦慮的測量方式是採四個等級的量表（同意或不同意）。問題是「不論我們的所得上升得多快，我們似乎都不會有往上爬的機會（同意）」;「我們家現在背負沉重債務（同意）」;「我們可以用來買其他東西的錢比鄰居多（不同意）」;「我們家的所得足以滿足一家人強烈的慾望（不同意）」。各年度在此綜合指標之中排在前四分一的人，就是圖3.6的「高」。

69. 這項觀察來自作者在二〇〇七年三月與小布希總統、第一夫人以及總統私人顧問一次私人的會面。

70. Sendhil Mullainathan and Eldar Shafir, *Scarcity: Why Having Too Little Means So Much* (New York: Times Books, 2013), 156.

71. Rand D. Conger and Glen H. Elder, "Families in Troubled Times: The Iowa Youth and Families Project," in *Families in Troubled Times*, eds. Conger and Elder, 3–21; Miriam R. Linver, Jeanne Brooks-Gunn, and Dafina E. Kohen, "Family Processes as Pathways from Income to Young Children's Development," *Developmental Psychology* 38 (September 2002): 719–34; Elizabeth T. Gershoff et al., "Income Is Not Enough: Incorporating Material Hardship into Models of Income Associations with Parenting and Child Development," *Child Development* 78 (January 2007): 70–95; Rand D. Conger and Brent M. Donnellan, "An Interactionist Perspective on the Socioeconomic Context of Human Development," *Annual Review of Psychology* 58 (2007): 175–99; Rand D. Conger, Katherine J. Conger, and Monica J. Martin, "Socioeconomic Status, Family Processes, and Individual Development," *Journal of Marriage and Family* 72 (June

Journal of Marriage and Family 59 (May 1997): 332–44。

64. Jay Belsky et al., "Are There Long Term Effects of Early Child Care?," *Child Development* 78 (March 2007): 681–701; Peg Burchinal et al., "Early Care and Education Quality and Child Outcomes," Office of Planning, Research and Evaluation, U.S. Department of Health and Human Services (Washington, DC: OPRE Research to Policy Brief, 2009); Eric Dearing, Kathleen McCartney, and Beck A. Taylor, "Does Higher Quality Early Child Care Promote Low-Income Children's Math and Reading Achievement in Middle Childhood?," *Child Development* 80 (September 2009): 1329–49; Erik Ruzek, Margaret Burchinal, George Farkas, and Greg J. Duncan, "The Quality of Toddler Child Care and Cognitive Skills at 24 Months: Propensity Score Analysis Results from the ECLS-B," *Early Childhood Research Quarterly* 29 (January 2014): 12–21; Julia Torquati, Helen Raikes, Catherine Huddleston-Casas, James A. Bovaird, and Beatrice A. Harris, "Family Income, Parent Education, and Perceived Constraints as Predictors of Observed Program Quality and Parent Rated Program Quality," Nebraska Center for Research on Children, Youth, Families and Schools (Lincoln, NE: CYFS, 2011)。方法論學者不斷改進衡量日間照顧品質以及處理選擇性偏差的方法（選擇高品質托育的母親可能在其他面向也比較好，所以無法斷定這是日間照顧的影響）。從現有的資料來看，此處的整理已經是我們最好的判斷。

65. Lisa Gennetian, Danielle Crosby, Chantelle Dowsett, and Aletha Huston, "Maternal Employment, Early Care Settings and the Achievement of Low-Income Children," Next Generation Working Paper No. 30 (New York: MDRC, 2007).

66. "The State of Pre-School 2011: State Preschool Yearbook," National Institute for Early Education Research (Rutgers Graduate School of Education, 2011): 9, accessed May 13, 2014, http://nieer.org/sites/nieer/files /2011year book.pdf. See also Marcia K. Meyers, Dan Rosenbaum, Christopher Ruhm, and Jane Waldfogel,

Rising Inequality, Schools and Children's Life Chances, eds. Greg J. Duncan and Richard J. Murnane (New York: Russell Sage Foundation, 2011), 187–206.

61. Rand D. Conger, Katherine J. Conger, and Monica J. Martin, "Socioeconomic Status, Family Processes, and Individual Development," *Journal of Marriage and Family* 72 (June 2010): 685–704, esp. 695.

62. Evrim Altintas, "Widening Education-Gap in Developmental Childcare Activities in the U.S.," *Journal of Marriage and Family* (forthcoming 2015)。這篇文章是圖3.5的資料來源。這並不像之前討論這項主題的作品，圖3.5根據不住家裡的父親是花很少時間在小孩身上而調整，由於低教育程度的家庭之中，許多而且是愈來愈多小孩是由單親媽媽扶養長大，這樣的調整對於階級差距的大小與成長有很顯著的影響。針對這項主題比較早的作品，請見：Garey Ramey and Valerie A. Ramey, "The Rug Rat Race," Brookings Papers on Economic Activity (Economic Studies Program, Brookings Institution, Spring 2010), 129–99; Meredith Phillips, "Parenting, Time Use, and Disparities in Academic Outcomes," in *Whither Opportunity? Rising Inequality, Schools and Children's Life Chances*, eds. Duncan and Murnane, 207–28; and Ariel Kalil, Rebecca Ryan, and Michael Corey, "Diverging Destinies: Maternal Education and the Developmental Gradient in Time with Children," *Demography* 49 (November 2012): 1361–83。後面這篇文章指出，教育最大的差距在於小孩照顧，尤其是對特定年齡的小孩發展最重要的活動，〇至二歲是遊戲與基本照顧，三歲到五歲是教導、說話與閱讀，六到十三歲是管理與組織活動。

63. 「家長教育程度高的小孩比起家長教育程度低的小孩，看電視的時間較少，做功課閱讀的時間較多」，請見：Sandra L. Hofferth and John F. Sandberg, "How American Children Spend Their Time," *Journal of Marriage and Family* 63 (May 2001): 295–308; John F. Sandberg and Sandra L. Hofferth, "Changes in Children's Time with Parents: A Correction," *Demography* 42 (2005): 391–95; Suzanne M. Bianchi and John Robinson, "What Did You Do Today? Children's Use of Time, Family Composition, and the Acquisition of Social Capital,"

Foundation, 2011)。課外活動的參與會在第四章討論。

56. Betty Hart and Todd R. Risley, "The Early Catastrophe: The 30 Million Word Gap by Age 3," *American Educator* 27 (Spring 2003): 4–9; Helen Raikes et al., "Mother-Child Bookreading in Low-Income Families: Correlates and Outcomes During the First Three Years of Life," *Development* 77 (July 2006): 924–53; Robert H. Bradley, Robert F. Corwyn, Harriette Pipes McAdoo, and Cynthia Garcia Coll, "The Home Environments of Children in the United States, Part II: Relations with Behavioral Development Through Age Thirteen," *Child Development* 72 (November 2001): 1868–86.

57. Jane Waldfogel and Elizabeth Washbrook, "Early Years Policy," *Child Development Research* 2011 (2011): esp. 5，也可以看這篇文章所引用的作品。

58. Jane Waldfogel, *What Children Need* (Cambridge: Harvard University Press, 2006), 161. 進一步的資訊請參考Kelly Musick and Ann Meier, "Assessing Causality and Persistence in Associations Between Family Dinners and Adolescent Well-Being," *Journal of Marriage and Family* 74 (June 2012): 476–93。

59. 這份圖表是根據年度的「DDB Needham生活方式調查」(DDB Needham Lifestyle Survey)所繪，調查內容請見：Robert D. Putnam, *Bowling Alone: The Collapse and Revival of American Community* (New York: Simon & Schuster, 2000), 420–24。我們的問題內容是「我們全家通常一起吃晚餐」，受訪者只是表達「同意」或「不同意」。這樣的題目在其他調查中也時常使用，例如二〇〇三與二〇〇七的「全國孩童健康調查」(National Surveys of Children's Health)，雖然這對於探查長期趨勢已經比較不管用。圖3.3限定在家裡有未成年（十八歲以下）小孩的父母，並且根據單親與雙親家庭之間的差異進行加權。

60. Sabino Kornrich and Frank Furstenberg, "Investing in Children: Changes in Parental Spending on Children, 1972–2007," *Demography* 50 (February 2013): 1–23; Neeraj Kaushal, Katherine Magnuson, and Jane Waldfogel, "How Is Family Income Related to Investments in Children's Learning?," in *Whither Opportunity?*

49. 各種研究以不同的式來測量社經地位，包括職業地位和所得，但是教育（尤其是母親的教育）截至目前為止還是教養方式不同最強的社經地位指標。

50. Annette Lareau, *Unequal Childhoods: Class, Race, and Family Life; Second Edition, With an Update a Decade Later* (Berkeley: University of California Press, 2011). See also Jessica McCrory Calarco, "Coached for the Classroom: Parents' Cultural Transmission and Children's Reproduction of Educational Inequalities," *American Sociological Review* 79 (September 2009): 1015–37.

51. Hoff, Laursen, and Tardif, "Socioeconomic Status and Parenting," 231–52.

52. Hart and Risley, *Meaningful Differences in the Everyday Experience of Young American Children.* 圖3.2三種不同的社會經濟地位乃直接借用Hart及Risley這篇作品。

53. Kirby Deater-Deckard, *Parenting Stress* (New Haven: Yale University Press, 2004); Hoff, Laursen, and Tardif, "Socioeconomic Status and Parenting," 239; Ronald L. Simons, Les B. Whitbeck, Janet N. Melby, and Chyi-In Wu, "Economic Pressure and Harsh Parenting," in *Families in Troubled Times: Adapting to Change in Rural America*, eds. Rand D. Conger and Glen H. Elder, Jr. (New York: Aldine De Gruyter, 1994), 207–22; Rand D. Conger and M. Brent Donnellan, "An Interactionist Perspective on the Socioeconomic Context of Human Development," *Annual Review of Psychology* 58 (2007): 175–99.

54. Frank F. Furstenberg, Thomas D. Cook, Jacquelynne Eccles, Glen H. Elder, Jr., and Arnold Sameroff, *Managing to Make It: Urban Families and Adolescent Success* (Chicago: University of Chicago Press, 1999)。雖然史蒂芬妮把父母的教養方式歸於種族，但事實上更重要的決定因素是階級。

55. Jane Waldfogel and Elizabeth Washbrook, "Income-Related Gaps in School Readiness in the United States and the United Kingdom," in *Persistence, Privilege, and Parenting: The Comparative Study of Intergenerational Mobility*, eds. Timothy M. Smeeding, Robert Erikson, and Markus Jantti (New York: Russell Sage

of Young American Children (Baltimore: Paul H. Brookes, 1995); Anne Fernald, Virginia A. Marchman, and Adriana Weisleder, SES Differences in Language Processing Skill and Vocabulary Are Evident at 18 Months," *Developmental Science* 16 (March 2013): 234–48.

44. Greg J. Duncan and Richard J. Murnane, *Restoring Opportunity: The Crisis of Inequality and the Challenge for American Education* (New York: Russell Sage Foundation, 2014), 32.
45. Jeanne Brooks-Gunn, Flavio Cunha, Greg J. Duncan, James J. Heckman, and Aaron J. Sojourner, "A Reanalysis of the IHDP Program" (unpublished manuscript, Infant Health and Development Program, Northwestern University, 2006); Pedro Carneiro and James J. Heckman, "Human Capital Policy" in *Inequality in America: What Role for Human Capital Policies?*, eds. James J. Heckman, Alan B. Kruger, and Benjamin M. Friedman (Cambridge: MIT Press, 2003), 77–239.
46. Meredith L. Rowe, "Child-Directed Speech: Relation to Socioeconomic Status, Knowledge of Child Development and Child Vocabulary Skill," *Journal of Child Language* 35 (February 2008): 185–205.
47. Urie Bronfenbrenner, "Ecological Systems Theory," in *Annals of Child Development*, Vol. 6, ed. Ross Vasta (Greenwich, CT: JAI Press, 1989), 187–249; Sharon Hays, *The Cultural Contradictions of Motherhood* (New Haven: Yale University Press, 1996); Julia Wrigley, "Do Young Children Need Intellectual Stimulation? Experts' Advice to Parents, 1900–1985," *History of Education Quarterly* 29 (Spring 1989): 41–75; Maryellen Schaub, "Parenting for Cognitive Development from 1950 to 2000: The Institutionalization of Mass Education and the Social Construction of Parenting in the United States," *Sociology of Education* 83 (January 2010): 46–66.
48. Scott Coltrane, *Family Man: Fatherhood, Housework, and Gender Equity* (Oxford: Oxford University Press, 1996).

37. Gary W. Evans, "The Environment of Childhood Poverty," *American Psychologist* 59 (February/March 2004): 77–92 and works cited there; Jamie L. Hanson, Nicole Hair, Dinggang G. Shen, Feng Shi, John H. Gilmore, Barbara L. Wolfe, and Seth D. Pollack, "Family Poverty Affects the Rate of Human Infant Brain Growth," *PLOS ONE* 8 (December 2013)。這份研究指出貧窮家長的所得增加對於小孩的認知表現與社會行為直接產生正面的影響，這也強烈暗示社會階級與小孩發展之間存在因果關係，而不是虛假關係。
38. S. J. Lupien, S. King, M. J. Meaney, and B. S. McEwen, "Can Poverty Get Under Your Skin? Basal Cortisol Levels and Cognitive Function in Children from Low and High Socioeconomic Status," *Development and Psychopathology* (2001): 653–76; G. W. Evans, C. Gonnella, L. A. Marcynyszyn, L. Gentile, and N. Salpekar, "The Role of Chaos in Poverty and Children's Socioemotional Adjustment," *Psychological Science* 16 (2005): 560–65.
39. Pilyoung Kim, Gary W. Evans, Michael Angstadt, S. Shaun Ho, Chandra S. Sripada, James E. Swain, Israel Liberzon, and K. Luan Phan, "Effects of Childhood Poverty and Chronic Stress on Emotion Regulatory Brain Function in Adulthood," *The Proceedings of the National Academy of Sciences* 110 (November 12, 2013): 18442–47.
40. Amedeo D'Angiulli, Anthony Herdman, David Stapells, and Clyde Hertzman, "Children's Event-Related Potentials of Auditory Selective Attention Vary with Their Socioeconomic Status," *Neuropsychology* 22 (May 2008): 293–300.
41. Hanson et al., "Family Poverty Affects the Rate of Human Infant Brain Growth."
42. 許多作品都指出，母親與小孩之間的言語互動跟母親的教育程度非常有關，請見：Erika Hoff, Brett Laursen, and Twila Tardif, "Socioeconomic Status and Parenting," in *Handbook of Parenting*, 2nd ed.: Vol. 2: *Biology and Ecology of Parenting, ed. Marc H. Bornstein* (Mahwah, NJ: Lawrence Erlbaum, 2002), 238–39。
43. Betty Hart and Todd R. Risley, *Meaningful Differences in the Everyday Experience*

32. National Scientific Council on the Developing Child, *Excessive Stress Disrupts the Architecture of the Developing Brain: Working Paper* 3 (2005/2014): 4, 6; Center on the Developing Child, "The Impact of Early Adversity on Children's Development," InBrief Series, Harvard University, accessed June 6, 2014, http://developingchild.harvard.edu/index.php/resources/briefs/inbrief_series/inbrief_the_impact_of_early_adversity/.
33. Ian C. G. Weaver, Nadia Cervoni, Frances A. Champagne, Ana C. D'Alessio, Shakti Sharma, Jonathan R. Seckl, Sergiy Dymov, Moshe Szyf, and Michael J. Meaney, "Epigenetic Programming by Maternal Behavior," *Nature Neuroscience* 7 (August 2004): 847–54。事實上，Meaney的研究有助於我們挑戰先天與後天這個過時的區分方式，因為這一代的舔舐與撫摸方式似乎會透過基因傳到下一代，但是這種「表徵遺傳學」(epigenetic)研究面向，與本書關注的焦點並不直接相關。
34. Philip A. Fisher, Megan R. Gunnar, Mary Dozier, Jacqueline Bruce, and Katherine C. Pears, "Effects of Therapeutic Interventions for Foster Children on Behavioral Problems, Caregiver Attachment, and Stress Regulatory Neural Systems," *Annals of the New York Academy of Sciences* 1094 (December 2006): 215–25.
35. Byron Egeland, "Taking Stock: Childhood Emotional Maltreatment and Developmental Psychopathology," *Child Abuse & Neglect* 33 (January 2009): 22–26。Egland似乎是建立在Mary Ainsworth有關依附理論(attachment theory)的經典作品之上，請見：Mary Ainsworth, "Attachment as Related to Mother-Infant Interaction," in *Advances in the Study of Behavior* (New York: Academic Press, 1979), 1–51。
36. Yann Algan, Elizabeth Beasley, Frank Vitaro, and Richard E. Tremblay, "The Long-Term Impact of Social Skills Training at School Entry: A Randomized Controlled Trial" (Paris: Centre National de la Recherche Scientifique, November 28, 013). https://www.gate.cnrs.fr/IMG/pdf /MLES _14 _nov _2013-1.pdf.

14 (May 1998): 245–58; Vincent J. Felitti and Robert F. Anda, "The Relationship of Adverse Childhood Experiences to Adult Medical Disease, Psychiatric Disorders and Sexual Behavior: Implications for Healthcare," in *The Impact of Early Life Trauma on Health and Disease: The Hidden Epidemic*, eds. Vincent J. Felitti and Robert F. Anda (Cambridge: Cambridge University Press, 2010), 77–87.

26. Heckman, "An Effective Strategy for Promoting Social Mobility."
27. Gene H. Brody et al., "Is Resilience Only Skin Deep? Rural African Americans' Socioeconomic Status-Related Risk and Competence in Preadolescence and Psychological Adjustment and Allostatic Load at Age 19," *Psychological Science* 24 (July 2013): 1285–93.
28. "John Henry," accessed May 8, 2014, http://www.springsteenlyrics.com/lyrics/j/johnhenry.php.
29. 貧窮的小孩之中（也就是生活費低於聯邦貧窮線的兩倍），其中四％的父母過世，十一％父母坐牢，一〇％目睹過家暴，十二％看過社區暴力，一〇％家裡有人心理有問題，十三％家人有嗑藥或酗酒的問題。非貧窮小孩（生活費高出聯邦貧窮線四倍），這幾個數據分別是二％、二％、三％、四％、六％、六％。資料引自 "National Survey of Children's Health," Data Resource Center for Child and Adolescent Health, Child and Adolescent Health Measurement Initiative (2011/12)。
30. Kirby Deater-Deckard, *Parenting Stress* (New Haven: Yale University Press, 2004); Keith Crnic and Christine Low, "Everyday Stresses and Parenting," in *Handbook of Parenting,* 2nd ed.: Vol. 5: *Practical Issues in Parenting*, ed. Marc H. Bornstein (Mahwah, NJ: Lawrence Erlbaum, 2002), 243–68, esp. 250.
31. Jeewook Choi, Bumseok Jeong, Michael L. Rohan, Ann M. Polcari, and Martin H. Teicher, "Preliminary Evidence for White Matter Tract Abnormalities in Young Adults Exposed to Parental Verbal Abuse," *Biological Psychiatry* 65 (February 2009): 227–34.

Precursors to Reading: Evidence from a Longitudinal Structural Model," *Developmental Psychology* 38 (November 2002): 934–47; Harold W. Stevenson and Richard S. Newman, "Long-term Prediction of Achievement and Attitudes in Mathematics and Reading," *Child Development* 57 (June 1986): 646–59; Grover J. Whitehurst and Christopher J. Lonigan, "Child Development and Emergent Literacy," *Child Development* 69 (June 1998): 848–72.

21. Tough, *How Children Succeed*; Walter Mischel, Yuichi Shoda, and Monica Larrea Rodriguez, "Delay of Gratification in Children," *Science* 244 (May 26, 1989): 933–38; Angela L. Duckworth and Martin E. P. Seligman, "Self-Discipline Outdoes IQ in Predicting Academic Performance of Adolescents," *Psychological Science* 16 (December 2005): 939–44; James J. Heckman, Jora Stixrud, and Sergio Urzua, "The Effects of Cognitive and Noncognitive Abilities on Labor Market Outcomes and Social Behavior," *Journal of Labor Economics* 24 (July 2006): 411–82; Flavio Cunha and James Heckman, "The Technology of Skill Formation," *American Economic Review* 97 (May 2007): 31–47.

22. Center on the Developing Child, "Science of Neglect," InBrief Series, Harvard University, 1, accessed May 7, 2014, http://developingchild .harvard.edu/index.php/download_file/-/view/1340/.

23. Charles A. Nelson, Nathan A. Fox, and Charles H. Zeanah, *Romania's Abandoned Children: Deprivation, Brain Development, and the Struggle for Recovery* (Cambridge: Harvard University Press, 2014).

24. American Academy of Pediatrics, Early Brain and Childhood Development Task Force, "A Public Health Approach to Toxic Stress" (2011), accessed May 7, 2014, http://www.aap.org/en-us/advocacy-and-policy/aap-health-initiatives/EBCD/Pages/Public-Health-Approach.aspx.

25. Vincent J. Felitti et al., "Relationship of Childhood Abuse and Household Dysfunction to Many of the Leading Causes of Death in Adults: The Adverse Childhood Experiences (ACE) Study," *American Journal of Preventive Medicine*

Andrew S. Garner, The Committee on Psychosocial Aspects of Child and Family Health, Committee on Early Childhood, Adoption, and Dependent Care, and Section on Developmental and Behavioral Pediatrics, "The Lifelong Effects of Early Childhood Adversity and Toxic Stress," *Pediatrics* 129 (January 1, 2012): e232–46。

19. National Scientific Council on the Developing Child, "Young Children Develop in an Environment of Relationships," Center on the Developing Child Working Paper No. 1 (2004).

20. Marilyn Jager Adams, *Beginning to Read: Thinking and Learning About Print* (Cambridge: MIT Press, 1990); Kaisa Aunola, Esko Leskinen, Marja- Kristiina Lerkkanen, and Jari-Erik Nurmi, "Developmental Dynamics of Math Performance from Preschool to Grade 2," *Journal of Educational Psychology* 96 (December 2004): 699–713; Arthur J. Baroody, "The Development of Adaptive Expertise and Flexibility: The Integration of Conceptual and Procedural Knowledge," in *The Development of Arithmetic Concepts and Skills: Constructing Adaptive Expertise Studies*, ed. Arthur J. Baroody and Ann Dowker (Mahwah, NJ: Lawrence Erlbaum, 2003), 1–34; Herbert P. Ginsburg, Alice Klein, and Prentice Starkey, "The Development of Children's Mathematical Thinking: Connecting Research with Practice," in *Handbook of Child Psychology: Child Psychology and Practice*, 5th ed, Vol. 4, eds. Irving E. Sigel and Anne Renninger (New York: John Wiley and Sons, 1998), 401–76; Elizabeth P. Pungello, Janis B. Kupersmidt, Margaret R. Burchinal, and Charlotte J. Patterson, "Environmental Risk Factors and Children's Achievement from Middle Childhood to Early Adolescence," *Developmental Psychology* 32 (July 1996): 755–67; Hollis S. Scarborough, "Connecting Early Language and Literacy to Later Reading (Dis)Abilities: Evidence, Theory, and Practice," in *Handbook of Early Literacy Research*, eds. Susan B. Neuman and David K. Dickinson (New York: Guilford, 2001), 97–110; Stacy A. Storch and Grover J. Whitehurst, "Oral Language and Code-Related

蜜雪兒後來診斷出有各種學習障礙，而這可能在她早期產生一定的影響。

14. 「規劃栽培」(concerted cultivation) 這個詞來自社會學家Annette Lareau，本章後面會再討論。

15. 這並不是書寫錯誤。十秒之內，以利亞說他要詹姆斯扣下扳機，而詹姆斯並未這樣做。

16. 童年以謀殺案來標誌時間點似乎有點不可思議。但是，一九九四年，也就是以利亞三歲那一年，紐奧良有四百二十一起謀殺，也就是每天超過一件，而大部分集中在以利亞祖父母居住的那一區，這也是過去幾十年來，美國主要城市最高的年度謀殺率。

17. 以利亞短暫工作的公司是家直銷公司，有時候有點像是詐騙，剝削教育成度不高的年輕工人。

18. Institute of Medicine, *From Neurons to Neighborhoods: The Science of Early Child Development*, eds. Jack P. Shonkoff and Deborah A. Phillips (Washington, DC: National Academies Press, 2000). 這個部分相當倚賴哈佛大學兒童發展研究中心 (Center on the Developing Child) 所整理的論文與短訊，請見：http://developing child.harvard.edu/。我非常感謝這個中心的創辦人Jack P. Shonkoff醫師的引導與鼓勵，雖然我還是要為這裡的整理負責。其他重要參考資料包括：Paul Tough, *How Children Succeed: Grit, Curiosity, and the Hidden Power of Character* (New York: Houghton Mifflin Harcourt, 2012); Gary W. Evans and Michelle A. Schamberg, "Childhood Poverty, Chronic Stress, and Adult Working Memory," *The Proceedings of the National Academy of Sciences* 106 (April 21, 2009): 6545–49; James J. Heckman, "Skill Formation and the Economics of Investing in Disadvantaged Children," *Science* 312 (June 2006): 1900–1902; James J. Heckman, "An Effective Strategy for Promoting Social Mobility," *Boston Review* (September/October 2012); Eric I. Knudsen, James J. Heckman, Judy L. Cameron, and Jack P. Shonkoff, "Economic, Neurobiological, and Behavioral Perspectives on Building America's Future Workforce," *The Proceedings of the National Academy of Sciences* 103 (July 5, 2006): 10155–62; and Jack P. Shonkoff,

8. Raj Chetty, Nathaniel Hendren, Patrick Kline, and Emmanuel Saez, "Where Is the Land of Opportunity? The Geography of Intergenerational Mobility in the United States," NBER Working Paper No. 19843 (Cambridge: National Bureau of Economic Research, January 2014).
9. 這一區的家庭人口普查大約二五%黑人，小孩的貧窮率七%。這樣看起來還不錯，但遠不如富裕的巴克海德區（Buckhead）。
10. 蜜雪兒住的幾個地方，清楚說明亞特蘭大的變化，以及她的地位在此過程中的進化。
    - 開始進學校讀書前，她住在亞特蘭大的南邊，當時那一區大約有五〇%的黑人，二九%的小孩貧窮率，而現在是六三%的黑人，五三%的小孩貧窮率。
    - 小學的時候，她搬到更南邊十五英里處。二〇〇〇年，這個區塊大約是四〇%的黑人，十八%的小孩貧窮率，現在則是八二%的黑人以及二五%的小孩貧窮率。她住在那兒的時間正好經歷這段轉型期。
    - 中學的時候，他們家又住到更南邊的二十二英里。二〇〇〇年，當地尚未開發，而且極為偏僻，一〇%的黑人，四%的小孩貧窮率，而現在是三一%的黑人與二一%的小孩貧窮率。

    因此，他們家人是不斷往亞特蘭大更南邊搬遷，搬到愈來愈多黑人也愈來愈貧窮的地方，即使他們逃離的地方現在有更多黑人也更加貧窮。
11. 因為以利亞的生命軌跡太過複雜，而且我們也無法訪問到他身邊任何一個大人，因此無法如實呈現他那一區的情況，但絕對都是黑人與窮人聚集的區域。
12. 由於西蒙妮後來積極參與小孩在學校的教育，學校職員看到她在這方面的才華，因此喬治亞一所小學的校長聘她擔任特教班的代課老師，後來她又去進修拿到碩士學歷，最近剛獲選為當地的年度教師。
13. 我們不可能在十五年之後還能跨越重重的文化界線，確立蜜雪兒五歲時沮喪的原因，雖然她認為當時父母雙雙再婚是她一生中最沮喪的事。此外，史蒂芬妮與先生兩個人一直在換工作，所以這家人的壓力應該是非常高。

3. Robert D. Bullard, Glenn S. Johnson, and Angel O. Torres, "The State of Black Atlanta: Exploding the Myth of Black Mecca," *Environmental Justice Resource Center at Clark Atlanta University* (February 25, 2010), accessed May 7, 2014, http://www.ejrc.cau.edu/State_of_Black _Atlanta_ Exploding _the_Myth_of_Black_Mecca.pdf.
4. 亞特蘭大在二〇〇〇年之後，吸引了大批亞裔與拉丁裔人至此落腳，雖然當地的黑人與白人在數量上還是大幅領先。針對這一段的資料，請參考："State of Metropolitan America: On the Front Lines of Demographic Transformation," Metropolitan Policy Program (Washington, DC: Brookings Institution, 2010), accessed September 19, 2014, http://www.brookings.edu/~/media/research/files/reports /2010/5/09%20metro%20america/metro _america_report.pdf。
5. 一九七〇年到一九九〇年的資料，取自David L. Sjoquist, ed., *The Atlanta Paradox* (New York: Russell Sage Foundation, 2000), 26, Table 2.5；二〇〇〇至二〇一〇年的資料來自Atlanta Regional Commission, "Census 2010," accessed September 19, 2014, http://www.atlantaregional.com/File%20Library/About%20Us/the%20region/county_census2010.xls。
6. 美國人口普查局資料。二〇一〇年，亞特蘭大家戶所得中位數，白人是七萬六一〇六元，這是黑人二萬三六九二元的三倍以上，也是目前為止全美國前十大都會區種族所得落差最大的一次，事實上比美國任何一個主要城市都還要大。
7. 從一九七〇到二〇一〇年，亞特蘭大黑人家庭生活費不到二萬五千美金（根據二〇一〇年的物價調整）的家庭比例，幾乎沒有任何改變，只稍稍從三一%下滑到三〇%，但是黑人家庭年所得超過十萬美金的比例卻成長一倍以上，從六%上升到十三%，請見：Steven Ruggles, J. Trent Alexander, Katie Genadek, Ronald Goeken, Matthew B. Schroeder, and Matthew Sobek, "*Integrated Public Use Microdata Series: Version 5.0* [Machine-readable database]," (Minneapolis: University of Minnesota, 2010)。

1214.

63. Furstenberg, "Fifty Years of Family Change"; Laura Tach, "Family Complexity, Childbearing, and Parenting Stress: A Comparison of Mothers' and Fathers' Experiences," *National Center for Family and Marriage Research* WP-12-09 (Bowling Green State University, 2012); McLanahan and Garfinkel, "Fragile Families," 142–69; Furstenberg, "Transitions to Adulthood"; McLanahan, "Family Instability and Complexity After a Nonmarital Birth," 108–33; Edin and Nelson, *Doing the Best I Can*; Carlson and England, "Social Class and Family Patterns in the United States," 6.
64. Sara McLanahan and Christopher Jencks, "Was Moynihan Right?: What Happens to the Children of Unmarried Mothers," *Education Next* 15 (Spring 2015): 16–22; McLanahan, Tach, and Schneider, "The Causal Effects of Father Absence," 399–427。反之，對於單親家庭的小孩是否不利於將來取得大學學位，或是不利於他們未來的收入，尚欠缺一貫的證據。
65. Isabel V. Sawhill, *Generation Unbound: Drifting into Sex and Parenthood Without Marriage* (Washington, DC: Brookings Institution Press, 2014), 6.
66. Raj Chetty, Nathaniel Hendren, Patrick Kline, and Emmanuel Saez,"Where Is the Land of Opportunity? The Geography of Intergenerational Mobility in the United States," NBER Working Paper No. 19843 (Cambridge: National Bureau of Economic Research, January 2014).

第三章　教養

1. Frederick Allen, *Atlanta Rising: The Invention of an International City, 1946–1996* (Marietta, GA: Longstreet, 1996).
2. Alan Berube, "All Cities Are Not Created Unequal," *Metropolitan Opportunity Series*, Brookings Institution, February 20, 2014, accessed May 7, 2014, http://www.brookings.edu/research/papers/2014/02/cities -unequal-berube.

Imprisonment in America," *Sociology of Education* 85 (2012): 259–86。父母坐牢對於小孩心理健康的影響，請參考：Kristin Turney, "Stress Proliferation Across Generations? Examining the Relationship Between Parental Incarceration and Childhood Health," *Journal of Health and Social Behavior* 55 (September 2014): 302–19; and Sykes and Pettit, "Mass Incarceration, Family Complexity, and the Reproduction of Childhood Disadvantage"。

59. 針對這些研究的整理，請參考：McLanahan and Percheski,"Family Structure and the Reproduction of Inequalities"。

60. Sara McLanahan and Gary Sandefur, *Growing Up with a Single Parent: What Hurts, What Helps* (Cambridge: Harvard University Press, 1994); Wendy Sigle-Rushton and Sara McLanahan, "Father Absence and Child Wellbeing: A Critical Review," in *The Future of the Family*, eds. Moynihan, Smeeding, and Rainwater; Paul R. Amato, "The Impact of Family Formation Change on the Cognitive, Social, and Emotional Well-Being of the Next Generation," *The Future of Children* 15 (Fall 2005): 75–96.

61. Sigle-Rushton and McLanahan, "Father Absence and Child Wellbeing."

62. Bruce J. Ellis et al., "Does Father Absence Place Daughters at Special Risk for Early Sexual Activity and Teenage Pregnancy?," *Child Development* 74 (May 2003): 801–21; Kathleen E. Kiernan and John Hobcraft, "Parental Divorce During Childhood: Age at First Intercourse, Partnership and Parenthood," *Population Studies* 51 (March 1997): 41–55; Susan Newcomer and J. Richard Udry, "Parental Marital Status Effects on Adolescent Sexual Behavior," *Journal of Marriage and Family* 49 (May 1987): 235–40; Sara McLanahan, "Father Absence and the Welfare of Children," in *Coping with Divorce, Single Parenting, and Remarriage: A Risk and Resiliency Perspective,* ed. E. Mavis Hetherington (Mahwah, NJ: Lawrence Erlbaum, 1999), 117–45; Arline T. Geronimus and Sanders Korenman, "The Socioeconomic Consequences of Teen Childbearing Reconsidered," *Quarterly Journal of Economics* 107 (November 1992): 1187–

Control Use and Early, Unintended Births"。

54. 對於一九九六年之前的福利體制鼓勵家庭分離的論點，請見：Charles Murray, *Losing Ground: American Social Policy, 1950–1980* (New York: Basic Books, 1984); National Research Council, Robert A. Moffitt, ed., *Welfare, the Family, and Reproductive Behavior: Research Perspectives* (Washington, DC: National Academies Press, 1998); and McLanahan and Percheski, "Family Structure and the Reproduction of Inequalities," 263–64。但是，同樣跟這場辯論有關的發現，可以參考：Juho Härkönen and Jaap Dronkers, "Stability and Change in the Educational Gradient of Divorce: A Comparison of Seventeen Countries," *European Sociological Review* 22 (December 2006): 501–17。他們認為福利國家的政策普及跟「較低」的離婚率有關，尤其是教育程度較低的夫妻，這顯示福利國家的補貼降低低所得夫妻間的緊張關係。

55. Jennifer Glass and Philip Levchak, "Red States, Blue States, and Divorce: Understanding the Impact of Conservative Protestantism on Regional Variation in Divorce Rates," *American Journal of Sociology* 119 (January 2014): 1002–46.

56. Nicole Shoenberger, "Young Men's Contact with Criminal Justice System," *National Center for Family & Marriage Research* FP-12-01, accessed April 24, 2012, http://www.bgsu.edu/content/dam/BGSU/college-of -arts -and-sciences / NCFMR/documents/FP/FP-12-01.pdf. See also Bryan L. Sykes and Becky Pettit, "Mass Incarceration, Family Complexity, and the Reproduction of Childhood Disadvantage," *ANNALS of the American Academy of Political and Social Science* 654 (July 2014): 127–49.

57. Becky Pettit and Bruce Western, "Mass Imprisonment and the Life Course: Race and Class Inequality in U.S. Incarceration," *American Sociological Review* 69 (2004): 151–69; Christopher Wildeman, "Parental Imprisonment, the Prison Boom, and the Concentration of Childhood Disadvantage," *Demography* 46 (2009): 265–80.

58. John Hagan and Holly Foster, "Intergenerational Educational Effects of Mass

47. Linda M. Burton, "Seeking Romance in the Crosshairs of Multiple-Partner Fertility: Ethnographic Insights on Low-Income Urban and Rural Mothers," *ANNALS of the American Academy of Political and Social Science* 654 (July 2014): 185–212.

48. Ruth Shonle Cavan and Katherine Howland Ranck, *The Family and the Depression* (Chicago: University of Chicago Press, 1938).

49. "The Great Depression," Eyewitness to History, accessed April 23, 2014, http://www.eyewitnesstohistory.com/snprelief1.htm; "The Human Toll," Digital History, accessed April 23, 2014, http://www.digitalhistory .uh .edu/disp_textbook.cfm?smtID=2&psid=3434. Matthew Hill, "Love in the Time of Depression: The Effect of Economic Downturns on the Probability of Marriage" (paper presented at UCLA, All-UC/Caltech Economic History Conference, April 22, 2011), accessed October 21, 2014, http://www.ejs.ucdavis.edu/Research/All-UC /conferences/2011-spring/Hill_Love Depression042011.pdf，這份資料確認一九三〇年代男性失業對於結婚率有很強的負面影響，而研究美國其他時期的文獻也指出經濟困頓與結婚率之間類似的負面關係。

50. Glen H. Elder, Jr., *Children of the Great Depression: Social Change in Life Experience* (Boulder: Westview, 1999).

51. Phillips Cutright, "Illegitimacy in the United States: 1920–1968," from *Growth and the American Future*, Research Reports, vol. 1, *Demographic and Social Aspects of Population Growth*, eds. Charles F. Westoff and Robert Parke (Washington DC: US Government Printing Office, 1972), 381; Amara Bachu, *Trends in Premarital Childbearing: 1930 to 1994*, Current Population Reports (Washington, DC: U.S. Census Bureau, 1999), 23–197, accessed December 1, 2014, http://www.census.gov/prod /99pubs/p23-197.pdf.

52. Carlson and England, "Social Class and Family Patterns in the United States," 7.

53. 其他強調從「行為面」的解釋包括性主動、避孕、自我效能（self-efficacy）以及自制能力的差異，請見：England, McClintock, and Shafer, "Birth

38. McLanahan, "Diverging Destinies."
39. Suzanne M. Bianchi, John P. Robinson, and Melissa A. Milkie, *Changing Rhythms of American Family Life* (New York: Russell Sage Foundation, 2007); John F. Sandberg and Sandra L. Hofferth, "Changes in Children's Time with Parents: A Correction," *Demography* 42 (May 2005): 391–95.
40. Timothy M. Smeeding, "Public Policy, Economic Inequality, and Poverty: The United States in Comparative Perspective," *Social Science Quarterly* 86 (December 2005): 955–83; Sara McLanahan, "Fragile Families and the Reproduction of Poverty," *ANNALS of the American Academy of Political and Social Science* 621 (January 2009): 111–31; and Furstenberg, "Transitions to Adulthood," 這幾篇文章都可以看到與許多西方先進國家在婚姻型態上類似的階級分歧，雖然程度大小不一。「多重伴侶的生育」(multi-partner fertility) 在美國更為普遍。Cherlin, *The Marriage-Go-Round*; and Furstenberg, "Transitions to Adulthood."。
41. Cherlin, "Demographic Trends in the United States," 411–12.
42. 這來自於我們對「監視未來」(Monitoring the Future) 這份資料的分析。另外，稍早針對這份資料一九九〇年代的情況比較樂觀的分析，請見：Arland Thornton and Linda Young-Demarco, "Four Decades of Trends in Attitudes Toward Family Issues in the United States: The 1960s Through the 1990s," *Journal of Marriage and Family* 63 (November 2001): 1009–37。
43. Cherlin, "Demographic Trends in the United States," 404.
44. McLanahan and Percheski, "Family Structure and the Reproduction of Inequalities."
45. England, McClintock, and Shafer, "Birth Control Use and Early, Unintended Births."
46. Kathryn Edin and Maria J. Kefalas, *Promises I Can Keep* (Berkeley: University of California Press, 2005), summarized in Smock and Greenland, Diversity in Pathways to Parenthood," 582–83.

33. Laura Tach, Kathryn Edin, Hope Harvey, and Brielle Bryan, "The Family-Go-Round: Family Complexity and Father Involvement from a Father's Perspective," *ANNALS of the American Academy of Political and Social Science*, 654 (July 2014): 169–84.
34. McLanahan and Percheski, "Family Structure and the Reproduction of Inequalities," 258–59.
35. 圖2.5包含單親媽媽與單親爸爸。大約有四%的小孩是由祖父母照顧，而這些人大部分出身中下階級。我們會在第三章的家庭結構討論這一點。
36. Finer and Henshaw, "Disparities in Rates of Unintended Pregnancy in the United States, 1994 and 2001"; Federal Interagency Forum on Child and Family Statistics, *America's Children: Key National Indicators of Well-Being, 2013,* "Births to Unmarried Women," accessed April 23, 2014, http://www .childstats.gov/americaschildren/famsoc2.asp.
37. "Trends in Teen Pregnancy and Childbearing," Office of Adolescent Health, U.S. Department of Health and Human Services, November 21, 2014, http://www.hhs.gov/ash/oah/adolescent-health-topics/repro ductive -health/teen-pregnancy/trends.html, as consulted December 1, 2014, citing B. E. Hamilton, J. A. Martin, M. J. K. Osterman, and S. C. Curtin, *Births: Preliminary Data for 2013* (Hyattsville, MD: National Center for Health Statistics, 2014), accessed November 14, 2014, http://www.cdc.gov /nchs /data/nvsr/nvsr63/nvsr63_02.pdf; Pamela J. Smock and Fiona Rose Greenland, "Diversity in Pathways to Parenthood: Patterns, Implications, and Emerging Research Directions," *Journal of Marriage and Family* 72 (June 2010): 579; Furstenberg, "Fifty Years of Family Change." 從未成年生子往往可以預見之後的未婚生子，所以未成年生子是個很需要擔心的問題，即使這並不是窮小孩所面臨問題的主因。Marcia J. Carlson and Paula England, "Social Class and Family Patterns in the United States," in *Social Class and Changing Families in an Unequal America*, eds. Carlson and England, 4–5。

Control Use and Early, Unintended Births: Evidence for a Class Gradient," in *Social Class and Changing Families in an Unequal America,* eds. Carlson and England, 21–49; McLanahan, "Family Instability and Complexity After a Nonmarital Birth," 108–33.

24. Martin, "Growing Evidence for a 'Divorce Divide'?"
25. Zhenchao Qian, "Divergent Paths of American Families," in *Diversity and Disparities: America Enters a New Century*, ed. John Logan (New York: Russell Sage Foundation, 2014).
26. Cherlin, "Demographic Trends in the United States," 408.
27. Wendy D. Manning, "Trends in Cohabitation: Twenty Years of Change, 1972–2008," *National Center for Family & Marriage Research* FP-10–07 (2010), accessed April 18, 2014, http://www.bgsu.edu/content /dam /BGSU /college-of-arts-and-sciences/NCFMR/documents/FP/FP-10 -07.pdf.
28. Kathryn Edin and Timothy Nelson, *Doing the Best I Can: Fathering in the Inner City* (Berkeley: University of California Press, 2013), 40.
29. McLanahan, "Family Instability and Complexity After a Nonmarital Birth," 117. See also Cherlin, "Demographic Trends in the United States," 408，都提到同居父母的分手率（breakup rate）被稍微低估。
30. Furstenberg, "Fifty Years of Family Change," 21.
31. Edin and Nelson, *Doing the Best I Can.*
32. McLanahan, "Family Instability and Complexity After a Nonmarital Birth"; Edin and Nelson, *Doing the Best I Can*; Kathryn Edin, Timothy Nelson, and Joanna Reed, "Daddy, Baby; Momma Maybe: Low-Income Urban Fathers and the 'Package Deal' of Family Life," in *Social Class and Changing Families in an Unequal America*, eds. Carlson and England, 85–107; Karen Benjamin Guzzo, "New Partner, More Kids: Multiple-Partner Fertility in the United States," *ANNALS of the American Academy of Political and Social Science* 654 (July 2014): 66–86.

Sara McLanahan, Laura Tach, and Daniel Schneider, "The Causal Effects of Father Absence," *Annual Review of Sociology* 39 (July 2013): 399–427。

20. Cherlin, *The Marriage-Go-Round.*

21. 圖2.2與圖2.6的資料來自McLanahan and Jacobsen, "Diverging Destinies Revisited"。「高」教育程度代表母親在教育分布的前四分之一，「低」教育程度則是代表母親在教育分布的最後四分之一。Greg J. Duncan, Ariel Kalil, and Kathleen M. Ziol-Guest, "Increasing Inequality in Parent Incomes and Children's Schooling" (unpublished manuscript, October 2014)，這篇文章最近指出母親生任何一胎的年紀，階級之間（不同所得者）差距擴大的速度，勝過階級之間（不同所得者）之間生第一胎時，母親年紀差距擴大的速度。所以，圖2.2似乎低估了不同階級的母親之間，生小孩的年齡差距。不僅如此，他們也發現母親生育年齡的階級差距，基本上也會影響家庭結構中的機會鴻溝以及階級落差。

22. Karen Guzzo and Krista K. Payne, "Intentions and Planning Status of Births: 2000–2010," *National Center for Family & Marriage Research*, FP-12-24 (Bowling Green State University, 2012). See also S. Philip Morgan, "Thinking About Demographic Family Difference: Fertility Differentials in an Unequal Society," in *Social Class and Changing Families in an Unequal America*, eds. Carlson and England, 50–67。最近的資料也顯示意外生子的現象，在不同學歷與所得的人之間差異很大，而且不斷拉開。請見：Heather Boonstra et al., *Abortion in Women's Lives* (New York: Guttmacher Institute, 2006); Laurence B. Finer and Stanley K. Henshaw, "Disparities in Rates of Unintended Pregnancy in the United States, 1994 and 2001," *Perspectives on Sexual and Reproductive Health* 38 (2006): 90–96。

23. Kelly Musick et al., "Education Differences in Intended and Unintended Fertility," *Social Forces* 88 (2009): 543–72; Finer and Henshaw, "Disparities in Rates of Unintended Pregnancy in the United States, 1994 and 2001," 90–96; Paula England, Elizabeth Aura McClintock, and Emily Fitzgibbons Shafer, "Birth

American Life (Berkeley: University of California Press, 1985).

15. U.S. Department of Labor, Office of Policy Planning and Research, *The Negro Family: The Case for National Action*, by Daniel P. Moynihan (Washington, DC, 1965).
16. Landmark scholarly recognition was McLanahan, "Diverging Destinies."
17. Steven P. Martin, "Growing Evidence for a 'Divorce Divide'? Education and Marital Dissolution Rates in the U.S. Since the 1970s," working paper (University of Maryland–College Park, 2005), accessed May 12, 2014, https://www.russellsage.org/sites/all/files/u4/Martin_Growing%20 Evidence%20for%20a%20Divorce%20Divide.pdf; Steven P. Martin,"Trends in Marital Dissolution by Women's Education in the United States," *Demographic Research* 15 (2006): 552; Frank F. Furstenberg,"Fifty Years of Family Change: From Consensus to Complexity," *ANNALS of the American Academy of Political and Social Science* 654 (July 2014): 12–30.
18. 對於這些研究的回顧，請參考：Sara McLanahan and Christine Percheski, "Family Structure and the Reproduction of Inequalities," *Annual Review of Sociology* 34 (August 2008): 257–76。
19. 《孩童的未來》(*Future of Children*）這本期刊有一期專門討論「破碎家庭」的問題，請見："Fragile Families," *Future of Children* 20 (Fall 2010): 3–230. Also see Sara McLanahan, "Family Instability and Complexity After a Nonmarital Birth: Outcomes for Children in Fragile Families," in *Social Class and Changing Families in an Unequal America*, eds. Carlson and England, 108–33; Sara McLanahan and Irwin Garfinkel, "Fragile Families: Debates, Facts, and Solutions," in *Marriage at the Crossroads*, eds., Garrison and Scott, 142–69; McLanahan and Percheski, "Family Structure and the Reproduction of Inequalities," 257–76; Marcia J. Carlson, Sara S. McLanahan, and Jeanne Brooks-Gunn, "Coparenting and Nonresident Fathers' Involvement with Young Children After a Nonmarital Birth," *Demography* 45 (May 2008): 461–88; and

- 婚前性行為：美國人相信婚前性行為「沒有錯」的比例，從一九六九到一九七三的四年之內，二四%翻一倍來到四七%，而整個一九七〇年代也慢慢往上升，到了一九八二年是六二%。Robert D. Putnam and David E. Campbell, *American Grace* (New York: Simon & Schuster, 2010), 92–93。
- 奉子成婚：一九六〇年代，大約有一半（五二%）的新娘是挺著大肚子結婚，但是二十年後，大約只有四分之一（二七%）的新娘是如此。Patricia H. Shiono and Linda Sandham Quinn, "Epidemiology of Divorce," *Future of Children: Children and Divorce* 4 (1994): 17。
- 離婚：十五至四十四歲的女性，從一九六五年到一九八〇年，每年的離婚率成長超過兩倍。Shiono and Quinn, "Epidemiology of Divorce," 17.
- 單親家庭：二十世紀上半，大部分的單親家庭都源於父母有一人離世，但是這種比例從一九三〇年到七〇年代之間快速下滑。撇開孤兒不論，十六歲的小孩跟親生父母一起住的比例，從一九六〇年代的八五%，下滑到一九九〇年代的五九%。David T. Ellwood and Christopher Jencks, "The Spread of Single-Parent Families in the United States Since 1960," in *The Future of the Family*, eds. Daniel Patrick Moynihan, Timothy M. Smeeding, and Lee Rainwater (New York: Russell Sage Foundation, 2004), 25–65。

13. George A. Akerlof, Janet L. Yellen, and Michael L. Katz, "An Analysis of Out-of-Wedlock Births in the United States," *Quarterly Journal of Economics* 11 (1996): 277–317.
14. Cherlin, *The Marriage-Go-Round*; David Popenoe, *War over the Family* (New Brunswick, NJ: Transaction, 2005); Paul R. Amato, "Institutional, Companionate, and Individualistic Marriages: Change over Time and Implications for Marital Quality," in *Marriage at the Crossroads: Law, Policy, and the Brave New World of Twenty-first-Century Families*, eds. Marsha Garrison and Elizabeth S. Scott (Cambridge: Cambridge University Press, 2012), 107–25; Robert N. Bellah, Richard Madsen, William M. Sullivan, Ann Swidler, and Steven M. Tipton, *Habits of the Heart: Individualism and Commitment in*

(New York: Oxford University Press, 2014)。

9. Andrew J. Cherlin, "Demographic Trends in the United States: A Review of Research in the 2000s," *Journal of Marriage and Family* 72 (June 2010): 406.
10. 對於傳統婚姻的批評觀點，最具代表性的都來自女性主義的觀點，包括：Judith Stacey, *Unhitched: Love, Marriage, and Family Values from West Hollywood to Western China* (New York: New York University Press, 2011); Stephanie Coontz, *The Way We Never Were: American Families and the Nostalgia Trap* (New York: Basic Books, 2000); Nancy Chodorow, *The Reproduction of Mothering* (Berkeley: University of California Press, 1978); Arlie Hochschild, *The Second Shift: Working Parents and the Revolution at Home* (New York: Avon, 1990); and John R. Gillis, *A World of Their Own Making: Myth, Ritual, and the Quest for Family Values* (Cambridge: Harvard University Press, 1996)。
11. 一九五〇與六〇年代之間，五二％到六〇％的婚前懷孕會以奉子成婚的方式解決，但是到了一九九〇年代初，因為懷孕而奉子成婚的比例已經降到二三％。請參考：U.S. Census Bureau, "Trends in Premarital Childbearing, 1930 to 1994," by Amara Bachu, *Current Population Reports* (Washington, DC, 1999), 23–197。針對一九四〇到七〇年代末之間婚前懷孕與奉子成婚比例的仔細分析，請參考：Paula England, Emily Shafer, and Lawrence Wu, "Premarital Conceptions, Postconception ("Shotgun") Marriages, and Premarital First Births: Educational Gradients in U.S. Cohorts of White and Black Women Born 1925–1959," *Demographic Research* 27 (2012): 153–66。大約從一九五〇年代末到七〇年代末之間，教育程度低的白人女性婚前懷孕的比例從二〇％升到三〇％，而大學畢業的白人女性依然穩定維持在一〇％。而在黑人女性之間，這兩組數字分別從五〇％升到七〇％，還有從二五％升到三五％。婚前懷孕的女性奉子成婚的比例在這段時間的變化，白人女性從六五％降至四五％到五十％，黑人女性則是從三〇％降至五％到一〇％之間。
12. 相關的統計數據如下：

youth-unemployment-rises -while-overall-rates -decline/。

5. "The Story of a Decade," *The Bulletin* (Bend, Oregon), May 19, 2002, 114.
6. U.S. Census Bureau, American Community Survey, 2008–2012, as compiled by Social Explorer, accessed through Harvard University Library.
7. Jerry Casey, "State Releases High School Graduation Rates," *The Oregonian*, July 2, 2009, accessed February 27, 2014, http://www .oregonlive.com / education/ index.ssf/2009/06/high_school_dropout_rates.html#school.
8. 本書對於婚姻與家庭結構趨勢的描述，相當倚賴過去二十年來一批傑出的歷史與社會學作品所做的整理。請見：Maria J. Carlson and Paula England, *Social Class and Changing Families in an Unequal America* (Stanford: Stanford University Press, 2011); Andrew J. Cherlin, *The Marriage-Go-Round: The State of Marriage and the Family in America Today* (New York: Vintage, 2009); Frank F. Furstenberg, Jr., "Transitions to Adulthood: What We Can Learn from the West," *ANNALS of the American Academy of Political and Social Science* 646 (2013): 28–41; Sara McLanahan, "Diverging Destinies: How Children Are Faring Under the Second Demographic Transition," *Demography* 41 (2004): 607–27; and Sara McLanahan and Wade Jacobsen, "Diverging Destinies Revisited," in *Families in an Era of Increasing Inequality: Diverging Destinies*, eds. Paul R. Amato, Alan Booth, Susan M. McHale, and Jennifer Van Hook (New York: Springer, forthcoming 2015); Frank F. Furstenberg, "Fifty Years of Family Change: From Consensus to Complexity," *ANNALS of the American Academy of Political and Social Science* 654 (July 2014): 12–30; Wendy D. Manning, Susan L. Brown, and J. Bart Stykes, "Family Complexity Among Children in the United States," *ANNALS of the American Academy of Political and Social Science* 654 (July 2014): 48–65; Karen Benjamin Guzzo, "New Partners, More Kids: Multiple-Partner Fertility in the United States," *ANNALS of the American Academy of Political and Social Science* 654 (July 2014): 66–86. See also June Carbone and Naomi Cahn, *Marriage Markets: How Inequality Is Remaking the American Family*

〇〇八年完成，大約訪問了近五十名公民領袖、活躍人士以及其他居民，時間介於二〇〇二到二〇〇六年之間，並且大幅利用報紙與統計檔案。本書第七十四頁所引的話，主要來自這份報導。至於近期的故事，則是 Jennifer M. Silva 在二〇一二年所做的深度訪談。針對本段的觀點，請見 Williamson的報導，p. 3, drawing on *The Bulletin* (Bend, Oregon)。

2. 從路過的訪客來看，本德鎮與柯林頓港（本章所描繪）似乎完全不同，本德鎮欣欣向榮，而柯林頓港百業蕭條。一九七〇年代初，俄亥俄州渥太華郡以及奧勒岡州德舒特郡的人口幾乎完全相同（約三萬九千人），但是四十年後德舒特郡的人口（約十五萬八千）大約是渥太華郡（四萬一千）的四倍。但是，更深一層來看，兩個地方在有錢的新移民（退休人員、買渡假別墅的人、開發商與服務這些有錢人的人）與貧窮的老居民（在當地凋零的木材與製造業上班的工人）之間都呈現所得不均之勢。兩地有錢的小孩與貧窮的小孩相對處境雷同，顯示階級的反差最終並不只限於一種地方經濟的型態。
3. 由於本德的房地產狂飆受到金融風暴的重創，二〇〇七年美國國民城市銀行（National City Corp，現在是PNC）以及環球透視（Global Insight，現在叫HIS Global Insight）都把本德列為「美國房地產市場溢價最大的地方」，二〇〇九年本德的房市是全美國跌幅最大的地方，從二〇〇六到二〇一一年之間，房地產價格幾乎腰斬（四七%），而德舒特郡的失業率也達到十七%，但是到了二〇一三年已經逐漸復甦，尤其是房地產市場。資料引自 Zillow, accessed February 27, 2014, http://www.zillow.com/; and United States Department of Labor, Bureau of Labor Statistics, *Labor Force Statistics from the Current Population Survey*, accessed February 27, 2014, http://www.bls.gov/cps/home.htm。
4. 在二〇〇八年的衝擊之後，青年失業率在二〇〇七年是十一%，到了我們二〇一二年在本德訪問的時候，已經上升到十九%。請見“Youth Unemployment Rises While Overall Rates Decline,” *Oregon Public Broadcasting*, July 17, 2012, accessed February 27, 2014, http://www.opb.org/news/article/

A. Mitnik, Victoria Bryant, David B. Grusky, and Michael Weber, "New Estimates of Intergenerational Mobility Using Administrative Data," SOI Working Paper (Washington DC: Statistics of Income Division, Internal Revenue Service, 2015)。如果後面這些專家正確，從本研究所關注的年輕人判斷他們的終生所得就稍嫌過早。

49. 我們的方法是由年輕人在各個階段的階級差異來推估未來的流動，這種方法呼應Timothy M. Smeeding 所引領的研究風潮，請見：Timothy M. Smeeding, *From Parents to Children: The Intergenerational Transmission of Advantage* (New York: Russell Sage Foundation, 2012)，以及布魯金斯研究所（Brookings Institution）Isabel Sawhill, Ron Haskins, and Richard Reeves 等人所主持的社會基因計畫（Social Genome），請見：http://www.brookings.edu/about/centers/ccf/social-genome-project。

50. 針對社會階級相關文獻的整理，請見：David B. Grusky with Katherine Weisshaar, *Social Stratification: Class, Race, and Gender in Sociological Perspective* (Boulder: Westview, 2014). David B. Grusky, Timothy M. Smeeding, and C. Matthew Snipp, eds., "Monitoring Social Mobility in the Twenty-First Century," *ANNALS of the American Academy of Political and Social Science* 657 (January 2015), esp. Richard Reeves, "The Measure of a Nation," 22–26; Michael Hout, "A Summary of What We Know about Social Mobility," 27–36; and Florencia Torchek, "Analyses of Intergenerational Mobility: An Interdisciplinary Review," 37–62。

51. Massey, *Categorically Unequal*, 252.

第二章　家庭

1. 以下針對本德從過去到現在的介紹，引自一份很長卻未發表的報導，請見："Social Capital, Diversity, and Inequality: Community Field Studies, Final Report on Bend, Oregon," by Dr. Abigail Fisher Williamson。這份報導在二

Russell Sage Foundation, 2011).

48. Daniel Aaronson and Bhashkar Mazumder, "Intergenerational Economic Mobility in the United States, 1940 to 2000," *Journal of Human Resources* 43 (Winter 2008): 139–72; and Bhashkar Mazumder, "Is Intergenerational Economic Mobility Lower Now than in the Past?," *Chicago Fed Letter 297* (Federal Reserve Bank of Chicago, April 2012)，這幾篇文章說明相對流動持續提升至一九五〇年代，但是對於二十世紀後半出生的世代來說，相對流動下滑的速度愈來愈快。反之，Raj Chetty, Nathaniel Hendren, Patrick Kline, Emmanuel Saez, and Nicholas Turner, "Is the United States Still a Land of Opportunity? Recent Trends in Intergenerational Mobility," NBER Working Paper No. 19844 (Cambridge: National Bureau of Economic Research, January 2014) 等幾篇著作則是發現，相對流動在最近幾年並無任何改變。摰堤（Chetty）等人的結論是建立在非傳統的方法論預設，認為二十六歲年輕人的年所得，乃觀察個人一輩子所得的可靠指標。但是，其他研究則對此預設提出質疑，由於三十幾歲來自上層階級的人，有可能在追求高等學歷或者是剛開啟一段專業的職業生涯，因此當時的收入比起他們一輩子的收入相對較低；但是出身中下階級同年齡的人，往往已經走入一份發展有限的工作。我兒子在二十五歲左右時只是一個法律助手，薪水大約是我的五分之一，如果依照摰堤的方法，我的兒子絕對是一個明顯往下流動的例子，但是到了四十五歲左右，他已經成為紐約曼哈頓的資深律師，薪水大約是我的五倍，而這顯然不是往下流動。因為這些潛在的「生命週期偏差」（life cycle bias），大部分研究社會流動的學者建議要把這樣的分析限定在四十歲以上的人身上，因此也就產生了文中所提到的「後視鏡」問題。針對此請見：Bhashkar Mazumder, "Fortunate Sons: New Estimates of Intergenerational Mobility in the United States Using Social Security Earnings Data," *The Review of Economics and Statistics* 87 (May 2005): 235–55; Steven Haider and Gary Solon, "Life-Cycle Variation in the Association Between Current and Lifetime Earnings," *American Economic Review* 96 (September 2006): 1308–20; and Pablo

(New York: Charles Scribner's Sons, 1890).

45. Michael Hout, "Economic Change and Social Mobility," in *Inequalities of the World*, ed. Göran Therborn (New York: Verso, 2006); Elton F. Jackson and Harry J. Crockett, Jr., "Occupational Mobility in the United States: A Point Estimate and Trend Comparison," *American Sociological Review* 29 (February 1964): 5–15; Peter M. Blau and Otis Dudley Duncan, *The American Occupational Structure* (New York: John Wiley, 1967); David L. Featherman and Robert M. Hauser, *Opportunity and Change* (New York: Academic Press, 1978); Robert M. Hauser and David L. Featherman, "Trends in the Occupational Mobility of U.S. Men, 1962–1970," *American Sociological Review* 38 (June 1973): 302–10; Massey, *Categorically Unequal.*

46. Stephan Thernstrom, *Poverty and Progress: Social Mobility in a Nineteenth Century City* (Cambridge: Harvard University Press, 1964); Stephan Thernstrom, *The Other Bostonians: Poverty and Progress in the American Metropolis,* 1880–1970 (Cambridge: Harvard University Press, 1973); Avery M. Guest, Nancy S. Landale, and James L. McCann, "Intergenerational Occupational Mobility in the Late 19th Century United States," *Social Forces* 68 (December 1989): 351–78; Joseph P. Ferrie, "The End of American Exceptionalism? Mobility in the United States Since 1850," *Journal of Economic Perspectives* 19 (Summer 2005): 199–215; David B. Grusky, "American Social Mobility in the 19th and 20th Centuries," *CDE Working Paper 86–28* (Madison: Center for Demography and Ecology, University of Wisconsin–Madison, September 1986), accessed August 31, 2014, http://www.ssc.wisc.edu/cde/cdewp/86–28.pdf.

47. Emily Beller and Michael Hout, "Intergenerational Social Mobility: The United States in Comparative Perspective," *Future of Children* 16 (Fall 2006): 19–36; Michael Hout and Alexander Janus, "Educational Mobility in the United States Since the 1930s," in *Whither Opportunity? Rising Inequality, Schools, and Children's Life Chances*, eds. Greg J. Duncan and Richard J. Murnane (New York:

Education Stratification," *Educational Evaluation and Policy Analysis* 33 (September 2011): 318–39; Caroline M. Hoxby and Christopher Avery, "The Missing 'One-Offs': The Hidden Supply of High-Achieving, Low Income Students," NBER Working Paper No. 18586 (Cambridge: National Bureau of Economic Research, December 2012).

41. Robert D. Mare, "Educational Assortative Mating in Two Generations: Trends and Patterns Across Two Gilded Ages" (unpublished manuscript, January 2013)。雖然對於美國這「兩半」的情況我並沒有說得很仔細，但不論是跨階級的結婚率或所得不平等，轉折點大約都是一九七〇年。

42. 即使教育程度好的人數節節高升，可以挑好學歷結婚的人變多，這項事實還是成立。請見：Christine R. Schwartz and Robert D. Mare, "Trends in Educational Assortative Marriage from 1940 to 2003," *Demography* 42 (November 2005): 621–46; and Feng Hou and John Myles, "The Changing Role of Education in the Marriage Market: Assortative Marriage in Canada and the United States Since the 1970s," *Canadian Journal of Sociology* 33 (2008): 337–66。

43. 從教育背景來看，我們最要好的朋友已經愈來愈接近。Jeffrey A. Smith, Miller McPherson, and Lynn Smith-Lovin, "Social Distance in the United States: Sex, Race, Religion, Age, and Education Homophily Among Confidants, 1985 to 2004," *American Sociological Review* 79 (June 2014): 432–56。證據也顯示教育分隔在工作地點上也愈來愈明顯，請見：Michael Kremer and Eric Maskin,"Wage Inequality and Segregation by Skill," NBER Working Paper No. 5718 (Cambridge: National Bureau of Economic Research, August 1996)。另外，Theda Skocpol則是提出一個很有力的個案，說明市民組織不再像過去一樣可以讓出身背景不同的人聚在一塊，請見：Theda Skocpol, *Diminished Democracy: From Membership to Management in American Civic Life* (Norman: University of Oklahoma Press, 2003)。

44. Jacob A. Riis, *How the Other Half Lives: Studies Among the Tenements of New York*

擴大所帶來的結果，請見：Lane Kenworthy and Timothy Smeeding, "The United States: High and Rapidly-Rising Inequality," in *Changing Inequalities and Societal Impacts in Rich Countries: Thirty Countries' Experiences*, eds. Brian Nolan et al., (Oxford: Oxford University Press, 2014), 695–717。

37. Edward N. Wolff, *Top Heavy: A History of Increasing Inequality of Wealth in America and What Can Be Done About It* (New York: New Press, 2002); Edward N. Wolff, "Wealth Inequality," in *State of the Union: The Poverty and Inequality Report* (Stanford Center on Poverty and Inequality, January 2014); Michael Hout, "The Correlation Between Income and Happiness Revisited" (unpublished manuscript, 2013); Jennifer Karas Montez and Anna Zajacova, "Explaining the Widening Education Gap in Mortality Among U.S. White Women," *Journal of Health and Social Behavior* 54 (June 2013): 166–82.
38. Claude S. Fischer and Greggor Mattson, "Is America Fragmenting?," *Annual Review of Sociology* 35 (2009): 437。在每一個個案中，測量分隔擴大的方式常疲於應付方法論上的複雜性，但基本的事實則是相當清楚。
39. Bischoff and Reardon, "Residential Segregation by Income, 1970–2009"; Richard Fry and Paul Taylor, "The Rise of Residential Segregation by Income," *Pew Social and Demographic Trends* (Pew Research Center, August 1, 2012), accessed August 31, 2014, http://www.pewsocialtrends .org/2012/08/01/the-rise-of-residential-segregation-by-income/; Paul A. Jargowsky, "Concentration of Poverty in the New Millennium: Changes in Prevalence, Composition, and Location of High Poverty Neighborhoods," report by the Century Foundation and Rutgers Center for Urban Research and Education (2013), accessed August 21, 2014, http://tcf.org/assets/downloads/Concentration_of_Poverty_in_the_New_Millennium.pdf.
40. Susan E. Mayer, "How Did the Increase in Economic Inequality Between 1970 and 1990 Affect Children's Educational Attainment?," *American Journal of Sociology* 107 (July 2012): 1–32; Michael N. Bastedo and Ozan Jaquette, "Running in Place: Low-Income Students and the Dynamics of Higher

3–71, http://eml.berkeley.edu/~saez/atkinson-piketty-saezJEL10 .pdf; Emmanuel Saez,"Striking it Richer: The Evolution of Top Incomes in the United States," 2013, accessed November 12, 2014, http://eml .berkeley.edu /~saez/saez-UStopincomes-2012.pdf; Emmanuel Saez and Thomas Piketty, "Income Inequality in the United States, 1913–1998," *Quarterly Journal of Economics* 118 (2013): 1–39; Massey, *Categorically Unequal*。

32. U.S Census Bureau, "Historical Income Tables: Households," Table H-4, accessed August 30, 2014, http://www.census.gov/hhes/www/income/data/historical/household/, cited in Jennifer Hochschild and Vesla Weaver, "Class and Group: Political Implications of the Changing American Racial and Ethnic Order" (paper prepared for Inequality Seminar, Harvard Kennedy School, March 26, 2014).

33. 預算與政策優先中心（Center on Budget and Policy Priorities）主任Robert Greenstein在國會聽證會上的證詞，prepared for the Subcommittee on Labor, Health and Human Services, Education, and Related Agencies, House Committee on Appropriations (February 13, 2008), citing Congressional Budget Office data。

34. David H. Autor, "Skills, Education, and the Rise of Earnings Inequality Among the 'Other 99 Percent,' " *Science* 344, 6186 (May 23, 2014): 843–851.

35. Emmanuel Saez, "Striking It Richer: The Evolution of Top Incomes in the United States (Updated with 2012 preliminary estimates)" (Econometrics Laboratory working paper, September 3, 2013), accessed August 30, 2014, http://eml.berkeley.edu/~saez/saez-UStopincomes-2012.pdf。計算的時候家庭在市場的稅前所得，包括資本利得以及經過消費者物價指數調整過後的所得。

36. 類似趨勢在許多（但並非全部）先進國家都可以看到。參考："An Overview of Growing Income Inequalities in OECD Countries: Main Findings" in *Divided We Stand: Why Inequality Keeps Rising,* OECD, 2011, http://www.oecd.org/els/soc/49499779.pdf。最近針對美國與其他先進國家經濟不平等

28. Page and Jacobs, *Class War?*; McCall, *The Undeserving Rich*。Page與Jacobs在第五十一頁提到，二〇〇七年時，四分之三的人相信：「出身貧困的人只要努力就有可能致富。」另一方面，McCall在第八十二頁引用蓋洛普（Gallup）的民調，美國人「對於一個人在這個國家只要努力就可以往上爬的滿意程度」，從二〇〇一年的七六%，降到二〇一二年的五三%。此外，二〇一四年一份民調顯示，「大約四成（四二%）的美國人認為美國夢，也就是如果你努力就可以成功，直到現在都還是真的，但是大約有一半的美國人（四八%）相信一度存在的美國夢已經不再真實」，同時「大部分的美國人（五五%）相信美國最大的問題是每個人獲得成功的機會並不相等。」請見：Robert P. Jones, Daniel Cox and Juhem Navarro-Rivera, "Economic Insecurity, Rising Inequality, and Doubts About the Future: Findings from the 2014 American Values Survey," Public Religion Research Institute (PRRI), Washington, DC, September 23, 2014, at http://publicreligion.org/site/wp-content/up loads/2014/09/AVS-web.pdf。
29. Claudia Goldin and Lawrence F. Katz, "Decreasing (and then Increasing) Inequality in America: A Tale of Two Half-Centuries," in *The Causes and Consequences of Increasing Income Inequality*, ed. Finis Welch (Chicago: University of Chicago Press, 2001), 37–82.
30. Massey, *Categorically Unequal*, 5.
31. 這個常見型態不僅適用於個人所得與家庭所得，也適用於稅前與稅後的所得。所得不均的擴大不但反映有些人過了幾年好日子，還有一些人過了幾年壞日子，而且也反映出穩站金字塔頂端的有錢人與金字塔底部的窮人逐漸浮現。財富不均如果從絕對值來看，可能比所得不平等要來得大，但是一九七〇年代大翻轉之後，所得不平等擴大的情況比財富不均還要大。請見：Claudia Goldin and Lawrence F. Katz, "The Future of Inequality: The Other Reason Education Matters So Much," *Milken Institute Review* (July 2009): 28。亦見 Anthony B. Atkinson, Thomas Piketty, and Emmanuel Saez, "Top Incomes in the Long Run of History," *Journal of Economic Literature* 49 (March 2011):

19. Page and Jacobs, *Class War?*, 57–58.
20. Kay Lehman Schlozman, Sidney Verba, and Henry E. Brady, *The Unheavenly Chorus: Unequal Political Voice and the Broken Promise of American Democracy* (Princeton: Princeton University Press, 2012), 55–56.
21. 請見Pew二〇一一年的經濟流動計畫調查（Pew Economic Mobility Project Poll 2011）。事實上，低所得的美國人稍微傾向認為機會均等比結果的平等重要。當然，一如許多美國人的理解，現實世界中不見得有如此嚴謹的選擇，本書後面會說明一個世代所須處理的結果平等問題，極可能是下一個世代處理機會均等的先決條件。請見：McCall, *The Undeserving Rich*。
22. 聯準會主席伯南克（Ben S. Bernanke）二〇〇七年二月六日在新英格蘭歐瑪哈（Omaha）對「大歐瑪哈商會」（Greater Omaha Chamber of Commerce）所做的演講，題目是〈經濟富裕的程度與分配〉（The Level and Distribution of Economic Well-Being），連結日期：二〇一四年八月二十九日，http://www .federalreserve.gov/newsevents/speech/bernanke20070206a.htm。
23. Frederick Jackson Turner, *The Frontier in American History* (Tucson: University of Arizona Press, 1986; orig. pub., 1920), 212.
24. David M. Potter, *People of Plenty: Economic Abundance and the American Character* (Chicago: University of Chicago Press, 1969; orig. pub., 1954), 91–94.
25. 這個模式符合美國相較於歐洲在公共支出上的獨特模式，我們花更多經費在教育，而花比較少的經費在國家福利的再分配。請見：Anthony King, "Ideas, Institutions and the Policies of Governments: A Comparative Analysis: Parts I and II," *British Journal of Political Science 3* (July 1973): 291–313; and Irwin Garfinkel, Lee Rainwater, and Timothy Smeeding, *Wealth and Welfare States: Is America a Laggard or Leader?* (Oxford: Oxford University Press, 2010)。
26. Richard Weiss, *The American Myth of Success: From Horatio Alger to Norman Vincent Peale* (New York: Basic Books, 1969), 33.
27. 精確的數據取決於問題的用字遣詞，而且圖表呈現有起有落，但是沒有證據可以顯示長期的趨勢。

ode .state.oh.us/MR81/。

16. 二〇一三年八月三日，我在《紐約時報》寫了一篇文章，標題是〈跌跌撞撞的美國夢〉（Crumbling American Dreams），這在柯林頓港引起一陣討論，促使大家開始努力扭轉該鎮不斷擴大的機會鴻溝。二〇一四年末，柯林頓港的學校因為成功提升三年級低所得學生的考試成績，而得到州政府的表揚。同一時間Chris Galvin所領導的聯合勸募（United Way），也展開一系列充滿未來性的小孩照顧與導師計畫。我們並不確定這些努力是否可以持續，但這也說明我們有可能在小鎮把注意力放在公民能量與創意，而這在大的社區就比較難做到。

17. 也就是說本書關心的是代間流動而非代內流動。

18. Benjamin I. Page and Lawrence R. Jacobs, *Class War? What Americans Really Think About Economic Inequality* (Chicago: University of Chicago Press, 2009)。學者對於美國人偏好結果平等的程度有不同看法，但是基本上都同意機會均等確實是美國人共享的價值。請見：Jennifer L. Hochschild, *What's Fair?: American Beliefs About Distributive Justice* (Cambridge: Harvard University Press, 1981); Larry M. Bartels, *Unequal Democracy: The Political Economy of the New Gilded Age* (Princeton: Princeton University Press, 2008); Katherine S. Newman and Elisabeth S. Jacobs, *Who Cares?: Public Ambivalence and Government Activism from the New Deal to the Second Golden Age* (Princeton: Princeton University Press, 2010); and Leslie McCall, *The Undeserving Rich: American Beliefs About Inequality, Opportunity, and Redistribution* (Cambridge: Cambridge University Press, 2013)；還有學者二〇一三年五月寫給對外關係委員會（Council on Foreign Relations）的報告，請見：Andrew Kohut and Michael Dimock, "Resilient American Values: Optimism in an Era of Growing Inequality and Economic Difficulty," http://www.cfr.org/united-states/resilient-american-values/p30203, for evidence that "Americans' core values and beliefs about economic opportunity, and the nation's economic outlook, remain largely optimistic and unchanged."連結日期二〇一四年八月二十九日。

工作、房子是不是自己的、家庭結構或社區特色，這些因素都沒有影響。我們從威斯康辛針對一九五七級中學畢業生的長期追蹤調查也確認此態勢，而這也是我們唯一找到，可以拿來比較一九五〇年代情況的資料庫，由此看來柯林頓港的社會流動程度如此之大並不算特別，請參考：http://www.ssc.wisc.edu/wlsresearch/。

10. 即使到了現在，我們班上六〇%以上的女同學還是說她們一輩子的教育與職業選擇「並不會受到性別所限」。

11. Isabel Wilkerson, *The Warmth of Other Suns: The Epic Story of America's Great Migration* (New York: Random House, 2010).

12. 針對種族、性別與階級的不平等，請見：Douglas S. Massey, *Categorically Unequal: The American Stratification System* (New York: Russell Sage Foundation, 2007)。

13. Kendra Bischoff and Sean F. Reardon, "Residential Segregation by Income, 1970–2009," in *Diversity and Disparities: America Enters a New Century*, ed. John Logan (New York: Russell Sage Foundation, 2014), https://www.russellsage.org/publications/diversity-and-disparities, and Richard V. Reeves and Isabel V. Sawhill, "Equality of Opportunity: Definitions, Trends, and Interventions," prepared for the Conference on Inequality of Economic Opportunity, Federal Reserve Bank of Boston (Boston, October 2014), http://www.bostonfed.org/inequality2014 /agenda/index.htm.

14. 在以下情況，我會使用郡的資料：現有的歷史資料並未把市與郡分開，另外就是市與郡的資料都有，但兩者呈現的趨勢並無顯著差異，而且兩者的顯著水準只有些微差距。至於過去二十年來俄亥俄西北部工廠關閉的情況，請看Joe Vardon三篇精采的報導：Joe Vardon, "Shut Down and Shipped Out," *Toledo Blade*, September 26–28, 2010。

15. 柯林頓港各校學生符合免費午餐或優惠午餐的人數，請見：俄亥俄州教育局「安全、健康與營養辦公室」(Ohio Department of Education, Office for Safety, Health and Nutrition)的網站資料：LUNCH MR 81 Report, ftp://ftp.

注釋

完整且按照字母排列的參考書目，請見以下網址 http://www.robertdputnam.com/ourkids/research.

第一章　美國夢：神話與現實

1. Chrissie Hynde, "My City Was Gone," The Pretenders, *Learning to Crawl*, Sire Records, October 1982。感謝Harold Pollack提供這份參考資料。
2. Richard Ellmann, *James Joyce* (Oxford: Oxford University Press, 1965), 520。感謝James Walsh的建議。
3. 我要謝謝William Galston教授提供這項資訊。
4. *Daily News*, Port Clinton, OH, June 2, 1959, 1.
5. 雖然每位受訪者都同意我們使用他們的故事，但故事中的人名都經過更改，以免侵犯受訪者的隱私。不過除了改變名字之外，其他事實完全不變。
6. 她也在禮拜四晚上參加保齡球隊。
7. 本章的概念化及統計數據來自二〇一二年對一九五九級的問卷調查，同時也對於柯林頓港與渥太華郡最近的歷史進行統計數據與檔案的研究。
8. 我認為這有一部分是因為他們的女兒基本上只要進入大學就會念完畢業，而不像是我中學的女同學常常是休學而走入婚姻（這我稍後會討論）。
9. 統計上來說，一九五九級的教育成就大約只有十六%的變異和父母的教育程度有關，但是卻幾乎可以完全由父母是否鼓勵小孩讀大學來解釋。如果控制父母的鼓勵，**不論是經濟或社會優勢，對於小孩教育成就似乎都毫無影響**，例如父母的社經地位、父母失業、家庭經濟狀況不穩定、學生需要

藍 書系
知識共同體 18

階級世代：窮小孩與富小孩的機會不平等

Our Kids: The American Dream in Crisis

作者	羅伯特・普特南（Robert D. Putnam）
譯者	李宗義、許雅淑
執行長	陳蕙慧
總編輯	張惠菁
責任編輯	李晏甄、洪仕翰
行銷總監	陳雅雯
行銷企劃	余一霞
封面設計	黃暐鵬
排版	藍天圖物宣字社
社長	郭重興
發行人	曾大福
出版	衛城出版／遠足文化事業股份有限公司
發行	遠足文化事業股份有限公司
地址	23141 新北市新店區民權路 108-2 號 9 樓
電話	02-22181417
傳真	02-86671065
客服專線	0800-221029
法律顧問	華洋法律事務所　蘇文生律師
製版	瑞豐電腦製版印刷股份有限公司
初版一刷	2016 年 3 月
初版十二刷	2023 年 4 月
定價	480 元

填寫本書線上回函

階級世代：窮小孩與富小孩的機會不平等 / 羅伯特.普特南（Robert D. Putnam）著；李宗義, 許雅淑譯. -- 初版. -- 新北市：衛城出版：遠足文化發行, 2016.03
面；　公分
譯自：Our kids : the American Dream in crisis
ISBN 978-986-92113-4-5（平裝）

1.階級社會 2.平等 3.美國

546.1952 1　　05002750

ACRO POLIS 衛城出版

Email acropolis@bookrep.com.tw
Blog www.acropolis.pixnet.net/blog
Facebook www.facebook.com/acropolispublish

● 親愛的讀者你好，非常感謝你購買衛城出版品。
我們非常需要你的意見，請於回函中告訴我們你對此書的意見，
我們會針對你的意見加強改進。

若不方便郵寄回函，歡迎傳真回函給我們。傳真電話 —— 02-2218-1142

或是到「衛城出版 FACEBOOK」填寫回函
http://www.facebook.com/acropolispublish

● 讀者資料

你的性別是 □ 男性 □ 女性 □ 其他

你的職業是 ____________________ 你的最高學歷是 ____________________

年齡 □20歲以下 □21～30歲 □31～40歲 □41～50歲 □51～60歲 □60歲以上

若你願意留下 e-mail，我們將優先寄送____________________衛城出版相關活動訊息與優惠活動

● 購書資料

● 請問你是從哪裡得知本書出版訊息？（可複選）
□ 實體書店 □ 網路書店 □ 報紙 □ 電視 □ 網路 □ 廣播 □ 雜誌 □ 朋友介紹
□ 參加講座活動 □ 其他 ________

● 是在哪裡購買的呢？（單選）
□ 實體連鎖書店 □ 網路書店 □ 獨立書店 □ 傳統書店 □ 團購 □ 其他 ________

● 讓你燃起購買慾的主要原因是？（可複選）
□ 對此類主題感興趣
□ 覺得書籍設計好美，看起來好有質感！
□ 議題好熱，好像很多人都在看，我也想知道裡面在寫什麼
□ 其他 ________
□ 參加講座後，覺得好像不賴
□ 價格優惠吸引我
□ 其實我沒有買書啦！這是送（借）的

● 如果你覺得這本書還不錯，那它的優點是？（可複選）
□ 內容主題具參考價值 □ 文筆流暢 □ 書籍整體設計優美 □ 價格實在 □ 其他 ________

● 如果你覺得這本書讓你好失望，請務必告訴我們它的缺點（可複選）
□ 內容與想像中不符 □ 文筆不流暢 □ 印刷品質差 □ 版面設計影響閱讀 □ 價格偏高 □ 其他 ________

● 大都經由哪些管道得到書籍出版訊息？（可複選）
□ 實體書店 □ 網路書店 □ 報紙 □ 電視 □ 網路 □ 廣播 □ 親友介紹 □ 圖書館 □ 其他 ____

● 習慣購書的地方是？（可複選）
□ 實體連鎖書店 □ 網路書店 □ 獨立書店 □ 傳統書店 □ 學校團購 □ 其他 ________

● 如果你發現書中錯字或是內文有任何需要改進之處，請不吝給我們指教，我們將於再版時更正錯誤

請沿虛線剪下

廣告回信
臺灣北區郵政管理局登記證
第 1 4 4 3 7 號

請直接投郵•郵資由本公司支付

23141
新北市新店區民權路108-2號9樓

衛城出版 收

● 請沿虛線對折裝訂後寄回，謝謝！

ACRO POLIS 衛城出版

藍 書系
知識共同體

ACRO
POLIS
衛城
出版